清華大學中國經學研究院集刊

本刊入選『中文社會科學引文索引（CSSCI）2023–2024年來源集刊』

# 中國經學

一第三十三輯一

主　編◎彭　林
副主編◎張煥君

GUANGXI NORMAL UNIVERSITY PRESS
廣西師範大學出版社
·桂林·

**圖書在版編目（CIP）數據**

中國經學．第三十三輯 / 彭林主編． -- 桂林：廣西
師範大學出版社，2023.12
ISBN 978-7-5598-6598-4

Ⅰ．①中… Ⅱ．①彭… Ⅲ．①經學—研究—中國
Ⅳ．①Z126

中國國家版本館 CIP 數據核字（2023）第 226439 號

廣西師範大學出版社出版發行

（廣西桂林市五里店路 9 號　郵政編碼：541004）

（網址：http://www.bbtpress.com）

出版人：黄軒莊

全國新華書店經銷

廣西昭泰子隆彩印有限責任公司印刷

（南寧市友愛南路 39 號　郵政編碼：530001）

開本：787 mm ×1 092 mm　1/16

印張：17　　　字數：280 千

2023 年 12 月第 1 版　　2023 年 12 月第 1 次印刷

印數：0 001～1 200 冊　　定價：88.00 圓

如發現印裝質量問題，影響閱讀，請與出版社發行部門聯繫調換。

# 目　録

# Contents

# 《儀禮》新疏尚待完善
## ——《儀禮正義》點校本前言

沈文倬

余自而立之年以來，始終潛心於以《儀禮》(或稱作《禮經》)爲中心的先秦禮制和禮學的研究，由以主要探討周族統治者之禮樂活動所呈現的兩周文明。《儀禮》這部禮書，乃是記録西周所舉行的各種禮典，記録其禮物、禮儀以及所表達的禮義的文字書本。曹師叔彦公元弼先生命熟讀舊疏爲治經治禮之入門，故對賈公彦《儀禮疏》等歷代舊疏曾一再研讀，其後亦閱讀胡培翬《儀禮正義》作爲研究禮經之一途。該書可謂群經之清代諸新疏中的上乘之作，是《儀禮》經注的諸多疏解、評述之集大成者。然而，《儀禮》蘊義深厚、涵容豐富，即便如卷帙浩繁的胡氏《正義》也難以疏解得十分清楚。

## 一　禮和《儀禮》

禮對政治有主導作用，即常言"周以禮治"者。殷周奴隸主貴族經常舉行各種禮典，或謂各種禮典適應於政治的各方面需要，因此，舉行各種禮典是奴隸主貴族政治生活的重要内容。今存《儀禮》十七篇，記録了十四個禮典。禮典者，東周以後人謂其均歸屬於吉、凶、賓、軍、嘉五大類。《禮記·昏義》有語："夫禮，始於冠，本於昏，重於喪、祭，尊於朝、聘，和於射、鄉"，這諸多禮典"莫重於祭"。胡氏撰作《正義》，正從喪祭始；于此，其疏文堪稱精密(而其他各篇未必都如此)。舉行禮典，時而配合以奏樂或包含詩和樂的樂歌，此即樂輔之於禮。後代人以爲禮樂出於儒家，視《儀禮》等經書等同於儒家經典，則似乎不甚確切，也有違歷史事實。周初所盛行、並開始趨於完備的禮，應該包括禮制、曲禮、禮典(或曰典禮)三個部分：其一，事事具夫規程者，無一非禮之制也；其二，曲禮乃人們日常生活中相處應對的小威儀；其三，各種禮典，採用不同服飾、器具，要求參與者各取符合一定規則的儀容動作，以至於組成帶有裝飾性的一系列儀

1

式及其莊嚴肅穆的場面。此即謂禮以容爲飾盛（如冠昏喪祭也許尤甚）；諸禮典之記叙（及其各禮篇的記傳）必包含容禮描述，曲禮亦含有容禮。而某些未具禮典規模的應對禮儀，當也屬曲禮。對於禮制和禮典二者，余在《荮闇述禮》中歸結爲數語："別白名物以立王政綱紀者，禮之制也；立賓主，具擯贊，戴冕垂紳，揖讓周旋以行之者，禮之典也。義以蘊諸中，儀以形諸外，二者皆然也。"其實，各種禮典的内容不外乎"名物度數"和"揖讓周旋"兩個方面。治禮者理當從禮義上著力探討，因爲"禮之所尊尊其義"；然而首先應該明瞭：禮是推行階級統治的工具，即爲"政之興"也。在奴隸制社會裏，用禮來表明大小奴隸主的等級身份；就是説，通過名物度數和揖讓周旋，亦即通過服飾之華素、器具之隆殺以及儀容動作之倨恭，來體現禮所内蘊的不平等含義。那麼，這兩個方面分別稱之爲禮物和禮儀。藉此二者，奴隸主貴族的等級身份顯得凛然不可侵犯；待到進入封建社會，禮物和禮儀依然是参與者等級身份的標識。實際上，禮最初是商周統治者現實生活的緣飾化，逐步完善的禮制、禮典、曲禮及其禮物、禮儀，在他們彼此等級分明的生活中始終是無處不存在着的。至於禮借助于樂的配合，是既使等級差別不容差忒、又使各級人等安於等級差別而達到社會的和諧；即所謂憑藉樂的"積極作用"而達成"禮之用，和爲貴"。所以在階級社會裏，森嚴的禮蘊含深沉的政治内涵，和諧性與階級性似當不無關聯。説到底，禮集中體現統治階級所推崇的、作爲主宰整個上層建築的意識形態之一的天命思想；特別是奴隸制社會，天命思想更是其主要的意識形態；而推崇天命思想必然導致上下等級不容變换、僭越的特定觀念。

禮，是中華民族特有的；它可謂我國古代文明和傳統文化的首要標誌。禮典發端於奴隸制社會的早期，自商至西周次第實行；那就是説，先有禮典的實踐，然後將其記錄下來、經過撰作和加工而成爲禮書。余即便提出禮典的實踐先於文字記錄而存在的觀點，並通過對殷商甲骨卜辭、西周鼎彝銘文、先秦經典古籍、後期出土實物的認真考查，特別是經由對《論語》《孟子》《荀子》以及二戴《禮記》等重要著作中述禮文字的詳細疏證，確認春秋以後才開始系統地撰作禮書，還進一步論定《儀禮》成書時間的上下限，從而否定了古今學者所秉持或承襲的《儀禮》由周公撰作（或由孔子删定）的既定論斷。並且，余具體考定該書是在東周的公元前5世紀中葉到4世紀中葉這100年間，由孔子的弟子、後學陸續撰作的；但就書中内容而言，猶是西周舉行的禮典原型。①

余深切地認識到，考察古代禮的發展，不能將典禮之實行與禮書之撰作的先後次序和相互關係顛倒並曲解，否則就難以得出正確的結論。其實，人們所謂"周公制禮"

---

① 其論證過程、解析依據，詳見拙著：《略論禮典的實行和〈儀禮〉書本的撰作》，初載于《文史》第15—16輯，北京：中華書局，1982年。

(即説他親手撰作《儀禮》等書本)以及所謂"其書晚出"(乃説成書之前不實行這些典禮),是兩個相互關聯的誤解。具體言之,此誤解的由來在於:前者是指歷代禮(學)家——上至東漢的賈逵、馬融、二鄭等,下至清代的胡培翬、孫詒讓等——都把"制禮"當作親手撰作《儀禮》書本;後者是指疑古學者的證僞論説——諸如清代中葉顧棟高妄言《儀禮》爲漢儒所綴輯,任幼植(大椿)指斥《喪服》經傳爲劉歆和王莽所附會、進而訾言《儀禮》乃王莽僞作,至晚近康有爲等人更是連篇累牘地"考證僞經"、妄斷《儀禮》爲漢人僞撰。後説對於前説看起來雖針鋒相對,但實際上又都認爲先有《儀禮》書本、然後人們才據以實行禮典。二者於此的同一,正是問題的癥結所在。古代和近代的諸多學者將《儀禮》書本及其撰作,和禮儀、禮物的出現、存在以及禮典的實行混爲一談,以至於侈談什麽依照禮書而實行禮典,這顯然與歷史真相不相符合。余經過反覆探討和考覈,弄清了致誤原因,遂取得與古今學者相反的結論。所以應當説,前人所謂的"周公制禮作樂",只是略定各種禮典的儀節層次(以及各種制度的等級規模),並非其個人的著書立説。當禮樂全盛時,人們議論的全是學禮和行禮的事;等到崩壞時,才有知禮者的個人"於是乎書",撰作禮書,以便保存。因此,禮的實踐在禮書問世之前是長期存在的。誠然,周公制禮作樂或可稱作中華古文明的光輝開端;其實,這開端甚早於禮書的撰作年代。

余並體會到:西周的禮樂活動即爲周族統治者立國精神的形式表現。至於人們議論"禮的總體",時而説就是各種制度,即禮制是也;但上文已述,不只是禮制,而是它與典禮、曲禮三者,才構成禮的總體。況且,不少禮制往往通過典禮、曲禮來呈現;而典禮、曲禮本身也包含着某些禮制,或曰種種典禮和曲禮都是擷取或同或異的禮制而組織成的;因此,禮制考證與典禮、曲禮探討其實必然是交織起來的。譬如説,鄉遂制度創建,乃至於鄉禮發皇,這正是禮制與禮典密切相關之一例。同時,余還認爲:從"禮"的廣義上説,當然包括各種禮制;但所謂"禮",最主要的是指古代社會之統治者所進行的種種禮典以及他們在日常交往中施用的曲禮。故而人們通常却孤立地以典章制度來解釋"禮"字,並不很準確。再者,真正算是從西周王朝建立而起始的宗周禮樂文明之基礎,既是文化、又帶學術性的,與《詩》《書》"樂"並稱的"禮書",實際上僅指(于東周撰作的)《儀禮》,並非所謂的《三禮》。而《周禮》表述職官制度,且不全是出於西周的官制。《禮記》含有漢人追述的讀《禮》、行"禮"之札記。稱得上周代上層社會各級貴族堅持實行,作爲上層社會之主要精神表現的,只有那些名目衆多的、或可歸屬于後人所謂吉、凶、賓、軍、嘉"五禮"的禮典儀式(大的如諸侯見於天子的朝覲禮,小的如"自天子達于庶人"的昏、喪禮,等等)。不少古今學者輒以禮學研究僅爲典章制度之考證,蓋以《周禮》爲禮之本,而視典禮以至《儀禮》蔑如矣;然則,如是甚片面,當非治禮者所應持之基本態度。

《儀禮》在秦前單稱"禮"，被尊爲經後稱作"禮經"（作爲書名《禮經》，自必定于劉向編纂之《別録》）；因書中所記有很多行禮時的儀容動作，有人以爲儀與禮有所區別，就把它僅僅作爲記儀之書（當然，此見解似嫌偏頗），東晉以後遂確定名曰《儀禮》。《儀禮》今本一般即指流傳至今、由西漢末年劉向覈校、整理而成的"别録本"，至東漢後期由鄭玄作注；此别録本，其諸禮篇按尊卑吉凶次第倫序，鄭氏作注時便用之。而後，針對《儀禮》及其鄭注而作的唐代賈疏以及胡氏《正義》等清代疏解書，自然亦就用這本子。此今本《儀禮》除了記述若干禮典，還有一篇表述喪虞奠祭（服喪）期間之服制並反映貴族族親結構以至宗法制度的《喪服》經傳，這也正説明禮典與禮制有密切的關係。

此今本，胡培翬等禮家謂其"有殘缺、而非僞託"，實乃恰當之論。近代今文學家却言"《禮經》無闕"，説之誣也。事實上，"秦火"以後的《禮經》有不少篇章已經亡佚：以全經推斷，今存十七篇不全；就士禮來説，顯然有佚；就大夫以上禮來説，佚典更多。那麼，典禮共有多少？計及所有逸禮，約有三百之數。總數不小，但大多可謂吉、凶、賓、軍、嘉"五禮"之屬（依據《周禮》大宗伯職文所述）。《儀禮》十七篇中，士禮占七篇，即《士冠禮》《士昏禮》《士相見禮》《士喪禮》上下篇（下篇題曰《既夕》）、《士虞禮》《特牲饋食禮》。而《喪服》，雖説亦属"自天子達于庶人"（《孟子·滕文公下》），但天子絶旁期，大夫無緦服，惟有士具備五服，故此篇基本上隸屬於士禮。至於《鄉飲酒禮》《鄉射禮》兩篇"鄉禮"，是地方官在民間推選"處士賢者"，並會民習射、以觀其能；二者雖属大夫禮（大夫禮共四篇），但所行者接近於士庶，故等級並不森嚴，與士禮相仿佛。此外，有天子禮一篇，即《覲禮》；諸侯禮四篇，即《燕禮》《大射儀》《聘禮》《公食大夫禮》；大夫禮還有兩篇，即《少牢饋食禮》上下篇（下篇題曰《有司徹》）。亦依據《周禮》，這"五禮"又大致分爲三十六目，有些目包括比較相近的不同種典禮（如冠禮、昏禮共爲一目，等等）。十七篇共述及的十四個典禮，當然都歸屬這三十六目内。《士冠》《士昏》属嘉禮"冠昏"目；《鄉射》《大射》属嘉禮"賓射"目；《鄉飲》《公食》二者縱然其義不甚切合，但飲酒禮不用飯，食禮用飯而酒只作漱口用，所以此二禮属嘉禮"飲食"目；《燕禮》属嘉禮"燕饗"目；《士喪》《士虞》属凶禮"喪祭"目；《特牲》《少牢》属吉禮"宗廟六享"目；《覲禮》《聘禮》属賓禮"（四時）朝聘"目。至於《士相見禮》，鄭玄將其劃歸賓禮；余以爲，此禮未具禮典規模，當属曲禮。誠然，這裏所涉及的目以及其他諸目還包括許多逸禮。例如，燕饗目裏的饗禮已經亡佚；冠昏目中除有士冠、士昏外，還當包括已經亡佚的公冠禮（卿大夫無冠禮）和各級貴族的昏禮；喪祭目亦當包括各級貴族的喪祭禮，除士喪、士虞而外也都亡佚了。（這裏似當重複一句：將殘存的、亡佚的西周禮典分成五類、三十六目,乃東周以後人所爲,《周禮》對此有説明;然而如下文所述,某些目的設置,並不完全符合西周實制。)

各類禮典皆由士起,自當以爵位高低而別之,爵位愈高則禮典愈繁。且舉一例,《特牲》和《少牢》(及其下篇)分別記述士和卿大夫的歲時祭,二祀典的繁簡程度當然不相一致,前簡後繁;它們在禮節,規模,所用器具、服飾之數量、華素等方面多有不同。而最大的差異在於:前者衹有室內直(正)祭,後者除有室內直祭外,還有堂上又祭;並且,大夫(指下大夫)有又祭而不賓尸,卿(即上大夫)的又祭爲賓尸之祭。① 然而,西周朝廷典禮幾乎全部失傳;十七篇中惟存一篇天子禮《覲禮》,天子禮似當最繁,此篇却最簡,所述覲正禮總共衹有六百餘字。其文體裁獨異,與今文《尚書》爲近,或爲西周遺文;實非詳細記録之完篇,而是在舉行禮典之前,略記禮節條目,作爲行禮時助憶備忘之用:故《覲禮》乃這備忘本的遺存文字而已,或可稱作綱要式簡叙本,也可説是一種原始的禮書。

"五禮"中的嘉禮,大宗伯職文裏惟此類標明"親萬民",與其他四類禮及于"邦國"相對而言。稱邦國者顯然不行於民間,而嘉禮有些也行於民間,表明其若干典禮(多爲士禮、鄉禮)或可接近庶民。除屬於嘉禮的士冠禮、士昏禮、鄉飲酒禮、食禮等之外,屬於凶禮的士喪禮等,亦或接近于庶民。然而西周既然惟士以上的貴族,才"以禮樂節之",某些"親萬民"的典禮後來行於民間,並不能印證當代人所謂"禮純粹發軔於俗","俗先於禮、禮本於俗"的觀點。余以爲,禮與俗二者有本質區別、絕不可相混淆,後來在民間所舉行的比較粗疏的禮典,絕不可謂之乃純粹的民風土俗之遺存;何況就一般意義而論,晚周之前庶民所行,依俗不依禮。禮以爵分以及禮不下庶民之大防,畢竟是不可逾越的。

《儀禮》十七篇經文,看似煩瑣,實爲緻密,還往往省文以互見。曹師元弼先生謂之:"經文各節,鈎連環抱,錯綜成文;條理精密,首尾貫串。"而全經凡省文以互見互求者,正是"作經之大法也"。各篇所述衆禮典縱然器物陳設之多、禮儀節次之密、升降揖讓裼襲之繁,讀之終覺其行文井然有序、諸多文字皆不可或闕矣。曹師所云"凡經文儀節繁密處,禮意尤精",然也。

## 二 治禮和讀《禮》

《儀禮》作爲一部先秦的經典文獻,其研究(讀解《儀禮》、並進而治禮)宜與古文

---

① 關於祖禰祭祀,詳見拙著《宗周歲時祭考實》,初載于臺北市《孔孟學報》第六十六期,1993 年。

字學、古器物學研究相結合,因爲懂得古文字,才能從甲骨卜辭和鼎彝銘文裏瞭解所記載的殷周禮事,鼎彝重器等古器物往往就是禮典所用之禮物。要把這禮書之經文放到實物材料中去求得證明,以考辨其可靠程度如何。而這些研究常常得益於考古新發現;隨着考古事業不斷發展,出土的古器物和古文字材料日益豐富,有時甚至有古籍珍本出土。譬如説,1959 年甘肅武威漢墓出土《禮》漢簡,是一項重大的考古收穫。幾年後此簡本印影出版,余在"文革"之十分艱難條件下,對其進行了較深入的研討,並寫就《〈禮〉漢簡異文釋》《漢簡〈服傳〉考》《〈禮〉漢簡爲古文或本考》《〈禮〉漢簡非慶氏經本辨》《菿闇述禮》等一系列文章。這個漢簡本未經劉向校理,原是古文書本;漢代人不識其字,用今文本對讀,重行隸寫,滲入不少今文本文字,成了古、今文錯雜並用之本。底本是古文,故可稱之爲古文或本。此本子表明:《儀禮》有古文本,即秦焚書前已有其書,決非如顧棟高、康有爲等人所稱"由漢人輯撰";並且,它既屬出於劉向之前的古文本,則足見康氏"古文經爲劉歆僞造"云云,實係沒有根據的浮言妄説,而其所著《新學僞經考》亦隨《禮》漢簡的出土,便被證明並無什麼所謂的學術價值。至於今本、簡本二者的文字,不過是異同互見而已。余所撰的《異文釋》《〈服傳〉考》《述禮》等文,是仔細考辨了《禮》漢簡的文字,並憑藉漢簡本對《儀禮》本文予以認真的考訂,除發現簡本有異文逾千言外,還改正今本二千年相承之誤字二十多個,且依據簡本所提供的異文證明今本確實有誤;既認清《禮》漢簡爲古、今文錯雜並用之本,同時又確認《儀禮》今本亦然,其注文和諸多疏解文字也多兼及古文、今文。而簡本與今本之異文多因用今(文)用古(文)不同所致。

《儀禮》今本亦乃今、古文錯雜並用,是一個不容無視的事實。因此,對於今古文問題,在研讀和疏解《儀禮》時必須予以足夠的重視。兩漢出現經今、古文學及其對峙和爭執,最初起因於秦代"焚書坑儒",故可謂由歷史變遷及其非常事件所使然。春秋以後,周王朝衰弱,致使對於諸侯國呈現權力下移的趨勢,從而萌生其所行禮制和禮典級別的僭上現象,此即所謂"禮崩樂壞"。及至"秦火"時,大夫以上的禮典已多被廢棄(實行的是秦儀);而大量經書在秦火中被焚毀了。到漢代初期,惟士禮和接近士庶的鄉禮以及喪服服制依然在民間實行;其相應的八篇東周六國文字書本被保留下來,因實施書"同文字"之故,已在民間改寫而成爲漢隸書本。據文獻記載或可推測,高堂生從民間取得這八篇漢隸文字的本子,並用推致之法由士禮推致、默記(亦以漢隸文字記之)秦火前曾經讀過的大夫以上禮九篇,遂構成十七篇《禮經》今文書本,此即兩漢今文學家所守之本。高堂生沒有撰作解説,到武帝末年,高氏三傳弟子后蒼寫成解説《后氏曲臺記》,則被立爲博士,並確定其師法,遂達成立於學官的《禮經》今文學;爾後又分成各有其不同家法的派別,比如后蒼之傳人戴德、戴聖、慶普的"大戴禮""小戴禮”“慶氏禮”一時間相並峙（所謂師法、家法，不過是傳授上的一個概念罷了，師法、家法不同，乃指以對經文的不同解說傳授之）。而“秦火”時，另有部分六國文字的經書被藏匿起來，直至漢惠帝解除了挾書律，藏匿的經書得以重見天日；其中有書卷“出於魯淹及孔氏，與十七篇文相似，多三十九篇”（《漢書·藝文志》），“文相似”者，與已經流傳的今文《禮經》十七篇實非一致，是謂古文《禮經》。然而，此古文原本甫出民間，旋入中秘。實際上，這時離秦廢六國文字已有百年，對此本若不經隸定，往往就不能通其讀；所以，後來在民間流傳的古文本也是改用漢隸的。只是古文本和今文本源於不同地域、不同時期的東周六國文字本子，所以二者是不盡一致的，即述禮文字互有異同（非指字體，字體均已由周篆改爲漢隸），篇數亦不相符。並且，古文本隸定時自然會以今文本對讀，就會有今文滲入而成爲古今文錯雜並用之本。古、今文因文字叙述有異，勢必其解說、記傳也不同。古文學興起，但未能立於學官，自在民間傳授和研習；且不像今文學受師法、家法囿限，在學術上頗多造詣和發展，則其聲譽日隆。不少東漢學者先通了今文經後，便再習古文經。而鄭玄對於《禮經》，亦“本習小戴禮，後以古經校之”（《後漢書·儒林列傳》）；他從馬融習古文經，融曾入中秘校書，得見古文《禮經》等原本而研討之。即使之前劉向校理經書，也必然會覈校不同本子的。

鄭玄的成就是巨大的，他兼通古今、（對前人解說）去蕪存菁、遍注群經，以至於不僅使今文說悉被淘汰，而且使古文學亦被吸收而致淹沒了；鄭注行世遂爲“鄭學”，鄭注行則諸本皆廢。兩漢經學的學術興盛，從今文學轉移到古文學，又從古文學轉移到鄭學。鄭學對後世頗具影響，在兩漢經學史乃至整個經學史上，算得是一個重要的里程碑。群經鄭注中，《三禮》注最顯功力。對於古文、今文，鄭玄擇善而兼採，就如《禮經》注文裏，時有“今文某或爲某、古文某或爲某”的語句；後人卻據以訾議：鄭氏從古文則古文在經而注中疊見今文，從今文則今文在經而注中疊見古文，此乃雜糅今古文、破壞家法、改易經字。但如上文所述，余已推斷：兩漢流傳的，以至於劉向校理、鄭玄作注的《禮經》書本，本來已是今古文錯雜並用之本；故而《禮經》鄭注今本之或從今或從古，是玄辨別今古，並非雜糅今古、改易經字，而惟疊其異文於注並論其正誤耳。如今研讀《儀禮》，倒應當注意鄭氏在這方面的考辨和論證。

研讀《儀禮》各禮典篇章，當着眼其述儀而達到探義的目的。精讀《儀禮》，是治禮之起始和根本；讀通它，對於研究禮學、經學乃至傳統文化至爲重要，所謂“六經同歸，其指在禮”者，通《禮經》而後可通群經矣。要讀通《儀禮》，需憑藉一些注疏書籍，其中首先要讀的就是《儀禮注疏》——鄭注賈疏；無疑，《儀禮注疏》是迄今影響最大的釋禮著作。其實，無論舊疏新疏，疏家往往採用鄭注；並且，歷代經師大多服膺鄭學。的確，鄭氏《三禮》注精湛周到，讀《禮》者理當深入領會其精髓。可是，《儀禮》記述禮典雖顯煩瑣，然其文字表述相當精簡，不少篇章還時見"文多不具"者；針對這樣的情況，鄭氏鑒於兩周各官職掌上涉及禮典的器物以及某些儀式，便用《周禮》來注《儀禮》，以前者補後者之闕。余以爲：二者縱然有不少相應之處，而相違之處更多；由相應、相違之處正好窺見其反映先後時代之禮制、儀式的沿襲和變更。況且，《周禮》所述又往往趨於誇張和繁碎，應當更折衷於西周鼎彝銘文者，則可證凡相違處均屬戰國時王所後起的增制。且以《覲禮》爲例説明之。鄭氏等東漢經師注《覲禮》，均謂諸侯見天子有四時之禮，此説即依據《周禮》大宗伯等職文所述，"以賓禮親邦國"有八目，其中四目即四時禮："春見曰朝，夏見曰宗，秋見曰覲，冬見曰遇"；然而《覲禮》經文並無此説。究其原委，《儀禮》記述之禮典反映的是西周實制，諸侯見天子固然以朝前覲後爲序，但二禮非爲朝在春、覲在秋；及至戰國初，強國稱雄，競相以客禮待衆諸侯，冀其來見，纂《周禮》者則以時王所尚，創四時分見之説，朝、覲用舊制，易其義而繫於春、秋，取魯君之遇禮而繫於冬，又另附會"朝宗"之義而以宗繫于夏。鄭氏便用此説來注《覲禮》，則就以變更了西周實制的東周之增制、改制，曲解西周所實行的禮典原型。所以説，《周禮》有實有虛，有可靠的，亦有不足信據的；那麼，鄭注以《周禮》補《儀禮》之闕，有當、亦有不當的。再者，鄭氏又不加選擇地用《禮記》注釋《周禮》和《儀禮》，亦使鄭注有失完善者。因此，鄭注縱然精審，亦難免有疏漏迂曲之處；後人雖多彌縫之論，終乏適當之説。當然，將"三禮"結合起來的研究方法是可取的，祇是必須明瞭《周禮》與《儀禮》二者之鑿枘違異，對《禮記》的論禮篇章亦須正確、全面地解析。簡言之，研讀《儀禮》，首先要讀懂經文注文，領會其旨意，然而在研讀時亦當明經注之漏失，袪禮家之偏執。至於賈公彦《儀禮疏》較爲翔實，後人對其却多予詬病；當然，賈疏的可靠性實不如鄭注，而曹師元弼先生判斷該疏"誤者十之二，不誤者十之八"，認爲對其惟嚴加校勘即可。他仔細地做了校勘工作，寫成《賈疏後校》以辨正賈疏失誤之處；後來在此書等著作基礎上撰寫《禮經校釋》，便是針對賈氏舊疏、兼及胡氏新疏《儀禮正義》而作的。讀《禮》者在閱讀並進而評價新舊疏時，不妨參考這部勘誤釋疑十分精到、"持論頗多可採"的《校釋》（其辨正賈疏之失誤者尤當取益之）。余則認爲，對於《儀禮》而言，新疏尚不能取代這舊疏，雖然前者在某些方面優於後者；目前，舊疏、新疏還當並舉，不可取新而廢舊矣。

　　唐韓愈云："苦《儀禮》難讀"；人謂文章之士不諳經術制度，故有此語，其實不然。該書記述之禮典及其儀式，必然異于秦漢之後，唐以後人士非反覆研討自難盡曉。鄭玄注得以流傳後世，表明它自有其長處和優勢。玄之後如魏晉時期王肅的注于唐初已佚，南齊黃慶、隋李孟悊爲王注作疏。賈公彦採取鄭注作《儀禮疏》時曾參考過黃、李之疏。誠然，鄭注、賈疏有不完善或謬誤處，本是情理中事；即使有疏漏，鄭、賈之功也不可没,鄭氏更可謂功高蓋世。可是,唐後學者大多以"注不違經、疏不破注"爲戒,甚至一味泥古不化,則縱有鄭注賈疏亦難盡解《儀禮》旨意,以至於問津該書者日益稀少。及至清代,經學、禮學復興,經學大家輩出,群經新疏迭起。就以疏解《儀禮》而論,清儒建樹良多。清末經學史家皮錫瑞云:"讀《儀禮》有三法:一曰分節,二曰釋例,三曰繪圖。得此三法,則不復苦其難。"余則憑切身體會,確認張爾岐的《儀禮鄭注句讀》、凌廷堪的《禮經釋例》、張惠言的《儀禮圖》,正是分別展示此三法的佳作,藉以可對《儀禮》之研究取得易於深入的門徑。特别是張氏《句讀》,更算得是旳當之作,余在從曹師初習《三禮》時,曾下過一番功夫對其認真讀之,師謂"熟讀《句讀》乃通是經之第一步"。而曹先生的《禮經學》,也是一部甚有學術價值、不可不讀的《儀禮》研究著作,於讀《禮》和治禮亦具有指導性意義;書中,既表明了著者在禮學上的高超造詣,亦反映過去和並時諸多學者的治禮成就。事實上,此著論及的方法較皮氏"三法"更爲擴展,全書按七個項目(七目)——明例、要旨、圖表、會通、解紛、闕疑、流別展開。明例、要旨者,由禮例而明禮義,由綜述各篇要義而解析全經的旨意(曹師亦在書中列出經文立言之法五十例,對理解全經旨意足可鑒者)。會通者,既是通禮的要求和標準,也是讀《禮》和治禮得以深入的有效方法。(而進一步會通群經以至會通經史、諸子古籍,當然有助於深入治禮。)流別、解紛者,因解析治禮不同派別之分歧而促使對禮義真諦的揭示和發揚。闕疑者,對因古籍殘缺而不能解開的某些疑問,寧缺而不可毫無根據地強解,則研讀殘缺不全的《禮經》自然亦應抱着這樣客觀的態度。

《儀禮》不少篇章"文多不具",這是該書的一個重要特徵;讀通《儀禮》,必須理解此特徵,即曹師所謂省文互見互求——這"作經之大法"的滕理。其實,該書在禮典記述上的通例便是:儀注相同可以省文見義,儀注相異則必定詳叙。即不同禮典篇章或同一禮典篇章的不同段落,若有情事相同以致儀注相同者,就不必重複叙述,可以簡略省文。比如筮卜,不少禮典往往須先行筮儀卜之,然則一些禮篇却省略其文,此略之的確無妨。如是省文而不具者,實乃文同互見(互文見義)之必然也。一般説來,凡省文不具的儀注,自然可從對其有詳叙的篇章或段落瞭解之,這是讀解時理當注意及此的;也有别樣情況:不同禮典之相同禮節、儀注,雖義無不同,述儀之法却不盡一致(如鄉飲、鄉射、燕、大射之獻酢,其辭洗之節即是這種情況例示之一),讀解時則也應當予以比較而領會之。曹師説得明白:"治禮者必全經互求,以各類各篇互求,以各章各句互求,而後辭達義明,萬貫千條,較若劃一";故此法必須全面地掌握。然而,因《儀禮》是殘經,有的存篇裏對某些禮節、儀注省文不具,此未備之文從其他存篇亦不見,那麼當在逸篇裏有詳叙者;對於這樣的禮節、儀注,理當另予探索。可是,以總體而言,《儀禮》全經有種種凡例,深入研讀自當"明例",即由其例可推測某些典禮篇章裏文不具的禮節、儀注；就是説，明例是讀通《儀禮》的重要手段，釋例而會意，藉例而明省文不具者：從而達到以例解經、以例補經的目的。再者，且提一下名物記述之一例，器物（和牲禽）之數均詳記，不因數同而省字。看來，就記述禮節、儀注和名物而論，《儀禮》凡詳言者皆層次分明而無蕪雜之病，凡省文簡言者却並無疏漏之感；並且無論如何，其每篇所述禮典是一個整體，整篇又貫串而緻密，故讀《禮》學禮，不能斷章取義地學，不能忽視、偏廢整篇的某些部分。

《儀禮》固"文多不具"者，但同目之相類典禮篇章，亦頗多類同、相仿的禮節及其儀注之陳述，閲讀時宜多予辨別其異同；初學時，可將十七篇分成幾組，内容相近的篇章歸於一組，選其中一篇更爲仔細地讀解。如以《鄉飲酒》《鄉射》《燕禮》《大射》觀之，飲、射爲主要内容：鄉射之前也行飲酒禮，鄉射之於鄉飲酒，只多射禮一段，二者都是鄉禮，或甚至可看作一禮，不過是全部和部分之别罷了；大射乃飲酒而射，射後即燕，燕禮可單獨進行，亦爲大射禮之一部分。鄉飲酒禮和燕禮、鄉射禮和大射儀，又不過是參與者之爵位不同，而致所用器具、服飾有多寡、華素，以及禮節、儀注有繁簡、隆殺而已。此四篇既然大體相仿，故可更仔細地讀其中最完整、最全面的那一篇，即《大射》篇，則另三篇便可對照而知其要。當然，相近篇章雖多仿佛者，但儀注還是各有細微差别處，仍當多予比較而細心體會之。就如"特牲饋食""少牢饋食"二禮縱多歲時祭之共同儀注，然而如上文已説及的，其禮節畢竟有明顯的不同，儀注也不盡一致，這正表明"禮以爵分，爵禰高則禮彌繁"的道理。

治禮從名物、訓詁入手，或有事半功倍之效。讀《禮》之難，除文字、章句以外，更在於名物（包括宮室、輿服、器具）制度難明；名物若得闡明，便能明瞭儀注之所依託者，文字訓釋、章句分割等滯礙亦由此而冰釋矣。然而，曹師也十分強調"禮之所尊尊其義"，即其所立治禮七目之二"要旨"是也。師告誡衆弟子力戒以名物、訓詁自矜誇，從名物以及訓詁等方面入手，但當以探明禮之義，即典禮之旨意爲要。這裏且就若干典禮之旨意簡言幾句：冠禮乃具（使受冠者）成人、著代、入仕之義。昏禮顯示男女有别、夫尊婦從之義，（嫁女）成婦順德而"上以事宗廟、下以繼後世"。覲禮是諸侯朝覲天子以彰顯君尊臣卑、臣忠於君的君臣之道。聘禮乃諸侯遣使（卿）至異國聘問以示侯國之間互相親厚之誼。公食大夫禮，乃"小聘曰問"的問禮，是主國君禮食小聘大夫之禮，其義與聘禮相仿佛；又食禮與燕禮一樣，國君對本國之臣也可行之，故與燕禮之義也相通。作爲鄉禮，鄉飲和鄉射乃是鄉、州官長薦賢選能，並藉以在民間崇賢示範之禮；上文提及鄉遂制度創建，才有鄉禮的發皇，故認識鄉禮之義離不開對鄉遂制度的探討。而大射儀，即諸侯射儀，其不同於鄉射者，更是旨在培育王子弟尚武精神的；君臣燕飲、樂射則帶有歡懼交織的氣氛。此諸禮均顯示其威儀（當然，鄉射之威儀省於大射），而喪祭之禮免威儀，誠然是旨意有別的不同類典禮之故。（士）喪禮是凶禮，但本着對逝者"事死如生"的精神，爲其設奠，其全部禮節體現一整套以宗法思想爲指導的五服上行、下行、旁行的喪葬制度。而祭禮涉及凶禮（如虞禮）和吉禮（如歲時祭"特牲饋食""少牢饋食"），乃寓思親、事鬼、敬神以致福之意：葬畢歸來舉行虞祭，所謂"送形而往、迎精而返"，此喪祭正是這種思親、祝禱之情的宣洩；又如上文所述，"特牲""少牢"分別指士和大夫祭祖禰之禮，二者雖均爲歲時祭，祭法也相同，但規模大小不同，且後者祭祀儀式比前者繁多，由以表示大夫祭祖的求神之意更爲廣泛一些。至於《喪服》經傳述解喪虞奠祭期間之服制，實際上就其蘊含意義言之，各種喪服不過是西周中期貴族族親結構以至宗法制度的體表而已；喪服作爲祭奠之禮的名物，且其有降服、正服、義服之别，恰體現服喪者與逝者的關係有疏密不同，以及彼此相對之尊卑貴賤有一定的差等：這正是禮的主旨之等級觀念的一種集中表現。

　　凡禮之"記"，自然是闡述《禮經》的傳記，其内容不外乎補經之未備、解經之未明兩端。《儀禮》各篇共附有十一則"記"，完全是這種性質；二戴《禮記》的論禮文章三十九篇，也都是這種性質（當然，這些篇章大多是專門解析《儀禮》之義理的）。然而，《儀禮》各篇之記，其實與經文之間並無明顯的界限，或許本來就是經文的組成部分，只不過把行文上不便插入正文的解釋性、補充性的文字，安排在篇末作爲附録；故這附經之記不當與二戴《禮記》相提並論。武威簡本篇章的附記之前恰無"記"字，今本裏此字可能爲後代人所加。其實，以記釋經、藉記解經，乃是治禮之必要；這主要指二戴《禮記》，對此亦當認真讀解之。特別是其内含某些佚禮之釋語並殘存經文（其他經史、諸子等典籍裏也有類似文字），搜索、解析這些殘文、釋語，並進而用推致之法探討、推闡、復原佚禮框架，或許可作爲深入治禮的重要方面，由以較全面地展示宗周禮樂文明的本來面貌。所謂推致之法，乃指無論名物度數、揖讓周旋，都可以掌握儀注相同、等級差異來推比。此法始于高堂生，藉以由士禮推致大夫以上禮；此法世代相傳，迄今依然可用以精細研究《禮經》，並有效地探索佚禮。余以爲，探索以至復原佚禮，或可作爲禮學研究得以進一步發展的一條必由之路。具體而言，例如二戴《禮記》的《雜記》《郊特牲》《禮三本》等篇章，有述及已佚之饗禮的内容，甚至直引《饗禮》原文者，由此即可解析、鑒定《饗禮》殘句並探討饗禮之大概。並且，因十七篇裏多士禮，天子禮只有一篇，故復原幾個周王朝的朝廷巨典似尤爲必需，諸如郊禮、禘禮等佚禮，或亦曾有其書本，從一些典籍裏亦見其尚存留殘文，或可亦詳予探討之。顯然，對二戴《禮記》和其他某些典籍裏佚禮殘句的搜索和鑒别，將大有裨益於對西周典禮及其相關名物制度的較完備論述；但對於述及佚禮的篇章必須予以嚴格的篩選和審核，剔除其可疑的章節和詞句，當肯定確係西周典禮之原型，而非後代人仿作以致可能違背原型者。

縱然如上文所云"通《禮經》才可通群經",但反過來,理當以群經解《禮經》,只有會通了群經,才能更深入地領會禮之義。曹師所謂"盡六經之文,無一不與相表裏",確也。而以經解經、以經證經,正是治禮、治經的基本方法之一。因爲中國傳統文化渾然一體,群經相互交融,四部古籍之涵容互有交織,所以不能孤立地治禮,治禮亦當治群經,治禮須以古文獻研究爲基礎(對於《儀禮》十七篇研讀是如此,進一步對於佚禮的探索也如此)。再者,古文獻研究固然需結合以古器物研究,但不可偏重實物而輕視文獻。以他經和其他古文獻證《禮經》,是將它們作爲治禮的材料和證據,並要注意其中記載的名物制度和具體禮儀是什麼時代的,應瞭解制度和禮儀會因時代不同而有所變遷;還要明白禮書記載的往往是一般的制度和禮儀,而史書和某些其他經書等記載的往往是特殊的禮事(出土實物中也有不少與特殊禮事相關聯的)。那就是説,要用歷史發展的眼光看待名物制度和具體禮儀的變遷,還要通過對一般性(記載)與特殊性(記載)之矛盾的正確處理,而對於禮制、禮儀等作出恰當的解析和補充。所以,治禮、治經,也應當掌握唯物史觀和歷史辯證法,儘量克服近代西學中機械論傾向的可能影響。

必須再提一下禮圖,因時下很多人頗輕視之,認爲歷代禮圖不準確、所繪非爲實制,不屑一顧。禮圖多誤是事實,但不去辨別其真僞是非,就不能解決如何將《儀禮》研究結合以古器物(還包括宮室等)探討,即如何將文獻放到實物中去求得辨證的問題;不憑藉禮圖,就難以真正讀懂《儀禮》,更重要的是,則就無法辨認禮典和禮制的區別。故而當代深入治禮之一項需要實施的任務,便是根據《儀禮》研究及其相關古文獻、古器物探討,並借助於考古新發現,編輯、修改舊禮圖,進而設計、繪製比較準確、符合實制的新禮圖;余曾撰《〈周代城市生活圖〉編繪計畫》,便是對此任務的一個不很完備的思考和籌劃。

至於《儀禮》今本記述典禮的十六篇篇名,都即爲其正文首句(《喪服》亦然);首句指明某禮,既是其篇正文,又用作題名。而武威簡本(除《服傳》外)均無正文外之篇名,可見西漢《禮經》本無今本之小題。所見今本各篇小題在上,又有篇次,乃劉向校定時所加。首句指明某禮者,即表示篇名就是所記述之禮典的名稱。惟《士喪》和《少牢》之下篇篇名"既夕"和"有司徹"不是禮典之名,僅爲篇首正文二三字;唐石經作"既夕禮",誤加"禮"字,後人有沿用者,當然是不對的。《士昏禮》首句爲"昏禮",無"士"字,此字乃漢代人冠於篇名的。《特牲饋食禮》《少牢饋食禮》之篇名,自然亦源之于其正文首句,但"饋食"以至"特牲饋食"和"少牢饋食"是士和卿大夫之祖禰歲時祭的祭法、非爲祭名;首句當有"特牲饋食"或"少牢饋食"之語(並無明確的禮名),經文傳鈔中則於"饋食"之後誤加了"之禮"二字,世俗遂有"饋食禮"之稱了;因此,今本中這兩個典禮的篇名不甚適當。

初讀《儀禮》,余有一體驗順便説一下,就是首先必須掌握經文每一節之大意、即逐節領會其含義。曹師指出:賈疏每一節所言之事,即大要也。余初習禮兩三年,師便囑余撰《儀禮纂疏長編》,此即對十七篇的每一節,均述其大要。的確,初學者自當不厭其煩地勉力而爲,逐篇逐節地認真思考,撮其大要;這實際上是精讀經文的方式,而不是泛泛地讀、不求甚解。此乃讀《禮》、治禮的初步要求,却是奠基性的重要一環。當然,達成此一環,亦應參考胡疏和其他解經之書。再者,讀經文時當辨別增删之詞,精讀了自會明白的。

此外,我們考究宗周禮樂文明,在治禮的同時,需要盡力探索西周之樂。其實,樂未全亡,樂在禮書、樂在經籍、並可求證於出土器物。《詩》《書》"禮""樂"乃標示西周一代文明;探索西周之樂,或可謂治禮以至考究宗周文明之深層次目標之一。群經中,當然是《詩》《書》與禮樂的關係尤爲密切,曹師説得精闢:"《書》者,聖人以禮治天下之實政也,故《書》可以見禮之源委";"《詩》、禮相通,以詩情求禮意",《詩》即爲樂歌之辭章,就是禮樂整體的要素。《詩》《書》並不易讀,但亦尤須體會其所蘊禮樂之深意也。

## 三　胡培翬及其《儀禮正義》

《儀禮正義》的作者胡培翬,字載屏,號竹邨,清代著名經學——禮學家,生於乾隆四十七年(1782)、卒于道光二十九年(1849),安徽績溪人。績溪胡氏是經學世家,竹邨之祖父匡衷(號樸齋)、從父秉虔(號春喬),均精研經、禮。樸齋名聲頗高,著作甚豐,其中《儀禮釋官》《鄭氏儀禮目録校正》《三禮劄記》等對竹邨的影響不小。春喬所撰《經義聞斯録》也是一部有價值的經學著作。

胡培翬于嘉慶二十四年(1819)舉進士,官至内閣中書、户部廣東司主事等職,在任清廉不苟。爲官不久,倦於應酬,回鄉創立東山書院,並講學于鍾山、涇川、惜陰等多家書院。除了傳承家學之外,還從經學家汪萊(有著作《十三經注疏正誤》等)、凌廷堪(有著作《禮經釋例》等)、王引之(有著作《經義述聞》等)多人受教,特別是受凌氏《釋例》之啓示,識其治禮途徑,則研習經、禮之進益頗顯。此外,與友人胡承珙(有著作《儀禮古今文疏義》)、邵懿辰(有著作《禮經通論》)等,對於《禮經》之研究互相切磋討論。

竹邨早年有語:"因校先祖《儀禮釋官》,取《儀禮》全經覆讀之,而賈氏之《疏》疏略失經、注意者,遂有重疏《儀禮》之志。"(胡氏《復夏郎齋先生書》)後謂"《儀禮》之書,叙次繁重,有必詳其原委而義始見者。"(胡氏《〈儀禮〉非後人僞撰辨》)並又言:"無昧乎經、史、文之義,無急功名而抱氣節,無騖浮華而忘實踐。"(胡氏《惜陰書院別諸生文》)此數言正道出其撰作《儀禮正義》的起因和初衷,表明其專注向學、執著治禮的嚴謹態度和清純品格,而且定下了重疏《儀禮》"必詳其原委"的嚴明目標。他從1808年(二十七歲)開始治《禮經》,著手撰作《正義》,其後耗費了四十餘年心力,得以成就這部四十卷的煌煌巨著。具體説來,乃從喪、祭諸禮起手,先撰《喪服》疏,用功最深,喪、祭禮幾篇亦都十分精密;繼而疏解冠、相見、聘、覲諸禮,大約在六十歲前後患上嚴重風疾,後至半身不遂,却依然堅持用左手寫作;餘下則撰作昏、飲、射等禮之五篇疏文,有族侄肇昕助其采輯校寫。及至1849年(六十八歲)春末,他致函侄子肇智曰"假吾數月,全書可成矣!"憾哉,無多時日,因舊疾復發而於七月過早離世,這五篇竟然未及卒業!肇智的跋文略述了是書之撰作概況。

這五篇便是《士昏禮》《鄉飲酒禮》《鄉射禮》《燕禮》《大射儀》的正義,共十二卷,胡氏終因病而不能卒其業;但已經輯録引文(肇昕助之),並予疏解,只是校理、排比,修飾猶未妥貼,亦即尚未校改修繕、統稿定稿。殁後由弟子楊大堉、族侄肇昕接續校理。這五篇中凡加"堉案""肇昕云"者,當即爲此二君所述,其餘大多爲竹邨遺存未定稿之原貌。楊氏却因此託名而作爲補撰者,後人多莫辨其虚實;以後的刻本則就標明"楊大堉補"。

此外尚需一提:竹邨還著有《燕寝考》二卷、《禘祫問答》一卷、《研六室文鈔》十卷(並《補遺》一卷)等書稿傳世,未見傳本者如《儀禮宫室定制考》等幾種;這些著作的大多篇章可謂《儀禮正義》之扶翼。再則,又準備撰《儀禮賈疏訂疑》《儀禮釋文校補》以作爲《正義》之補編,並撰《宫室提綱》,擬冠于《正義》之首;惜乎這三部書稿都未及完成。然而,從《正義》到後三書稿之總體撰作計畫,看來是比較周到的。竹邨明白治禮須先瞭解宫室之義,故對其另作專門探討;《正義》裏某些篇章引述賈疏較少,或許是擬另撰《賈疏訂疑》之故。

胡氏《正義》無自序、無凡例條陳,此乃未全部完成之稿,諒來最後未及説明周全矣。其撰述之例,見於羅惇衍(字椒生)序中簡略數語。而竹邨原先在《上羅椒生學使書》裏有較周詳的陳述:"纂撰《正義》約有四例:一曰補注,二曰申注,三曰附注,四曰訂注。何謂補注?鄭君康成生於漢世,去古未遠,其視經文有謂無須注解而明者,然至今日,非注不明,於經之無注者一一疏之,疏經即以補注也。何謂申注?鄭君之注,通貫全經,囊括衆典,文辭簡奥,必疏通而證明之,其義乃顯。昔人謂讀經憑注、讀注憑疏,是故疏以申注,乃疏家之正則也。然六朝、唐人之作疏,往往株守注義、不參衆説,故有'寧言周、孔誤、莫道鄭、服非'之謠;又孔沖遠作《五經正義》,於《禮記》則是鄭非杜,於《左傳》則又是杜非鄭,令人靡所適從,豈非疏家之過乎?今惟求之於經,是非得失一以經爲斷,勿拘疏不破注之例。凡注後各家及近儒之說,雖與注異而可並存者,則附錄之,以待後人之參考,謂之附注。其注義有未盡確者,則或采他說、或下己意以辨正之,必求其是而後已,謂之訂注。"胡氏此述說恰表明其確定《正義》之"疏解四例"的緣由以至撰作新疏的宗旨。而綜觀《正義》,凡由竹邨已予定稿之篇章,大致是其循此四例而撰成的(雖然還有不盡如人意之處)。余以爲,治禮起始,當以申本經之宏旨、袪注疏家釋經之偏執爲要。胡氏之"申注""補注"者,即申經旨也;而"訂注""附注"者,亦即意在袪鄭注的某些偏執:故其《正義》之"疏解四例"頗爲適當。祇是要做到準確而貼切地申注、補注、訂注、擇善者以附注,並不那麼容易,胡氏確是下了大功夫的。

清代經學崇尚"實事求是、無徵不信"的考據(學)原則,此乃清學之主要表現特徵,而藉此可達到恢復漢學之目的;嘉、道以後撰作的諸經新疏都採用漢注以達到這一目的。其實,新疏正是考據學發展的成果之一。如上文所述,《儀禮》漢注、即鄭注十分精湛,已爲唐代舊疏,即賈疏(《儀禮注疏》)等書所疏解。普遍認爲,胡氏用鄭注而撰述的《儀禮正義》,以及用鄭注的孫詒讓《周禮正義》、用趙岐注的焦循《孟子正義》等,均可謂體裁明密、闡述精當,對於相應之舊疏而言,既吸收其精義、又避免或糾正其違失,故在諸新疏中都堪稱上乘之作。然而說得確切些,胡疏之喪、祭數篇,的確能與甚爲精密的孫疏、焦疏相媲美;但胡氏撰作冠、相見、聘、覲四篇已在病中,往往自亂其例,以至於疏漏屢見;而昏、飲、射等五篇既爲胡氏未成之稿,體例未經統一("補撰者"其實對體例不明),其紕漏則頗多,甚至顯得凌亂草率。可是,從總體而大略觀之,胡氏《正義》畢竟是一部疏解並研討《儀禮》之衆多成果的集大成巨著,仍可稱其爲完備、詳盡、周到、上乘。身處清學全盛時期的胡培翬,必然秉承清初經師所倡導的考據原則,並實行乃祖樸齋所定"實事求是、以經證經"之治學家法;實事求是,確是其《儀禮》研究、《正義》撰述的基本風格。此風格正集中體現于胡疏之"疏解四例"。四例已如上述,再進而言之:"附注""訂注"二例突破了"疏不破注"的陳習,一以正確釋經爲旨;而"補注""申注"二例亦以進一步完善鄭注、充分闡明經義和注意爲旨。與大多數清代經師一樣,竹邨可謂漢學家;但胡疏也兼采宋學,選載理學家對《禮經》經義的某些闡釋:這確也表明竹邨治禮所持之客觀、全面的基本態度。應當指出,胡氏雖因不滿足于賈公彥之疏而撰《正義》,但他畢竟是很重視鄭注、賈疏的,甚至可算得頗推崇鄭學。鄭學研究之有效方法,主要就是"以經校經、以經解經"。賈疏遵循此法,胡疏也如此;當然,胡匡衷"以經證經"之治學家法正是承襲于鄭氏此法。

胡培翬爲實現其"疏解四例"而宏征博引,深入探討。《正義》全書所徵引衆儒校勘、疏解、評述經注及舊疏者共有三百餘家之多(其中清儒諸説所占比例頗大);憑藉這許多引文,則便再依經文、注文逐句作出十分詳盡的疏解,條條引文無不以或補注、或申注、或附注、或訂注爲目的。引文之後胡氏的案語當然不乏恰當者,尤其對鄭注,他是認真地辨析、剖解、領會、闡發,遂得以達成"四例"之旨;而對於賈疏的正誤得失,有貶語,也有褒語,即也是經過仔細分析而作出判斷的。因此,胡氏新疏爲衆所認作《儀禮》研究者理應必讀的鴻篇巨製。竹邨成此巨著,深諳鄭學之研究方法以至乃祖之治學家法是一個重要原因,而其"疏解四例"更成了《正義》的精髓;這"四例"甚至可算是其《儀禮》研究有所成就、疏文裏確有趨於圓滿者的關鍵。鑒於上述,或可言之,"縝密考訂、寧詳毋略、萃集群言、以經證經、以注(疏)辨注(疏)、遂使新疏成立",即可看作《儀禮正義》的鮮明特色。讀者從書中見到撰作者詳載諸多注疏、論説之異同,然後擇善而從,此乃是書在某些方面優於其他注疏、論説本之故也。再者,讀者並可由胡氏《研六室文鈔》等著作的若干章節,瞭解其撰作《正義》的宗旨立意、結構體例以及有關名物制度、經文釋義之闡述。一言蔽之,深入探究《儀禮》經義,不致因"十七篇文辭古奧"、其鄭注賈疏的某些不足和訛誤、陸德明《經典釋文》對於《儀禮》的相對疏略等等因素,而致使"先聖製作之精義蔑如也",便正是胡氏造就這鴻篇巨製的粲然主旨。

具體説明幾點。先就"讀《禮》三法"而言:其一,凌廷堪《釋例》對其弟子胡培翬著手《正義》撰作頗具示範、引導作用,其"例"者,禮例也,乃指節文等殺之例;釋例者,可由以領會不同禮典的相同禮事之禮節、儀注的異同,乃是各禮篇之橫向比較。《正義》不少篇章幾乎逐條徵引《釋例》,胡氏視該書近乎圭臬,力圖藉以充分發揮釋例以解經、補經的作用;並且,胡氏在凌氏《釋例》基礎上,對於禮例之歸納還有若干補充。余則認爲,凌氏《釋例》確實頗多精義,但行文有重複,未免顯得煩瑣而粗疏,且其變例過多,還不足於概括全書。其二,張爾岐《句讀》分節精細,各節俱補名稱,一節中如分若干段落亦一一注明,培翬撰《正義》即承用此分節方法(具體怎樣分節,《正義》多依《句讀》,也時有更易);張氏對禮經的解釋中肯簡明,亦常爲《正義》所徵引。其三,治禮必先明宮室之義,讀者可參閱上文提及的張惠言《儀禮圖》,該書卷一正是宮室衣服圖,同時也可參考胡氏之存世著作《燕寢考》(可惜没有來得及寫成《宮室提綱》)。由禮圖可瞭解名物制度、理解禮儀以至禮義,胡氏深悟此意,在《正義》中時有對(清)張惠言《儀禮圖》、(宋)楊復《儀禮圖》、聶崇義《三禮圖》,以及舊圖等文字説明的引述和辨析。

《正義》引述較多的還有:于章句者,除張爾岐《句讀》外即多引吳廷華的《儀禮章句》;于宮室者,乃引述李如圭的《儀禮釋宮》;於官制者,乃引述胡匡衷的《儀禮釋官》;

於今古文之例，引述胡承珙的《儀禮今古文疏義》；于清代考據成果者，乃引述考據名家王引之的《經義述聞》等；于宋學，亦時而引述李如圭《儀禮集釋》和朱熹《儀禮經傳通解》，胡氏並認識到朱氏《通解》抑或使鄭氏禮學在宋學背景之下得以復興。余以爲：宋學中，此李氏《集釋》、朱氏《通解》尚存漢魏矩矱，但前者缺《鄉射》《大射》兩篇，後者本爲未成之書，由弟子黃榦、楊復所補，殊乏條理；而元代的敖繼公《儀禮集説》，明代的郝敬《儀禮節解》，好與鄭注立異，雖偶有新説可喜，然實少平實之論。可是，胡氏既兼採宋學，且對宋儒以及宋後儒者（除元、明外，還包括清儒，諸如盛世佐等人）的學説，雖有不合鄭義者亦予採入，即便如並不服膺鄭學的敖、郝二人之説亦擷其中善者而用之。所以余頗感，胡氏的"疏解四例"，其指意很寬廣；他爲實現此四例而廣泛徵引，甚至不排斥異説：惟如此，才成就了這一部兼收衆家異説及其精義而致相當完備的集大成著作。

典禮多就侯國言，這在首篇《正義》之胡氏案語裏即已指明；此案語曰："冠昏喪祭，切於民用。周公制禮，欲以通行天下，故多就侯國言之。"語雖中肯，但究其緣由，天子禮、朝廷大典，亡佚者更多。胡氏也沿襲自古以來《儀禮》制自周公之説，然亦著文辨正所謂《儀禮》乃由後人偽撰之瞽説（《研六室文鈔》卷三《〈儀禮〉非後人偽撰辨》）。

上文提及，胡氏治理喪祭各篇最爲精密，尤其《喪服》疏文，堪稱細緻而周到，文中還糾正賈疏所論降、正、義服之失誤，特撰《考五服衰、冠升數及降、正、義服》一節，當予肯定。再者，此篇記傳，即服傳，多釋經例，更多用省文互求之法；胡氏明於此，其疏解似收到更好的效果，讀者對此宜乎細心體會之。

《正義》內容之要，不外乎校勘、訓詁、釋義諸項。校勘者，既覈校經文，又覈校注文（並兼及賈疏）。曹師元弼先生指出："校勘以阮氏爲宗，解誼以胡氏爲備……合《校勘記》《正義》觀之，經注疏之義當無不可通矣。"校勘在《正義》裏佔據重要的地位，胡氏校勘基於阮元《儀禮注疏校勘記》，各篇每節開頭都詳解阮校。藉校勘以解誼，此乃正確理解經注疏之義的必要條件。實際上，胡氏全面利用了阮校的成果，在其基礎上，他參校了其他多種經注疏版本。阮元聲稱：今校是經，"寧詳無略，用鄭氏家法也"。而培翬謂其撰作《正義》，即一遵阮説，故亦詳載各本經注異同。然而胡氏對《儀禮》經注之校勘，向爲後人所詬病。他所謂一遵阮説，並不符合事實；而孫詒讓等人譏其"全錄阮校"，也屬誇大。其實，凡胡氏據阮記改作者，亦可見尚有佳勝之處。所以余認爲，胡氏在阮校基礎上的經注校勘，當肯定其費心復覈、有所進益，不當過於詬病。就校勘底本而言，胡氏申言其覈校經注，經文俱從唐石經，注文俱從宋嚴州單注本；若石經、嚴本有誤者，則改從他本，並注明於下。即對於經、注所用底本與阮元《校勘記》所據底本相同,至於賈疏則用景德單疏本;而參本用多種單注、單疏、注疏之善本以及關於經注疏正誤的書本。胡氏確實逐條細細復覈阮元《校勘記》,凡阮記已有説明而可予接受的,則引録之;凡與阮校結果不同者,則補充做出其別樣的説明:凡此兩端,即充分顯示胡氏對於阮校復覈後或承接、或修繕之追求真實的根本目的,亦可謂體現其作爲清學的一位傑出代表,治理經籍而崇尚考據原則乃至實施求同勘異的基本方式。當然,這考據原則也貫徹于《正義》各篇章對語辭等的訓詁以及對經文的釋義之中;于此,胡氏採用的正是鄭注釋經的參互證繹之法。《研六室文鈔》等著作的若干章節,其訓詁、釋義之文辭,正是胡氏運用考據原則以及參互證繹之法於《儀禮》研究的重大成果,這些成果自然都反映于《正義》各篇章。再者,胡氏固然重視校勘和訓詁,但于解誼,即經文之釋義用力更甚;這恰如曹師所云,其《正義》對於禮經研習的價值正在於此。並且,又如上文所述,胡氏不僅旨在恢復漢學,但也吸收宋學精華,所以他亦不可謂單純的漢學家。

　　一般説來,胡氏疏文,大部分都是引諸家之説表明其本人的意思,若彼説有出入或未完備處則補述之。對於賈疏,認爲是者則肯定,認爲非者則否定,或以他人評論作爲判定其是非的斷語。賈疏釋注,有些疏語胡氏猶嫌不足,則以他説補充之,乃曰"今並其説"。此爲對舊疏的補益,亦可謂對鄭注所附之申述。引凌氏《釋例》往往大段照録,引録之後又常常並無案語或釋語;他書引述也時而無己釋語。或許以爲引文已解釋清楚,且正代表胡氏本人的意思。然而,有些《釋例》引文之後也加簡短案語,例如有案語曰:"此皆見於經而可考者也","其説有自來矣",凡此等等,都表明胡氏對凌氏及其《釋例》的信賴,認爲《釋例》多引本經經文和鄭注及諸經之經注,均可考也,也就表明胡氏《正義》一以闡明經義爲旨。至於敖氏《集説》等與鄭注立異,胡疏却引録《集説》特多,且認爲是者則取用之,認爲非者則辯駁之、或以他人之説否定之(然也有以非爲是而從之之例);由此便可見胡氏撰作新疏所持之公允態度,他的"附注"沒有門户之見。凡涉官制,常引胡匡衷《釋官》,亦往往不見竹邨釋語。胡氏對經注文字之校勘、訓詁,除了逐句、逐節依據阮元《校勘記》考覈,還引述段玉裁《説文注》、王引之《經義述聞》以及陸德明《經典釋文》等辨證之。再者,因鄭注中不乏今古文之辨,胡疏中亦時見辨別今古文之言,即據鄭注而指明其對某字之從今抑或從古。總之,對於校勘、訓詁、釋義諸項,凡所録引文能説解清楚的,胡氏本人疏語甚少、或祇加簡略的斷語;凡所録引文不多且説解不很清楚的,胡氏本人疏語較多:此當然無可非議。可是余猶感:胡氏引述衆説精細周全有餘,然其案斷確切明鋭尚嫌不足;或換而言之,《正義》廣引衆説勝義,而胡氏本人之案語却少見尤其精彩之妙言。

　　胡氏《正義》不僅有訂注之文,亦有訂正本經文字的實例;實際上,訂正經文,若注文漏訂者，則也可歸之於訂注和補注。而這勘正《禮經》文字者，往往可憑藉禮例爲之，即以禮例比勘禮制、禮儀以至禮文，便可删其衍、補其脱、乙其倒、正其訛。鄭玄及清代某些著名禮家常常能够如是而爲，曹師《禮經校釋》亦含利用禮例勘正文字者。但墨守校勘一般法則的經師却會批評如此即爲擅改經文。拙作《簡本證禮家校勘精義述評》舉八例説明這個問題，此八例都是以禮例比勘之法而勘正了經文；並且，文字改動之處都得到武威出土漢簡本的證實。此處且説其中一例。《特牲》獻賓與兄弟節："賓坐取觶，還，東面，拜。"戴震校《儀禮集釋》以及汪中《儀禮》校本，都主張删"拜"字，這判定便是按照此類禮節之例以及上下節文意而得出的（而漢簡本於"還東面"下本無"拜"字）。《正義》肯定戴、汪的判定，表明胡氏贊同用禮例比勘以校正《禮經》文字的方法。此法正乃治禮者必須掌握的。

## 四 《儀禮》新疏尚待完善

上文已説明，余認爲胡氏《正義》在諸新疏中，算得上是一部上乘著作，但就全書疏文而論，博采完備有餘、精煉準確不足，尤其是他尚未定稿、所謂由楊氏"補撰"的五篇十二卷，顯得相當凌亂，實非佳篇也。故此新疏雖稱上乘，却頗有不足之處，尚待進一步完善之。

胡氏《正義》誤字頗多，引文多改字；特別是未定之五篇十二卷，胡氏原有初稿未經楊氏一一校覈，誤字更多。對此十二卷，余點校時用力甚多，校勘幾同考據，則便作了不少校勘記以批評其引語、疏文之草率粗疏。統觀此十二卷，余復言之：胡氏本有底稿，楊氏並未作出相應的增删和撰作。胡氏本人對底稿尚未來得及覈改、整理、排比、審定；楊氏即取用之，未對其認真校理，實無搜討、修繕之勞，以至於付刊的卷帙依然是凌亂的草稿，只是加了數量不多的"堉案"語句（或許確是其案語，或許也並不盡然）罷了。甚至在疏文裏只是羅列引語數則，却不對引語予以梳理、案斷，這豈非即胡氏底稿之原貌？再者，對不少引語，竟有意無意地不標明其書名或撰作者之姓名，就不免涉攘善之嫌了。楊氏若本意託名"補撰"者，則實乃對胡氏底稿及其中諸多引語公開剽竊耳！

20世紀50年代，上層領導曾有籌設經學研究所、安排改編《儀禮正義》任務之議。後雖因故未能落實，余却由尹石公之改編《正義》的建議聯想到胡疏也許可由以得到完善。當然，此任務在當時的條件下是難以實現的；然而，如今經學—禮學研究興盛起來，年輕的治禮學者或可試圖之。

改編《正義》，按照曹師元弼先生的意見，只要以胡氏所定之"疏解四例"爲原則。

對胡氏本人定稿的十二篇二十八卷,探討其疏文或有未完全達到"四例"之要求的某些小疵,然後修繕之;所謂楊氏補撰的五篇十二卷,乃是改編的重點,亦按"四例"之要求對其認真地校理復覈、增删正訛、修繕案斷、適當排比而定稿。

上述胡氏自謂撰作《正義》,一遵阮元之説,寧詳毋略,用鄭氏家法。看來《正義》確乎竭詳盡以能事,寧詳毋略,以至撰成百八十萬言巨著,洋洋大觀哉!然而余以爲,詳考歷代治禮諸本諸説誠爲必需,但詳考後要精選,取優本優説詳叙,他本他説略言即可,理當竭精煉以能事;就是説,新疏改編或以精簡練達爲目標之一,不妨剪去冗文之某些枝蔓。

胡氏《正義》作爲一部新疏,起始著力於校勘。上文已述,其校勘成績乃基於阮校,又補充、修繕、拓展了阮校。應當説,胡氏的校勘工作在當時可算得比較周到的。誠然,胡氏是依據其前衆多《禮經》善本和治禮著作來校覈、考辨經注和舊疏的。而其後亦有禮家校覈和疏解《禮經》經注並勘正賈疏的著作,如叔彦公的《禮經校釋》《禮經學》和孫詒讓《儀禮注疏校記》等,這些著作中還有考辨胡疏的論説;胡肇昕的《〈儀禮正義〉正誤》是完全針對《正義》的:若意欲改編《正義》,則亦當參閲之。注重新的考古發現和新的治禮成果也殊爲必需。譬如説,余憑藉武威出土漢簡本,經多方面考證,確定今本《儀禮》之本經有二十幾個誤字,本點校本中一一出校指明,並簡述理由,而其考證之文則可詳見拙著《〈禮〉漢簡異文釋》。①

《正義》遍引阮元《儀禮注疏校勘記》、遍引淩氏《禮經釋例》,也多引王引之《經義述聞》等著作對《儀禮》經義所闡釋的内容。余以爲有些引文過於冗長,例如所引淩氏《釋例》過多,顯得累贅,幾乎把《釋例》全書之文分散在《正義》各篇各章節,那還不如讓讀者自己去細讀《釋例》,由以體會以例解經的方法和結果。所謂楊氏"補撰"之五篇尤有甚者:長篇大段引述之後竟無案斷之片言隻語。本點校本的若干校勘記裏,余對阮校以至胡校有所評議,對《正義》頗多案斷引文不够準確處亦予論列。改編《正義》時須補撰某些必要的案語,也須修改或補充某些不準確或過於簡短的案語;特別是若引録兩説(或數説)相互歧異,則更需有案語辨正之。當然,《正義》裏原有的案語並不乏恰當者,甚至有堪稱精到之説的案斷(此類精到案語多與《研六室文鈔》等著作中述禮文章所論相一致),但不恰當者亦可謂不鮮矣。其緣由是胡氏對某些鄭注之藴義理解得不够細緻而透徹,對賈疏之正誤判斷得不够準確而貼切,甚至對若干經文、禮例瞭解得不够深刻而全面。譬如説,相近典禮有相同禮節,但儀注可能不盡相同,對此胡氏或有不明同文存異之例者。再如,徵引衆説,他人之文與本經注或詳略不同、或泛

---

① 《〈禮〉漢簡異文釋》初載于《文史》第33—36輯,北京:中華書局,1990、1992年。

指特指有别,胡氏則便疑注意不明;但經注記傳均有立文錯互之例,胡氏未能全都細考之。所以,胡氏對於鄭注賈疏有誤釋誤斷之訛文;引述他人篇章,亦倒有引述誤釋經注之文者。如對於頗多引述之敖氏《集説》,雖掌握"是則採用、非者辨正"之原則,但也有以非爲是而從之的實例。其實,《正義》疏文裏有一些欠妥、不足之處,乃是胡氏實施其本人所立之"疏解四例"未達圓滿盡善之故。

下面即就《正義》疏文於實施"疏解四例"而有不甚貼切之處,舉數例以説明之。其一,胡氏和盛世佐皆以《聘禮》所述推斷《覲禮》文多不具,胡氏便以《聘禮》補釋《覲禮》。誠然,鄭注于此已然,胡氏則愈益以《聘禮》申述《覲禮》鄭注。但他們均未察臣禮及君臣間禮儀之底藴,却囿於聘禮,以其比況覲禮,那麼此《覲禮》正義篇之補注抑或申注均有失恰當矣。其二,實施"四例",首先得正確地理解經文注文的意思。例如《士昏》親迎節賓(即壻)升階,"北面奠雁,再拜稽首"云云,鄭注曰:"賓升,奠雁拜,主人不答,明主爲授女耳。"《正義》引李如圭、沈彤等人之説以申經注"奠雁"之義。沈氏《小疏》云:此北面奠雁拜,即"所謂執摯以相見也,壻婦相見自此始"。沈説誤也,並非壻婦相見,而是壻拜見主人(女父)。注意甚明白,奠雁後主人授女與壻,這裏所奠之雁主人受之。此奠雁絕非友朋之間的執摯以相見,相見後其實當再還摯。沈氏混淆了昏禮親迎"奠雁"與他禮中"執摯相見"的意思。楊氏未予辨别而採用《儀禮小疏》之引語,又未能在案語裏指其誤。看來,對附注之説應當選對。其三,胡氏往往藉附注即他人之説以匡正賈疏之誤,然而理當認定賈疏某處確實有誤,不當以他人之誤説反駁賈疏不誤處。例如《士冠》"若庶子,則冠于房外,南面,遂醮焉"。鄭注明言乃房外,不於阼階、不醮於客位,以表示庶子卑於適子、不著代,用醮也。賈疏則謂"三代庶子冠禮皆於房外同用醮矣"。胡氏引《儀禮集説》語非議經注:"敖氏曰:'若不醮而醴,其位亦如之',此説甚是。……非謂庶子冠但得用醮而不得用醴也。賈疏牽涉夏殷,謂'三代庶子皆同用醮',非矣。"經言庶子遂醮,是庶子用醮不用醴之明文。賈疏論及三代,牽涉稍廣,但其義不誤。胡氏從敖氏之論,倒是有誤;此附注之疏解,實非。其四,《正義》常引他説以訂注,雖有恰當者,但亦有誤訂之例。如《冠禮》"贊者洗于房中,側酌醴,加柶……"注云"側酌醴,言無爲之薦者",義不明顯。故吳廷華《儀禮疑義》立新説,以爲側即上文"側尊"義,"側酌醴"而無玄酒,斥鄭説"與脯醢何涉"?胡氏謂"吳説是也",以吳説訂注。然而曹師云:"禮從未有酌玄酒者,豈特云'側'而始見玄酒不酌乎?如吳説則各經但言酌不言側者,不嫌於皆酌玄酒乎?且既言側尊則無玄酒可酌矣,何必於此復言側酌乎?側酌者,謂獨行酌醴之事,酌與薦相須,言側酌則側薦明矣。"師説精確,吳氏淺矣,胡氏不明也。其五,疏經往往以各篇互證、互補,胡氏用此法取得良好效果,但也有誤解者。例如,《士虞·記》"祝俎……陳於階間,敦東。"鄭

注："統於敦，明神惠也。"胡氏引《特牲》語"執事之俎陳於階間"，而敦在西堂，則謂
"統於敦之説不可通矣"；並附褚寅亮語以證此鄭注之不當。曹師《禮經校釋》則對其
有辨正釋文：特牲禮是吉祭，士虞禮是喪祭，二者應有不同。喪祭反吉，敦在階間，祝俎
置於敦東，俾統於敦。鄭云"統於敦"，乃釋"敦東"，非釋"階間"。此禮祝俎在敦東，
自統於敦；《特牲》俎不在敦東，自不取統於敦之義：兩禮之文對勘當自明，胡氏却誤會
注意也。這裏似可不必訂注、附注。誠然，不同典禮的禮節、儀注以及名物等可能有雷
同者，但往往也有不同之處，可比況却不可不明彼此之别。

　　由上面幾個例證可見，改編《正義》時，尤其要調整其中實施"疏解四例"而不甚貼
切之疏文；不妨強調一下，着力把握、準確實施實爲胡疏精髓之"疏解四例"，也正是進
一步完善胡疏的關鍵。實施"四例"，前提須深入探明注意，若誤會注意者，則或訂、或
申、或補、或附，均難以精準、切合。曹師釋經釋注細緻入微，方能將其蘊義揭示得精確
而透徹。

　　胡氏重疏《儀禮》，本是針對"賈氏之《疏》疏略失經、注意"而予辨正、補益，並廣
採歷代校釋《儀禮》成果以集大成者。那麼，首先應當對賈疏進行細緻的分析、正確的
評價；這是讀《禮》、治禮之要着之一，也可謂改編《正義》必做的一項前期工作。所幸
者，曹師《禮經校釋》正是一部對賈疏校勘、考釋得十分精到的著作，藉此而糾正了賈
疏的不少疏訛；此書或正可爲改編《正義》奠定某些基礎。就書中具體内容而言，恰正
證明叔彦公關于賈疏"誤者十之二，不誤者十之八"的判斷是比較適當的。遵循曹師
之教導，余在 1947 年着手撰作《〈儀禮〉纂疏長編》時明白：對賈疏研讀後理當持有若
干基本看法；這些看法載於此《長編》的叙録，①現擇要略述數語如下。賈疏除了純粹
疏解有誤外，還往往因文字衍敚脱譌而詞義不顯，或因措詞蔓衍晦澀而語不達意；還時
有疏文過於簡略，表意不明；或因年代久遠、傳本訛誤愈增，句有錯簡、字有顛倒，致使
文義含混而易被誤解。諸如此類，《正義》凡評議賈疏時都當辨正；而其疏漏者，改編
《正義》則當修補之。此外，諸本皆同處，若確有譌誤、脱文、顛倒，雖無可比勘，阮元
《校勘記》也未述及（甚或阮記做錯誤案斷），但是可以按對禮經的理解而以意改正；叔
彦公《校釋》裏常有這樣以意改正的例子，當然治禮功力深厚者方能如此爲之。誠然，
賈疏可取用者不少，《正義》裏確有引述賈疏作爲疏文的，但往往予以删改而失原意。
既爲引述，不當隨意删改；若新疏者疏解經注之意與賈疏不完全一致或有所發揮的話，
可加案語説明之。再者，《正義》甚至引述了賈疏却不予標明，既然要辨其正誤，自然
必須標出哪幾句是賈疏語；即使同意而取用之，也當標明。

_____

　　①　見拙著《〈儀禮〉纂疏長編叙録》，載《荊闈文存——宗周禮樂文明考論》增訂版。

　　疏解理當通達，不偏執於一家之學；大體而言，胡氏可謂持此態度。他並不拘泥于鄭學，即尊鄭而不佞鄭；對於鄭注，該疏通的疏通，該別白的別白。改編《正義》，在深入、正確地探討鄭注之蘊義的前提下，自當辨明哪些疏解應本于鄭學，哪些應有所申補，哪些甚至或違或破鄭注。對於《儀禮》賈疏，亦當明瞭哪些可以借用，哪些應訂其疏誤或撰寫新的疏文以取而代之；須弄明白賈疏的全部疏誤，則對於改編《正義》也就具備了重要依據。胡氏對王肅之説亦非一概否定；胡氏取用敖繼公《儀禮集説》語，正是出於如此態度，敖氏實際上是以王肅注攻訐鄭注。簡言之，對鄭注賈疏之辨析，當從博稽諸家精義的基礎上匡正其謬誤（這方面《儀禮正義》不如焦循的《周禮正義》）。誠然，鄭注在鄭玄前後諸家注釋中，解經確是最近乎正，所以能獨行於世。故特別要強調，破鄭義、採新説，當十分審慎。《儀禮注疏》裏有鄭注正確而賈疏釋誤者，即謂"失鄭恉"；而胡氏《正義》裏也有"失鄭恉"、甚至"失賈恉"之處，改編時當予糾正。

　　胡氏是清學全盛時期的治禮者，走的當然是樸學家的道路，他旨在以集大成的方式來總結歷代禮經學研究的許多成果。然而，他的《正義》似乎沒有一個總的綱領貫穿於十幾個典禮撰述的疏解之中。禮經疏者理當領會《儀禮》撰述的綱要。此疏解巨著更需要交代凡例以及對凡例的論述和説明，這實在是全書之梗概，藉此而便於讀者之閲讀和理解。可是，胡氏《正義》未及集中交代原則性凡例（雖然全書疏文裏散見有一些對禮例的具體陳述），更無全書之梗概大要，不免留下遺憾。改編《正義》，理當補其凡例以及梗概之述説。

　　胡氏對所引諸家論著，往往任意分合增删，旨在融貫歧義，尚有可取；而對前人論説不無曲解，亦固其所短矣。胡氏改易引文，有些使意思改變，此實欠嚴謹。並且，他有時還將引文與己語混而不分，而對於所取引文，又不特意標明。對於某些阮元《校勘記》，亦襲阮校文，稍變語句，作爲己校之文。其實，胡氏校例或爲：凡對阮校記所記錄的諸本異文有所增删者，往往不標明阮校記；而阮校記裏若有案語，則加"《校勘記》云"；楊氏不依胡例，引阮校記裏的案語，也不加"《校勘記》云"。説得更具體些，例如阮氏校勘注文以嚴本爲底本，其校記裏常常不提嚴本，胡氏雖也以嚴本爲底本，却在引文中添入嚴本；楊氏照鈔阮氏校記，不做删改，也不添入嚴本。改編時，對於未標明引文出處者，均當補之，引阮元《校勘記》的亦然；作爲認真的新疏者，理當如此。那五篇的校勘部分也當依照胡例，統一處理。再者，引文不必過長，即便諸如《禮經釋例》等重要著作，長篇大段地引録也無必要；似可擇要引録而添加案語爲宜。

　　五篇未定稿除了《士昏》之外，就是飲、射、燕四篇，如上文所述，它們的內容相近，或可作爲其禮節、儀注相似的一組。相對而言，這四篇的疏解並不困難，只是胡氏將其置於最後處理，遂致未及完成；楊氏對其所謂的"補撰"亦如《士昏》一樣的粗疏，試舉一例。卷五《鄉飲酒》"主人實觶，酬賓阼階上北面……"節謂主人先自飲，乃勸賓也。於是大段引錄淩氏《釋例》，自"凡主人先飲"至"威儀多也"，文甚冗長，顯見未能適當選錄。蓋胡氏初着手時隨摘淩文以待日後推敲引用寫定。楊氏却直取初稿之文而無所選擇，且隨意添字。如淩氏文中引及本節之注處，竟無端中間砍斷，"注"下加"云"字，注文末加"者"字，以爲正義述注之語；接下去，"疏云"上又加"賈"字，以爲賈氏疏注之文。豈知如此胡亂處理，遂使前文未結，後文不接，語既不貫，義更難安。由此例觀之，猶如出於不知經義者之手！綜觀所謂楊氏"補撰"之五篇的正義之文，楊氏要麽羅列胡氏原稿中已錄引文，不加案語；要麽胡亂處理、任意删改，意在攘爲己作。二十幾條標明"堉案"的文字亦殊乏足於取用者，其中部分楊氏案語實際上是摘錄引文而稍予修改而已。看來，這五篇的正義之文是需要按照胡氏"疏解四例"重新撰作的，或至少須作相當大的改動。

余以爲："集大成"者，當有去蕪取精的功夫、當能正確判斷正誤、(案斷時) 又能提出本人獨到的見解，否則就只能算是"集釋"罷了。鑒於此，若仔細考辨《正義》的各篇各章，其部分篇章似難賦予"集大成"之冠，對於這些篇章，改編時更需用力修繕。上文提及，余從曹師頭兩三年，將《正義》與賈疏相互參證，將這新舊疏與張爾岐《句讀》等其他治禮專書相互比較，此乃曹師所授讀《禮》的方法。無論舊疏新疏及其他諸多禮家之説，都要既擷其精粹，又去其訛誤。改編新疏，這些基本的考辨工作是必須認真做好的。譬如説，賈疏和《禮記》孔疏中有直接評述《儀禮》的文辭，陸德明《經典釋文》和杜佑《通典》等書裏也有述禮文辭，都所謂"禮説"吧，胡氏《正義》對於各本均或多或少地有所引錄，改編者須對這種述禮文辭多予評議，尤其是再重複言及，應當增加評判賈疏的論述。

前述鄭注常以《周禮》補《儀禮》之闕，有當者有不當者。胡匡衷撰《儀禮釋官》，自然多以此《周官經》釋周代官制。培翬受鄭氏等人之影響，亦在《正義》裏以《周禮》釋《儀禮》，則也有當有不當矣。胡氏還常以《禮記》文辭疏解《儀禮》，亦有不盡適當處。對於這"三禮"結合起來的研究方式，改編者也要用心分辨其適當與不適當之殊。

可是，改編《儀禮正義》並非輕而易舉，實在是必須經歷一個深入治禮的艱難過程。如果治禮不精，怎麽可能辨別此《正義》的精粹和不足，又怎麽可能對其疏文予以適當的取捨和修繕？然而，倘若經過長期的艱辛努力而精深治禮，得以會通禮經、會通"三禮"、會通群經，提高認識禮義、評價鄭注和賈疏等歷代釋禮著作的水準，則便能够達成進一步完善《儀禮》新疏的艱巨工程。其實最爲重要者，即如上文所指明的，鄭注以經校經、以經解經，賈氏撰疏乃遵此法，胡氏作《正義》亦遵此法；所以須特別强調一下，改編《正義》也應當遵循此法。固然，這個要求是相當高的，惟有花費甚大功力，才可能會通群經,藉以正確疏解禮經。鄭氏優異注經,重要之一着是由於他熟悉群經,熟悉經例。那麼改編《正義》,也得熟悉群經和經例——《禮經》諸禮之例,如此才能於經文無字句處按經例得經意,方可于制度無正文處以群經推演之。如上文所述,著手胡氏新疏之改編,自然先要詳明鄭注的旨意乃至諸多細微蘊義,瞭解賈疏之正誤得失,所以應當仔細讀解《儀禮注疏》,也應當確切瞭解胡疏在以經解經、以例補經之治理上的某些不足。《禮經》文多不具,但禮既有例,明例即可明某些典禮篇章裏文不具的禮節、儀注,則就可以例補之;諸如名物制度等禮制,凡《儀禮》經注無充足文字描述的,則可憑藉群經群籍推演而補足。因此或可總括一句:改編《儀禮正義》,其實是一個完善禮經新疏、深化禮經研究的重要課題。

# 五 點校説明

余點校《儀禮正義》,一生中做過三輪。1940 年隨曹師叔彦公學禮時就將是書圈點,1947 年起在前國立編譯館整理古籍,對其標以新式標點,並進行全面校勘,完成了三分之二的篇幅,解放後將另外三分之一亦予完成,這算是第一輪。70 年代,在第一輪基礎上做了修訂,所用新式標點予以規範化,這算是第二輪。90 年代,中華書局囑余整理是書、提交其點校本,於是就復覈原點校本,此乃第三輪。主要是較細緻地重做校勘工作;將書中引文核對原書,對所有誤、脱、衍、倒處儘量都予正、補、刪、乙。余以民國年間上海中華書局刊印的《四部備要》本爲工作底本;該本的前身是清咸豐年間的《皇清經解續編》本,再前則是比這《續編》本稍早的木犀香館刻本(由陸建瀛作序並主持校刊,故後人簡稱其爲"陸本",一般以爲,陸本有木犀香館原刻本以及蘇州湯晉苑局刊印本等幾種),此陸本余年輕時曾讀過。工作底本上的標點、文字改動和校勘記,幾經斟酌、核對和修訂;應中華書局約稿之後,按書局要求,一一過錄到《皇清經解續編》本上;而審讀校樣時對疑問處又重核了木犀香館家刻藏板影印本。

余素來認爲:標點是讀懂古書的有效方法,校勘不限於個別文字的糾錯,錯字不必字字出校,校勘記裏也可交代有關情況、簡略寫入點校者的見解和研究心得。本書中,凡避諱字、明顯的錯字(包括不合文字規範以及不合禮儀規則、甚至不合乎常識等情況的錯字)、疏文所引《儀禮》等經文裏的誤訛,點校底本裏的錯字而陸本相應處不錯者,一般徑改不出校。倘若字字出校,有的篇章、校勘記會有數百條之多,顯得瑣碎累贅,余覺得無此必要。

本點校稿當然執行全稿細緻校勘、有錯必糾的原則,但糾誤者並未字字、處處出校,特別是錯誤頻出的部分卷帙,對其不少錯字誤詞徑改而不出校。校勘記除了説明校勘結果外,也包含點校者對注語、疏文的簡短述評,亦偶爾指出某些引錄文字增删之不當。一些結合評解的校記(尤其是針對署名楊氏補撰之疏文的校記)或許也表達了點校者試圖改編此新疏的點滴想法。爲《正義》指瑕,當然不會掩其瑜吧。

審讀校樣期間,增補了若干校勘記。其一。對依據《禮》漢簡本考辨所糾正今本經文中的一些錯字出校;其二,對曹師《禮經校釋》所載經注指誤處選擇出校。

再具體羅列幾條,譬如說:

引他書原文,上加"云"、下加"者",乃歷來疏解引文之通例,《正義》疏文裏時有脱"云"或"者"的,都予補上,自不必出校。

本書各版本凡有異文者,擇優而從,不出校;正義文字中,凡《四部備要》本和《皇清經解續編》本的錯字,而陸本不錯者,即據以改正而不出校。

凡因新疏作者鈔録和各版本印製過程中的疏誤而致本經經文的錯字,徑改不出校;同樣,其注文的錯字,也大多不出校。他書引文中引述經文有錯者亦徑改不出校,而其他無關文意的錯字改正後,也多數不出校。胡氏引他書之語繁多,然往往删改原文;凡删改而未變原意者,多未按原文補足或改回,但所引有錯字或歪曲了原意者,當然予以改正,對此大多(特別是虛字)並不出校。

此外又提及幾點:

某些引文原帶有雙行夾注,《正義》均未標明是注,現點校本一仍其舊。

標點規則,按照一般通例。惟冒號,取其一種特別用法:在並列句後用分號,若下文有總結性句子,則其前加冒號;余頗感此方式很好,故時而採用之。再者,本稿中,余還往往多用逗號,則句子似顯得較長,此乃出於使儀注乃至儀節完整的考慮;當然,中間或用分號隔成數小節,也是可以的,然而余少用分號。

胡氏引書稱作者用名不用字、號,凡偶爾疏忽用字、號者,則按例改之。

但是,百八十萬言巨著,標點其全書始終,不可能完全劃一,又經別人讀過本點校稿和一些校樣,所掌握之標準各各不同,即使原來已統一處理者,則又難免不盡統一了(例如,疏文中引所疏解的經文短句,原未加引號,但經多人分別篇章讀校後變成有加有不加)。最後讀清樣時儘量糾正不統一處,但終究不免仍有遺漏。

本點校本裏或有標點疏訛、校勘記中也可能有不適當見解,均懇請讀者批評指正。九十老翁遵囑提交這部胡培翬疏禮巨著的一個不同的點校本子、並貢獻一些治禮拙見;倘若這個點校本子對於讀者讀解《儀禮》以及完善胡疏有所助益,對深入治禮有所啓發,那麼余乃猶感欣慰無既,則於願足矣。

最後,附帶寄語一二:百餘年來禮經之學雖瀕於絶滅,然而如今國家重視傳統文化之研究和發揚,絕學乃得以復興;數十年以後必將獲實在成就而大盛者,即其發皇縱使不見於當世,亦必見之於後昆也。改編、修繕《儀禮正義》是一項可促使禮經之學發展的基礎性工作,祈盼有潛心治禮者能精審爲之,于此則必然功德圓滿哉!

## 【附識】

本前言由沈菀遵《莉闇文存》之作者,即《儀禮正義》之點校者沈文倬先生(莉闇公)的遺囑,於近年勉力執筆爲之;此係依據作者所著相關論文以及殘存之論禮散頁(其大部分已整理爲《學術研討散記》論禮之章節),予以採摭、整理、體會、消化,然後綴合、連貫、補充而成文。文中諒有因理解不精確而致表述不恰當、不確切處,其疏訛之責當在執筆者,而非原作者;執筆者並祈望讀者鑒諒之。莉闇公曾於 2008 年囑筆寫一篇論及禮經學及其研究方式、評價《儀禮正義》的綜述性文章,作爲《正義》點校本的前言,並供初讀是書者參考。

——執筆者謹識於 2020 年 7 月

**作者簡介:**

沈文倬(1917—2009),江蘇吴江人,浙江大學古籍研究所教授。主要研究領域爲經學、禮學。代表論著收入《莉闇文存》(商務印書館,2016 年)。

# 鄧立光教授《聖言與人生》序跋

鄧國光　謝向榮　曾定金

## 鄧國光教授序

《禮記・儒行篇》説："儒有席上之珍以待聘,夙夜強學以待問,懷忠信以待舉,力行以待取,其自立有如此者。"這本專題文化論集,是立光近十年的作品。這批作品,雖然是應邀而作,但都是長年治經論學纍積的心得,面對時代問題,自覺承擔起淑世的責任,"身可危而志不可奪",是良知的靈光,大雅的聲音,篇篇都是時代心靈的珍寶,"今世行之,後世以爲楷",自存永恒的意義。立光向來正道直行,平生憂時憂世,所有文字,志存經緯,"猶將不忘百姓之病,其憂思有如此者",一息尚存,此志不懈,可謂克完厥志! 豈在取媚一時而娛樂大衆,更並非消閑或應酬! 不朽的人生,表現在這正面的精神,久而越新,進於悠遠,這正是《中庸》所表出的"至誠無息"的大義。至誠的心靈,體現在代代不絶的道義感應、承傳與光大。於是立光門人謝向榮教授及曾定金小姐兩位學者,不惜耗費大量寶貴精神與時間,編集立光近十年來在香港報刊刊出的特約專欄文章。值得表彰的是:書中作品,定金十年來所收集,一直完整保存;去年底,處傷痛之際,輸入校對,摯誠衷出。而向榮高義厚道,奮屬不息,校對整理,辛勤不已,同時與出版社聯繫,並處理報章版權問題,又擬定編訂書名,意義深遠而非常貼切書中體現的心事。香港三聯書店高義,接納出版計劃,獲得出版機會。香港馮燊均國學基金會厚道,無條件支持出版。而一代禮學大師北京清華大學彭林教授厚道深誼,處理極爲艱巨復禮工程之際,不顧辛勞,惠賜大序,道心神理,通感無隔,世界大同,原非夢囈;萬物一體,華夏大智;薪火相傳,於今可見。向榮、定金、出版社及諸君子的付出與努力,與立光的淑世精神,不期而會於今日,充分體現當下文化界"善與人同"的古道熱腸。這份超越利害的善意,正賴後人貞而固之,"今世行之,後世以爲楷",更擴而充之,永永弗替。序志不忘,"無息"大義有在,以存學術淑世精神的德性。

癸卯年芒種之時　鄧國光敬序

(下轉94頁)

# 莉闇公經學思想竝治禮方法論初探

沈　菰

一

偉大的科學家愛因斯坦在其文《探索的動機》中指出，"科學的廟堂"里有兩類人：一類人"所以愛好科學，是因爲科學給他們以超乎常人的智力上的快感，科學是他們自己的特殊娛樂，他們在這種娛樂中尋求生動活潑的經驗和雄心壯志的滿足"；另一類人"所以把他們的腦力產物奉獻在祭壇上，爲的是純粹功利的目的"。但如果廟堂里只有這兩類人，那麼此廟堂就絕不會存在。因爲對於這兩類人來說，"只要有機會，人類活動的任何領域他們都會去幹；他們究竟成爲工程師、官僚、商人，還是科學家，完全取決於環境"。然而廟堂里還有第三類人，他們是"天使的寵兒"，也就是"廟堂的主人"；他們有一種積極的動機："想以最適當的方式繪出一幅簡化的和易於領悟的世界圖像"，通過其科學研究建立一個圓滿的"世界體系"，"把這世界體系及其構成作爲其感情生活的支點，以便由此找到在其個人經驗的狹小範圍里所不能找到的寧靜和安定"；他們矢志不渝，"專心致志於學科的最普遍問題，而不使自己分心於比較愉快的和容易達到的目標上去"；因此，科學廟堂的主人是一些純真科學家。

對照愛氏論述，筆者以爲，先父沈文倬先生（字鳳笙，號莉闇，1917—2009）治經、治禮，雖然樂在其中，但並非將其當作特殊娛樂方式；雖然因經學—禮學瀕於消亡而擔憂、爲探索傳統文化之根本而奮鬥終生，但從未侈談"力挽‘絕學’於既倒"的雄心壯志，終因其秉性謙抑而以爲"文化遺産繁富龐雜，自己研究所得甚微"；雖然生活清貧、地位不顯，也從未將"滿腹經綸"作爲換取利禄實惠的資本，更未將學術研究當作沽名釣譽的工具；雖然年輕時曾經熱愛文藝，在詩古文辭上亦頗具才華，却終究棄易從難，獻身於非常艱難、枯燥的經學—禮學事業，且執著於此，從未動搖、退縮而把主攻目標轉向比較輕鬆和容易取得成果的其他專業上去。父親治經、治禮，凝神潛心，無功利所擾，專心致志於對經學—禮學史上一些基本難題的探討，及至領悟、描繪宗周禮樂文明全貌，則從本源上理解傳統文化的深邃涵容並進而揭示其本質意義，從而達到其精神世界的澹泊和寧静。若將作爲經學家、禮學家的菊闇公稱作一位獻身學術的純真科學家(或曰純真的中華傳統文化學者),當無過譽之嫌吧。

幾十年前,父親曾告誡其弟子們:禮學研究理當與利禄無緣,禮學研究實乃終生之業;立志於深入研究經學——禮學者,就應該爲其奮鬥終生,不可半途而廢,也不能出於純粹追求功利的動機。他一輩子的治經、治禮生涯,爲從事於經學——禮學研究的後輩學者樹立了一個既難能可貴,但也並非不可仿效的楷模。

有朋友問起:沈先生爲何自號"菊闇"?《菊闇文存》弁言里有語:"予花甲之年自號菊闇,乃喻經學、禮學精深浩瀚而識者多晦闇不明以自警";筆者體會,父親自號"菊闇",或許是出於其秉性謙抑以及他對中華傳統文化乃至經學——禮學的總體認識。弁言里又强調指出:"治經、治禮不易,祇有心除'魔障',胸臆如水,方能專注向學,趨於會通。"如今研究經學、禮學,與舊時讀書人的目的應當是不同的,他們中間似乎不乏爲了藉以走仕宦之途者,而現時若完全致力於治經治禮,大概不是爲了做官吧,因此也許對品格的要求反而更高;如果不能心除"魔障"、抵擋名利思想等私心雜念的腐蝕,不能心絕纖塵、胸臆如水、專注向學、刊落聲華,那麽,治理經學——禮學這門精深浩瀚的學問而要趨於會通、取得真正卓越的成就,確乎是不可能的。當然,父親自謂"尚嫌晦闇",朋友們都認爲是他的謙詞;然而,文化遺産繁富龐雜、治經治禮惟難惟艱,也確是一個不可不正視的事實。所以,菊闇公在弁言里鈔録昔年所作七律"聲華刊落"詩及其題記,"聊以自省,並亦忝以其中之微言箴語,與志在發揚優良文化傳統、潛心探索國學菁粹者共勉"。他不慕富貴,在功名利禄上一無所求,體現了可稱之爲純真學者的高尚品格;並且,也正因爲對於個人的一切利益無所要求,才能潛心於艱深學問之中,逐步達到會通的境界。其實,學術造詣的水準高低却往往與貪求個人利益的多少成反比例;某昆劇里有一句唱詞:"從來學問欺富貴",倒是反過來説清楚了學者理應明瞭的人生哲理和治學真諦。

菊闇公的治經治禮生涯或可分爲四個階段:

第一階段 30—40 年代,以 40 年代爲主。研習群經,辛勤耕耘,並轉而專攻《三禮》。

第二階段 50—60 年代。爲先賢繼絶學——被評議爲"存亡繼絶、功不可没"。

第三階段 60—80 年代。創新思想觀念,革新研究方法,堪稱當代禮(經)學研究之勤勉而罕見的開拓者。

第四階段 80—90 年代,至 21 世紀初始幾年。深考宗周禮樂文明,致使其治經治禮的造就逐漸臻於精湛、會通、圓融。(菊闇公有詩云:"妙諦祇在會通間","舒徐禮樂自圓融"。他視"會通"以至"圓融"爲治經治禮的努力目標,則其學問漸趨"化境"也。)

筆者認爲,任何有價值的科學研究都不會因循守舊、固步自封,對傳統文化、對古禮的研究也不例外。父親的"存亡繼絶"工作同樣不固守陳法、不機械地沿襲傳統觀念;他在新的社會條件下闡發新的思想觀念、採用新的研究方法去治理禮經,從而使一些自東漢以降、長期懸而未决的疑難問題圓滿解决,以至於把禮學的某些研究推向新的高度。顧頡剛先生贊譽莉闇公爲"今世治禮經者之第一人",抑或就是認爲他確爲當代禮學研究領域里的一位傑出開拓者。實際上,只有在創新中才繼承得了絶學,才能賦予絶學以新的生命力;一言以蔽之,如此才可能爲這門瀕臨消亡的學問開拓出新的發展之路。

二

下面約略説明莉闇公對於禮(經)學之整體上的主要思想觀念和基本治學方法。

第一,禮經是中華傳統文化的根本,若任其消亡,則中國文化命脈休矣。

莉闇公雖然没有力挽禮學這門絶學於既倒的豪言壯語,但他確實用了好幾十年時間潛心於經學—禮學的深入研究。他之所以能長期堅持其艱難困苦的治經治禮生涯,就是跟他對經學,尤其禮經之學——禮學在傳統文化中的核心地位之深刻認識分不開的。

並且,莉闇公治禮,不衹是爲了繼絶學。他曾有這樣一段説明:"清代經學到道咸間已從極盛轉向衰落,'五四'以後,幾近絶響。我所以激起這方面的向學熱忱,不僅企望絶學的薪傳,更重要的是對當時的'疑古辨僞'之風抱有隱憂。古籍要辨僞,無可非議;但在疑古思想指導下進行,疑字當頭,拿了結論找證據,怎能得其真相?疑古即疑經,疑來疑去,最終可信的西周作品只剩十幾篇今文《尚書》和若干首《雅》、《頌》,又怎能再現古代文明的整體?還有,由於經書内容複雜,即使通過公開辯論,也未必能獲得正確答案。例如康有爲的《新學僞經考》問世,符定一、錢穆先後加以批駁,論據充分、論點鮮明,在我們看來,足以破康氏之誣妄;但有很大一部分讀者未能觸及問題癥結,依然信從那新奇之説。所以我歷來主張疑經者自己參加進去,切實進行經籍的辨僞,丟開派别偏執,力祛嘩衆取寵,堅持實事求是的原則,全面深入地虛心探索,在相互研討中辨别清楚。"

這段話表明莉闇公當年立志專攻"三禮"之初衷,也表明其治學態度和研究方法乃以實事求是爲要旨,以及秉持全面考察傳統文化和古代文明之總的指導思想原則。

第二,宗周禮樂文明是華夏幾千年文明史之淵源。

出於這樣的認識,莉闇公認爲,研究禮學必須對先秦時期的禮制、典禮、曲禮,特別是對西周的禮樂文明(一般即謂宗周禮樂文明)——古代中華的初始文明,下苦功進行十分深入的長時間考索;因爲這是禮學研究的本源性工作,唯有對本源研究得深透了,才能對其後世的演變把握得較爲準確。他曾對某弟子一再提及,要把先秦禮制研究得愈益深透,如此才可能對禮制的歷代發展作出恰當的考查;而且,通史考察亟需結合以對涉及面廣泛的禮制本身的認真探討,還應立足於斷代史研究的逐步完善。

這一思想認識就決定了由本源考索而理解禮的本質意義,以作爲禮學研究的基本方法,從而把工作重點放在深入考索宗周禮樂文明以及全面描繪其本來面貌之上。

第三,禮學研究離不開對《儀禮》本文的細緻考辨和認真考釋,對經文予以準確考訂是推進禮學研究的重要基礎。

從基礎着手是治禮的重要方法之一。

任何專業研究都須重視基礎性工作,治禮亦然。對禮經文本的考訂往往可能解決禮學研究的若干基本問題,甚至可能使某些千年聚訟的遺留難題迎刃而解。莉闇公對武威出土《禮》漢簡的細緻考辨,不僅精湛地考訂了《儀禮》七篇的本文(包括考訂異文和糾正錯字,並正今本之誤),而且在一定程度上解決了禮經的今古文問題和師法家法問題、確定了漢代流傳之禮經文本的屬性、否定了所謂古文經僞撰之謬説、評判了"鄭學"(鄭玄經學)關於注釋禮經方面的功過,還涉及叚借字的通例、判定古文經所保存的古正字,如此等等。其中,有些問題是東漢以降一直未能解決的;而莉闇公卻在細緻考辨《禮》漢簡的同時,憑借其多年來對歷史遺留問題的深沈思考,對禮經的理解和諳練,以及敏鋭的眼光、熟練的比照手段、高超的分析判斷能力,遂對千年聚訟的幾個難題提供了令人信服的答案。當然,他對《儀禮》本文的考辨,不衹限於對武威《禮》漢簡的七篇,對《儀禮》十七篇本文及其鄭注都是深入探討過的,

第四,研究《儀禮》,復原其佚禮,是一項可以積極投入的工作。即通過對二戴《禮記》和其他諸經及其傳記等古籍的搜討,借助於對出土器物和鼎彝銘文的考證,並用推致之法由士禮推致士以上禮,復原周族統治者的若干個朝廷大典以及其他亡佚禮典,加之探明曲禮的具體儀式,從而可能比較全面地描繪宗周禮樂文明的本來面貌。這或許可作爲由以更深刻地揭示"禮"的本質、推動禮學研究進一步發展的一個重要方面。

推致之法是傳統的治禮方法之一,乃指不同禮典的相應禮節,對其名物度數、揖讓周旋,都可按照"儀注相同、等級差別"的原則以相互推比。運用此法,對於準確展示今本《儀禮》中某些"文多不具"的禮典的完整過程及其細節,是相當有效的;清代經學家重視此法,還用它來糾正不同版本經書裏的錯字訛文。莉闇公更強調用來復原佚禮,則顯見他運用傳統方法的靈活並對於推廣其用途的倡導。

禮樂文明包括禮和樂,探索西周之樂,或也可謂治禮以至展現宗周文明全貌之深層次目標之一,亦算得另一項應當投入的復原工作。

第五,禮學研究,宜與古文字學、古器物學、歷史文獻學等學科研究同時並舉、相互結合。應當盡量利用新出土墓葬及其古器物、甲簡資料以至考古學研究的諸多相關的新成就。要以歷史的眼光、科學的分析、辯證的方式治經治禮。

治古禮而不諳古文字、不瞭解古器物,當然是有妨礙的。必須對甲骨文、金文亦下一番功夫。譬如説,重要青銅器銘文往往就是當年的禮事記録,所以取證於鼎彝銘文是必需的。蓟閣公研討甲骨卜辭和鼎彝銘文、關注種種古器物,還廣泛研究古文獻,博覽群書,如此才能憑藉於經典文獻與實物材料之結合研究而做到準確地證經、解經。

歷史唯物主義、歷史辯證法無疑是新時代的哲理學説,蓟閣公對其也不陌生。舉例言之,他掌握唯物史觀而視經今古文並峙爲歷史現象,此乃秦代焚書坑儒這個嚴酷歷史事件所導致的特殊後果;又如他提議並強調"禮典的實踐先於文字記録而存在",顯然是一個符合歷史唯物主義精神的觀念。

筆者謹慎論述蓟閣公堪稱純真學者的思想和品格,其品格之非同凡響當然不祇是表現於清高廉潔、對功名利禄無所要求;而他的科學精神更是其高尚品格的主要表現。且將他那種科學的治學態度和治學精神歸納成如下數語:向學專心致志,治學積極熱情,遇難無私無畏,解題實事求是,着意傳統本質,心境澹泊寧静,終生矢志不渝,功成歸於求真。而尤爲可貴的,他的思想觀念里頗具創新意識、開拓意念,因此他的思想觀念和研究方式是相當新穎的。筆者整理了他述禮論禮的部分語録(見《蓟閣述禮萃語選録》,載於《蓟閣文存別集——中華傳統文化述評》),或可體現其禮學研究的主要觀點,並由以顯示其清純、率真的治禮風範。

## 三

蓟閣公爲人謙抑,但在學術研究上並不因循守舊、人云亦云;他的一些關於經學——禮學的思想觀念是頗爲新穎的,往往不落俗套、不隨大流。且略舉數例説明之。如關於《儀禮》的撰作者,從漢代經師到清代禮學大家以及近現代著名學者,大多以爲非周公莫屬,其中還有人謂此書全部經過孔子之手刪定,這是兩千餘年以來的因襲之見,似乎早已成爲不可改變的定論;周公也好,孔子也好,皆"大聖人"也,由聖人撰作經典,或真可謂天經地義之理,故直至目今,接受此因襲之見的治禮學者尚不在少數。然而,蓟閣公從歷史事實出發,認識到禮典的實行乃先於其文字記録、即甚早於《儀禮》書本之撰作,後者不可能成於周初周公時(禮典實行與禮書撰作孰先孰後正是此研究課題的癥結);他認爲,所謂周公的"制禮作樂",不過是略定各種制度的等級規模、各種禮典的儀節層次,並非指個人對禮書的撰作。茆闇公作出與因襲之見截然不同的論斷絕非出於主觀臆測,而是依據卜辭彝銘、先秦典籍,憑借於一系列詳細比照、周密考證、科學分析,所以對《儀禮》撰作者和成書時間的結論是能够成立的。他那篇著名論文《略論禮典的實行和〈儀禮〉書本的撰作》,爲當代人如何治禮——針對禮學研究中的關鍵問題,找到其癥結所在,以唯物史觀的眼光看待歷史事實,以符合辯證邏輯的科學方式分析歷史演變,從而形成解開癥結之基本觀念上獨到、切實的見解;至於得出這新穎的思想和結論,必須經過深入細緻、實事求是的反覆考證——提供了一個成功的範本。

　　人稱中華是禮儀之邦。那麼,什麼是禮的本質(意義),可謂禮學研究的重要問題。茆闇公對此有一段相當深刻、又與古今禮家見解甚爲不同的論述:"在奴隸制社會或封建社會里,禮都是統治階級所不可或缺的工具,它既可裝點統治者們的高貴氣質、飾其以溫和的情性,又是維護統治秩序、致使社會安寧的憑藉。於是,對於禮的作用,在一些古代文獻中,被許多儒者描繪得十分美好。但或許談不上是否美好,因爲禮其實是古代社會的經濟基礎之上的一種政治、思想體系,屬於上層建築;社會安寧即憑借於它而達成,由它作爲強調等級制度,導致尊卑貴賤、上下等級絲毫不可僭替的種種法規和一系列行動准則,而起到特定的作用。可是從另一方面來看,禮確是奴隸主文化或封建文化的最高表現,有着重大的歷史價值,這當然也是毋庸諱言的,並應該對它予以認真的研究。"説得更簡明些,(就筆者對這段論述的體會、以至於對禮的階級意識之認知而言,)就只一句話:禮是推行階級統治的工具,即爲"政之興也"。古今禮家,往往把禮僅限於規章制度範疇,即視禮制爲禮之本。而茆闇公則一再強調指出,典禮、曲禮、禮制三者組成"禮之總體";研究禮,應當有全面顧及這"禮之總體"的思想意識,不可偏廢三者中的某一個方面,因爲三者本來就是交織在一起的。當然,在不同的研究課題中,可側重於某一方面,例如研究宗周王官之學,自然需費力從事於對兩周職官制度及其變遷的細緻探討和精到解析,然而王官之學内容廣泛,涉及許多"禮之總體"的文化意蘊,對其理當予以進一步揭示並考究的。

　　兩漢是中國經學發展史的重要時期,茆闇公對此做了專門的研究。他以"經今文學→經古文學→(群經)鄭學"爲兩漢經學史的主綫,抓住了今文經和古文經的產生、經今文學與經古文學的形成以及相互對峙和鬥爭這個關鍵問題深入探討,從而使錯綜複雜的兩漢經學條分縷析、要旨凸現。經學之要不外乎釋經和傳授兩端,因此而產生對於經文的傳記和注疏,並因其釋經之異而形成不同的師法和家法以傳授後世。茆闇公是經學家,却也襲用史學家的視野去分析兩漢經學的這個關鍵問題,他認爲西漢出現今文經和古文經之別以及經今文學與經古文學之鬥爭的特殊史實,歸根結底,是秦代實行文化專制、發動焚書坑儒這一獨裁政策及其非常嚴酷的歷史事件所使然。解開了關鍵問題的肯綮,又通過邏輯推理和對武威出土《禮》漢簡的精細考辨,莉闇公得出非同一般的結論:其一,《禮經》有古文本,秦焚書之前已有其書(至漢惠帝取消挾書律後,藏匿的古文本露面,但旋即入祕府,故未得廣泛流傳),從而否定了康有爲等名人所謂古文經籍由漢人僞撰之瞽說;其二,兩漢流傳的《禮經》,除了今文學家所守、立於學官的今文本外,都是今古文錯雜並用之本(武威漢簡本如此,由西漢末劉向校定、東漢末鄭玄作注以至流傳後世的今本亦然),此乃秦火之後今古文並峙,經文隸定、傳鈔時今文、古文互有錯雜之故。武威漢簡本就是一種古文或本,即對古文本隸定時以今讀古而滲入今文詞語,以至於今古文錯雜並用之。康氏等名人的《新學僞經考》和其他某些著作影響都頗廣,莉闇公的見解與其針鋒相對,破除那些瞽說,則可謂爲當代經學—禮學研究掃除了一些障礙。而斷定流傳《禮經》本之文字表述上的基本特徵——今古文錯雜並用,應當說是一個新穎、確切的見解,這對於《禮經》本文之進一步考證以及此經不同本子之異文考釋有一定的指導性意義。譬如說,歷代禮家批評鄭注今本乃雜糅今古文以至於改易經字,實在是不理解今本屬性的誤謬之議。

　　不少近代學者受西學影響而難免帶有機械論傾向,他們往往忽視事物在發展中的本質變化。如大學者胡適先生斥諸子之學出於王官說之謬,實際上他"對先秦學術,只承認戰國諸子之學,而無視宗周官學的存在"。就兩周官制變遷而言,莉闇公由研究作爲職官專書的《周禮》即《周官經》着手,認爲必須從兩周史實出發,分別確認諸官職掌是何時之實制,要從不同歷史時期的可靠遺存中進行實事求是的考查,以至於理解設官乃取決於政權機構發展中的需求而逐漸建置,又經過旋置旋廢的選擇、對初建之制不斷更改而趨於完善。這是一個看似曲折、實係必然的變遷過程。實際上,任何禮制,在不同時期,多有所變化,對其所記錄的文字自然會有所變動。《周官經》即如此,所記錄西周官制創建之遺存未過其半,不少乃屬晚周之更制。而疑古派學者在機械論法則支配下,以爲文字記錄若有矛盾和相悖處則其書必僞,故《周禮》也是僞經;顯然,如此判僞頗爲草率而不當。莉闇公指出:"古代設官,均非撰作官制全書而後付諸實施。""《周官經》既非一時一人所作,其自身的矛盾,實乃幾經分合所造成,毋庸詫怪。"治《周禮》者倒是應當對三百餘官之職掌一一辨別其屬於周初之創建抑或晚周之更制。再者,《周禮》不袛是諸官職掌條陳之羅列,而且實乃王官之學的記錄。莉闇公表明:諸官"在任職實踐中長期積累起來的經驗,經過不斷修訂,不斷條理化,匯集起來,即成爲宗周官學。"其特點是"學在官府",傳授中,教的、學的,均爲官府職掌的事務。既然如此,就全部文化學術而言,宗周官學"是指國家在當時所能涉及(廣度)和所能達到(深度)的百科之學"。那麼,它並非單純的哲學或政治學、經濟學等近代社科分類意義上的某一個或者某幾個學科。所以説,此王官之學的思想觀念不局限於胡適先生所謂的近代社科分類的學術思想——哲學思想、政治思想、經濟思想等等,其文化的、學術的思想藴含非常繁富,特別在禮學意義上更是十分深邃。蒭闍公曾這樣概括宗周官學以至周代文化學術:"西周的文化以'宗周王官之學'爲主幹,而《詩》《書》'禮''樂'是其主要標誌。西周有宗周禮樂文明,以至於又有東周諸子之學的百家爭鳴,則便表明中華文化學術成就在周代已達到堪稱燦爛文明的足够高度。"這是禮學宗師對於以"禮之總體"乃至宗周官學爲其主幹的周代文化的基本看法。

蒭闍公看重鄭學,認爲"鄭學在兩漢經學史以至整個經學史上,是一個重要的環節,對其不可忽視",並指出"周予同、湯志鈞先生在其合著的《中國經學史論》里,没有認可鄭學在經學史上的地位,乃是不適當的"。鄭玄遍注群經,於《三禮》尤顯功力。在曹師元弼先生的引導之下,蒭闍公研究鄭學及其《三禮》鄭注可謂極其深入;對於鄭注,他肯定其精湛而不凡,同時又有十分獨到的見識和評價。《周禮》記述衆官職掌時必涉及各禮典所用器物(禮物)以及某些儀式(禮儀),鄭玄則就以《周禮》注釋、補充《儀禮》。如上文所述,《儀禮》成書於春秋以後,記録的是西周典禮的原型;《周禮》全書也晚出,所記録的諸官職掌制度並不限於西周官制,乃既有周初創建者,也有後來的變遷,及至晚周而不乏其更改和增制。因此蒭闍公認定:鄭玄用《周禮》補《儀禮》之闕,有適當、也有不適當者;其實二禮書相比照,有相應處、也有相違處,而由相應、相違之處正可窺見先後時代禮事、禮制的沿襲和變遷,特別是《周禮》所記有實有虚,夾雜了一些戰國時王所後起的增制,其與西周之制頗相徑庭;此相違處,往往可憑借西周鼎彝重器的銘文辨正之。對鄭注的這些評述,蒭闍公關於《覲禮》的兩篇文章——《覲禮本義述》《〈覲禮〉考釋》,恰好提供了簡明的例證。《覲禮》是天子禮唯一僅存的篇章,凡典禮皆爵彌高者禮則彌繁,然而《覲禮》最爲短小精簡;蒭闍公斷定它是綱要式簡叙本,而非如《儀禮》其他禮典篇章那樣的詳細記録之完篇,並解析其簡叙之緣由:這一斷定的明確説明是十分必要的。蒭闍公治禮,對於容易產生混淆之處往往予以深入探討而見解絶不含糊。各典禮篇章在體裁上有相似者,也有不同的特徵,《覲禮》即此鮮明一例。對此少記行禮過程及其具體儀注之細節而綱要式簡叙的《覲禮》,若無鄭玄予以詳盡的注釋,則便實難卒讀,故鄭注助其研習之功尤顯。然而,鄭氏於此更借助於《周禮》來解釋、補記:其中有適當的,如行此天子禮所涉及的"五門三朝"之議;也有不適當的,如用《周禮・大宗伯職》所記諸侯見天子有春朝、夏宗、秋覲、冬遇四禮釋之,這顯非西周實制,而是晚周稱霸諸侯慣用於籠絡中小邦國的手段,西周時諸侯見天子惟有先朝後覲之禮,並無朝覲四時異名之規定。《周禮》確乎誇張和繁碎,除"四時朝王"外,所述天子、諸侯之服制亦然。《司服職》謂其有五服(天子甚至或有六服),但經過與鼎彝銘文以及經籍核對,知西周天子、諸侯的冕服祇有衮冕、鷩冕、㲲冕三種,所謂五服者,亦非西周實制。因此,《周禮》所記是否都符合西周實制、是否都可用《周禮》補《儀禮》之闕,經由鼎彝銘文和早期經籍的辨證和分析是必需的。看來,莉闇公信鄭而不佞鄭,對功力深厚的鄭注的評論是中肯而客觀的。確實,他並不盲目地迷信古人,也不盲目地迷信當代名人。

對於《儀禮》的語詞訓詁和名物考證,當然不可忽視,但與此相比,不少前輩禮家都更重視於"禮之所尊尊其義"。莉闇公則體會到,由名物、訓詁入手,可收到事半功倍的效果(這當然是治禮有效方法之一着);但更認識到,惟有明瞭諸禮之旨意,才可達到治禮之目的。其業師曹元弼先生正是着力於深入研討"禮之義",故能成就曹氏"禮經學"。莉闇公進而還認爲,領會禮的本質意義,尤其重要。例如,他闡解覲禮之義,其旨在於彰顯君尊臣卑、臣忠於君的御臣之道;由此則體現禮的本質意義,即如上述;禮乃"政之輿也",禮正是推行階級統治、並維護統治階級内部上下等級關係的憑藉。莉闇公遵循業師治禮宗旨,首先深究諸禮典之旨意,由以全面反映禮的本質意義。此本質意義可謂禮經之"大義",亦可謂莉闇公之(禮)經學思想的首要觀念。而他關於經學思想的一些其他觀念,上下文均有所説明,這裏則歸結成幾條。其一,禮典重在實行,其實踐先於禮書而長時間存在。其二,禮最初是殷周統治者現實生活的緣飾化,逐步完善的禮制、禮典、曲禮及其禮物、禮儀,在他們彼此等級分明的生活中是始終存在着的;禮制、禮典、曲禮三者組成"禮之總體"。其三,西周的禮樂活動是周族統治者立國精神的形式表現。禮借助於樂的配合,既使上下等級差别不容差忒、又使各級人等安於等級差别而達到社會的和諧;即所謂憑借樂的"積極作用"而達成"禮之用,和爲貴"。其四,由兩漢經今古文並峙的歷史事實而致流傳的《禮經》諸本均爲今古文錯雜並用之本。其五,禮不下庶人,貴族統治者所行之禮與民間風俗不可混爲一談,單純由"俗"探索禮的起源截然偏頗。其六,《周禮》等書記載的"宗周王官之學"並非祇是三百餘官職掌條陳之羅列,而以此官學爲主幹的周代整個文化學術可謂遍及所有領域、達到可能深度的"百科之學";正是有了西周獨尊文化的非凡成就,特別是有了宗周官學及其所彰顯的宗周禮樂文明,才會出現春秋時期諸子之學的繁榮。其七,經,一般即指先秦所定的"五經"(或包括"樂"的"六經")、直至南宋所定的"十三經"等;其實,經是西周以來奴隸制社會乃至封建社會的上層思想意識之集中反映和系統表述;經起初並非等同於"儒家經典",後來儒家乃憑借於經的發揚而成就其"儒學"。早期的經學就是五經傳記解説。各經師撰述、傳授的經義往往不同,從而形成(某經)經學之不同的師法、家法;歷代學者對諸經的解説當然也各有不同:則不同學派時有變遷,述其發展過程者便成爲經學史。研究中國古代史,自然離不開對經學史的探討。西漢經學是西漢教育的主旨，以至於秦漢之後，經學是長達二千多年封建統治的指導思想，並始終作爲中國傳統文化的重要基石。其八，研究兩漢經學史，應當具體評述“經今古文之爭”以至“鄭學集大成”兩大議題；應當肯定鄭學在兩漢經學史乃至整個經學史上的歷史地位。如此等等，且擇其要者，餘不一一。

四

　　清代經學有樸學、實學之稱，它崇尚“實事求是、無徵不信”的考據原則，着重於訓詁、考證，又以辨僞、輯佚等爲要務，特別是對於經文、名物的訓釋，都從一字一物之考訂入手，的確達到精准不苟、細緻入微的程度，並由以取得對漢學的全面發揚。然而清代不少樸學家的考據文章過於煩瑣，往往引徵繁雜，甚至不分良莠而取捨之；所撰諸經新疏中雖有超越舊疏的精彩篇章，但亦多見其洋洋大觀，不够精簡練達，有些還殊乏由以精審論述全經之要旨貫串疏文始終者。（比如，鑒於胡培翬《儀禮正義》的一些不足之處，茍闈公建議對其改編而完善之；他乃冀望於新疏更著力於對禮義之愈益準確的闡釋和進一步發揚。）誠然，治經治禮，清學的考據原則和考證方式是必須善加借鑒的；而茍闈公於此即顯示了非比尋常的功力。他撰作那些觀念獨到、思想新穎的重要論文，都是經過認真而精細的考據、依照客觀事實予以科學的考辨和論證；確實，他絕不無證妄斷、無考而論。然而，統觀其全部留存的著作，筆者覺得他與清代樸學家在考證對象和考證方式上有所不同，即於研究選題和治學方法頗見違異。抑或簡而言之，茍闈公治經治禮，並非沿着清代樸學家的路徑亦步亦趨。樸學家大多著力於所考察事物之局部以至經書之細節的真切考證，並不很重視事物演變、經學發展的規律性認識；其考據工作則往往煩瑣而失大體：其重考據，主實證，少有創新、建樹者。而茍闈公所研治者，着重在禮經和禮經學中的一些關鍵問題，以及對經學—禮學發展至關重要的若干長期聚訟未決的疑案；他的那些重要論文就是解決如此重大難題的。他從大局上著眼，進行認真的考證，雖然精細，却不局限於細節，往往因抓住了癥結和要害，則使難題迎刃而解，並由以揭示出禮經學進展之脈絡和禮的本質意義；即便如《〈禮〉漢簡異文釋》《漢簡〈服傳〉考》一類文章，對經文或傳文是逐句考辨、考釋的，然其考據工作的論説並不煩瑣、枯燥、冗贅，並且將文字考辨與義理考釋結合起來，夾叙夾議，邊辨邊析，在解析和議論中解決了一些原則性、一般性的問題。諸如《儀禮》《周禮》的成書年代之考證，關於所謂“周公制禮作樂”之千古定論的重新釋義，對古文經是否爲漢人輯撰之“僞經”的討論，經今文學與經古文學的並峙和鬥爭對於揭示兩漢經學之發展規律的重要作用之論證，對《禮經》諸本的文字用古用今之特徵的判斷，關於諸典禮之禮義的確切説明,對兩周職官制度的創建和更制以及宗周王官之學的剖析和評估,對亡佚典禮以及兩周官制變遷過程的搜索和復原,以至於旨在對宗周禮樂文明面貌的全面展示,等等,都是蒟閣公花全力而經過精細考證,逐步闡明、解決的大問題。其留存、發表的文章不算多,諸文均表述細緻而不繁複,篇幅也不冗長,却都是不失大體,不乏精粹;且文辭縱然精簡練達,却涵容豐富、觀念清新,殊多創意;再者,並未忽視清代樸學家所推重的辨僞和輯佚,祇是以與他們相別的觀念和不同的方法從事之。正因爲如此,蒟閣公的禮經學研究便取得了與清代某些樸學家頗爲不同的成果。

上述蒟閣公治禮要法之一,乃使禮學研究與古文字學、古器物學、歷史文獻學等學科研究相互結合,此法與王國維先生之著名的二重證據法("二證法")自當不相違逆,然亦並非無所差異。其實,將歷代經典文獻與從地下出土的實物材料相比較,歷來治古學者大多如是爲之。而王氏"二證法"之稱固然是一個形象淺顯的方法論名詞,他本人即充分利用20世紀初葉從地下發現的大量甲骨卜辭,來探究甲骨文繼而治商史和古經,以至於取得十分卓越的成就。應該説,20世紀隨着考古事業及其古代墓葬挖掘的大力開展,地下出土的各樣器物、遺址和甲骨、簡牘等文字資料漸豐,這是新時代所提供之相當有利的研究條件,故諸多學者利用其治經治史,則勢在必然。蒟閣公一直很關心考古新發現,他的大部分論文皆爲憑借先秦典籍與甲骨卜辭、鼎彝銘文等結合考辨、論證的產物。並且,蒟閣公還清楚地意識到,在各種不同材料的結合研究中,辯證思維和科學分析(包括辯證邏輯推理)至關緊要;這種出於當代新哲學、新科學的思維、分析方式也是新時代所賦予的,而他考辨武威《禮》漢簡取得出色成績,恰也正是其採用此辯證思維、科學分析之探討方式的精彩一例。

事實上,對於相同的資料,若觀念和研究方法以及思維、分析方式不同,會從中得出不同的結論。就説這武威漢簡《禮經》七篇以及《服傳》篇,爲其付出許多艱辛而取得整理、校核工作成功的陳夢家先生斷言:此漢簡爲西漢后蒼之弟子慶普的《禮經》本。理由是漢簡本的篇次與今本以及后蒼的另兩位傳人戴德、戴聖(大、小戴)的《禮經》本的篇次不同,並竟然推測:篇次既不相同,文字、章句亦當相異。陳先生也以爲后蒼之後有大戴禮、小戴禮、慶氏禮三家並立,既然漢簡本與大小戴本相異,那"最可能的祇有是慶氏本了"。可是,蒟閣公經考證確知,大、小戴分別選輯古記、並各自據古記以闡述《禮經》,二戴所持《禮經》本的篇次不相一致;而慶氏參照經記制作東漢之新禮、且以教習禮儀爲主,所謂的"慶氏禮"實乃著重於禮儀的習練。所以,"慶氏禮"與大戴禮、小戴禮並非同類,不能相提並論,故如今就不必討論慶氏對《禮經》有什麼闡述、對古記有什麼編排(於此没有任何事實依據),更不應憑空推斷他也持有篇次不同、文字和章句亦異的二戴以外的《禮經》本了。倘若大戴禮、小戴禮、慶氏禮"三家並立"即指慶氏與二戴各有篇次以至文字、章句不同的《禮經》本這個大前提與事實不相符合(況且篇次不同並不表示文字、章句也不同,二者没有必然聯繫),那麽進行所謂"既不是大戴本、又不是小戴本,就祇能是慶氏本"的所謂"形式邏輯"推理,似有以機械論方式研究之嫌,則就難免會陷入主觀臆測的泥坑。這裏,菊闇公與陳先生不僅推理方式截然不同,而且對漢簡本屬性之判斷在觀念上也大相徑庭。后蒼及其弟子的《禮經》本是今文本,菊闇公通過對漢簡本與今本的對照和考辨,斷定漢簡本是今古文錯雜並用的古文或本;陳先生撇開今古文問題之探討來考查漢簡本歸屬於哪一個家法的后氏《禮經》本,顯然在兩漢經學之基本觀念上有所缺失。再者,漢簡《服傳》,陳先生因其中引録《喪服》經文不全而判其爲"删經本",這樣的判斷猶顯簡單化和表面化;而菊闇公經過通篇、分類、逐句認真的考辨,證明此篇章是《喪服》單傳,其中未引録之經文是《服傳》撰作者認爲無需予以疏解的,其分類、逐句的闡述,乃表明此《服傳》對《喪服》之疏解有所側重,雖非全經無缺,卻是傳文無遺漏的自成體系之作。所以説,菊闇公對漢簡《服傳》的分析和考辨,比較精細、縝密,顯得符合科學性而非草率從事。他在考辨《禮》漢簡之後説過一段話:"闡發新解不爲傳統舊説所囿,這是無可非議的;但要樹立新的説法,必須既要提出堅實的證據,又要跟與之對立的舊説進行詳盡有力的比較和辨析,如此才能作出具有充分説服力的定論……"此説殊爲有理,他本人正是這樣身體力行的。

由一些古代墓葬往往可能瞭解當時的喪葬制度,特别是兩周墓葬的形制及其隨葬物品,若與《儀禮》之喪祭經文相對照,或可驗證並補充禮經文獻(包括喪祭禮的名物、儀注等)。20世紀50年代,陳公柔先生著《士喪禮、既夕禮中所記載的喪葬制度》一文,無疑是考古學家、史學家重視經學文獻,試圖將其置於考古實物之中予以討論、證實而撰作的難得篇章。菊闇公讀後頗受啓發,他也將《士喪禮》上下篇(下篇爲《既夕》)等經文及其注疏文字與這戰國時期的墓葬實物作比較,並進行更深入細緻的考辨和分析,就若干禮節以及相關問題的討論得出不同的判斷和結論,從而對陳先生的文章提了若干中肯的意見。其一是葬法,墓葬裏見到葬者仰卧,兩手交疊置於腹上;而《士喪禮》裏有"設握""設決"的儀注,與其關聯的是"握手""決"兩名物,有此名物和儀注,才會兩手交疊而葬。菊闇公詳細考證了握手和決的形制、疏解了有關儀注設握和設決的經文,則説明《士喪禮》所述與墓葬呈現的葬法是一致的。他對於《士喪禮》相關禮節的釋經之文可謂精確細密、字字落實;他是研究《儀禮》的,理當做到如此。其二是指奠器入壙問題,陳先生依據墓葬里發現盛有羊、豕的鼎置於壙内,便斷定葬日遣奠的奠器被送於壙内。菊闇公則指出,葬前每次奠後都予"徹奠",最後一次即葬日的大遣奠亦有此儀注,故其奠器不可能被送於壙内;而壙内鼎所盛羊、豕"苞牲"與遣奠之奠器所盛食物不同,所以"奠器入壙"的斷定不能成立。其三,"茵"爲何物？就是"藉棺的布袋"。陳先生可能受孔疏誤釋的影響,把棺槨底板及其下面的二橫墊木當作茵了。其四,"葬於北方(北首)",此爲《禮記·檀弓》語,陳先生則推斷,即"或指葬於其居址的北面"。而莉闇公指出,古人有族葬之法,北方是固定的族葬之處,在城的北面,而非分別"葬於其居址的北面"。凡此幾端,都表明莉闇公在比較經典文獻與出土實物時,是非常注重推理、分析和考辨的。他認爲必須盡量正確地理解經典文獻,盡量恰當地進行推理、分析和考辨,如此才能作出符合事實的判斷。就説這喪葬,《儀禮》反映的是西周的喪葬制度,(上述)出土的是東周的墓葬,又如果墓主人是大夫以上的貴族,那麼其形制和隨葬物品跟《士喪禮》所述不盡一致是理所當然的。譬如説,士的墓壙里無祭器(只有明器),大夫以上的墓壙里還有祭器。但不少出土墓葬却不明墓主人的身份。因此莉闇公又認爲:比較文獻和實物不能簡單行之,倘若不盡一致,就得分析其緣故;不可牽強地疏通,在實物材料尚嫌不足之時,倒不如蓋闕存疑以待證。他的看法是實事求是的。

通曉古文字——金文和甲骨文,是治經治禮者必須具備的工作能力,莉闇公於此確是下了大功夫的。對於古文字,不僅要能够識讀、明其字義,也要瞭解其經學—禮學層面上的意思。例如,彝銘里時見"對揚"二字,並與"王休"等詞語分別相連,此"對揚王休"等短句在文獻典籍里也有記載,莉闇公則撰文爲"對揚"補釋其義。如果單純從字義上訓釋,"對"訓應或答,"揚"訓持物而舉,並且這二字又都有對偶之意,即一方對着另一方有所表示,所以二者都是指具體活動的一種情狀。而莉闇公補釋道:"彝銘所記,均是王策命和賜衣玉車旂於其臣下,實係覜朝之禮的一個部分。"覜朝錫命之禮不傳,但《儀禮》各典禮篇章以及《周禮》某些職文里記有辭對之儀和致對之儀,這些所記文字表明"對"是貴族禮儀中的一種語言形式,即一兩句簡練的短語,不同禮儀則用辭各有不同的規定(例如口唤"王休"等等)。同樣,根據禮書記述,"揚"是貴族禮儀中的一種動作形象,即趨行身軀小仰,手中舉物,不同禮儀則各舉不同規定之物(或多爲王賜之玉)。那麼,這覜朝錫命之禮的主要儀注爲……受命之臣入,王命史策命、賜衣玉車旂,受命之臣拜手稽首、然後對揚(對和揚同時進行)。那就是説,對揚(或曰"對揚王休"等)是此禮中的一個儀注。可是,古文字學學者對莉闇公的釋義提出質疑,他們或許祗着眼於古文字訓詁中的抽象意義——即謂"一般通訓",却不接受莉闇公對於一般通訓背後之經學—禮學層面上的具體含義的討論。然而研究經學—禮學者,不僅需要瞭解古文字的一般通訓,還必須瞭解其經學—禮學層面上的意思,這是借助於古文字學研究而有效地治經治禮之方法的一個重要方面。因此,憑藉甲骨卜辭和鼎彝銘文,可以探索殷商之祭祀等禮和周代未記入禮書的佚禮及其禮儀、禮物,上述便是一個實例;而菊閣公的其他古文字考釋文章也達到了這樣的探索目的。

復原佚禮的方法,上面第(二)部分的第四條所述者即此。所用的推致之法,自東漢以降,歷代禮家皆沿用之。然而,菊閣公強調用推致之法來復原佚禮並指出由此可推進禮學研究,則是對延拓這個治禮方法之作用及其應用的倡導。運用此法,必須對《儀禮》等禮書所述各留存典禮之禮節的名物度數、揖讓周旋以及具體禮物、禮儀按等級差異以推比,有真切的理解以至正確推比的功夫,又對群經和其他典籍的記禮、論禮文字有相當熟稔的瞭解。例如,菊閣公由士、(下)大夫、卿的歲時祭推致、勾勒天子、諸侯的歲時祭,就是對復原王朝大典的一種嘗試,他以爲其論文《宗周歲時祭考實》中所述,衹能算是對此亡佚烝禮之大概情況、主要禮節和儀注的鉤沉。《儀禮》之《少牢饋食》(及其下篇)和《特牲饋食》分別記述卿大夫和士的歲時祭,因卿大夫和士的等級上下有別,故二祭祀典禮的繁簡程度不相一致,前繁後簡;它們在禮節、規模,所用器具、服飾之數量、華素等方面多有不同。而最大的差異在於:後者衹有室内直(正)祭,前者除舉行室内直祭,在祭日還舉行堂上又祭;並且,(下)大夫有又祭而不賓尸,卿(上大夫)的又祭爲賓尸之祭。推致及於天子、諸侯,則其祭祀典禮當然更繁複,規模更大,所用器具、服飾更多、更華貴。比如盛載祭牲的祭器鼎,士、大夫禮爲單鼎、三鼎或五鼎,諸侯、天子禮多至七鼎或九鼎;以祭牲而言,士、大夫禮爲特牲(一牲豕)或少牢(二牲豕、羊),諸侯天子禮爲太牢(三牲豕、羊、牛)。而禮節繁複則表現於多項。例如其一,祭日舉行直(正)祭,之前先行祊祭,翌日又舉行繹祭,之前也先行祊祭。祊祭不是獨立的祭祀,衹是指祝官先捧些祭品到廟門口去求神,以示求神於不同處所;爾後才舉行直祭或繹祭。而士大夫之直祭或又祭之前無祊祭。其二,縱然各級祭禮均用祭法"饋食",但諸侯天子禮之直祭"自毀始",乃指迎尸進入之後,即薦進粗毀和血腥,此所謂"朝踐",那麼殺牲之事當在早晨,故亦稱之爲"朝事"。這祭日"朝踐"以及之前的殺牲在士大夫禮是沒有的,其直祭"自熟始",乃指迎尸入室之後,即薦進牲俎、黍敦,請尸一開始便食用煮熟了的肉飯。其三,繹祭九獻,由《少牢》禮推致而來,當然繁於大夫又祭之三獻。此外還有不少儀注細節上的繁複處,不予一一列舉。菊閣公是依據《禮記》之《郊特牲》《祭統》等篇以及《詩經》"雅""頌"諸篇關於天子諸侯烝禮之主要禮節以及禮物、禮儀的記敘、頌揚而予精細的分析、推測,以《禮記》所載此祭禮的零碎殘句與《詩經》有關歌詞相互覈證,其中尤其對《楚茨》等詩篇進行了逐章逐句的精到解說,藉以闡釋祊祭、獻尸、旅酬、奏樂燕飲等節目的具體内容,從而由《特牲》《少牢》禮推致得出天子諸侯"太牢"烝禮之比較粗略却還相當生動、切實的過程。至於其不完備部分,菊閣公也是持"蓋闕以待證"之求實態度;期待通過進一步的搜索探討,得到對此佚禮更多的補充以至更詳盡的描繪。

　　讀《禮》和治禮的方法，前代經學家都有所提煉和總結。清末經學史家皮錫瑞言及，讀《禮》有三法：分節、釋例、繪圖；而曹元弼先生將治禮方法總結爲七個項目：明例、要旨、圖表、會通、解紛、闕疑、流別。顯然，莉闇公的許多治禮成果，確實是運用這些方法的結晶。對於其業師曹先生的“七目”，他可謂領會得透徹、實踐得靈活而出彩；曹先生研治《禮經》，強調根據該書特點，“無論名物度數、揖讓周旋，都掌握‘儀注相同、等級差別’以推比和辨正”；此即上文一再提及的推致之法，爲曹大師所推重並清晰闡解。在莉闇公的研究工作中，比如考辨《禮》漢簡，則就是“用相同儀注彼此互證之法，一一爲之釐訂”。這項成果，正是其精彩運用此傳統治禮方法之一例，實際上，他用推致法取得成功的實例不在少數；再者，莉闇公不僅在《禮經》十七篇之間、每篇各章節之間使用推致法，“由彼此互、省之文以見其義”，而且憑藉相關的先秦古籍和鼎彝銘文、甲骨卜辭等資料，也用此法探索、復原佚禮；所以或可言之，通過他的探索實踐，拓廣這推致之法的内涵和用途乃有所落實。另外提一下，莉闇公還運用由推致法衍化出的逆探之法，此法即依據事物演變規律，從時間上倒着向上逆探，推致、解析、探索以得出事物的原始形態，譬如說，通過對於東周時期舉行的祭天、祭地、祭四方、祭山川等各種祭典之情狀和旨意的解析和認知，向上逆探，以推致、探索而瞭解殷商、西周時期的方望之祭概況。至於曹先生“七目”中的“闕疑”一目，莉闇公認爲，蓋闕待證，與孔子治史的“傳信”“傳疑”之原則相一致，與一些疑古派學者憑主觀臆測、隨意“疑古”和“辨僞”、缺乏事實根據而強證強解的做法相抵牾，他還認爲此目與推致法並不矛盾，對於現有證據情況之不同（證據充足、可靠，抑或證據不足、存疑）而可將二者分別應用。再者，此“七目”中的“明例”“會通”二目，莉闇公確認是成功實施推致法的前提。《禮經》有諸典禮之方方面面的一系列凡例，即該書之禮例；治禮者理解此特點——明乎禮例，才可能有效地運用推致之法。會通者：會通全《禮經》，會通群經，盡量會通經史、諸子等四部古籍；趨乎會通，便可能以《禮經》證（並解）《禮經》（本經内部推致互證），以他經證（並解）《禮經》，憑借其他古籍、甚至利用鼎彝銘文、甲骨卜辭等出土資料證（並解）《禮經》，如此即便擴大了推致法所涉及的範圍。若在大範圍里做到融會貫通，自然就能加深對禮之義的認識（“七目”之“要旨”者），提高禮學研究的水準。當然，“明例”與“要旨”二目也是關聯着的，即爲“參禮例以求禮義”者。莉闇公著力於“明例”，更終身著力於“會通”，不僅靈活運用推致等法，尤其將“會通”當作治禮方法論的首要准則，甚至視其爲治經治禮的至高目標，因此他的禮經學學問最終可能趨之於爐火純青的至粹“化境”。

　　然而，莉闇公治經治禮之所以“另辟蹊徑”，還不能不說到他自四十歲左右起始，對當代科學以至哲學研究之方法論的接受、採納和創造性運用。他因工作之需似乎常常埋在故紙堆里,却能將辯證唯物主義引入其古經古禮研究領域,這真可算得該領域里的"鳳毛麟角"之舉,實在是難能可貴的;他是經學—禮學專家,却也具有當代歷史學家縱觀歷史發展的眼光和新哲學家的辯證邏輯思維能力。其一,菊闇公清楚地認識到,治禮者也應當秉持唯物史觀,如此才可能正確地説明禮之義、深刻地揭示禮的本質,以及客觀地梳理禮之演變和發展的歷史脈絡。秉持了唯物史觀,方可從本質意義上理解禮對於奴隸制社會和封建社會的歷代統治者維持其政治統治、並標榜其時而施以所謂的"仁政",會產生不可或缺的重要作用;菊闇公認爲,這理當作爲治禮者的一個最基本的觀念。其二,秉持唯物史觀,則就以尊重(經學—禮學之)史實、通過實事求是的研究展示歷史真實面貌爲首要者。菊闇公憑借武威出土《禮》漢簡等實證,批判康有爲《新學僞經考》、判定康氏疑古文經傳之僞實係無事實根據之妄斷,正是出於其治經治禮以展現歷史真相爲基本目的的唯物主義態度。其三,西學東漸以後,近代科學和西方哲學,給中國社會及其學術界帶來很大的衝擊和促進,對其社會變革以及學術發展無疑是大有裨益的。然而,近代科學的機械論傾向和西方哲學中懷疑論、實證主義等思潮,也對中國學者產生了一定的消極影響。此影響的一項突出表現,即對於中國傳統文化之"疑古、辨僞",成爲風靡一時的"學術時尚",不少疑古派學者"拿了結論找證據",以"疑古經之僞"作爲研究的出發點,對證據材料作出歪曲甚至顛倒的分析,這樣的研究方式十分有害,則不免會陷於歷史唯心主義之困境。如上文所述,菊闇公正是擔憂這種盲目、草率地"疑古、辨僞"之風有大礙於傳統文化研究的正常開展,才走上治經治禮的道路,而且與某些疑古派等近代學者反其道而行之,始終"堅持實事求是爲要旨",認真客觀地深究經學—禮學之真諦。他從西學接受的不是消極影響,而是取其精華,把科學分析的方法用到禮經學的深入研究之中,力避機械論式的分析手段;進而因科學和哲學的現代發展,則採用其辯證思維的分析、推理方式,此方式在他的各個研究課題里可謂發揮得淋灕盡致,以至於得到一系列與衆不同的精彩結論和良好成果。

其四,菊闇公治經治禮,在採用實物與文獻之結合研究以及以經史、諸子古籍探討、辨證禮經等基本方法時,注意適當處理"一般的與特殊的、具體的矛盾",這是符合歷史辯證法精神的。譬如説,青銅器銘文常有記錄具體的、某一個特殊禮事之概況的,禮書記載的是若干類禮典過程或官制設置變遷,相對於前者而言是一般的記載;同樣,治禮經而憑借他經、史書、子書等,其所記載的禮事(還包括禮物、禮儀)等也大多是特殊的、具體的。雖然特殊、具體的事物可以反映一般性的旨意和規律,但歷史是複雜的,古代不同類資料豐富多樣、紛紜各異;菊闇公認爲,實物資料與文獻資料之間、各種文獻資料之間,所記述的内容出現差異是必然的,不必刻意追求其完全一致,關鍵在於需要對它們作出客觀的、辯證的比照和分析,並應當明白,往往是記述特殊事件的資料帶有局限性。就説鼎彝等青銅器的銘文,縱然"彝銘證禮"是治禮一法,但鼎彝銘文所記述的只是某一個禮事特例的某一個方面,所反映的是部分的事實,不可能全面,其局限性是不可避免的。而禮書之外古籍記載的某個禮事或禮制等大多亦然。況且,《儀禮》反映的是西周禮典之原型,《周禮》述説的是西周職官制度的創建及其晚周更制;不同青銅器的銘文以及禮書之外古籍記載的禮事、禮制等,因時間和地域各各不同,與禮書所記者必多有不符。菊闇公指出,分析二者之同與不同,不可簡單化、機械化,凡帶有局限性的資料,不可能單憑其作出比較普遍的論斷。因此,(青銅器等)實物與文獻之結合研究,不宜一味以實物爲主體,以文獻作幫襯;不可誤以爲:不見於鼎彝銘文的就不存在某種事實,不見於鼎彝銘文而見於古代文獻的就不可靠:實物與文獻二者研究之結合,理當做到如"水乳交融"一樣。其五,然而,菊闇公還注意到傳統治學方法與近現代科學、哲學的研究方法二者之間的相通之處,他認爲,後者與從曹師傳承來的治經、治禮方法並無原則性的抵觸。比如推致之法,與近代科學中的邏輯推理法不無相似,菊闇公則利用後者以加強前者的邏輯性,致使推致結果增添其可信程度。但近代科學哲學方法中的機械論成分是必須去除的,而應當採取現代科學哲學的辯證思維方式(包括依據事實進行符合科學性的分析、比照、推理、判斷)。上文已述數例説明菊闇公避免機械論弊端以辯證、客觀地治禮的態度和效果,這裏再來説説《周禮》。該書中部分節文係周初設官遺存的原作,與《周書》、"雅""頌"詩篇應是同時或稍後的作品,有人以"誥""誓"、"雅""頌"之文字艱澀難懂乃屬周初實錄,而《周禮》(等書)文理通暢則全都是春秋戰國以後補録或漢人僞撰。菊闇公認爲,從文字深淺上產生的錯覺,是不應當作爲辨別僞書的原則性標誌的,惟以文字深淺而辨別真僞,則是形式主義機械論的錯誤做法。再者,《周禮》書本,其中滲入了不少晚周職官之增制。菊闇公研治此經,努力先對如今殘存的三百餘職官,逐一加以審核,利用群書所記的周代史實核定:(1)首先對每個職官予以"去其僞、存其真"的查證;如果還不確切,則進行(2),即一官中,對其多項職司都一一予以"去其僞、存其真"的查證。如此去僞存真了,才可能繼而深刻探討、理解宗周王官之學的廣袤蘊含。此例亦表明,菊闇公對於傳統的治經、治禮方法是傳承、創新並重,實事求是乃其治禮方法論所憑藉的精神支柱,"去僞存真"是其深入治禮的根本保證;而避免了西學的消極影響、擷取了唯物辯證法的精華,則使他的方法論在新的治禮途徑上行之有效,得以結出甚有價值的碩果。

其實,研究方法是與研究者的思想、精神、態度密切聯繫着的。菊闇公在治經治禮上的特色或可再簡括爲十六個字:求真求實、嚴謹論證、努力會通、傳創並重。他對各項課題的成功研究,以至於他的治禮方法論,都充分顯示了這樣的特色。

※　　※　　※

莉闇公處在新時代行將替代以至已經替代舊時代的時期，接受了新思想，也受到新哲學、新科學的積極影響；爲了禮經學不至於絕滅，勢必要革舊鼎新，用經過改良的新方法進行研究，自覺地突破清代樸學家治禮取徑的某些圍限，從而使研究軌跡有可能改弦易轍，以致著力於爲當代禮經學的進展，探索、開闢新的方式和途徑。憑依時代之進步，莉闇公的思想觀念和治學方法不但與清代樸學家有明顯不同，與某些近現代學者也頗多差異。所以，莉闇公固然是對於禮經學之"存亡繼絕"有突出貢獻的專家，然而或許還稱得上是一位對於當代禮經學研究新途的探索者和開拓者，他在不經意間擔起了承前啓後、繼往開來的時代使命，此或許即爲學術界尊其爲禮經學"宗師"的緣故吧。當然，若無開拓精神，又怎能"存亡繼絕"、並有所建樹呢？

確實，沈文倬先生在 20 世紀比較艱難的條件之下對禮經學研究的堅持和富有創造性的工作，已爲這門艱深學問爾後發展開拓出不同於歷代禮家治禮成規的方式和途徑。開拓和創新，正是沈文倬先生——一位十分難得的純真學者，留於後世的精粹思想、高尚品格中最可寶貴的精神財富。

（作於 2021 年 7 月）

**作者簡介：**

沈葹，女，1944 年生，江蘇吴江人，同濟大學科學與工程學院教授。主要研究方向爲相對論物理，近十年學習經學—禮學並其父莉闇公著作。

# 鳳笙先生論學片言

傅　傑

二〇〇七年六月鳳笙師九十壽誕,我曾在《文匯報》發表《仁者静　仁者壽》,略謂:

聽鳳笙師授課,已是二十餘年前的事了。當時爲我們傳道授業解惑的,既有都已年届古稀的先生及蔣雲從(禮鴻)師、劉肇薰(操南)師,還有年逾八旬的姜亮夫師。先生講授經學,以三禮爲中心,旁及目録、校勘、金石、職官等内容。他的禮學得經學名家曹元弼先生親授,而在供職上海圖書館期間又主持過《中國叢書綜録》的編纂,潛研既數十年,於相關問題已融會貫通,所以他的講授,一是翔實,如結合禮圖與文物解説古代禮制,元元本本,如數家珍;二是精辟,如從清代經學派别論及《四庫全書總目》的得失與讀法,往往一語就點明問題的關鍵,使聽者有豁然開朗的頓悟。這樣的特點也反映在他的研究論著中,如他爲上海圖書館建館三十週年紀念集提交的長文《黄龍十二博士的定員和太學郡國學校的設置》,對漢代建立經學博士的複雜史實條分縷析,正皮錫瑞《經學歷史》之誤,糾王國維《漢魏博士考》之偏,從而詳判武、昭、宣三代各經博士官的興廢增缺,成爲研究漢代經學必須參考的文獻。

先生無疑是勤奮的。在杭州我每次上門請益,先生幾乎一無例外地總是坐在那間簡陋的書房裏,而桌上也總是攤着書。他那一摞綫裝的《四部備要》本《儀禮正義》,原本就布滿了密密麻麻的黑字,又被他批滿了密密麻麻的紅字,讓我自慚相形於師輩,我們實在是没有真"讀"過什麽書。九十年代來上海後,我也在先生回滬時多次去過他的寓所。房屋雖然破舊,却處在徐家匯最繁華的地段。後來奉命拆遷,先生惶惶不安,耿耿於懷——不是痛惜舊居所在地的寸土寸金,而是痛惜新居所在地離上海圖書館太遠,以後看書不再那麽方便了。

在勤奮的同時,先生也是從容的。講課既慢條斯理,寫作也字斟句酌,未必每年都有文章——更不必説專著,有了也未必肯馬上發表。他要求博士生不要把已得到答辯委員會充分肯定的畢業論文匆匆付梓,而要擱上一段時間——還不止是一年兩年——反復打磨，以求完善。除了完成於青年時代的《孟子正義》和中年時代的《蘇舜欽集》《王令集》等古籍校點本，先生沒有專著，他的學術地位是由數量有限的論文確立的。史學大師顧頡剛好給學術界排座次，在早年所撰的《當代中國史學》中就列述了斷代史研究的佼佼者，如魏晉南北朝隋唐史以陳寅恪爲第一人，宋史以鄧廣銘爲第一人，晚年他又稱先生爲"當代禮經學研究第一人"。直到一九九九年，年登耄耋的先生才出版第一部個人著作《宗周禮樂文明考論》，精選歷年發表在《文史》《考古》《考古學報》等刊物上的《略論禮典的實行和〈儀禮〉書本的撰作》《宗周歲時祭考實》《漢簡〈服傳〉考》《〈禮〉漢簡異文釋》等自己滿意的文字，寫作跨度逾四十年，而總數僅十四篇，但每一篇都是討論和解決具體問題的名副其實的論文，從楊向奎《宗周社會與禮樂文明》這樣的專著到今人《儀禮》注譯本無不引述其說。論漢簡二文不下十萬言，對陳夢家《武威漢簡》的考證與釋文做了全面辯駁，比先生更年長的已故禮學專家錢玄在《三禮通論》中評斷："沈氏據《石渠奏議》引《服傳》，駁陳氏以爲作於甘露後之非，據鄭玄校古今文之例，推論《服傳》爲古文，並謂《服傳》作於戰國晚期，均有根有據，確可信從。"這樣實實在在的學術貢獻與學術影響，並不是如今層出不窮的多數專著——哪怕是令人炫目的皇皇多卷本所能具備的。在被併入浙江大學前夕，杭州大學推舉少數幾位成就卓著的人文學者爲終身教授，中文系是蔣禮鴻與徐朔方先生，古籍研究所是姜亮夫與沈文倬先生。而按校校爭先、人人躍進的時風，在教授如同奶牛蛋雞般被勒令必須有高產出的現代量化考核標準面前，如先生這樣既不爭研究經費，又無視發表字數的"當代禮經學研究第一人"，恐怕有遭末位淘汰的危險。

終身也好，末位也罷，寵辱不驚的先生大概不會關心這樣的問題。六十年代初從上圖來到杭大，有不短的一段時間他就窩在中文系資料室兢兢業業做資料員，直到八十年代成立古籍研究所才被聘爲教授。那些見收於商務印書館印行的兩卷《菿闇文存》中的論文，都是他在既沒有資助又沒有喝彩的寂寞中從容成就的。王元化師在慶壽信中稱他潛心三禮，寂寞勤苦，所做的却是存亡繼絕、不可或缺的工作。這確是先生很好的寫照。契訶夫自嘲因爲習慣了缺錢，所以對錢就提不起興趣了。先生習慣了寂寞，所以對熱鬧也同樣漠然視之。他從來不躁不爭，我行我素，所謂"有得於內，無待乎外"，正當得起孔子所說的"靜"而"壽"的仁者——作爲真正的學者，這"壽"不僅是指人的精神愉快、身體康健，也還包含了其言的光輝充實，傳之久遠。

轉眼鳳笙師辭世已逾十年，翻檢當年的日記，重溫先生教誨，感念無已。我不是鳳笙師指導論文的研究生，但自一九八三年九月有幸成爲杭州大學古籍研究所第一屆碩士研究生，半年後聽鳳笙師授課，從學生時代到留所工作，向鳳笙師問學不斷。一九九二年離杭赴滬師從王元化先生攻讀博士學位，無論回杭州還是在上海，都有較多的機會謁見鳳笙師。所以我或許是列在先生門下的諸弟子外得到他言教、耗費他時間最多的學生——大概可以不加"之一"。

我一九八三年五月五日的日記記録，下午三點我們在古籍所辦公室復試，"由沈文倬先生主持，劉操南、王榮初、平慧善先生參與復試"，而"三點半許姜亮夫先生來與大家見面，並談話半小時"，攙着亮夫師同來的則是雪克師。

鳳笙師是從一年級下學期開始爲我們授課的。他假期往往在上海，開學回來時間稍晚。據我一九八四年的日記，課自三月十九日下午開始，涉及經學、目録、校勘、金石、職官等内容，課開了兩學期，到一九八五年放寒假前授畢。而我還有機會另吃小灶。一九八五年六月所里辦了面向其他高校教師的先秦文學講習班，十三日下午與十四日上午鳳笙師連續講授兩漢經學，地點在延安中學，都是我跟班去的——這是時任副所長的平慧善老師指派給我的任務。而在我們畢業前夕的一九八六年五六月——我們的論文答辯季，我還去聽鳳笙師爲師弟師妹們上課，五月七日"鳳笙師授甲骨文"，十四日"鳳笙師授甲骨文"，十七日"鳳笙師講解《周禮》《儀禮》有關卜事選段"，三十一日"鳳笙師授《周禮》片斷"，六月七日"鳳笙師授金文"。

一九八九年冬先生的第一位博士研究生陳戍國師兄畢業論文答辯，由我擔任答辯秘書。華東師範大學吳澤教授擔任答辯委員會主席。我十二月十七日日記："下午隨鳳笙師去火車站迎吳澤教授。"十八日日記："隨鳳笙師上午陪吳氏夫婦至靈隱與岳廟，下午至花港並泛舟游湖。"十九日舉行了答辯。

所以在讀期間，我一直聽鳳笙師授課，工作後亦時往請益。先生常終日伏案，偶然不在，就是跟師母一起去附近的黃龍洞散步了。那時電話並不普及，對所有的導師，往往是想到了就闖上門去。有時我向鳳笙師報告新書消息，如我稟告中華書局影印了陳夢家《殷墟卜辭綜述》，他立刻命我代購。還有一次我拿新獲的陳邦懷《一得集》給鳳笙師看，他翻了兩分鐘，合上書就去拉書桌的抽屜拿錢，笑着說："這本書給我了，儂再去買一本。"更多的時候自然是我問各種幼稚的問題，或聽鳳笙師的解答，或聽鳳笙師的閒談。可惜那時機會不僅太好，而且太多，所以不知珍惜，我的日記既非每天必記，而在"謁鳳笙師"甚至"聆教一小時餘"之下，有時竟然是空白的。有時則稍詳細，如一九八七年一月十四日：

> 晚謁鳳笙師，師言及兩名博士生應試者，一較長於甲骨，一較長於金文，而於

經學均不理想。余問專攻禮學,是否入學前需遍讀三禮,否則在學期間熟讀注疏即殊不易。先生説主要是讀《儀禮》,用我老師教我的辦法,讀五部書:舊疏、新疏、《經典釋文》部分、張惠言《圖》、張爾岐《句讀》。賈疏亦曾分章,但不若《句讀》清楚。這五部書是兩年要讀完的。《周禮》可選讀與《儀禮》有關的部分,《禮記》更可跳讀。論文題目如《禮記》與《周禮》的矛盾分析就不錯。這個問題有不同看法,有人認爲《儀禮》與《周禮》的記載矛盾,我認爲不矛盾,而是等級不同。如《儀禮》寫的是王,《周禮》寫的是諸侯,那當然用的禮不同。三禮皆可相通,没有什麽矛盾。讓他一條一條對,仔細搞一搞,説明一下。我看了裘錫圭的那篇文章,很想也寫一篇。他強調要重視考古材料是對的,但有一點,不能機械,書上講的是制度是抽象的,他只能那樣寫;考古材料是具體的,它是對的,但並不能用它來否定文獻記載,要加以分析。所以郭沫若先是否定井田制,後又肯定井田制,我認爲都是錯的。我認爲古有井田,但没有井田制。比如以前蔣介石定有一般的制度,但廣東還是廣東的一套,是同樣的道理。楊泓把古車馬圖畫出來,畫得很好;但一計算,就難説了,不可能那樣準確的,不是那麽回事。最機械、搞得最"鴉鴉烏"的是科技史。聞人軍把《考工記》的東西列出很多算式,我是絶對不相信的,哪有那麽準確的?不是那麽回事。就像現在木匠量木頭,一尺五寸,多一點少一點都算了。不過現在大家都講"科學",我這個話也不去講。言及李澤厚《中國古代思想史論》,先生説其中孔子寫得不錯,他還是很尊孔的;荀子寫得尤其好,但墨子不對了。余以蘇秉琦先生論"重鬲"相詢,師乃爲道是非,並檢出《儀禮注疏》邊翻查邊解釋。師所用《十三經注疏》石印本,蠅頭小字,密密麻麻,而其上則朱墨爛然,文中皆施句逗,疏語多著重綫,天頭多布批識。

日記中還留下了鳳笙師關懷我的記録。這年三月底,我在爲八四級古文獻專業本科生授訓詁學課時突發鼻血管破裂,導致大出血,住院一個月。這年鳳笙師没有課,住在上海,十二月五日記:"上午往校值班,奉鳳笙師信,十一月廿九日寄,謂'久不見,想念殊深,貴恙諒早恢復,見熟人每問及之,殊慰',並問'近有新造否,至念'"。而鳳笙師在《葑閣文存》弁言中引録的"二十年前所作'聲華刊落'詩'爲避詩名便廢吟,年來學道漸能深。聲華刊落中天月,魔障消除午夜琴。秋水一潭殽不濁,春花萬樹愛非淫。莫傷世路多艱阻,賴有微言藥石箴'"在完稿不久就被我鈔在當年的日記里。不過這不是得諸鳳笙師,而是鳳笙師鈔示在貽師、由郭在貽師轉鈔給我的。

一九九二年我到上海,師從在華東師範大學兼職的王元化先生攻讀博士學位。元化師籌辦《學術集林》,我即向鳳笙師求稿,先生説將申論宗周王官問題。一九九三年二月二十八日鳳笙師自杭州賜函,説考周代王官之學一文"在論樂一段上碰到難關。西周時作樂場面是知道的,但樂理要講清講深些就得靜下心來重新學習,或能講一些,時間是寶貴的。我想到四月中旬尚定不下來,恐只能先交半篇,而且要冒些風險的"。五月鳳笙師回上海我即往謁,他説要跟元化師聚談——元化師曾應邀到古籍研究所主持過姜亮夫師博士生的論文答辯,二師原本見過。鳳笙師住華山路,元化師住吳山路,相隔步行也就十來分鐘。我即往告元化師,元化師説沈先生年長於我,必須我去看他,並笑稱"沈先生是禮學家,不能讓他覺得我這麼無禮"。我又往告鳳笙師,鳳笙師乃堅拒説,家裏太亂,王先生來不方便。旋即問我:他現在就在家? 聽我稱是,鳳笙師忽地站起來去拿外套,説我們現在就去。我五月三十日的日記記錄:

> 下午陪鳳笙師往訪元化師,二師偕談近三小時。言及三禮,鳳笙師以爲《儀禮》成書亦在戰國,而所記則皆西周事;《禮記》所記甚古,大抵亦西周事;惟《周禮》則有西周事,有後來事,整理者不可能不將一己之思想觀念放進去,故分辨最不容易。周公事跡顧頡剛已大抵弄清,但觀點仍有吞吞吐吐爲我所不同意處。古史辨派認爲何時成書者所記必爲何時事,太過機械,顧晚年猶不能盡免此弊。他在古史辨成員中享壽最高,老來已自行修正了早年的很多東西,這是他佔便宜的地方,王煦華爲他整理的辨偽學史,其中很多觀點即與早年不同。言及張光直書,鳳笙師謂最不同意者即是他拿西方人類學來硬套中國古史,難免有牽強處。二師皆不以如今的教育方式爲然,鳳笙師謂杭州大學遵姜亮夫先生提議辦古文獻專業是有功績的,先前只講古文學與古漢語,學生畢業至多不過五百篇古詩文,毫無基礎。不過文獻專業兩年制班則"時間根本不夠"。

鳳笙師九十壽誕時,元化師的賀信是我草擬的,經元化師做了修訂,如我在壽文中引錄的稱鳳笙師潛心古禮、寂寞勤苦,"所做的都是存亡繼絶、不可或缺的工作"諸語,就是元化師加的。

以下摘録部分日記,一是學生時代的一九八四與一九八五年的,一是轉至滬上的一九九三年的,前後間隔十年,從中或既可窺見鳳笙師對我不懈的諄諄教誨,也可窺見鳳笙師一以貫之的學術理念。因知識水平與理解能力的限制,不敢保證没有誤記之處,但可保證都來自當天的記録:

> 先生説我這幾年堅持三條:一不參加民主黨派,怕開會;二不參加學術會議;三不參加集體項目。當前工作風氣甚壞,故凡集體項目尤其是涉及數地、數十人者更難成功。至於那些主事的有的是工頭,有的簡直連工頭都不做,因爲工頭還要到工作的現場去看看,去監督,他們則根本不管。我不主張搞大而無當的項目,

也不主張招研究生一招就是十個。從小地方搞起，實實在在積累，慢慢越擴越大。學生真正好的培養兩三個，就遠比十來個有用。

先生説要是肯集中精力搞，每個人都能搞出東西來的。可惜肯集中精力的人太少。

鳳笙師一九八二年在中文系招收的碩士生陳剩勇後來追隨鳳笙師來古籍所，一九八五年五月二十日畢業論文答辯，答辯委員有沈善洪校長及徐朔方、郭在貽、平慧善先生。鳳笙師介紹培養情況，謂陳初進校時，已頗知讀書而不能貫穿，乃命讀《説文》，開《説文》與三禮名物課，使《説文》所言名物皆有形象。段注所引亦多三禮內容，明此則再讀段注亦可不覺其難。又對學生之前所未下功夫的典籍如《尚書》等專門開課命其補讀，如此一年有餘，可獲較大進步。

言及古籍研究所剛舉行的青年教師論文報告會，先生説鄔錫飛（跟我同屆由先生指導的碩士，畢業與我一起留所，惜英年而早逝）的論文解決了一個小問題，原文較長，我幫他壓縮了兩次。你要麼寫些虛的東西，考據你説清楚就完了。問題小，但有了存在的價值。這種文章雖小，編全集時也能收進去。

先生説"禮學與利祿無緣"不過是我對門人的誡勉，把這話的範圍誇大則有悖史實。

問買書，先生説自己以手邊需要翻的就買，其他即借爲原則。謂《佛學大辭典》《元和郡縣誌》可買。史則前四史最要，其他可借。《新唐書》《新五代史》不錯，然借之亦即可。子有廿二子可用，文則《文選》《唐文鑒》可備，《全唐文》出更善。又特別提及《四庫全書總目》。

告先生在上海古舊書店購得四部備要本《經義考》，先生説《經義考》讀來甚費時，若僅翻查亦無益也；而好的經學史實在是一本也没有。

先生説歷代經學研究著作錯誤最夥，蓋以讀者不多，少人指出，且多有浪得虛名者。大書總靠不住，我現在對孫詒讓也動搖了。胡氏《儀禮正義》則尤亂七八糟，多引賈疏等各家言而不出姓名；校勘欲凌阮元而上，却將阮校所用的底本毛本當作阮氏未見之本——出校，尤爲荒唐，不知何以致此。曹元弼師謂楊補"不堪卒讀"，其實胡著亦然，蓋曹先生亦未嘗細考也。今楊向奎等仍以胡著甚善，皆不免耳食之談。

言及胡培翬《儀禮正義》與孫詒讓《周禮正義》，先生説胡著所以不如孫詒讓，即在"孫有科學頭腦"，胡則時有"原文清楚的地方都給他搞混了"。而楊補作的部分則"更不行，直錄阮校也不説明"。先生示以正標校的《儀禮正義》，説標點甚難，"有些古書其實無法標點，黃侃斷句也就是句讀，不過稍細，前人也曾做過，沒有像他的門人説的那樣了不得"。又説"所以書先讀一遍無啥用，一校點，問題就都出來了"。

先生説注疏一定要校。胡氏《儀禮正義》算有名了，"一校一塌糊塗"。孫氏《周禮正義》確實是注疏中最好的，但説清疏數種都承用了阮氏《校勘記》，而一查胡書，並不是的，這樣明顯的問題他也弄錯了，"所以名家不可迷信"。

問凌廷堪《禮經釋例》，先生説搞得太煩，內有很多是重複的，只要理解其道理即可。

問陳奐《詩毛詩傳疏》禮學方面的疏失，先生説有些是家法問題，屬於有爭議者，未必就可視爲他的錯誤。但確多錯誤，主要在名物方面，《詩》涉禮者主要就是名物，前人指出過，但未有系統的考辨。

先生説《毛詩傳箋通釋》比《詩毛詩傳疏》好。李道平的《周易集解傳疏》很好。

問廖平書，先生説我跟他不一樣的。他是盡量往上移，我是往下的。倒是他的學生蒙文通的東西我要的。

先生説劉師培博而較淺，很多是常識性的東西。可與黃季剛比較，黃則窄而深。我看了劉的幾篇都比較淺，如諸子出史官論，皆老生常談。老生常談是容易的，全面否定也是容易的，如説諸子不出王官論；難的是拿出證據來詳細論定。談禮學有兩路，一是曹元弼先生一路，一是黃季剛一路。當今能談一點禮的多數是黄一路,把訓詁抬高,從一字一句去搞;而怎樣把禮制解釋清楚,桌子怎麽擺、路綫怎麽走等,則無人去搞。顧頡剛還好有個晚年,晚年的也是史料學,但對我們有好處,把材料都理清楚了,有些東西我就可以從中取資,最多不放心時再查一查。

先生説曹元弼先生晚年困頓,故有數書未刻。《禮經學》八本很精,其書好處是同意前人説者即照録原文,有己意者辨於其下,很清楚,很方便。所著《禮經校釋》則就賈公彦疏而作辯難,雖有些字講得較好,用處倒不是太大。

先生正續撰《試論宗周王官之學》,謂胡適所説皆謬,"這些留學生機械得勿得了",對"出於王官之學"的"出"字理解得太刻板。

言及楊向奎先生《宗周制度與禮樂文明》,先生説好是不見得好的,引了多家説法,而對禮到底是什麽仍弄勿大清爽。要講明每種行爲的意義,這正是現在的禮學著作所缺的。而光講某一種有何制度,就無多大意思。我以孔子語來聯繫總結祭禮,是受黄季剛"人生無鬼,哀莫大焉"一語啓發,這種想法是每一個人腦子里都會有的:我這麽個聰明的腦袋,死了一下子什麽都没有了。往年所以擇蘇舜欽、王令二集爲校理對象,即因兩人都短命而有如此成就。

先生説顧頡剛先生器量大。早年我批楊向奎文,指其文引顧頡剛"謬説"。顧先生知道後就打聽我,有人告訴他沈某不是大學中人,正在找工作。顧當即稱我給他找好了。一見面他就説:你的工作我給你找好了。這樣我才到國立編譯館去的。

言及宗法問題,先生謂問題出在對《詩經》毛傳"王者天下之大宗"一句的理解上,自王國維以來近人多誤,而金景芳先生"倒是弄得蠻清爽,他的講法完全是傳統的"。但先生話鋒一轉,説金氏的《易通》"真討厭,説《易》哪句哪句符合辯證法,完全是硬套的,講唯物辯證法不應是這樣講法的"。

言及錢玄先生《三禮名物通釋》,先生説做得清楚,"比吳檢齋的好,因其年輕,還有科學頭腦"。但"他重的是分,而我是要其合"。

先生説治禮名物並不甚難,錢玄書頗精確,難在制度不易明。鄭康成注《儀禮》《禮記》,用了很多《周禮》的東西,但《周禮》本身是靠不住的,這就有問題了。

先生説我拿了研究生的論文送雪克,因爲他是真内行的。他看出來,一部《周禮》,論文一會兒放在殷,一會兒放在周,講殷的時候用一點,講周的時候用一點,這不行的。他一眼就看出來了,沒有親自搞過看不出來。

言及吳澤教授的博士生以"法權"觀念解釋宗法,先生説這個觀念古人是沒有的。

問《論語》於先生。先生説《儀禮》號稱難治,其實最單純,因爲是死的,鄭玄這樣講,朱熹也只好這樣講,不會有什麼變化。但《論語》不同的,每個人就有每個人的一套,雖然還不像《周易》。所以你要有你的理論,有一個基本的立場。"所以我覺得顧頡剛有些東西也是,他講漢代的孔子,其實角度不一,結論自然是不一樣的。所以不管你寫三十萬字也好,五十萬字也好,最後結論要明確,除了本來的孔子,要把漢代的、宋代的孔子都扔掉。寫了太多的人實在是不聰明的,這樣反而把好的東西掩蓋掉了。粥里摻了許多水,味道淡了,就沒人歡喜吃了,就討厭了。虛無縹緲的東西就更不要搞"。先生説"我原本想寫一篇孔子,寫孔子的藝術精神。我認爲中國人的科學頭腦是不發達的,所以中國科技要發展到怎樣的水平,我看是不可能的。現在在世界上真正站得住的還是藝術品,科學只有一些史上的東西了。藝術上真正好的東西,都是不科學的,但是是更高一層的東西"。

先生告有約他爲古籍辭典撰辭條者,説把力氣花在這上面不值得,"寫提要,寫好不容易,泛泛地寫又無聊,要核對的。而專業的目録學家不可能逐一去核對,所以他們沒有辦法的,我不太看重目録學家即在於此。《書目答問》已經很好了。范希曾《補注》也很好。但補這麼多有沒有用,我是懷疑的。因爲哪一本好要對了才清楚,對一對不難,但一個人無論如何對不了那麼多書"。先生舉顧廷龍先生爲例,説他記了很多書名卷數,"但在腦里打架,某書十卷,他説八卷,我説我對過的,但確有八卷本。記那麼多,亂了,究竟有什麼用? 書名是無法記那麼多的"。

言及版本學,先生説版本家於"經眼"二字不是隨便用的,那是要對版刻特點都要能説得出來的,當世惟趙萬里先生足以當之。過去謂"南瞿(鳳起)北趙",其實瞿是不如趙的。

以習作呈先生。數日後謁先生,先生説:文章寫得好的,内容方面提不出什麽,是這麼回事。但在寫法上比較"老實",都是引文,自己的看法就不易突出。有些可用自己的話説出來,還有引文要是權威性,要是公認的結論。有些本身尚屬探討性的東西,引了意思也不大。先生又告前去華東師大圖書館學系參加顧廷龍先生指導的碩士論文答辯,是寫孫詒讓校勘學的,文章寫得還好,但也有這個問題。戴家祥先生是答辯委員會主席,也提了同樣的意見。如文章中引了謝無量的《中國哲學史》,其實謝著無甚影響。

先生告鄰校某君治《荀子》有年,若干年前即以某文送審,甚好。日前又送三文申報教授職:其一即前文,乃亟予佳評。其二論荀子與《周易》,摘荀書中引《易》諸語敷衍之,不免牽強無謂,蓋荀之《易》並不好,《詩》《書》亦不見得好,好處在禮樂,何必硬去附會《易》義。其三論浙江之儒學更糟,以一節羅列胡、二程、朱四家哲學,你對四家哲學瞭解多少?後又一節乃云浙江儒學盡得四子精華,真是猖狂之極!遂評議日若首文已足稱教授,對後二文則予糾駁。先生又曰今之論文多此類,找些材料是容易的,不容易的是把這些材料真正"化"了。先生以前輩鍾泰《莊子發微》爲已臻化境的範例。

**作者簡介:**

傅傑,男,1961 年生,浙江杭州人,浙江大學馬一浮書院特聘教授。主要研究領域爲古典文獻學、中國學術史。代表論著有《傅傑文錄》(海豚出版社,2016 年)。

# 張錫恭遺稿《官聯表》

林振岳

**内容摘要** 光緒二十五年張錫恭赴兩湖書院教授經學,開設《周禮》課程,擬編《周官緯》以課士,共計有《官聯表》《斂弛聯事小記》《教學聯事小記》《賓客聯事小記》諸稿。各稿編纂時間在光緒二十五至二十八年間,與孫詒讓《周禮正義》撰寫幾同時,二人皆注重闡述《周禮》"官聯"之義。今據張氏《官聯表》原稿校錄全文。

**關 鍵 詞** 《周禮》 官聯 張錫恭

張錫恭遺稿《官聯表》,爲其擬撰《周官緯》之一種。此稿張氏書札、日記中曾提及,向無傳本,原以爲久佚,去歲復得見於滬上,散葉未裝,全稿僅《祭祀》一篇,左欄有葉碼,合計七葉,前後完整。卷首題"官聯表",次有小叙,述其"官聯"之義。次小題"祭祀第一",次爲表文。表頭記"儀節"之名,始"養牲",止"繹"。其下分"天官""地官""春官""夏官""秋官"五欄。表中依祭祀儀節次序,將《周禮》書中分記各官之職條理貫通,末有考儀節先後次序數條。原稿無署名,審其筆跡,爲張錫恭親筆,即其所述《官聯表》原稿。

光緒二十五年張錫恭赴兩湖書院教授《周禮》,先編有《周禮課程》,活版印入《兩湖書院課程》。又撰有《官聯表》《斂弛聯事小記》《教學聯事小記》《賓客聯事小記》諸稿,皆其所擬撰《周禮緯》之一。此稿之撰述經過,見諸張氏《日記》。光緒二十五年五月初一日,"楚學祠拈香。卯正升講堂,講'經學大指'第二,巳初退。作《官聯表》"。初二日,"作《官聯表》第一篇,草創略就,到未正矣"。初三日,"卯正升講堂,講'經學大指'第三篇,巳初退。修改《官聯表》第一篇,申初畢"。[①] 其後不復記撰稿之事。日記所云"《官聯表》第一篇",即稿本"《祭祀》第一"一篇,可知此即其所撰《官聯表》全部,非存稿有缺失也。其後所續撰者,略變其體。光緒二十六年十月二十六日,張氏續作

---

① 張錫恭:《張徵君日記》,上海圖書館藏稿本。

《斂弛聯事小記》，"因去年曾作《官聯表》，此事不能爲表，故變爲《小記》"。十一月初三日，張氏重定《斂弛聯事小記》目録，並附記"即續去年《官聯表》，因此事不能作表，故改稱《小記》"。① 又致曹元弼書云："承示勉成《周禮官聯表》，敢不祇承。已成者有養民、教民之《聯事小記》，俟有寫手，當就正有道。"② 皆提及其所撰《官聯表》《聯事小記》。可知在撰完《祭祀》一篇之後，即變其體例爲"小記"。札中所云"養民《聯事小記》"即《斂弛聯事小記》，"教民《聯事小記》"即《教學聯事小記》，皆續《官聯表》之作。

《周官》大宰以"八法治官府"，其三曰官聯，以會官治。又小宰"以官府之六聯合邦治，一曰祭祀之聯事，二曰賓客之聯事，三曰喪荒之聯事，四曰軍旅之聯事，五曰田役之聯事，六曰斂弛之聯事。凡小事皆有聯"。邦之大事，非一官所能勝掌，故各官以其職守，聯事通職。所供之物亦各因其職，如牛人供牛、犬人供犬、校人供馬，此《周官》官聯之誼，即張氏小叙所云"所以合百官爲同心也"。惟其一事而散見各官，頭緒紛雜，綜貫不易，故張氏有《官聯表》《聯事小記》之作。今人論官聯之誼，皆以孫詒讓《周禮正義》爲集大成者。孫氏《正義》始撰於同治末光緒初，至光緒三十一年始鉛印行世。洪誠謂其書"其於官聯之錯綜隱互，鈎稽尤詳。此爲全書之内部脈絡，爲理董全書之最切要處，新疏於此致力最深，嘉惠於後之學者最鉅"。③ 張氏作《官聯表》《聯事小記》在光緒二十五至二十八年間，與孫氏撰稿幾同時，並知聞孫氏正著《正義》一書（聞自黃紹箕仲弢）。據張氏《日記》，光緒十二年六月十五日，"晨謁瑞安夫子，告行。仲弢出見，談及皇上將親政，醇王之典禮宜如何。雖在草茅，亦當留意也。並言瑞安孫仲容詒讓博學不倦，現著《周官正義》未成"。④ 至孫氏没後，張氏尚睹其《哀啓》。光緒三十四年八月十九日，"見孫仲容先生《哀啓》，滿紙名利話頭，可歎先生没後，豈無知音，而此啓付之俗手乎"。⑤ 然孫氏書刊於光緒三十一年，光緒二十五年張氏作《官聯表》之時，應未睹孫氏《正義》原稿。官聯之法雖善，而職事分官而繫，通貫實非易事。故張氏僅作《祭祀》一篇而輟，其後改作"小記"，續撰有《斂弛聯事小記》（"養民之政"）、《教學聯事小記》（"教民之政"）、《賓客聯事小記》（"官方邦交"），以符張之洞《勸學篇》"《周官》之要，在官府、萬民、邦國"之言，合爲《周官緯》一書以課士。

今據原稿校録全文如次。文中校補之字以[ ]括出。"儀節"表頭所涉名稱，原

---

① 張錫恭：《茹荼軒日記》，復旦大學圖書館藏稿本。
② 王欣夫輯，崔燕南整理：《曹元弼友朋書札》，上海：上海人民出版社，2018年，第319頁。
③ 洪誠：《讀周禮正義》，《孫詒讓研究》，杭州：杭州大學語言文學研究室，1963年，第21頁。
④ 張錫恭：《張徵君日記》，上海圖書館藏稿本。
⑤ 張錫恭：《茹荼軒日記》，復旦大學圖書館藏稿本。

稿字大寫,今以黑體表示。表中官名,原稿字並無大寫,爲方便閱讀,整理稿統一加粗,以清眉目。

# 官聯表

萇叔引《周書》曰:"紂有億兆夷人,亦有離德。余有亂臣十人,同心同德。"此周所以興也。《周官》著官聯之誼,所以合百官爲同心也。夫祭祀、賓客,皆從容揖讓之時,而田役、斂弛,亦非事起倉卒,然必協力同心,乃克成事。況艱危如軍旅者乎,勝不相讓,敗不相救,戎之所以爲鄭敗也。師克在和不在衆,楚之所以勝鄅也。明乎官聯之誼,則衆志可以成城,而用之庶事,罔不舉矣。此表之作,竊取斯義焉。

**祭祀第一**

| 儀節 | 天官 | 地官 | 春官 | 夏官 | 秋官 |
| --- | --- | --- | --- | --- | --- |
| **養牲**<br>前祭三月。 | | **牧人**掌供牲牷。**充**［**人**］繫牲牷于牢。**牛人**共享牛求牛。 | | | |
| **卜日**<br>前期十日,惟大饗明堂不卜。 | **大宰**帥執事而卜日。 | | **大宗伯**帥官卜日。**肆師**夙①爲期。 | | |
| **戒**<br>與卜日同日。 | **大宰**掌百官之誓戒與其具脩。**小宰**以灋掌祭祀之戒具。**宰夫**以式灋掌祭祀之戒具。 | **遂師**審其誓戒。 | **世婦**掌女宮之宿戒,比其具。**大史**與群執事讀禮書而協事。 | **射人**諸侯在朝則掌其戒令。**祭僕**警戒有司,糾其戒具。 | **大司寇**涖誓百官,戒於百族。**鄉士**掌其鄉之禁令。 |

---

① "夙",當作"宿"。

| 儀節 | 天官 | 地官 | 春官 | 夏官 | 秋官 |
|---|---|---|---|---|---|
| **齊**<br>散齊七日,致齊三日。 | 膳夫日三舉。玉府共食玉。 | | 鬯人共秬鬯。 | | |
| **卜尸** | | | 大卜眂高命龜。 | | |
| **宿尸** | | | | | |
| **共具**<br>既共則陳之,與陳設互參。 | **庖人**共好羞。**亨人**共鼎鑊。**甸師**共蕭茅,共野果蓏。**獸人**共獸。**㢑人**共魚。**鼈人**共蠯蠃蚳。**腊人**共腊物。**酒正**共五齊三酒,以實八尊。**凌人**共冰鑑。**籩人**共籩實。**醢人**共豆實。**醯人**共齊菹醯醬。**鹽人**共鹽。**幂人**共巾幂。**幕人**共帷幕幄帟綬。**典絲**共黼畫組就之物。**內司服**共后服。 | **鄉師**共茅蒩。**封人**飾牛牲,設楅衡,置其絼,共其水藁。**牛人**共牛牲之互與其盆簝。**遂師**共野牲。**委人**共薪蒸木材。**囿人**共死獸生獸。**川衡**共川奠。**澤虞**共澤奠。**掌蜃**共蜃器。**場人**共果蓏。**廩人**共接盛。**舍人**共簠簋。**舂人**共齍盛之米。**饎人**共盛。 | **小宗伯**毛六牲,頒五官,使共奉,辨六齍、六彝。**鬯人**共秬鬯。**雞人**共雞牲。**司尊彝**共彝尊罍。**典瑞**共祼瓚及玉。**司服**共服。**世婦**帥六宮之人共齍盛。**守祧**修除黝堊。**司巫**共匰主,道布,蒩館。 | **羊人**飾羔。**服不氏**共猛獸。**校人**毛馬而頒之,飾幣馬。**隸僕**修寢。 | **司烜氏**共明齍、明燭、明水、墳燭、庭燎。**犬人**共犬牲。**野廬氏**修除道路。**蜡氏**除不蠲。**伊耆氏**共杖咸。 |

| 儀節 | 天官 | 地官 | 春官 | 夏官 | 秋官 |
|---|---|---|---|---|---|
| 陳設 | 太宰贊玉几。掌次張氈案,設皇邸,張尸次、旅次。世婦涗陳女宮之具及內羞。 | 舍人實簠簋陳之。 | 鬱人陳祼器,和鬱鬯以實彝而陳之。司几筵設几筵,設昨席。天府陳玉鎮、寶器。大司樂宿縣。典庸器設筍簴,陳庸器。 | 司兵授舞者兵。司戈盾授旅賁殳,故士戈盾,舞者兵。 | |
| 省牲眂滌濯<br>前祭之夕。 | 大宰眂滌濯,宰夫從內饔摡器。世婦帥女宮濯摡。女御贊。 | 充人展牲告牷。 | 大宗伯宿眂滌濯。小宗伯省牲,眂滌濯。肆師詔相滌濯之禮,展器陳。大司樂展縣。 | | |
| 爲期 | | | 雞人告祭期,及期嘑旦。巾車鳴鈴應之。 | | |

61

續表

| 儀節 | 天官 | 地官 | 春官 | 夏官 | 秋官 |
|---|---|---|---|---|---|
| **王入廟**<br>后從祭,天地則后不與。 | **宮正**執燭。**閽人**設門燎,蹕宮門、廟門。**内宰**正后服位。**女史**以禮從后。**内豎**蹕。 | **師氏**使其屬帥四夷之隸,守王之門外。 | **天府**執燭。**大司樂**令奏《王夏》。**典路**贊駕説。**司常**建旗。 | **齊右**前車。**虎賁氏**先後王而趨。**旅賁氏**夾王車而趨。**節服氏**維太常。**太僕**正服位。**隸僕**蹕。 | **大司寇**前王。**條狼氏**執鞭以趨辟。 |
| **尸入廟**<br>王不迎,別嫌也。 | | | **小祝**逆尸。**大祝**令鐘鼓。**大司樂**令奏《肆夏》。若大袷則有逆主。 | | |
| **尸盥** | | | **小祝**沃盥。**守祧**以遺衣服授尸。 | | |
| **降神** | **大宰**贊玉幣。**小宰**助。 | **鼓人**鼓鼓。 | **大司樂**奏樂。**太師**率瞽登歌、擊拊。 | | |
| **王裸**<br>祭天地,不裸,至尊莫稱焉。裸以鬱鬯,是爲一獻。 | **小宰**贊事。 | | **小宗伯**以時將贊裸。**肆師**築鬻。**鬱人**沃盥,濯裸玉,詔其儀與其節。 | | |

| 儀節 | 天官 | 地官 | 春官 | 夏官 | 秋官 |
|---|---|---|---|---|---|
| **后裸**<br>是爲二獻,有故,大宗伯攝。 | 內宰贊,以璋瓚授。 | | | | |
| **迎牲**<br>既裸,然後迎牲。 | 大宰贊牽牲。 | 封人歌舞牲。充人碩牲則贊。 | 大祝令鐘鼓。大司樂令奏《昭夏》。 | | 大司寇前王。 |
| **朝事**<br>坐尸於堂戶西南面,主東面。 | | | 大祝延尸詔坐。 | | |
| **后薦豆籩** | 九嬪贊后。籩人實籩。醢人實豆。內宰詔其儀。 | | 外宗佐薦玉豆,眡玉籩。凡后不與者,大宗伯攝之,後可類推。 | | |
| **射牲**<br>王親射之。 | 大宰贊幣。鄭曰:"用幣告神而殺牲。"見《禮器》注。 | | | 射人贊射。司弓矢奉弓矢。 | |
| **薦毛血** | | | 大祝令鐘鼓,而以詔于室,是爲隋釁。 | | |

63

續表

| 儀節 | 天官 | 地官 | 春官 | 夏官 | 秋官 |
|---|---|---|---|---|---|
| **制祭**<br>取膟脊燔之，洗肝于鬱鬯而燔之，以制于主前。 | | | 大祝燎膟脊，入以詔神于室，出以墮于主前。 | | |
| **升首**<br>于室。 | | | | 羊人割其牲，登其首。餘官不見者可類推。 | |
| **薦腥** | | 大司徒牛牲羞其肆。鄉師佐之。 | | 大僕贊割牲。小子羞羊肆。 | 大司寇奉犬牲。小司寇實鑊水以洗肉。 |
| **王獻**<br>酌泛齊，是爲三獻。 | 大宰贊玉爵。小宰從助王。小臣沃王盥。 | | 大司樂奏樂。 | 御僕相盥。 | |
| **后亞獻**<br>酌醴齊，爲四獻。 | 内宰贊。 | | 外宗贊后。 | | |
| **燗祭**<br>饋食之始。 | 内饔割亨。 | | 小宗伯省鑊。 | 小子羞羊殽。 | |
| **王獻**<br>酌盎齊，爲五獻。 | 大宰以下皆如朝事。 | | | | |

| 儀節 | 天官 | 地官 | 春官 | 夏官 | 秋官 |
|---|---|---|---|---|---|
| **后亞獻**<br>酌醴齊,爲六獻。 | **内宰**以下如朝事。 | | | | |
| **后薦饋食豆籩**<br>設于室。 | **九嬪**以下如朝事。 | | | | |
| **合亨**<br>王登牲體于俎。 | **亨人**給水火之齊。 | | | **司士**割牲。**諸子**正六牲之體。**大僕**贊匕載。**御僕**相登。 | **小司寇**實鑊水。 |
| **薦熟**<br>后羞豆。 | **亨人**共大羹、鉶羹。**九嬪**贊玉豆。 | | **小宗伯**逆齍。**肆師**表之告絜。**小祝**又逆而薦之,又贊酌奠。 | **大司馬**羞牲魚,授其祭。**小子**羞肉豆。 | |
| **尸入室** | | | **大祝**延之詔坐,執明水火而號祝。(焫蕭在此時。) | | |
| **尸食** | | | **小祝**贊隋。**大司樂**合樂。**大祝**侑令鐘鼓。 | | |

| 儀節 | 天官 | 地官 | 春官 | 夏官 | 秋官 |
|---|---|---|---|---|---|
| **王獻**<br>因朝事之尊，是爲七獻。 | | | | **量人**制從獻脯燔之量數。 | |
| **尸酢** | | | | | |
| **尸嘏** | 宰夫受之以筐。見《詩箋》。 | | **鬱人**受舉斝之卒爵而飲之。**大祝**致嘏。 | **量人**與鬱人同。 | |
| **后獻**<br>因饋食之尊，爲八獻。 | 内宰賛瑶爵。 | | **外宗**賛如前。 | | |
| **薦加豆籩** | **籩人**、**醢人**實之。 | | **内宗**掌之。 | | |
| **尸酢后** | | | | | |
| **賓三獻**<br>諸臣爲賓，見《司尊彝》注。酌沈齊，備九獻。 | | | | | |
| **尸酢諸臣** | | | **司尊彝**有罍。 | | |
| **羞庶羞内羞** | 宰夫以式灋掌之。**籩人**、**醢人**實之。 | | | 小子賛羞。 | |
| **嗣舉奠** | | | | | |

66

| 儀節 | 天官 | 地官 | 春官 | 夏官 | 秋官 |
|---|---|---|---|---|---|
| 旅酬 | | | | 司士呼昭穆而進之。 | |
| 尸出 | | | 小祝送。大司樂令奏《肆夏》。 | | |
| 徹 | 九嬪贊后徹豆籩。膳夫徹胙俎。 | | 大祝令徹。小祝贊徹。内宗、外宗佐后徹。樂師、小師歌徹。 | | |
| 禮成 | | | 肆師告事畢。 | | |
| 王出<br>后亦出 | | | 大司樂令奏《王夏》。 | | |
| 燕私<br>祭畢,與族人燕。 | 膳夫爲主人。 | | 鐘師奏燕樂,旄人舞。 | | |
| 歸脤 | | | 《大宗伯》云:親兄弟之國。 | | 《大行人》云:交諸侯之福。 |
| 繹 | | 牛人共求牛。 | | | |

　　迎牲,在后裸之後者,從《司尊彝》注也。《内宰》注在后裸之前,蓋后方亞裸,王即出迎牲,故或在前,或在後爾。其實后裸乃終王之裸,迎牲不可越在前也,故賈疏以此注爲正。

　　爛祭之後二獻,亦稱饋獻(與《司尊彝》之"饋獻"不同)。《禮運》疏謂在尸入室之後,《周官》疏謂在尸入室之前。江氏永曰:"今考《司几筵》'吉事變几',鄭注有'饋食

67

于堂'之語,惟以賈疏爲正。若尸既入室,則當食舉矣,豈先獻然後食乎?又按《禮運》以薦血腥,法上古,孰其殽(即爓祭),法中古,其下文醴醆以獻,薦其燔炙,君與夫人交獻,皆在未合亨之前。獻醴即朝踐也,獻醆即饋獻也,然則饋獻不在陰厭之後亦明矣。"(《禮書綱目》四十二)今從江説。

饋食豆籩,薦于室中,何也?曰:約饋食禮而知之也。《特牲》《少牢》,主人將設俎,主婦先薦豆籩,則此室中將設折俎,后宜先薦豆籩也。且堂上已設朝事之豆籩矣,而室中未有也。今薦之于室中,堂上不重,室中不虛,禮宜然也。尸入室之節,亦約饋食禮之次也。

此表大抵主宗廟立説,而祭天地之異者,如《小宰》注"大神不祼"之等,依類附見焉。祭天地又有燔瘞一節。謹案,鎮海黃師云:"孫炎、郭璞説,天既祭,積柴燔之。鄭注《司巫》'守瘞',以爲祭祀未畢。明瘞埋在祭畢,宜守而待也。注《覲禮》'燔、柴、升、沈、瘞'云:'祭禮終矣,備矣。'明燔瘞俱在祭終,至此禮備也。司馬彪《續漢·祭祀志》'郊天進熟,獻送神,舉火燔柴,天子再拜,興,有司告事畢,六宗燔燎',亦在祭終。是漢師同説也。"(《郊禮通故》一)由此言之,則燔瘞在祭終,以其無類可依以附見,故表中不及著云。

**整理者簡介:**

林振岳,男,1989 年生,廣東陽江人,上海交通大學人文學院助理教授。主要研究領域爲古典文獻學,近年代表論著有《內閣大庫藏書研究》(中國社會科學出版社,2022 年)等。

# 《左傳》疑義續證

趙生群

**内容摘要** 歷代注家詮釋《左傳》，不明之處尚夥。近詳注其書，於校勘、注釋等事多所關注，偶有一孔之見，輒撰爲札記，公諸同好。今此刊佈，有"其能久乎""以諸侯見""昊天上帝"等十二條。

**關鍵詞** 《左傳》 疑義 訓詁

《左傳》文辭古奥，號爲難讀，加之時代懸隔、語言變遷等諸種原因，故雖經歷代注家詮釋，不明之處尚夥。余嘗撰《春秋左傳新注》，①又發表論文數十篇，專論疑義，後編成《左傳疑義新證》一書。② 近年應中華書局之約，將《春秋左傳新注》改爲《左傳詳注》，於《左傳》校勘、注釋諸事多所關注，偶或有一孔之見，輒撰爲札記，凡得十二篇，約 10 餘萬言。其中第一篇已由《國學季刊》第 23 輯發表，第二篇將在《國學季刊》第 27 輯發表。其餘各篇，統名曰《左傳疑義續證》，擬次第發表，公諸同好。未敢自是，願求方家賜教。

## 其能久乎

桓公二年："吾聞國家之立也，本大而末小，是以能固。故天子建國，諸侯立家，卿置側室，大夫有貳宗，士有隸子弟，庶人、工、商各有分親，皆有等衰。是以民服事其上，而下無覬覦。今晉，甸侯也，而建國，本既弱矣，其能久乎？"

竹添光鴻曰："晉甸服諸侯也，而封建桓叔於曲沃，大都耦國，先自弱其根本矣，不久必爲曲沃所併也。"③

按：久，固也。"今晉"以下數句，與上文"吾聞國家之立也，本大而末小，是以能

---

① 趙生群：《春秋左傳新注》，西安：陝西人民出版社，2008 年。
② 趙生群：《左傳疑義新證》，北京：人民文學出版社，2013 年。
③ 竹添光鴻：《左傳會箋》第二，臺北：天工書局，1998 年，第 130 頁。

固”相應，“久”與“固”同義。

《小爾雅・廣詁》：“固、歷、彌、宿、舊、尚，久也。”固、久二字，義可互訓。《國語・晉語六》：“臣固聞之。”韋昭注：“固，久也。”襄公二十六年《左傳》：“問諸夫人與左師，則皆曰：‘固聞之。’”《孟子・滕文公上》：“夫世禄，滕固行之矣。”固亦久義。

### 以諸侯見

僖公二十八年：“是會也，晉侯召王，以諸侯見，且使王狩。仲尼曰：‘以臣召君，不可以訓。’故書曰‘天王狩于河陽’，言非其地也，且明德也。”

按：見，朝也。《集韻・霰韻》：“見，曰朝也。”《周禮・秋官・大行人》：“邦畿方千里，其外方五百里，謂之侯服，歲壹見，其貢祀物；又其外方五百里，謂之甸服，二歲壹見，其貢嬪物；又其外方五百里，謂之男服，三歲壹見，其貢器物；又其外方五百里，謂之采服，四歲壹見，其貢服物；又其外方五百里，謂之衛服，五歲壹見，其貢材物；又其外方五百里，謂之要服，六歲壹見，其貢貨物。”孔穎達疏：“此一經，見九州諸侯依服數來朝天子，因朝即有貢物。”

以諸侯見，即率諸侯朝周天子。《史記・晉世家》：“冬，晉侯會諸侯於溫，欲率之朝周。力未能，恐其有畔者，乃使人言周襄王狩于河陽。壬申，遂率諸侯朝王於踐土。”

古時凡人相見皆曰朝。後以諸侯朝見天子、諸侯互見（或派遣使者）、臣下朝見君主爲朝。

《左傳》見用作朝見義者，如：襄公二十七年：“請晉、楚之從，交相見也。”杜預注：“使諸侯從晉、楚者，更相朝見。”襄公二十八年：“夏，齊侯、陳侯、蔡侯、北燕伯、杞伯、胡子、沈子、白狄朝于晉，宋之盟故也。”杜預注：“陳侯、蔡侯、胡子、沈子，楚屬也。宋盟曰晉、楚之從交相見，故朝晉。”又如，文公十一年：“秋，曹文公來朝，即位而來見也。”文公十七年：“在位之中，一朝于襄，而再見于君。”成公十八年：“八月，邾宣公來朝，即位而來見也。”襄公二十一年：“冬，曹武公來朝，始見也。”哀公十三年：“吳人將以公見晉侯，子服景伯對使者曰：‘王合諸侯，則伯帥侯牧以見於王；伯合諸侯，則侯帥子、男以見於伯。自王以下，朝聘玉帛不同。’”以上諸例，見皆爲朝見之義。

### 聽言則對 誦言如醉

文公元年：“周芮良夫之詩曰：‘大風有隧，貪人敗類。聽言則對，誦言如醉。匪用其良，覆俾我悖。’”

杜預注：“言昏亂之君，不好典誦之言，聞之若醉；得道聽塗説之言，則喜而答對。”①竹添光鴻曰：“杜以聽爲道聽，唯是淺近之意，即邇言也。貪人蔽於利，不辨是非，故聞邇言則欣然應答，聞正言則漠然如醉，不復聽用。”②楊伯峻曰：“鄭《箋》云：‘對，答也。貪惡之人，見道聽之言，則應答之，見誦《詩》《書》之言，則冥臥如醉。’”③

按：聽，從也。聽言，謂順從之言。誦，諷也，諫也。誦言，謂諫諍之言。

《説文·耳部》：“聽，聆也。”《説文》：“聆，聽也。”《説文·从部》：“从，相聽也。”《廣雅·釋詁》：“聆、聽、自、言、仍，從也。”桓公二年《左傳》：“夫名以制義，義以出禮，禮以體政，政以正民。是以政成而民聽。”宣公十二年《左傳》：“聽而無上，衆誰適從？”成公四年《左傳》：“晉雖無道，未可叛也。國大臣睦，而邇於我，諸侯聽焉，未可以貳。”昭公元年《左傳》：“畏君之威，聽其政，尊其貴，事其長，養其親，五者所以爲國也。”此數例，聽皆爲從義。

馬瑞辰曰：“誦言即諷諫之言也。詩言貪人好譽而惡諫，聞譽言則答，聞諫言則如醉。”④馬説是也。《説文》：“誦，諷也。”又曰：“諷，誦也。”誦、諷常用作諷誦之義，亦有諷諫之義。如：《國語·周語上》：“矇誦。”韋昭注：“《周禮》，矇主弦歌、諷誦。誦，謂箴諫之語也。”《國語·楚語上》：“在輿有旅賁之規，位宁有官師之典，倚几有誦訓之諫，居寢有褻御之箴，臨事有瞽史之導，宴居有師工之誦。”韋昭注：“誦，謂箴諫時世也。”《詩·小雅·節南山》：“家父作誦。”馬瑞辰曰：“誦與諷對文則異，散文則通。……作誦蓋即作詩以爲諷諫也。”⑤《集韻·送韻》：“諷，諫刺。”《韓非子·八經》：“故使之諷，諷定而怒。”王先慎《集解》：“諷，諫也。”諷爲諫之一種。《説苑·正諫》：“諫有五：一曰正諫，二曰降諫，三曰忠諫，四曰戇諫，五曰諷諫。孔子曰：‘吾其從諷諫矣乎！’”《白虎通·諫諍》：“諫者何？諫，間也，因也，更也。是非相間，革更其行也。人懷五常，故有五諫：謂諷諫，順諫，窺諫，指諫，伯諫。諷諫者，智也，患禍之萌，深睹其事，未彰而諷告，此智性也。”

《詩·小雅·雨無正》：“凡百君子，莫肯用訊。聽言則答，譖言則退。”馬瑞辰曰：“譖言即諫言也。”⑥按：訊者，亦諫也。《詩·陳風·墓門》：“夫也不良，歌以訊之。”《釋文》：“訊又作‘誶’，音信，徐息悴反。告也。《韓詩》：‘訊，諫也。’”《離騷》：“謇朝

① 杜預注，孔穎達疏：《春秋左傳正義》卷一八，《十三經注疏》下册，北京：中華書局，1980年，第1837頁。
② 竹添光鴻：《左傳會箋》第八，第569頁。
③ 楊伯峻：《春秋左傳注》册二，北京：中華書局，2000年，第516頁。
④ 馬瑞辰：《毛詩傳箋通釋》卷二六，北京：中華書局，2004年，第973頁。
⑤ 馬瑞辰：《毛詩傳箋通釋》卷二〇，第599頁。
⑥ 馬瑞辰：《毛詩傳箋通釋》卷二〇，第626頁。

諍而夕替。”王逸注：“諍，諫也。《詩》曰：‘諍予不顧。’”《廣雅・釋詁》：“諍，諫也。”王念孫曰：“《小雅・雨無正篇》‘莫肯用訊’，訊亦與諍同。訊字古讀若諍，故經傳多以二字通用。或以訊爲諍之訛，失之。”①《詩》言在上者不能採取諫言，聞順從之言則應答之，聞諫諍之言則罷退之。《雨無正》詩意、句法與《傳》引芮良夫之詩略同。

## 請改盟

文公三年：“晉人懼其無禮於公也，請改盟。公如晉，及晉侯盟。”

杜預曰：“改二年處父之盟。”②楊伯峻曰：“去年使陽處父盟魯公以辱之，是謂無禮，今請改盟。”③《左傳譯文》譯作“請求改訂盟約”。④

按：改，更也。改盟，謂重新舉行會盟，非謂修改盟約。文公二年《傳》云：“晉人以公不朝來討。公如晉。夏四月己巳，晉人使陽處父盟公以恥之。”三年《傳》云：“公如晉，及晉侯盟。晉侯饗公，賦《菁菁者莪》。……晉侯降，辭。登，成拜。公賦《嘉樂》。”晉大夫盟公，爲魯之恥，故晉侯復與文公盟，以彌補先前之失禮，安慰魯國。定公八年，晉師盟衛侯，“將歃，涉佗捘衛侯之手，及捥，衛侯怒”，衛侯因而拒盟叛晉，“晉人請改盟，(衛人)弗許”。改盟亦謂重行會盟儀式。

## 厚　生

文公六年：“閏月不告朔，非禮也。閏以正時，時以作事，事以厚生，生民之道於是乎在矣。不告閏朔，棄時政也，何以爲民？”

杜預曰：“事不失時，則年豐。”⑤楊伯峻曰：“生産勞動不失其時，始能衣食。”⑥

按：生，財也。厚生，猶言豐財。成公十六年：“民生厚而德正。”杜預注：“財足則思無邪。”《國語・周語下》：“作重幣以絶民資，又鑄大鍾以鮮其繼。若積聚既喪，又鮮其繼，生何以殖？”韋昭注：“生，財也。”《周語下》：“動以殖生。”韋昭注：“殖，長也。動得其時，所以財長生也。”《周語下》：“政成生殖，樂之至也。”生亦財義。

《尚書・大禹謨》：“正德、利用、厚生，惟和。”《傳》：“正德以率下，利用以阜財，厚生以養民，三者和，所謂善政。”孔穎達疏：“人君自正乃能正下，故以正德爲先；利用然

① 王念孫：《廣雅疏證》卷四上，南京：江蘇古籍出版社，1984 年，第 117 頁。
② 杜預注，孔穎達疏：《春秋左傳正義》卷一八，第 1840 頁。
③ 楊伯峻：《春秋左傳注》册二，第 531 頁。
④ 沈玉成：《左傳譯文》，北京：中華書局，1983 年，第 136 頁。
⑤ 杜預注，孔穎達疏：《春秋左傳正義》卷一九，第 1845 頁。
⑥ 楊伯峻：《春秋左傳注》册二，第 553 頁。

後厚生,故後言厚生。厚生謂財用足,禮讓行也。"《國語·周語上》:"先王之於民也,懋正其德而厚其性,阜其財求而利其器用。"性,同生。厚其性,即厚其生。阜,亦厚也。求同賕,與財同義。阜其財求,即厚其性之變詞。《國語》此數句,謂德正而百姓財貨豐足,財貨豐足而器用便利。正與《尚書》正德、利用、厚生義同。阜其財求與厚生同義。兩相比照,厚生爲豐財之義益明。《周語上》:"行善而備敗,其所以阜財用衣食者也。"韋昭注:"阜,厚也。"阜財用衣食,亦與阜其財求、厚生同義。《國語·晉語四》:"棄責薄斂,施舍分寡,救乏振滯,匡困資無。輕關易道,通商寬農,懋穡勸分,省用足財。利器明德,以厚民性。"汪遠孫曰:"性,讀爲生。"厚民性,即豐民財。"利器明德,以厚民性",亦言利器、正德、厚生之事。

成公十六年:"民生厚而德正,用利而事節,時順而物成。"

民生厚而德正,謂百姓財貨富足,則德歸於正。此年《傳》又云:"是以神降之福,時無災害,民生敦厖,和同以聽。"民生敦厖,謂百姓豐足。襄公二十八年:"夫民生厚而用利,於是乎正德以幅之。"文公七年:"六府、三事,謂之九功。水、火、金、木、土、穀,謂之六府。正德、利用、厚生,謂之三事。"此數處文字,皆與正德、利用、厚生之事相關。

## 利　用

文公七年:"六府、三事,謂之九功。水、火、金、木、土、穀,謂之六府。正德、利用、厚生,謂之三事。"

杜預曰:"禮以制財用之節,又以厚生民之命。"[1]竹添光鴻曰:"利用者,利民之用。舟車耒耜之類求足也。"[2]

按:利,便也。用,謂所用之物,故可謂之財用,亦指器用。此言器用、器物。利用,謂便其器用。《國語·晉語四》:"利器明德,以厚民性。"韋昭注:"利器,利器用。"知利器與利用同義。

莊公二十九年《左傳》:"火見而致用。"致用,謂將版、臿、畚、桐等工具送達工地。文公十八年《左傳》:"賴姦之用。"謂貪利盜竊之器物。昭公十二年《左傳》:"子大叔使其除徒執用以立。"杜預注:"用,毀廟具。"《國語·周語上》:"命農大夫咸戒農用。"韋昭注:"農用,田器也。"

---

① 杜預注,孔穎達疏:《春秋左傳正義》卷一九,第1846頁。
② 竹添光鴻:《左傳會箋》第八,第614頁。

《左傳》多言"器用"，皆同義連文。如：隱公五年"其材不足以備器用"，又曰"器用之資"。隱公十一年："凡而器用財賄，無寘於許。"僖公元年："具邢器用而遷之。"文公六年："盡具其帑與其器用財賄。"文公七年："荀伯盡送其帑及其器用財賄於秦。"成公十八年："節器用。"襄公九年："器用不作。"襄公十年："器用多喪。"襄公二十八年："具其器用。"昭公十年："私具幄幕、器用、從者之衣屨。"定公九年："凡獲器用曰得。"

用即器用（器具），故"利用"亦可變作"利器用"或"利其器用"。如：襄公二十五年："我先王賴其利器用也，與其神明之後也，庸以元女大姬配胡公，而封諸陳，以備三恪。"昭公十七年："五雉爲五工正，利器用，正度量，夷民者也。"

## 天　使

宣公三年："初，鄭文公有賤妾曰燕姞，夢天使與己蘭，曰：'余爲伯鯈。余，而祖也。以是爲而子。以蘭有國香，人服媚之如是。'既而文公見之，與之蘭而御之。"

孔穎達曰："夢言天者，皆非天也。此既言天使與己蘭，即云'余爲伯鯈'，鯈即非天也。伯鯈不得自稱爲天，天不得變爲伯鯈，明是夢者恍惚之言耳。成五年，晉趙嬰'夢天使謂已"祭余，余福女"，上天之神，聰明正直，寧當就淫亂之人降福以求食乎？昭四年叔孫穆子'夢天壓已，弗勝'，號豎牛助而勝之。若是上天之神，寧當與豎牛爭力而不勝也！明皆恍惚之言，或別有邪神，夢者不識而妄稱天耳。"[1]竹添光鴻曰："天使人賜蘭，其人自稱曰伯鯈也。天不自與，使伯鯈與之，故云天使。是天自天，伯鯈自伯鯈。文義本明白。若伯鯈自稱天，當言天與己蘭，今言天使與己蘭，明有所使也。"[2]楊伯峻曰："天使爲一詞，天之使者也。與成五年《傳》'嬰夢天使'之'天使'同義。"[3]

按：天有神義。《爾雅·釋天》"釋天第八"《釋文》引《禮統》："天之爲言鎮也、神也、陳也、珍也。施生爲本，運轉精神，功效列陳，其道可珍重也。"《尚書·大禹謨》："至誠感神，矧茲有苗。"孔穎達疏："天是神也。……言至和尚能感天神，而況於有苗乎！"昭公四年《左傳》："初，穆子去叔孫氏，及庚宗，遇婦人，使私爲食而宿焉。問其行，告之故，哭而送之。適齊，娶於國氏，生孟丙、仲壬。夢天壓己，弗勝，顧而見人，黑而上僂，深目而豭喙，號之曰：'牛！助余！'乃勝之。"穆子夢天壓己，天亦神也。

"天使"與"天""神"同義。《史記·鄭世家》述其事曰："文公之賤妾曰燕姞，夢天

---

① 杜預注，孔穎達疏：《春秋左傳正義》卷二一，第1868頁。
② 竹添光鴻：《左傳會箋》第一〇，第701頁。
③ 楊伯峻：《春秋左傳注》冊二，第673頁。

與之蘭,曰:'余爲伯鯈。余,爾祖也。以是爲而子,蘭有國香。'以夢告文公,文公幸之,而予之草蘭爲符。遂生子,名曰蘭。"《左傳》之"天使",即《史記》之"天"。《潛夫論·志氏姓》:"姞氏封於燕,有賤妾燕姞,夢神與之蘭曰:'余爲伯鯈,余爾祖也。是以有國香,人服媚。'及文公見姞,賜蘭而御之。姞言其夢,且曰:'妾不才,幸而有子,將不信,敢徵蘭乎?'公曰:'諾。'遂生穆公。"《左傳》云"天使",《潛夫論》云"神",其義無別。

成公五年《左傳》:"嬰夢天使謂己:'祭余,余福女。'使問諸士貞伯。貞伯曰:'不識也。'既而告其人曰:'神福仁而禍淫。淫而無罰,福也。祭,其得亡乎!'祭之,之明日而亡。"上言"天使",下言"神",辭別而義同。《潛夫論·巫列》:"虢公延神而亟亡,趙嬰祭天而速滅,此蓋所謂神不歆其祀,民不即其事也。"此文之"神"與"天"同義。

俞正燮曰:"'天使'者,使讀去聲,世人泛言神道也。燕姞初夢一不識之神,繼乃自言伯鯈;趙嬰亦夢一不知誰何之神求祭,因而祭之,以爲此神殆天使也云爾。"①俞說是也。《晉語二》:"虢公夢在廟,有神人面白毛虎爪,執鉞立於西阿,公懼而走。神曰:'無走!帝命曰:"使晉襲於爾門。"'"韋昭注:"帝,天也。"《國語》傳達帝命之神人,亦即所謂天使也。

### 明神以要之

成公九年:"勤以撫之,寬以待之,堅疆以御之,明神以要之,柔服而伐貳,德之次也。"

楊伯峻曰:"明神要,指會盟。"②

按:要,謂要言。誓也。《集韻·祭韻》:"誓,要言。"要與誓,義得相通。明神以要之,謂以神之名義訂立盟誓。

僖公十五年《左傳》:"且晉人慼憂以重我,天地以要我。不圖晉憂,重其怒也。我食吾言,背天地也。"要,誓也。僖公二十八年《左傳》:"癸亥,王子虎盟諸侯于王庭,要言曰:'皆獎王室,無相害也。有渝此盟,明神殛之。'"要言謂誓言。定公四年:"鑪金初宦於子期氏,實與隨人要言。"襄公九年《左傳》:"荀偃曰:'改載書!'公孫舍之曰:'昭大神要言焉。若可改也,大國亦可叛也。'"杜預注:"要誓以告神。"哀公十二年《左傳》:"盟,所以周信也,故心以制之,玉帛以奉之,言以結之,明神以要之。寡君以爲苟有盟焉,弗可改也已。若猶可改,日盟何益?"要亦誓也。哀公十四年《左傳》:"小

---

① 俞正燮:《癸巳類稿》卷二,《俞正燮全集》壹,合肥:黃山書社,2005年,第76頁。
② 楊伯峻:《春秋左傳注》册二,第843頁。

邾射以句繹來奔,曰:‘使季路要我,吾無盟矣。’”杜預注:“子路信誠,故欲得與相要誓,而不須盟。”《周禮·春官·詛祝》:“詛祝掌盟、詛、類、造、攻、説、檜、禜之祝號。”鄭玄注:“八者之辭,皆所以告神明也。盟詛主於要誓。”《禮記·表記》:“《國風》曰:‘言笑晏晏,信誓旦旦。’”鄭玄注:“言始合會,言笑和説,要誓甚信。”《三國志·魏志·杜襲傳》:“襲乃悉召縣吏民任拒守者五十餘人,與之要誓。”

### 言誓未就

成公十三年:“君亦悔禍之延,而欲徼福于先君獻、穆,使伯車來命我景公曰:‘吾與女同好棄惡,復脩舊德,以追念前勳。’言誓未就,景公即世,我寡君是以有令狐之會。君又不祥,背棄盟誓。”

“言誓未就”一句,杜預、竹添光鴻、楊伯峻諸家無説。《左傳譯文》譯作“盟誓還没有完成”。[1]

按:譯文不誤,而訓詁未明。言與誓同義,言亦誓也。言誓即誓言。就會盟而言,則爲盟誓。

《禮記·曲禮上》:“史載筆,士載言。”鄭玄注:“謂從於會同,各持其職以待事也。筆謂書具之屬,言謂會同盟要之辭。”孔穎達疏:“‘士載言’者,士謂司盟之士,言謂盟會之辭。”哀公十四年《左傳》:“至,公告之故,拜,不能起。司馬曰:‘君與之言。’公曰:‘所難子者,上有天,下有先君!’”杜預注:“使公與要誓。”襄公十八年《左傳》:“冬十月,會于魯濟,尋溴梁之言,同伐齊。”尋溴梁之言,謂重申溴梁之盟誓。襄公二十七年《左傳》:“壬戌,楚公子黑肱先至,成言於晉。(杜預注:時令尹子木止陳,遣黑肱就晉大夫成盟載之言,兩相然可。)丁卯,宋向戌如陳,從子木成言於楚。(杜預注:就於陳,成楚之要言。)……秋七月戊寅,左師至。是夜也,趙孟及子晳盟,以齊言。(杜預注:素要齊其辭,至盟時,不得復訟争。)”成言,謂商定盟載之辭。齊言,謂統一盟誓。

僖公二十八年《左傳》:“癸亥,王子虎盟諸侯于王庭,要言曰:‘皆獎王室,無相害也。有渝此盟,明神殛之,俾隊其師,無克祚國,及其玄孫,無有老幼。’”定公四年:“鱣金初宦於子期氏,實與隨人要言。”要言謂誓言。襄公九年《左傳》:“荀偃曰:‘改載書!’公孫舍之曰:‘昭大神要言焉。若可改也,大國亦可叛也。’”杜預注:“要誓以告神。”宣公十二年《左傳》:“宋爲盟故,伐陳。衛人救之。孔達曰:‘先君有約言焉,若大國討,我則死之。’”約言,謂誓約。

---

[1] 沈玉成:《左傳譯文》,第231頁。

《尚書・湯誓》："爾不從誓言，予則孥戮汝，罔有攸赦。"《尚書・顧命》："病日臻，既彌留，恐不獲誓言嗣，茲予審訓命汝。"《戰國策・趙策四・樓緩將使》："王曰：'子勉行矣，寡人與子有誓言矣。'"《潛夫論・交際》："悟先聖之典戒，負久要之誓言。"誓言與言誓同義。《史記・鄭世家》："誓言曰：'不至黃泉，毋相見也。'"此處誓言，用作動詞，謂發誓。

## 昊天上帝

成公十三年："昭告昊天上帝、秦三公、楚三王曰：余雖與晉出入，余唯利是視。"

孔穎達曰："禮，諸侯不得祭天，其盟不主天神。……此秦、楚爲盟，告天帝者，春秋之時，不能如禮；且此辭多誣，未必是實。"[1]楊伯峻曰："昊音浩，廣大無邊貌。"[2]

昊天、上帝，皆指天神。昊天，以其廣大言；上帝，以其高遠言。《周禮・春官・大祝》："辨六號，一曰神號。"鄭玄《注》："神號，若云皇天上帝。"皇天上帝與昊天上帝義同。

天、帝同義，多指上天之神。《詩・大雅・皇矣》："既受帝祉，施于孫子。"鄭玄《箋》："帝，天也。"《國語・周語上》："又崇立上帝、明神而敬事之。"韋昭注："上帝，天也。"《魯語上》："天子祀上帝。"韋昭注："上帝，天也。"《晉語五》："策於上帝。"韋昭注："策於上帝，以簡策之文告天也。"《晉語八》："是故天子祀上帝。"韋昭注："上帝，天也。"《吳語》："昔吾先王體德明聖，達於上帝。"韋昭注："上帝，天也。"昭公元年《左傳》："當武王邑姜方震大叔，夢帝謂己：'余命而子曰虞，將與之唐。'"《史記・晉世家》述其事，"夢帝"作"夢天"。《國語・周語下》："成公之生也，其母夢神規其臀以墨，曰：'使有晉國。'"唐叔虞與成公出生事相類，《左傳》之帝，《史記》之天，與《國語》之神同義。

《吳語》："天子有命，周室卑約，貢獻莫入，上帝鬼神而不可以告。"韋昭注："無以告祭於天神人鬼。"《越語下》："皇天后土、四鄉地主正之。"韋昭注："天神地祇、四方神主當征討之，正其封疆也。"《吳語》："天子有命，周室卑約，貢獻莫入，上帝鬼神而不可以告。"韋昭注："無以告祭於天神人鬼。"《越語下》："皇天后土、四鄉地主正之。"韋昭注："天神地祇、四方神主當征討之，正其封疆也。"韋昭注以"皇天""上帝"爲天神是也。

《爾雅・釋詁》："天、帝、皇、王、后、辟、公、侯，君也。"君爲人之尊者。與之相應，

---

① 杜預注，孔穎達疏：《春秋左傳正義》卷二七，第 1912 頁。
② 楊伯峻：《春秋左傳注》冊二，第 865 頁。

天、帝亦爲天之尊神。古人以爲天（帝）主宰萬物，故祭祀以祈福，盟誓亦引以爲證。

以天、帝（皇天、上帝）爲天神之稱，《左傳》亦多有其例。如：僖公十年："夷吾無禮，余得請於帝矣。"成公十年："殺余孫，不義。余得請於帝矣！"襄公二十五年："嬰所不唯忠於君利社稷者是與，有如上帝！"僖公十五年："晉大夫三拜稽首曰：'君履后土而戴皇天，皇天后土實聞君之言，群臣敢在下風。'"此處之"后土""皇天"有二義：一爲天、地，一爲天地之神。

《詩·大雅·雲漢》："后稷不克，上帝不臨。"鄭《箋》："奠瘞群神而不得雨，是我先祖后稷不識知我之所困與？天不視我之精誠與？"《雲漢》又言："昊天上帝，則不我遺。胡不相畏？先祖于摧。"鄭玄《箋》："天將遂旱，餓殺我與？先祖何不助我恐懼，使天雨也？先祖之神于嗟乎！"鄭注以"天"釋"上帝"，又釋"昊天上帝"，是也。《周禮·春官·大宗伯》："以禋祀祀昊天上帝，以實柴祀日、月、星、辰，以槱燎祀司中、司命、飌師、雨師。"所祭皆天神也。

### 大夫規誨

襄公十四年："史爲書，瞽爲詩，工誦箴諫，大夫規誨，士傳言，庶人謗，商旅于市，百工獻藝。"

杜預曰："規正諫誨其君。"[1]孔穎達曰："規，亦諫也。"[2]楊伯峻曰："規，正也。誨，教導，開導。"[3]

按：規、誨皆諫也，孔説是。此云"大夫規誨"，下云"官師相規"，"官師"即大夫，"規誨"與"規"同義。

規有正義，亦有諫義。《説文》："諫，証也。從言，柬聲。"《論語·里仁》："幾諫。"劉寶楠《正義》："《説文》云：'諫，証也。'謂以言正之也。"規爲正圓之器，用於正人之行，則義與諫相通。《國語·楚語上》："在輿有旅賁之規。"韋昭注："規，規諫也。"《楚語上》："不然，巴浦之犀、犛、兕、象，其可盡乎，其又以規爲瑱也。"韋昭注："規，諫也。瑱，所以塞耳。言四獸之牙角可以爲瑱難盡，而又以規諫爲之乎？"

襄公十一年《左傳》："《書》曰：'居安思危。'思則有備，有備無患。敢以此規。"楊伯峻注："規正，規諫，規勸。"昭公十六年《左傳》："在位數世，世守其業，而忘其所，僑焉得恥之？辟邪之人而皆及執政，是先王無刑罰也。子寧以他規我！"《國語·周語

---

① 杜預注，孔穎達疏：《春秋左傳正義》卷三二，第 1958 頁。
② 杜預注，孔穎達疏：《春秋左傳正義》卷三二，第 1958 頁。
③ 楊伯峻：《春秋左傳注》册三，第 1017 頁。

上》："近臣盡規。"規皆爲諫義。《國語・楚語上》："得傅説以來,升以爲公,而使朝夕規諫。"《詩・衛風・淇奧》毛《傳》："美武公之德也。有文章,又能聽其規諫,以禮自防,故能入相於周,美而作是詩也。"《墨子・非命上》："上有以規諫其君長,下有以教順其百姓。"規諫皆同義連文。

誨亦有諫義。《尚書・説命上》："爰立作相,王置諸其左右。命之曰:朝夕納誨,以輔台德。"《傳》:"言當納諫誨直辭,以輔我德。"納誨,謂納其諫言。成公二年《左傳》:"夫齊,甥舅之國也,而大師之後也,寧不亦淫從其欲以怒叔父,抑豈不可諫誨?"諫、誨同義。《詩・小雅・沔水序》:"規宣王也。"《詩・小雅・鶴鳴序》:"誨宣王也。"《詩・小雅・庭燎序》:"《庭燎》,美宣王也。因以箴之。"《釋文》:"箴,之金反,諫誨之辭。"言"規",言"誨",言"箴",文變而義同。定公九年《左傳》:"《靜女》之三章,取彤管焉。"杜預注:"彤管,赤管筆。女史記事規誨之所執。"《國語・楚語上》:"既得以爲輔,又恐其荒失遺忘,故使朝夕規誨箴諫,曰:'必交修余,無余棄也。'今君或者未及武丁,而惡規諫者,不亦難乎!""規誨箴諫""規諫"皆同義連文。

## 許曰余舊國也　鄭曰余俘邑也

昭公十八年:"楚左尹王子勝言於楚子曰:'許於鄭,仇敵也,而居楚地,以不禮於鄭。晉、鄭方睦,鄭若伐許,而晉助之,楚喪地矣。君盍遷許?許不專於楚,鄭方有令政,許曰余舊國也。鄭曰余俘邑也。葉在楚國,方城外之蔽也。土不可易,國不可小,許不可俘,讎不可啓,君其圖之!'楚子説。冬,楚子使王子勝遷許於析,實白羽。"

竹添光鴻曰:"十二年楚靈王云:'伯父昆吾,舊許是宅,今鄭人貪賴其田。'襄十一年:'東侵舊許。'杜云:'許之舊國,鄭新邑。'蓋許遷而鄭得之,故今許人謂鄭曰:爾之地乃余之舊國也;鄭人謂許曰:爾之國,乃余之俘邑也。言其兩不相下耳。"[1]楊伯峻説略同,且於"余舊國也"及"余俘邑也"加標引號,作爲"曰"之直接引語。

按:"曰"非言説之意。曰當訓"以""謂",乃以爲、認爲之義。此義字書多不載,而《左傳》多有之。如:僖公十九年:"齊桓公存三亡國以屬諸侯,義士猶曰薄德。"襄公二十一年:"樂王鮒言於君無不行,求赦吾子,吾子不許。祁大夫,所不能也,而曰必由之,何也?"襄公二十五年:"武子筮之,遇《困》䷜之《大過》䷛。史皆曰吉。"襄公二十六年:"初,楚伍參與蔡太師子朝友,其子伍舉與聲子相善也。伍舉娶於王子牟。王子

---

[1]　竹添光鴻:《左傳會箋》第二四,第1603頁。

牟爲申公而亡,楚人曰伍舉實送之。"襄公二十七年:"兵,民之殘也,財用之蠹,小國之大菑也。將或弭之,雖曰不可,必將許之。"襄公二十八年:"蔡侯歸自晉,入于鄭。鄭伯享之,不敬。子産曰:'蔡侯其不免乎!日其過此也,君使子展迋勞於東門之外,而傲。吾曰猶將更之。今還,受享而惰,乃其心也。君小國,事大國,而惰傲以爲己心,將得死乎?'"昭公二年:"君使公族逆之,齊使上大夫送之,猶曰不共,君求以貪。"昭公十三年:"若猶有罪,死命可也。若曰無罪而惠免之,諸侯不聞,是逃命也,何免之爲?"昭公二十年:"君所謂可,據亦曰可;君所謂否,據亦曰否。"昭公二十二年:"抑君臣日戰,君曰余必臣是助,亦唯命。"定公十三年:"十三年春,齊侯、衛侯次于垂葭,實郹氏。使師伐晉。將濟河,諸大夫皆曰不可。"哀公十三年:"若不會,祝、宗將曰吳實然。"哀公十七年:"晉趙鞅使告于衛曰:'君之在晉也,志父爲主。請君若大子來,以免志父。不然,寡君其曰志父之爲也。'"

此節文字,皆就楚國立場設論,非許、鄭互不相下。傳文大意謂許之屬楚,出於無奈,故曰"許曰余舊國也",又曰"許不專於楚";許若有復國之想,將據葉而爲己有,故曰"土不可易,國不可小"。鄭、許爲仇敵,而鄭曾取許(見隱公十一年《傳》),故曰"鄭曰余俘邑也",又曰"許不可俘";此時許不禮節於鄭,若鄭伐許而晉助之,則楚失其地,故曰"讎不可啓"。無論恢復許國,或是鄭攻占許地(葉),楚將失方城外之屏障,皆不利於楚。昭公十三年,楚公子比因陳、蔡之衆以作亂,靈王自殺,平王封陳、蔡,復遷邑。時楚方弱,昭公十六年,齊侯伐徐,昭公十七年晉人滅陸渾之戎,楚皆不能救,故王子勝有遷許之議。

**作者簡介:**

趙生群,男,1957年生,江蘇南京人,山東大學文學院特聘教授,主要研究領域爲《史記》《左傳》文獻研究。近年代表論著有《史記導論》(中華書局,2023年)、《〈左傳〉校讀札記》(《國學季刊》,2021年9月總第23輯)、《〈左傳〉札記二則》(《古典文獻研究》,2022年12月總第25輯)、《傳世、出土文獻與〈史記〉》(《中國社會科學報》,2023年1月20日)。

# 論"《春秋》不書祥瑞"説

王　康

**内容摘要**　"《春秋》不書祥瑞"這一命題,最早或出自唐玄宗,它的提出與唐代各州郡頻繁奏報及進獻祥瑞相關。此命題發展並確立於宋代之二程與胡安國,其中,二程對此説的貢獻,在於提出了"有年"爲"異",並重建了"天人感應"。胡安國則繼承並發展了二程的天人觀,並提出"言有以爲異"。胡氏還認爲《春秋》書"有年",是聖人"立興王之新法"。與之相對,反對"《春秋》不書祥瑞"説的儒者,多堅持"有年"爲祥瑞。他們或認爲《春秋》書"有年"爲"各書其實",並無深意;或認爲《春秋》書"有年"乃爲民衆而書,以顯示上天愛民之意。總之,祥瑞爲人君而至,以彰顯太平盛世的意涵,已經愈來愈爲儒者所消解。

**關鍵詞**　《春秋》　祥瑞　有年　胡安國

## 一　"《春秋》不書祥瑞"説的提出

"《春秋》不書祥瑞"的説法,最早或出自唐玄宗。據《唐會要》載,開元十三年九月,潞州曾獻瑞應圖,時玄宗謂宰臣云:"往昔史官,惟記灾異,將令王者懼而修德。故《春秋》不書祥瑞,惟記有年,聖人之意明矣",於是敕令各州不得奏報祥瑞。[①] 蓋玄宗用此言,僅是藉《春秋》爲其詔令增加權威性。有學者認爲玄宗此舉或是臨時行爲,[②]此説不無道理。然查詢史籍,唐朝帝王限制祥瑞奏報之事,其實一直都有。如貞觀二年九月,唐太宗曾下詔:"今以後,麟鳳龜龍大瑞之類,依舊表奏;自外諸瑞,宜申所司。"[③]要求停止大瑞以下祥瑞的奏表。唐高宗亦云:"凡祥瑞之體理須明白,或龍飛

---

① 參見王溥:《唐會要》卷二八《祥瑞上》,北京:中華書局,1960年,第533—534頁。
② 顧俊峰認爲:"玄宗在九月發佈這樣的詔書,可能與此時各地爲玄宗封禪而造勢的祥瑞報告實在太多有關,玄宗本人也意識到需要制止這樣的風氣。"顧俊峰:《政治文化视野中的唐代动物》,浙江大學碩士學位論文,2021年,第23頁。
③ 王溥:《唐會要》卷二八《祥瑞上》,第531頁。

在泉,衆人同見雲色雕綺,觀者非一,如此之輩,始號嘉祥。自餘虛實難明,不足信者,豈得妄相牽率稱賀闕前。"①要求祥瑞要"查之有據"。武則天亦云:"朕御萬方,心存百姓,如得年登歲稔,此即爲瑞,雖獲麟鳳亦何用焉?"②以"年登歲稔"爲祥瑞,而不重麟鳳。玄宗之後,憲宗、文宗更是直接叫停祥瑞的奏表與進獻。③

然而,這些詔令實際並未減低臣下奏報、進獻祥瑞的熱情,唐之帝王亦没有拒而不納。如唐太宗時期,貞觀十六年四月,有雄雉飛集東宮顯德殿前,唐太宗大悅;唐高宗時期,龍朔三年,因有麟至改元麟德;武則天時期,長壽三年十一月,因陳州有鳳凰現而改元儀鳳;唐玄宗時期,天寶三載三月,因番禾縣有祥瑞,遂改番禾縣爲寶縣。④ 諸如此類,不一而足。換言之,唐朝帝王頻頻限制祥瑞奏報的行爲,恰恰證明了唐代進獻祥瑞風氣之盛。⑤

與唐代帝王頻發詔令限制祥瑞同步的是,唐代儒者從形而上的角度對祥瑞進行的批評。董仲舒之後,"天人感應"成爲討論災異與祥瑞的基礎。董仲舒《春秋繁露·同類相動》云:"美事召美類,惡事召惡類,類之相應而起也。如馬鳴則馬應之,牛鳴則牛應之。帝王之將興也,其美祥亦先見;其將亡也,妖孽亦先見。"⑥唐代儒者便直接對此提出質疑。如柳宗元《天説》云:"天地,大果蓏也;元氣,大癰痔也;陰陽,大草木也。其烏能賞功而罰禍乎?功者自功,禍者自禍。欲望其賞罰者大謬,呼而怨,欲望其哀且仁者,愈大謬矣。"⑦柳宗元認爲天、地、元氣、陰陽等皆是無精神的物質,毫無能動性,不可能執行賞功罰過的職能。劉禹錫更是提出了"天與人交相勝"的主張,認爲"天之能,人固不能也;人之能,天亦有所不能也。"⑧這些討論從根底上抽毁了祥瑞存在的基礎。⑨

---

① 王溥:《唐會要》卷二八《祥瑞上》,第533頁。
② 王溥:《唐會要》卷二八《祥瑞上》,第533頁。
③ 參見劉昫等撰:《舊唐書》卷一四,北京:中華書局,1975年,第411頁;李昉等撰:《太平御覽》卷一〇一四,北京:中華書局,1960年,第551頁上欄;王欽若等編纂,周勛初等校訂:《册府元龜》卷六五,南京:鳳凰出版社,2006年,第690頁。
④ 參見王溥撰:《唐會要》卷二八《祥瑞上》,第532—534頁。
⑤ 潘祖輝碩士論文的附錄部分統計了唐代祥瑞的種類與進獻次數,單論總數即已達五百餘次。參見潘祖輝:《唐朝祥瑞相關問題研究》,遼寧大學碩士學位論文,2019年,第51—56頁。
⑥ 蘇輿撰,鍾哲點校:《春秋繁露義證》卷一三,北京:中華書局,1994年,第351—354頁。
⑦ 柳宗元著,吳文治等點校:《柳宗元集》卷一六,北京:中華書局,1979年,第443頁。
⑧ 劉禹錫撰,《劉禹錫集》整理組點校,卞孝萱校訂:《劉禹錫集》,北京:中華書局,1990年,第67—68頁。
⑨ 關於唐代天人觀的詳細討論,可參見雷達:《唐宋天人思想轉型研究》,華東師範大學博士學位論文,2022年,第26—163頁。

與柳宗元、劉禹錫相比，玄宗所謂的“《春秋》不書祥瑞，惟記有年”，則顯得更爲温和。其本身並未否定祥瑞存在的合理性，甚至爲“《春秋》不書祥瑞”提供了一個特例——“有年”。《春秋》書“有年”凡兩次，於桓公三年一次，於宣公十六年一次。《春秋·桓三年》曰：“有年”，《穀梁傳》釋曰：“五穀皆熟爲有年也”；①《春秋·宣十六年》曰：“大有年”，《穀梁傳》釋曰：“五穀大熟爲大有年。”②與《穀梁傳》相比，《公羊傳》的解釋更爲詳細，其云：“有年，何以書？以喜書也。大有年，何以書？亦以喜書也。此其曰有年何？僅有年也。彼其曰大有年何？大豐年也。僅有年亦足以當喜乎？恃有年也。”③無論是《穀梁傳》從本義（五穀成熟度）的解釋，還是《公羊傳》從書法（以喜書）的解釋，④都將“有年”與“大有年”視爲祥瑞。此或是玄宗“《春秋》不書祥瑞，惟記有年”説法的最初來源。概言之，玄宗所謂的“《春秋》不書祥瑞”，指的不是祥瑞不存在，也不是《春秋》絶對不記載祥瑞，而是一種關於頻率或者數量的描述——《春秋》記載的祥瑞很少，遠低於記載災異的數量。

玄宗的這種理解當不是孤例，如作爲唐代新《春秋》學派代表的陸淳、趙匡等人，亦未否認“有年”與“大有年”的祥瑞性質。陸淳《春秋集傳纂例》將“有年”與“大有年”列入“慶瑞例”。⑤趙匡則更是進一步解釋《春秋》何以要記這兩次“祥瑞”，其云：“符祥者，天地所以答人也，是以志之。凡豐年，告於宗廟，勤民而敬先也，故書之，記是以著非也。……合禮故書，以表他年之不書爲怠慢。此存禮以示後世，豈獨爲喜哉？二百四十二年，唯兩度書之，足知他年不告廟耳，不應豐年如此之少也。”⑥他不僅認爲“有年”與“大有年”爲上天賜人的祥瑞，而且認爲其中包含了豐年告廟的禮儀維度。《春秋》只記載這兩次“有年”，意在表明二百四十二年間只有這兩次行了豐年告廟禮，而其他豐年則未行此禮。

---

① 阮元校刻：《十三經注疏》下册，北京：中華書局，1980 年影印本，第 2374 頁上欄。

② 阮元校刻：《十三經注疏》下册，第 2415 頁中欄。

③ 阮元校刻：《十三經注疏》下册，第 2214 頁下欄—2215 頁上欄。

④ 何休注此云：“若桓公之行，諸侯所當誅，百姓所當叛，而元年大水，二年耗減，民人將去，國喪無日，賴得五穀皆有，故喜而書之，所以見不肖之君爲國尤危。”（阮元校刻：《十三經注疏》下册，第 2215 頁上欄）據何氏所言，桓公行惡，内指使公子翬弑殺隱公，外與諸侯會於稷以成宋亂。桓公德行敗壞，而桓元年又有大水之害，幸此年“有年”，使民衆不至於離家去國。此亦體現《公羊》對魯桓公批判之義。

⑤ 陸淳撰，崔冠華點校：《春秋集傳纂例》卷六，《儒藏精華編》第 90 册，北京：北京大學出版社，2016 年，第 162 頁。

⑥ 陸淳撰，崔冠華點校：《春秋集傳纂例》卷六，《儒藏精華編》第 90 册，第 162—163 頁。

魯桓公、魯成公皆是無道之君，無道之君而有祥瑞，這本身即需要進一步解釋。① 而陸淳、趙匡所謂"豐年告廟"之説顯然不足以解決這一問題，真正地解決這一問題需要等到宋代的二程以及胡安國。

## 二 "《春秋》不書祥瑞"説的發展與確立

唐代奏報祥瑞的風氣雖盛，但尚有唐朝帝王頻頻下詔限制。宋之帝王則不同，他們很少下令限制祥瑞的奏報，祥瑞的呈報與進獻尤爲繁多。《宋史·五行志》即云："舊史自太祖而嘉禾、瑞麥、甘露、醴泉、芝草之屬，不絶於書，意者諸福畢至，在治世爲宜。祥符、宣和之代，人君方務以符瑞文飾一時。"②其中，有的帝王不僅不限制，甚至主導人爲製造祥瑞，一個典型的例子就是宋真宗，他曾人爲設計了五次的"天書薦降"活動。③《宋史》論其云："及澶洲既盟，封禪事作，祥瑞沓臻，天書屢降，導迎奠安，一國君臣如病狂然，吁，可怪也。"④

對於宋代帝王接受乃至於鼓勵進獻祥瑞的行爲，宋之士大夫多有批評。宋人趙汝愚所編《宋朝諸臣奏議》中《天道門·祥瑞》部分共收録了 11 份奏議，這些奏議多對時君好祥瑞有勸諫之義。如孫奭《上真宗論群臣數奏祥瑞》云："今乃野雕山鹿，並形奏簡；秋旱冬雷，率皆稱賀。將以欺上天，則上天不可欺；將以愚下民，則下民不可愚；將以惑後世，則後世必不信。腹非竊笑，有識盡然。上玷皇明，不爲細也。"⑤韓琦《上仁宗論金芝》云："臣竊以《春秋》之法，但紀災異；至於祥瑞，略而不書。豈不以君人者，閲瑞牒則意安，睹災符則心懼！ 意之安則其政怠，心之懼則其德修。聖人垂誠之深，其防斯在！"⑥陳師錫《上徽宗論幸潛宫觀芝草》云："唯賢者在位，能者在職，朝廷之祥瑞

---

① 何休注《春秋·宣十五年》"蟓生"云："言宣公於此天災饑後，能受過變竄，明年復古行中，冬大有年，其功美過於無災，故君子深爲喜而傶倖之。"（阮元校刻：《十三經注疏》下册，第 2287 頁中欄）是何氏以爲"大有年"所對應的事件爲宣公悔過，改初稅畝，復先王之制。然唐宋以後，這種天道與人事機械對應的言説方式已爲儒者所批評，所以"無道之君而有祥瑞"這一問題也就需要被重新解釋。
② 脱脱等撰：《宋史》卷六一《五行志》，北京：中華書局，1985 年，第 1317 頁。關於宋代祥瑞發展的具體情況，另可參楊曉紅：《宋代的祥瑞與災異初探》，《西南民族學院學報》（哲學社會科學版），2002 年第 6 期，第 189—193 頁；常静：《宋代祥瑞研究》，華中師範大學碩士學位論文，2016 年，第 7—9 頁。
③ 參見方燕：《宋真宗時期的神異流言——以天書事件和帽妖流言爲中心的考察》，《四川師範大學學報》（社會科學版），2017 年第 6 期，第 159—164 頁。
④ 脱脱等撰：《宋史》卷八《真宗本紀》，第 172 頁。
⑤ 趙汝愚編，北京大學中國中古史研究中心校點整理：《宋朝諸臣奏議》卷二六，上海：上海古籍出版社，1999 年，第 355—356 頁。
⑥ 趙汝愚編，北京大學中國中古史研究中心校點整理：《宋朝諸臣奏議》卷二六，第 357 頁。

也。陰陽氣和,風雨時若,日月光華,星辰順度,天地之祥瑞也。百谷順成,萬民和樂,郡縣之祥瑞也。四夷安靖,五兵不試,邊境之祥瑞也。格此四瑞,仰賴陛下以道治心,以德爲政而已。”①二程與胡安國對“《春秋》不書祥瑞”説的推進即與此背景密切相關。

### (一)二程

二程對於“《春秋》不書祥瑞”説的貢獻,在於將“有年”歸爲“異”。② 如此,“《春秋》不書祥瑞”就變成了一個無反例的真命題。而要將“有年”歸爲“異”,其首要前提是《春秋》要有“異”。因此,二程重建了被劉禹錫、柳宗元等否定了的“天人感應”。

二程云:“大抵《春秋》所書災異,皆天人回應,有致之之道。如石隕於宋而言‘隕石’,夷伯之廟震,而言‘震夷伯之廟’,此天應之也。但人以淺狹之見,以爲無應,其實皆應之。”③在《春秋》中,無論是“隕石”,還是“震夷伯之廟”,都默認天爲主語,強調天爲動作的發出者,以此顯示天道對人事的回應。

然而二程所論“天人感應”,顯然不是對漢儒的簡單回歸,而是有所揚棄。如二程云:“然漢儒言災異,皆牽合不足信,儒者見此,因盡廢之。”④在回答學生關於漢儒論災異的問題時,亦云:“自漢以來,無人如此,董仲舒説天人相與之際,亦略見些模樣,只被漢儒推得太過。亦何必説某事有某應?”⑤二程對於董仲舒“天人感應”評價並不高,只説其“略見些模樣”,更不要提那些將董仲舒理論“推得太過”的漢儒。二程以爲漢儒的問題不在於對於“天人感應”的堅持,而在於對天道與人事機械對應的執著。⑥

接下來的工作是解決“有年”爲何爲異。程頤《程氏經説》論“有年”云:“書‘有年’,紀異也。人事順於下,則天氣和於上。桓弑君而立,逆天理,亂人倫,天地之氣爲之繆戾,水旱凶災,乃其宜也。今乃有年,故書其異。宣公爲弑君者所立,其惡有間,故

---

① 趙汝愚編,北京大學中國中古史研究中心校點整理:《宋朝諸臣奏議》卷二六,第 360 頁。
② 將“有年”歸爲“異”,其實不是二程的原創,漢代賈逵即云“桓惡而有年豐,異之也,言有非其所宜有。”(阮元校刻:《十三經注疏》下册,第 1746 頁中欄)然二者面臨的學術背景不同,在賈逵那裏“天人感應”是不需要額外説明的。
③ 程顥、程頤著,王孝魚點校:《河南程氏遺書》卷一五,《二程集》,北京:中華書局,2004 年,第 159 頁。《遺書》將其歸爲伊川之語,然又加按語:“或云:明道先生語”,是亦不能最終確定其歸屬。
④ 程顥、程頤著,王孝魚點校:《二程集》,第 159 頁。
⑤ 程顥、程頤著,王孝魚點校:《河南程氏遺書》卷二二下,《二程集》,第 304 頁。
⑥ 此種批評亦見於歐陽修,其《新唐書·五行志序》云:“蓋君子之畏天也,見物有反常而爲變者,失其本性,則思其有以致而爲之戒懼,雖微不敢忽而已。至爲災異之學者不然,莫不指事以爲應。及其難合,則旁引曲取而遷就其説。蓋自漢儒董仲舒、劉向與其子歆之徒,皆以《春秋》《洪範》爲學,而失聖人之本意。”歐陽修、宋祁撰:《新唐書》卷三四,北京:中華書局,1975 年,第 872 頁。

大有年則書之。"①程頤的邏輯爲:"天人感應"應該體現在,有道之君,天降祥瑞;無道之君,天下災異。魯桓公、魯宣公皆爲無道之君,則《春秋》所記"有年""大有年"必爲災異。這種推論不無道理,然其並非嚴格的論證。

### (二)胡安國

在二程的基礎上,胡安國進一步論證了"《春秋》不書祥瑞"之説。與二程相比,胡安國所面臨的時代背景,更爲複雜。其《進〈春秋傳〉表》云:"粵自熙寧,崇尚釋老蒙莊之學,以虛無爲宗,而不要義理之實。殆及崇寧,曲加防禁,由是用事者以災異之變、政事闕失,則默不敢言,而慶瑞之符與禮文常事,則詠歌贊誦,洋洋乎盈耳。是與《春秋》正相反也,侈心益縱,至夷狄亂華,莫之能遏,豈不痛哉!"②胡氏對崇寧朝之後,朝廷之上遍言慶瑞以"詠歌贊誦",不言災異以論"政事闕失"的現狀,感到失望與悲哀,認爲這種風氣恰恰與《春秋》之義相反。而宋之南渡,與這種風氣亦無不相關。所以,胡安國論證"《春秋》不書祥瑞"更具有迫切性與現實性。

胡安國對"《春秋》不書祥瑞"的論證,主要體現在以下幾點:

**其一,繼承並發展了二程的天人觀,夯實"異"存在之基礎。**

胡安國繼承了被二程重新連接的"天人感應",重新確認了上天所具有的賞功罰過的權力,並將這種理解貫徹到了對《春秋》的注解中。如《春秋·隱六年》"秋七月。"胡安國注云:"四德備而後爲乾,故《易》曰:'乾,元亨利貞。'一德不備,則乾道熄矣。四時具而後成歲,故《春秋》雖無事,首時過則書。一時不具,則歲功虧矣。既書時又書月者,時天時也,月王月也。書時又書月,見天人之理合也。"③其引《公羊傳》"《春秋》雖無事,首時過則書"之語,並以"時"爲"天時","月"爲"王月",突破物理意義上的時間,而注以天道與王道之內涵,以之爲"天人之際"之證。

類似地,《春秋·桓十年》:"春,王正月。"胡氏注云:"桓無王,今復書'王',何也?十者,盈數也。天道十年則亦周矣,人事十年則亦變矣,故《易》稱'守貞'者,十年而必反;《傳》論'遠惡'者,十年而必棄。桓公至是,其數已盈,宜見誅於天人矣。十年書'王',紀常理也。"④桓本爲弑君之人,其即位不具有合法性,故《春秋》以"去王"的書法以明之,此即《穀梁》所謂"桓無王"之説。然《春秋》並非皆去桓之"王",於桓公三年、十年、十八年皆書"王正月",這就需要進行解釋。此處書"王正月",胡安國以爲十

---

① 程顥、程頤著,王孝魚點校:《二程集》,第1103頁。
② 胡安國著,錢偉彊點校:《春秋胡氏傳》,杭州:浙江古籍出版社,2010年,第7頁。
③ 胡安國著,錢偉彊點校:《春秋胡氏傳》卷五,第23—24頁。
④ 胡安國著,錢偉彊點校:《春秋胡氏傳》卷五,第64頁。

爲天數,桓公至此其惡以盈,故應爲天所誅。桓十年書王,正可見天人之關聯性。

更明確的例子是胡安國對於《春秋·隱九年》"三月癸酉,大雨,震電。庚辰,大雨雪"的解釋,其注云:

> 震電者,陽精之發;雨雪者,陰氣之凝。周三月,夏之正月,雷未可以出,電未可以見,而大震電,此陽失節也。雷已出,電已見,則雪不當復降,而大雨雪,此陰氣縱也。夫陰陽運動,有常而無忒,凡失其度,人爲感之也。今陽失節而陰氣縱,公子翬之讒兆矣,鍾巫之難萌矣。《春秋》災異必書,雖不言其事應而事應具存,惟明於天人相感之際,響應之理,則見聖人所書之意矣。①

胡安國認爲"震電"與"雨雪"分別爲"陽"和"陰"的代表,二者於不應出現的時節出現,表明陰陽失度,而此正是公子翬弑隱公之徵兆。其論《春秋》"不言其事應而事應具存",對漢儒的"天人感應"説進一步回歸,從形而上夯實了"異"存在的基礎。

**其二,重新建構"災"與"異"的劃分標準,提出"言'有'以爲異"。**

對於災與異的劃分,漢人董仲舒已有明確的意識,其云:"國家將有失道之敗,而天乃先出災害以譴告之,不知自省,又出怪異以警懼之,尚不知變,而傷敗乃至。"②其《春秋繁露·必仁且智》又云:"天地之物有不常之變者,謂之異,小者謂之災。災常先至而異乃隨之。災者,天之譴也;異者,天之威也。譴之而不知,乃畏之以威。"③何休則綜合《公羊傳》、董仲舒、《春秋緯》等認爲:異先事而至,而災隨事而至;異不傷人不害物,而災則傷人害物;異是事情發生前的警戒,而災是事情發生後的懲罰;異重於災。④

胡安國亦強調災與異的劃分,然他的劃分標準則與董、何不同。胡安國認爲:(1)有常度則爲災。如《春秋·隱三年》:"春,王二月己巳,日有食之。"胡氏云:"其行有常度矣。然每食必書,示後世治曆明時之法也。有常度則災而非異矣,然每食必書,示後世遇災而懼之意也。"⑤胡安國認爲"異"没有規律,日食有規律,可以根據曆法算術推

---

① 胡安國著,錢偉疆點校:《春秋胡氏傳》卷三,第32—33頁。
② 班固撰,顏師古注:《漢書》卷五六《董仲舒傳》,北京:中華書局,1962年,第2498頁。
③ 蘇輿撰,鍾哲點校:《春秋繁露義證》卷八,北京:中華書局,1994年,第253頁。
④ 《春秋·隱公三年》何休注云:"異者,非常而可怪,先事而至者也。"《春秋·隱公五年》又注云:"災者,有害於人物,隨事而至者也。"《公羊傳·定公元年》云:"異大乎災也。"何休注:"異者,所以爲人戒也。重異不重災,君子所以貴教化而賤刑罰也。"阮元校刻:《十三經注疏》下册,第2203頁下欄、2208頁上欄、2335頁中欄。
⑤ 胡安國著,錢偉疆點校:《春秋胡氏傳》卷一,第9頁。

演其出現的時間,故日食爲"災"而非"異"。① (2)害及民物則爲災。如《春秋·莊十一年》:"秋,宋大水。"胡氏云:"凡外災,告則書。所謂災者,害及民物,如水火兵戎之寇是也。諸侯於四鄰,有恤病救急之義,則告爲得禮,而不可以不弔。……凡志災,見《春秋》有謹天戒、恤民隱之心,王者之事也。"②此以"害及民物"爲災,與《公》《穀》同。而對於"外災"書的原因,則又兼采《左氏》(即"告則書")。(3)言"多"以爲異。如《春秋·莊十七年》"冬,多麋。"胡氏云:"麋,魯所有也,多則爲異,以其又害稼也,故書。"③(4)言"有"以爲異。《春秋·莊十八年》:"秋,有蜮。"胡氏注云:"蜮,魯所無也,故以有書。"④如此,在新的劃分標準下,"有年"與"大有年"皆可歸入"言'有'以爲異"。

**其三,認爲《春秋》書"有年",是聖人"立興王之新法"。**

胡安國曾以"書"與"不書"論《春秋》的體例,其云:"至《春秋》則凡慶瑞之符、禮文常事,皆削而不書,而災異之變、政事闕失,則悉書之,以示後世,使鑒觀天人之理,有恐懼祇肅之意。"⑤胡氏將"慶瑞之符"歸爲"常事不書"的範圍,以爲孔子作《春秋》時,其皆在筆削之內。而災異、政事之闕等內容,皆在"書"的範圍之中。"書"與"不書"皆體現了聖人之意。

胡安國注"有年"云:

> 舊史災異與慶祥並記,故有年、大有年得見於經,若舊史不記,聖人亦不能附益之也。……緣此二公獲罪於天,宜得水旱凶災之譴,今乃有年,則見反常也,故以爲異特存耳。然則天道亦僭乎? 桓、宣享國十有八年,獨此二年書有年,他年之歉可知也。而天理不差,信矣,此一事也。在不修《春秋》則爲慶祥,君子修之則爲變異,是聖人因魯史舊文,能立興王之新法也。⑥

注"大有年"云:

> 程氏曰:"大有年,記異也。"……大有年,上瑞矣,何以爲記異乎? 凡災異慶祥,皆人爲所感而天以其類應之者也。人事順於下,則天氣和於上。宣公弒立,逆

---

① 此與何休據"非常可怪"與"先事而至者"判定日食爲"異"顧不相同。或唐宋之後,曆法業已發展之故。
② 胡安國著,錢偉疆點校:《春秋胡氏傳》卷八,第104頁。
③ 胡安國著,錢偉疆點校:《春秋胡氏傳》卷八,第112頁。
④ 胡安國著,錢偉疆點校:《春秋胡氏傳》卷八,第112頁。
⑤ 胡安國著,錢偉疆點校:《春秋胡氏傳·進表》,第6頁。
⑥ 胡安國著,錢偉疆點校:《春秋胡氏傳》卷四,第51頁。

理亂倫,水旱螽蝝,饑饉之變,相繼而作,史不絕書,宜也。……古史書之則爲祥,仲尼筆之則爲異,此言外微旨,非聖人莫能修之者也。①

首先,從書法的角度而言,胡安國認爲於孔子修《春秋》之前,舊史災異與祥瑞並記。而孔子修《春秋》之時,所採納的體例爲祥瑞不書。而桓三年書“有年”與宣十六書“大有年”,皆是舊史本有,而孔子不删。其次,從整個《春秋》來看,《春秋》記載二百四十二年的歷史,從常理而言不應只有桓公、宣公年間有豐收之事。再次,從桓公與宣公的品行來看,桓公內弑君、外成亂,宣公篡立,皆不是有德之君,宜有災異譴告,不應有祥瑞現世。復次,此種書法亦暗示桓、宣二公,除此年外餘年皆歉收。所以,孔子於此二公書“有年”,乃是特筆,表面看起來像是“祥瑞”,實際上爲“災異”。此正體現了孔子以《春秋》撥亂反正,“立興王之新法也”。

## 三 對“《春秋》不書祥瑞”説的繼承與批評

### (一) 繼承

“《春秋》不書祥瑞”説經由二程及胡安國的發展之後,影響極大,諸儒多承襲其説。如高閌、張洽、程公説、俞皋等人,②他們疏解《春秋》“有年”及“大有年”,或直接援引二程與胡安國;或雖以己意解之,却不出二者之説。諸儒對於《春秋》不書祥瑞説,實無新的推進。其實,胡安國之説亦有不足。如果要徹底貫徹“《春秋》不書祥瑞”之説,則《春秋》哀十四年“西狩獲麟”亦應歸爲“異”而非祥瑞。然胡安國依舊堅持“西狩獲麟”爲祥瑞,其云:

> 河出圖,洛出書,而八卦畫;《簫韶》作,《春秋》成,而鳳麟至。事應雖殊,其理一也。《易》曰:“大人者,先天而天弗違,後天而奉天時。”舜、孔子,先天者也,先天而天弗違,志壹之動氣也;伏羲氏,後天者也,後天而奉天時,氣壹之動志也。有見乎此者,則曰文成而麟至;無見乎此者,以爲妖妄而近誣。《周南·關雎》之化,王者之風,而《麟之趾》,《關雎》之應也;《召南·鵲巢》之德,先公之教,而《騶

---

① 胡安國著,錢偉疆點校:《春秋胡氏傳》卷一八,第 51 頁。按:此段胡氏雖以“程氏曰”開頭,然查程頤《程氏經説》,兩者差異頗大。筆者以爲此段除“大有年,記異也”爲程氏語外,其他應屬胡氏,故此不採點校者標點。

② 參見高閌:《高氏春秋集注》,《景印文淵閣四庫全書》第 151 册,臺北:臺灣商務印書館,1986 年,第 289b—289c 頁、443b—443c 頁;張洽撰,陳峴點校:《春秋集注》,北京:中華書局,2021 年,第 44 頁、263 頁;程公説:《春秋分記》,《景印文淵閣四庫全書》第 154 册,第 251d—252a 頁;俞皋:《春秋集傳釋義大成》,《景印文淵閣四庫全書》第 159 册,第 60c—60d 頁。

虞》,《鵲巢》之應也。世衰道微,暴行交作,臣弒其君者有之,子弒其父者有之,夫子爲是作《春秋》,明王道,正人倫,氣志天人交相感應之際深矣,制作文成而麟至宜矣。……況聖人之心,感物而動,見於行事,以遺天下與來世哉!《簫韶》九奏,鳳儀於庭,魯史成經,麟出於野,亦常理爾。①

朱熹論之云:"胡定公謂《春秋》絶筆於獲麟,爲'志一則動氣',意思説得也甚好。但以某觀之,生出一箇物事爲人所斃,多少不好,是亦一徵兆也。"②朱子以"西狩獲麟"非祥瑞的判斷,或尚可採納。但其以麟"爲人所斃"作爲判斷依據,却頗值得商榷。若依朱子之論,那若麟未"爲人所斃",是否我們就承認其爲祥瑞呢?且麟"爲人所斃"《三傳》皆無此論,西漢今文家亦無此説,最早提及此事的或是王充。③ 其實,問題的關鍵在於麟至本身,而不在於其生死。

胡安國"《春秋》成,而鳳麟至"之説,據其"志壹之動氣"之語,應是援孟子以解《春秋》,然此説亦或受到賈逵、服虔等漢代古文家"文成致麟"説的影響。④ 而其所謂"世衰道微,暴行交作",聖人作《春秋》"以遺天下與來世"之論,則頗合何休等《公羊》家論《春秋》"撥亂反正"爲後世立法之義。然何氏注"西狩獲麟"云:"人道浹,王道備,必止於麟者,欲見撥亂功成於麟,猶堯、舜之隆,鳳皇來儀,故麟於周爲異,《春秋》托以爲瑞,明大平以瑞應爲效也。"⑤何休論"西狩獲麟"爲祥瑞,與其所構建的"三世説"密切相關,《春秋》"世愈亂而文愈治",哀公本爲亂世,而《春秋》託之爲太平,故麟之來自然被視作祥瑞,而以之爲太平之應。但胡安國解《春秋》並不採何氏"三世説",自然無假託之事。其論"有年""大有年"所依據的也是現實的邏輯(即桓、成實爲無道之君),如此,亂世之麟自然無可以視之爲祥瑞之理。

又,胡安國以《麟之趾》之應《關雎》,類比麟至之於《春秋》,此亦是不恰當的。以《麟之趾》應《關雎》出自《詩序》,其云:"《麟之趾》,《關雎》之應也。《關雎》之化行,則天下無犯非禮,雖衰世之公子,皆信厚如麟趾之時也。"⑥此强調的是德行的傳承,由於文王與太姒的德行美好,後世之公子哪怕處衰亂之世,亦會有美好的德行。而"西狩獲麟"與《春秋》的關係當與之不類。晚清皮錫瑞云:"《春秋》書災異,不書祥瑞,聖

---

① 胡安國著,錢偉疆點校:《春秋胡氏傳》卷三〇,第501—503頁。引文標點有改動。

② 黎靖德編,王星賢點校:《朱子語類》卷三四,北京:中華書局,1982年,第862頁。

③ 參見朱雷:《獲麟解:孔子的革命时刻》,《學衡》第1輯,北京:北京聯合出版公司,2020年,第78—99頁。

④ 劉雅萌對漢儒論"西狩獲麟"有詳細的梳理,參見劉雅萌:《從"西狩獲麟"釋義看杜預對漢代〈春秋〉學的突破》,《古典文獻研究》第24輯下,南京:鳳凰出版社,2021年,第78—95頁。

⑤ 阮元校刻:《十三經注疏》下册,第2353頁下欄。

⑥ 阮元校刻:《十三經注疏》上册,第283頁上欄。

人蓋有深意存焉。絶筆獲麟，《公羊》以爲受命制作，有反袂拭面，稱吾道窮之事，則是災異，並非祥瑞，若以麟至爲太平瑞應，比於《麟趾》之應《關雎》，則又别是一義。”①可謂論之精洽。

**（二）批評**

反對“《春秋》不書祥瑞”説的學者，多堅持“有年”與“大有年”爲祥瑞，如趙鵬飛、戴溪、黄震、吕大圭等。他們對於《春秋》書“有年”與“大有年”的解讀，則又可分爲兩派：一派認爲《春秋》“有年”“大有年”爲“各書其實”，並無深意；另一派則認爲《春秋》“有年”“大有年”乃爲民衆而書，以顯示上天愛民之意。

宋之黄震即屬於前者，其《黄氏日鈔》云：

> 《穀梁》曰：五穀皆熟，爲有年。《公羊》曰：以喜書也。或曰記異。愚恐求之過也，謂桓不當有年，爲異而書，則螽與大水、無冰皆當爲桓之常，又何爲書？《春秋》豈專記人之凶荒，而不幸人之豐熟哉？各書其實爾。②

> 愚按：宣公六年螽，七年旱，十年水，十三年螽，十五年螽，連年凶荒。今忽大有年，聖人云：胡不爲之喜！世儒反以爲譏貶者，何忍也。③

在黄震看來，以“記異”來解《春秋》書“有年”，是推求之過甚的做法。如果説無道之君，天應降之災異，則《春秋》魯桓、魯宣之篇的災異皆屬於理所應當的“常事”，《春秋》“常事不書”，這些災異又爲何被書。要之，黄震以爲無論是災異還是祥瑞，《春秋》僅是照實而書，並無深意。④ 黄震此説頗强調《春秋》爲信史的維度，然若依黄氏之論，孔子之《春秋》與未修之《春秋》區别又何在呢？亦正如胡安國之發問，《春秋》二百四十二年不會僅有兩次豐年，爲何《春秋》僅書桓、宣這兩次呢？

宋之趙鵬飛則屬於後説，其《春秋經筌》論“有年”云：

> 今乃於桓、宣獨加之有年，何哉？盖桓、宣初非天所建，縱而不誅者，時王方伯之罪也，非天置之也，故天以不治治之。若曰桓、宣則不容誅矣，而魯民何罪？魯

---

① 皮錫瑞撰，吴仰湘整理：《經學通論》，《皮錫瑞全集》第6册，北京：中華書局，2015年，第530頁。

② 黄震撰，王廷洽整理：《黄氏日鈔》卷七，上海師範大學古籍整理研究所編：《全宋筆記》第10編第6册，鄭州：大象出版社，2019年，第193頁。

③ 黄震撰，王廷洽整理：《黄氏日鈔》卷一〇，上海師範大學古籍整理研究所編：《全宋筆記》第10編第6册，第354頁。

④ 宋儒吕大圭之説與之相近，其云：“或謂桓、宣不宜有年，其有年者異也。《春秋》常事不書，惟紀異則書之，則其書‘有年’‘大有年’，亦紀異也。此爲求之過矣。夫桓、宣固不宜有年矣，而聖人豈樂天下之無年哉？然以桓、宣之《春秋》，而特二年書‘有年’，則其他年之歉亦可知也。天理不僭，信哉！”吕大圭著，趙宗乙點校：《春秋或問》卷五，北京：商務印書館，2017年，第51頁。

民,天民也,而魯君非天所建也,故陰隲其民而不治其君,此天意也。則夫有年,治世之常也,而亂世之祥也。……桓、宣有年,《春秋》以爲祥而書之,所以見天之不治桓、宣,而待之以不足誅也。則夫不誅者,乃所以深誅之歟? 然則二百四十二年間,有年固多,而不書者,以爲常事不書也。①

趙鵬飛以爲魯桓公、魯宣公皆不具有即位的合法性,他們的篡立應歸罪於方伯。因其非天之所立,所以天不下災異以治之。而魯之人民無過,天不忍其遭受讒餒,故使之"有年"。對於桓、宣二君,上天是以"不誅"而"深誅",即所謂"天所以祐魯民而顯棄魯君"②。問題在於,若天不治桓、宣,爲何於桓、宣二公年內頻記災異?

與趙鵬飛稍有不同,宋儒戴溪的講法或更爲完善,其云:"桓、宣二君得罪於王法,天道所不恕也。即其戾氣所感,宜降之罰,饑饉薦臻,天道不僭矣。然而民何辜焉? 幸其有年,喜而書之,此聖人助天愛民之意。"③"有年已足爲斯民喜,而況大有年乎? 其書大者,喜之甚。"④戴溪認爲魯桓與魯宣之惡,在此之前天已降災懲之,此"有年"與"大有年"則是聖人專爲上天愛民所記。

趙鵬飛、戴溪等人之説,或可於《左傳》尋其源。《左傳・昭元年》有"國無道而年穀和熟,天贊之也"之語,孔穎達論之云:"是言歲豐爲佐助之,非妖異之物也。君行既惡,澤不下流,遇有豐年,輒以爲異。是則無道之世,唯宜有大饑,不宜有豐年,非上天佑民之本意也。"⑤在孔穎達看來,將國君無道而五穀成熟之事,皆看作妖異,是不合理的。一般人認爲,國君無德,上天自然應該降下諸如大饑之類的災異,而非豐年之類的祥瑞。孔穎達以爲這一邏輯是存在問題的,國君無道,而使民衆讒餒,這是不符合天道的。實際上,無論是唐之孔穎達,還是宋之趙鵬飛、戴溪,在不知不覺中,他們已將祥瑞的指向進行了倒轉,即由國君轉爲了民衆。

# 結　語

"《春秋》不書祥瑞"説的提出,既有其時代背景,亦合於經學內部思想的演進。唐宋以來,漢儒"天人感應"之説,逐漸遭到批判。然帝王仍需以祥瑞粉飾太平,儒者亦

---

① 趙鵬飛:《春秋經筌》卷二,《景印文淵閣四庫全書》第 157 册,第 47a—47c 頁。
② 趙鵬飛:《春秋經筌》卷九,《景印文淵閣四庫全書》第 157 册,第 29a 頁。
③ 戴溪:《春秋講義》卷一上,《景印文淵閣四庫全書》第 155 册,第 18b—18c 頁。
④ 戴溪:《春秋講義》卷三上,《景印文淵閣四庫全書》第 155 册,第 97b 頁。
⑤ 阮元校刻:《十三經注疏》下册,第 1746 頁中欄。

需以神道勸誡人君。孔穎達云:"神道可以助教,而不可以爲教。"①其實,無論是災異,抑或是祥瑞,皆不過是神道設教的工具。由於祥瑞奏報與進獻的風氣盛行,儒者爲了勸誡人君重視天變以自省,他們一方面重建了"天人感應",爲災異的存在提供了基礎,另一方面利用《春秋》所書災異與祥瑞數量之差,創造性地提出了"《春秋》不書祥瑞"之説。

宋儒二程與胡安國對"《春秋》不書祥瑞"説的形成與確立,發揮了重要作用。其中,二程首先提出了"有年"爲"異",並重建了被柳宗元、劉禹錫等所否定"天人感應",爲"有年"歸爲"異"提供了形而上的基礎。胡安國則繼承並發展了二程的天人觀,並提出"言有以爲異",新的災異劃分標準爲"有年"爲"異"提供書法上的可能。此外,胡氏還認爲《春秋》書"有年",是聖人"立興王之新法"。然而,胡氏並未將《春秋》不書祥瑞"貫徹到底,其仍堅持"西狩獲麟"爲祥瑞,此或受漢儒之影響。而反對"《春秋》不書祥瑞"説的儒者,多堅持"有年"爲祥瑞。他們或認爲《春秋》書"有年"爲"各書其實",並無深意;或認爲《春秋》書"有年"乃爲民衆而書,以顯示上天愛民之意。無論如何,祥瑞爲人君而至,以彰顯太平盛世的意涵,已經愈來愈爲儒者所消解。

**作者簡介:**

王康,男,1995 年生,河南武陟人,同濟大學人文學院博士研究生,主要研究領域爲《春秋》學、禮學。近年代表論著有《〈春秋〉"大雩"詮釋考——以杜預、何休、范甯、鄭玄爲中心》(《海岱學刊》2022 年總第 26 輯)、《論鄭玄對朝貢體系的理論闡釋——以〈周禮·大宰〉"九貢"鄭注爲例》(《武陵學刊》2023 年第 1 期)。

---

① 阮元校刻:《十三經注疏》上册,第 446 頁上欄。

（上接第 28 頁）

# 謝向榮教授序

　　人生路上，我很幸運地遇到了許多身教言教的人師，啓發良多。而在衆多恩師中，鄧立光夫子無疑是對我影響最大的一位啓蒙者，永遠獨一無二。

　　中學時期，自己無心向學，成績平平，升讀大學無望，僥倖入讀副學士課程，竟有緣在“中國哲學”課遇上夫子，成爲人生轉捩點。在學當年，有幸跟從夫子學習《周易》，從此不能自拔，明白了“易爲君子謀，不爲小人謀”之道理。畢業後，每學期仍回舊部旁聽夫子講道，先後聽講《論語》《老子》、佛學、宋明理學等課。其中，夫子強調三教合流的“執中貫一”思想，深深地影響着我，時刻提醒我要以厚德兼載萬物，同時自強不息。不論是在學術專業，還是道德修養上，夫子皆爲我確立具體的人生方向，其教誨與恩德，没齒難忘。

　　2015 年，香港中文大學在馮燊均國學基金會的慷慨支持下成立國學中心，並禮聘鄧師擔任中心主任，協助推動國學發展及弘揚傳統文化。翌年，夫子在馮先生邀請下加入馮燊均國學基金會之董事會。從此，夫子隨馮氏伉儷獻身國學，將心力全落於弘揚中華傳統文化，忠誠爲國家、爲社會貢獻己力，爲實現民族復興、重振文化自信之偉大事業，不辭勞苦，鞠躬盡瘁。詎料，當一切工作漸見成果之時，惡疾竟來相侵，夫子帶着無限遺憾和期許，不幸於 2022 年 7 月 8 日辭世。

　　夫子既逝，承馮燊均國學基金會准許，晚輩得以爲編校夫子紀念集及籌備追思會事宜獻力，報答師恩。在編校《立身行道謙尊而光：鄧立光博士紀念集》的過程中，我曾勉力爲恩師編訂《生平傳略》及《論著目録》（後發表於《新亞論叢》第 23 期），因而整理了大量有關恩師的資料，將家中珍藏多年的夫子講義、論文及剪報等全翻一遍。令人唏噓的是，這其實並不是我第一次爲恩師編訂論著目録，在學期間，出於對夫子的傾慕，我曾自發搜集其論著拜讀，漸累積匯編成一份簡目。夫子見狀，直接將其著作目録示下，並笑稱自己只關注著述能否爲讀者帶來啓發，對記録個人履歷並不上心，估計應有不少資料漏記，囑我代爲補訂。没想到，多年過後，自己竟因編輯紀念集而再一次爲老師編訂目録，不勝感慨。後來，在老師助理的協助下，終順利取得其近年論著目録，但經過比照，發現內容仍頗有遺漏。多年以來，老師始終没變，一直只顧弘揚文化，不問個人回報，爲道忘身，令人動容。

（下轉第 120 頁）

# 重構《穀梁》時月日例：許桂林《穀梁釋例》研究*

## 許超傑

**内容摘要**　就經學視域下的《春秋》學研究而言，"例"與"義"是其兩個關鍵點。《穀梁》學對《春秋》的詮釋，亦重在對《春秋》"例"與"義"的探討。《穀梁》最重時月日例，許桂林《穀梁釋例》對《穀梁》所詮釋的《春秋》時月日例作出了全新的詮釋。許桂林認爲"《春秋》時月日必當有書法"，《春秋》有時月日例書法，則《春秋》是"經"；如無書法，則是史。在此基礎上，許桂林對《春秋》"時月日例"之術語，即"正例""常例""不用正例""變例"等做了重新界定與詮釋，並藉此重構《春秋》時月日例的經學體系。許桂林之所以撰寫此書，其目的在於駁正乾嘉時期"以史治經"之風，希望由考經、疑經轉變爲研經、尊經，從而恢復經學的神聖性。許桂林撰寫此書的目的不僅僅在於《穀梁》與《春秋》，更希望進而推及群經。

**關　鍵　詞**　許桂林　《穀梁釋例》　《春秋》　時月日書法　義例

## 一　《穀梁釋例》述略

許桂林（1779—1822），字同叔，號月南，又號月嵐，海州（今屬連雲港）人，嘉慶二十一年（1816）舉人。生平博綜群書，好學深思，著述頗豐，撰有《易確》三十卷、《毛詩後箋》八卷、《春秋三傳地名考證》六卷、《春秋穀梁時月日書法釋例》四卷、《漢世別本禮記長義》四卷、《大學中庸講義》二卷、《四書因論》二卷、《許氏説音》十二卷、《説文後解》十卷、《太元後知》六卷、《參同契金隄大義》二卷、《步緯簡明法》一卷、《立天元一導窾》四卷、《算牖》四卷、《宣西通》三卷、《擢對》八卷、《半古叢鈔》八卷、《無味齋文集》八卷、《外集》四卷、《詩集》八卷、駢體文四卷、《壹籟齋詞》一卷等。

《春秋穀梁時月日書法釋例》（以下簡稱"《穀梁釋例》"）是許桂林研治《穀梁》學之專著，對《春秋穀梁傳》時月日例及其意義做出了全新的詮釋，是清代最早專治《穀

---

*　本文爲國家社科基金後期資助項目"《穀梁》釋經學及其建構史研究"（19FZXB055）階段性成果。

梁》學的幾種著作之一。《穀梁釋例》最早刻於道光二十五年（1845）①，後伍崇曜於咸豐四年（1854）刻入《粵雅堂叢書》第十六集，是後又有《皇清經解續編》本，以《粵雅堂叢書》本、《皇清經解續編》本較爲常見。《粵雅堂叢書》本於正文前多阮元道光二十五年（1845）序、唐仲冕序、孫星衍丙子（嘉慶二十一年，1816）記語，正文後多道光甲辰（道光二十四年，1844）羅士琳跋、咸豐甲寅（1854）伍崇曜跋，《續經解》本無此序跋，餘則基本相同。

羅士琳跋《穀梁釋例》曰："此書寫稿初成，先生遽歸道山，故本無目録。先生之兄石華國博亦吾師也，將梓先生遺稿，奉命校刊既竣，敬識數語，俾易檢尋。"②則《穀梁釋例》實由許桂林之弟子羅士琳校刊付梓。而羅氏所謂"敬識數語"，即《粵雅堂叢書》本所附之跋語。上文已述，今本《穀梁釋例》實由許桂林弟子羅士琳整理刊行。羅士琳爲許桂林的門生，其跋於《穀梁釋例》之內容有簡略精當之概括，略引於此，以見其梗概：

> 《春秋穀梁時月日書法釋例》四卷，先師許月南先生所著也。第一卷爲《總論》，第二卷爲《提綱》，第三卷爲《述傳》，第四卷爲《傳外餘例》。《總論》一卷，……蓋即以此篇爲自序也。《提綱》一卷，舉其大端。《述傳》一卷，析其子目。所分門類，大率相同。……《傳外餘例》一卷，則以傳無明文而僅見於范注者附之於後，……凡注稱傳例，爲傳所本有者，則不復更録焉。③

如羅氏所述，《穀梁釋例》共分爲《總論》《提綱》《述傳》《傳外餘例》四部分，其中《總論》一卷，"即以此篇爲自序"，論《春秋》時月日例之必要及何以必以《穀梁》爲據；《提綱》《述傳》各一卷，詳論《穀梁》所述《春秋》時月日例；《傳外餘例》一卷，附論僅見於范甯注之時月日例。其要則是《提綱》與《述傳》二卷。羅士琳爲許桂林弟子，而《穀梁釋例》刊行之先，實亦由羅氏爲之整理，故羅氏於《釋例》所識頗深，當無疑義。

羅氏以爲"《提綱》一卷，舉其大端。《述傳》一卷，析其子目。所分門類，大率相同"。羅氏列《述傳》爲二十九例，即"正月例第一，夏四月、秋七月、冬十月例第二，閏月例第三，朔晦例第四，即位例第五，公如例第六，朝例第七，盟例第八，郊例第九，烝、嘗第十，嘉禮第十一，大閱例第十二，侵例第十三，戰例第十四，敗例第十五，潰例第十

---

① 國家圖書館、天津圖書館、中國科學院圖書館等有藏。《天津圖書館古籍普查登記目録》著録曰："《穀梁釋例》一卷，（清）許桂林撰，清道光二十五年（1845）刻本，一册，十一行二十一字白口四周雙邊。"（《天津圖書館古籍普查登記目録》，2014年，第466頁。）

② 羅士琳：《穀梁釋例·羅士琳跋》，《粵雅堂叢書》第十六集，咸豐四年（1854）刻本。

③ 羅士琳：《穀梁釋例·羅士琳跋》。

六,入例第十七,取例第十八,滅例第十九,入例第二十,歸例第二十一,奔例第二十二,卒例第二十三,弑例第二十四,殺例第二十五,日食例第二十六,旱雩例第二十七,災異例第二十八,傳疑例第二十九".①案羅氏之説,則《提綱》即爲《述傳》之提綱,《述傳》爲《提綱》之詳説。然羅氏亦已指出,《提綱》與《述傳》之間,實亦稍有不同。

首先,《提綱》與《述傳》之内容有所調整。如"《提綱》以'覿'附於'朝'後,《述傳》因《春秋》所書之覿乃大夫宗婦見夫人,故別列於此(筆者案:即"述傳·嘉禮第十一"),以備嘉禮一門。"②

其次,《提綱》《述傳》所論主題雖一,然《述傳》補充了《提綱》所没有的許多内容。如《提綱》論"殺"曰:

> 殺諸侯稱月、稱日,謹之也。殺亂臣賊子書月,謹之也。③

而《述傳》此條則以"殺、用"標目。《春秋》"僖十九年己酉,邾人執繒子用之。"許桂林論曰:

> 用亦殺也。昭十一年十有一月丁酉,楚師滅蔡,執蔡世子有以歸,用之。此滅當書日,用亦當書日,統於丁酉矣。兩書"用"者,皆係執用。此外執諸侯十一無書日者,知此書日爲用,非爲執也。④

雖然《提綱》《述傳》皆論"殺",但《提綱》僅提到"殺",而《述傳》則在"殺"之外再發"用"之"殺"義。"用"之爲"殺",是《春秋》之特義,其於《述傳》言之,亦補充《提綱》之未備。

第三,《提綱》有"總論"二條,《述傳》則無此二目。《提綱》首條曰:"《春秋》書時月日有正例,不用正例者,或謹之、或危之、或美之、或惡之、或備之、或略之、或著之、或非之、或信之、或閔之。"⑤又論時月日詳略曰:"書時略也,書月日詳矣,書昏、書夜中、書日中、書日下稷,蓋非常之至也。"⑥羅氏曰:"若夫書時月日正例及不用正例列於《提綱》之始,書昏例及夜中、日中、日下稷例於《提綱》之末,而《述傳》内不列之者,以其爲全書之通例,不專屬於一門,故有綱而無目也。"⑦正因爲此二目皆屬於全書之通例,故

---

① 羅士琳:《穀梁釋例·羅士琳跋》。
② 羅士琳:《穀梁釋例·羅士琳跋》。
③ 許桂林:《穀梁釋例·提綱》,第3頁A。
④ 許桂林:《穀梁釋例·述傳》,第42頁B—43頁A。
⑤ 許桂林:《穀梁釋例·提綱》,第1頁A。
⑥ 許桂林:《穀梁釋例·提綱》,第3頁B。
⑦ 羅士琳:《穀梁釋例·羅士琳跋》。

《述傳》無專門之目。

要之,《穀梁釋例》之内容大要正如羅士琳所概括,即以此二十九例爲中心而分析、疏釋《穀梁》時月日例者也。

## 二　許桂林論《穀梁》與《春秋》時月日例

羅氏跋語對《穀梁釋例》的内容、意義多有論述,可爲讀是書之一助。其謂"總論"曰:

> 《總論》一卷,先述《穀梁》之有功於經者三端,次辨趙匡、劉敞、程迥學、汪克寬、顧棟高諸説之誤,終論《左氏》《公羊》之異同,蓋即以此篇爲自序也。①

羅士琳此言實已概括了《穀梁釋例・總論》之内容與脈絡,提要鈎玄,實得許氏之旨。惜言之不詳,而許氏之學又頗有深於經義者,尚需爲之疏釋、詳論。欲知《穀梁釋例》之大旨,實當以《總論》爲核心,予以深入探討。故筆者以《總論》爲綱,對許氏所以撰著是書之原由,並以論《穀梁》之有功於經、《穀梁》時月日例之深義爲兩個核心點,對《穀梁釋例》之大旨予以詮釋。

### (一)論《穀梁》時月日例之有功於經②

《春秋》經文的時月日書寫是否有例,這是《春秋》學上的一個重要議題。《穀梁》《公羊》對於《春秋》時月日之解釋雖有不同,但都認爲時月日書寫有其書法,亦即有例存焉。但《左傳》則認爲"《春秋》不以日月爲例"。③ 關於《穀梁》時月日例之於《春秋》的重要性,許桂林於《穀梁釋例》開篇即言:

> 《穀梁傳》與《公羊傳》皆謂《春秋》書法以時月日爲例,而《穀梁》尤備。先儒多譏爲迂妄,桂林通案經傳,而疑其説之不可廢也。④

其所以言《春秋》書法有時月日例之説不可廢,許氏將其理由梳理爲三點。第一,《春

---

① 羅士琳:《穀梁釋例・羅士琳跋》。
② 吴連堂《清代穀梁學》第三章第六節之三論《穀梁釋例》之成就,其中特提出"穀梁時月日日有功於經"之條目(詳見《清代穀梁學》,新北:花木蘭出版社,2016年,第291—292頁);文廷海也對《穀梁》時月日例有功於《春秋》的情況做了概括(詳見《清代春秋穀梁學研究》,成都:巴蜀書社,2006年,第243—256頁)。但吴氏、文氏都只是引用《穀梁釋例・總論》之論述,對其稍作概括,並未深入分析《穀梁》時月日例有功於經的深層内涵。筆者以爲,許桂林對《穀梁》有功於經的論述具有重要的意涵,非深入分析不可得也。且其所謂"經",亦非限於《春秋》,此亦有待掘發,故對許氏之意詳爲之釋,以期明了許氏之用意。
③ 杜預注,孔穎達疏:《春秋左傳注疏》卷二"隱公元年"條,臺北:藝文印書館,1973年,第33頁下。
④ 許桂林:《穀梁釋例・總論》,第1頁A。

秋》文字簡略，其時月日之書寫，常常有略而不書者。且我們去古已遠，經典流傳過程中亦不免闕文佚字，故不免疑夫子時月日之"不書"爲《春秋》流傳之"缺漏"。許氏論曰：

> 張晏謂《春秋》萬八千字，李燾謂今闕一千二百四十八字。自晏時至燾時闕字如此，向非《穀梁》有日月之例，則盟眛不日、公子益師卒不日、蔡侯肸卒不月、壬申公朝於王所不繫月，必指爲張晏以後闕文矣。自《穀梁》有傳，葉夢得、俞皋之徒雖疑此諸經爲缺，而不敢決，人亦莫信。其有功於經一也。①

張晏言《春秋》經文萬八千字，但到了李燾之時，相比萬八千字的字數，已經"闕一千二百四十八字"。至於何者爲文本流傳過程中的"闕漏"，何者爲夫子書寫中的"不書"，由於文獻難徵，就成懸疑之題。而《穀梁》於隱公元年，"三月，公及邾儀父盟於眛"下曰"不日，其盟渝也"；於"公子益師卒"下曰"大夫日卒，正也；不日卒，惡也"；僖公十四年，"冬，蔡侯肸卒"下曰"諸侯時卒，惡之也"；僖公二十八年，"壬申，公朝於王所"下曰"其日，以其再致天子，故謹而日之"。② 也就是說，在穀梁子的詮釋下，這些《春秋》經文時月日的書與不書，不是經文的"缺失"，而是書寫的特筆。

《穀梁》對《春秋》時月日書與不書的詮釋，一定程度上減少了後人疑經的可能性，這也就是許桂林提出的《穀梁》時月日例有功於《春秋》的第一條理由。

當然，許桂林也承認《春秋》在流傳過程中存在闕文的現象，他認爲《穀梁》時月日例有功於經的第二點，就是可依據《穀梁》傳文而決經文之闕。其論《春秋》闕文曰：

> 春王正月、秋七月，《穀梁》皆有傳；而桓四年、七年無秋冬，昭十年、定十四年不書冬，莊二十二年書夏五月而無事，乃不發傳言其故，知此實作傳後缺文。③

《穀梁》最重時月日例，《春秋》之書時月日，凡有特筆之處，《穀梁》必爲之釋。如《春秋》桓公元年空書"冬十月。"《穀梁》釋曰："無事焉，何以書？不遺時也。"④《穀梁》認爲"《春秋》編年，四時具而後爲年"。⑤ 故《穀梁》詮釋下的《春秋》"編年"必須是"四時具"，即便"無事"，亦需書時。故如桓四年、七年無秋冬，昭十年、定十四年不書冬等等，《穀梁》未發傳，則應當是《穀梁》爲《春秋》作傳之後的所產生的新的闕文。

---

① 許桂林：《穀梁釋例·總論》，第 1 頁 A。
② 傳文皆據阮刻《十三經注疏·春秋穀梁傳注疏》本（臺北：藝文印書館，1973 年）。
③ 許桂林：《穀梁釋例·總論》，第 1 頁 B。
④ 范甯注，楊士勛疏：《春秋穀梁傳注疏》卷三"桓公元年"條，臺北：藝文印書館，1973 年，第 29 頁上。
⑤ 范甯注，楊士勛疏：《春秋穀梁傳注疏》卷三"桓公元年"條，第 29 頁上。

同時，這也就駁斥了"程端學疑《春秋》多孔子修成後所缺"，並以之"駁《穀梁》日月例"①的說法。程端學認爲在穀梁子爲《春秋》作傳之前，《春秋》經文時月日之記載文字已有缺略。②他認爲《穀梁》對《春秋》時月日例的概括是以《春秋》時月日之殘缺文本爲依據而作出的詮釋。如穀梁子實以殘缺的《春秋》文本爲據，那麼，他據之詮定的《春秋》時月日例也就是一種郢書燕説的過度詮釋，也就不足爲訓了。許桂林"以《穀梁》無傳者證作傳後所缺，於事較確。"③即通過《穀梁》未發傳的條目比對《穀梁》時月日例，則可確定這是穀梁子爲經作傳之後的闕文。蓋非如此，則以《穀梁》之重時月日例，必當有説也。《穀梁》無説，則可知非穀梁子作傳之前已闕。

此外，從《穀梁》之未發傳，也可看出《春秋》經文有所闕略，而這種闕略是流傳過程中的"闕文"，而不是夫子書寫中"不書之書"的特筆，亦即並非有特義存焉。即如許桂林所説，"先儒謂桓無秋冬，貶其篡立；莊書夏五月，譏取讎女；昭不書冬，在取孟子之歲。謬悠之説，不攻自破。"④許氏即以《穀梁》未發傳而定穀梁子爲《春秋》作傳之後，《春秋》文本有所闕略。以莊公二十二年爲例，此年《春秋》空書"夏五月"三字。《春秋》四時編年，不能有闕。在"無事"的書寫中，凡是要空書其"時"，則以"時加此時之首月"的模式出現，即"春正月""夏四月""秋七月""冬十月"。《春秋》此處空書夏時，按其空書之例，當書"夏四月"，而此處書"夏五月"，則有違常例。故范甯注曰："以五月首時，甯所未詳。"⑤何休注《公羊》曰："以五月首時者，譏莊公取仇國女，不可以事先祖、奉四時祭祀，猶五月不宜爲首時。"⑥但許氏從《穀梁》於《春秋》時月日例最爲嚴謹這條原則出發，認爲如果穀梁子見《春秋》"夏五月"的書寫，必當發傳。而《穀梁》的未發傳，恰恰證明這是穀梁子爲經作傳之後的闕文，而不是夫子的《春秋》特筆。職是之故，何休之解也就成了"謬悠之説"，不攻自破了。

許桂林以《穀梁》有嚴謹的時月日例爲準的，以此判斷《春秋》經文時月日書寫之特筆與闕文，此即《穀梁》有功於《春秋》的第二點。

許氏所論"《穀梁》有功於經"的第三點即不得輕易疑經。後人對經文書寫頗有懷疑，而作爲最易在流傳過程中出現錯誤的時月日書寫，當然更是後世學者懷疑的重點，

---

① 許桂林：《穀梁釋例・總論》，第1頁B。
② 程端學於隱公元年"三月，公及邾儀父盟於眜"下曰："愚謂或有闕文。"（《春秋本義》卷一，《景印文淵閣四庫全書》第一六〇册，第41頁。）
③ 許桂林：《穀梁釋例・總論》，第1頁B。
④ 許桂林：《穀梁釋例・總論》，第1頁B。
⑤ 范甯注，楊士勛疏：《春秋穀梁傳注疏》卷六"莊公二十二年"條，第58頁上。
⑥ 何休注，徐彥疏：《春秋公羊注疏》卷八"莊公二十二年"條，《十三經注疏》第七册，臺北：藝文印書館，1973年，第99頁下。

而《穀梁》正可定後人之疑爲非,故許桂林曰:

> 桓五年甲戌、己丑,桓十二年再書丙戌,非《穀梁》有傳,則以爲脱簡,人孰能難? 嬰齊卒於貍蜃,在公至後,非《穀梁》有傳,則以爲錯簡,世莫由辨。……其有功於經三也。①

《春秋》紀時月日或有存疑之處,許桂林引三條以爲説,認爲非《穀梁》之釋,我們則不得其解也。桓公“五年春正月甲戌、己丑,陳侯鮑卒。”凡人之卒,無二日者,故《春秋》言“正月甲戌、己丑,陳侯鮑卒”,難免啓人之惑,疑經文此處或有衍脱、訛誤。然《穀梁》釋之曰:“鮑卒何爲以二日卒之?《春秋》之義,信以傳信,疑以傳疑。陳侯以甲戌之日出,己丑之日得,不知死之日,故舉二日以包也。”②《穀梁》之釋是否確乎爲《春秋》之義則不可知,然其釋却使我們明了《春秋》記甲戌、己丑以卒陳侯鮑,亦可得其説者。而桓公十二年十一月,“丙戌,公會鄭伯盟于武父。丙戌,衛侯晉卒。”一日二事而再書“丙戌”者,《穀梁》釋曰:“再稱日,决日義也。”范甯注曰:“明二事皆當日也。”③同日二事,再稱日者,難免使人疑惑,疑經有衍文。然《穀梁》之釋則説明此爲經文特筆,非衍文也。而《春秋》成公十七年,“冬,公會單子、晉侯、宋公、衛侯、曹伯、齊人、邾人伐鄭。壬申,公孫嬰齊卒于貍蜃。”《穀梁》曰:“十有一月,公至自伐鄭。……十一月無壬申,壬申乃十月也。致公而後録臣子之義也。”④成公十七年十一月無壬申,壬申屬十月。然《春秋》在成公至自伐鄭之後書“壬申,公孫嬰齊卒”,則難免使人懷疑此處有錯簡,即“壬申”條當在“公伐鄭”條之前。但《穀梁》用“致公而後録臣子”解釋何以十月條當在十一月之後,實爲臣不得先君之義。這也就是《穀梁》時月日例有功於《春秋》的第三點,即其釋使後人之疑得以解決。

　　許桂林把《穀梁》時月日例有功於《春秋》經概括爲三條,要言之,實則一條,即不得隨意疑經。但許氏認爲《穀梁》時月日例之功並不限定在《春秋》一經之上,而是要推及群經。故其言曰:“考定《武成》、移易《大學》之事,必當先見於《春秋》一經矣。”⑤《武成》爲《尚書》的一篇,後人疑其文存有錯簡,蔡沈《書集傳》即認爲“此篇編簡錯亂、先後失序”,故爲之“考正”,成《今考定武成》。⑥而自兩宋以來,學者多疑《大

---

① 許桂林:《穀梁釋例·總論》,第1頁B—第2頁A。
② 范甯注,楊士勛疏:《春秋穀梁傳注疏》卷三“桓公五年”條,第32頁。
③ 范甯注,楊士勛疏:《春秋穀梁傳注疏》卷四“桓公十二年”條,第38頁下。
④ 范甯注,楊士勛疏:《春秋穀梁傳注疏》卷十四“成公十七年”條,第142—143頁。
⑤ 許桂林:《穀梁釋例·總論》,第2頁A。
⑥ 詳見蔡沈《書經集傳》卷四《武成》《今考定武成》,《景印文淵閣四庫全書》第五八册,第72—76頁。

學》古本篇章有誤,故自二程以來多有改本,不慮數十百家。① 尤其是朱熹《大學章句》出,士人皆讀朱子改本,而將古本束之高閣。元明之後,朱子《四書章句》與蔡沈《書集傳》皆爲科舉範本,故更棄置古本如敝屣也。許桂林此文雖就《穀梁》有功於《春秋》者發,然要其歸,則非僅於《春秋》,蓋延及群經者。是以,其言"考定《武成》、移易《大學》之事,必當先見於《春秋》一經矣"。即以《穀梁》之説《春秋》存疑處爲例,論後人不當隨意疑經,蓋非經之誤,而實爲我們不明聖經深義者也。

### (二)《春秋》時月日例必當以《穀梁》爲準的

事實上,《春秋》時月日書寫是否有例,一直存在着"經"與"史"的兩種讀法與爭議。就這點來説,孔穎達《左傳正義》作了詳盡的論述,現不避繁瑣,引之於次:

> 史之所記,皆應具文,而《春秋》之經文多不具,或時而不月,月而不日,亦有日不繫月、月而無時者。史之所記,日必繫月,月必繫時,《春秋》三百四十二年之間,有日無月者十四,有月無時者二,或史文先闕而仲尼不改,或仲尼備文而後人脱誤。……既得其月,時則可知,仲尼不應故闕其時,獨書其月,當是仲尼之後寫者脱漏。其日不繫於月,或是史先闕文,若僖二十八年冬下無月,而有壬申、丁丑,計一時之間再有此日,雖欲改正,何以可知?仲尼無以復知,當是本文自闕,不得不因其闕文,使有日而無月。如此之類,蓋是史文先闕,未必後人脱誤。其時而不月、月而不日者,史官立文,亦互自有詳略。……計記事之初日月應備,但國史揔集其事,書之於策,簡其精粗,合其同異,量事而制法,率意以約文,史非一人,辭無定式,故日月參差,不可齊等。及仲尼脩故,因魯史成文,史有詳略,日有具否,不得不即因而用之。案經傳書日者凡六百八十一事:自文公以上,書日者二百四十九;宣公以下亦俱六公,書日者四百三十二。計年數略同,而日數向倍,此則久遠遺落,不與近同;且他國之告有詳有略,若告不以日,魯史無由得其日而書之,如是,則當時之史亦不能使日月皆具。當時已自不具,仲尼從後脩之,舊典參差,日月不等,仲尼安能盡得知其日月皆使齊同?去其日月,則或害事之先後;備其日月,則古史有所不載。自然須舊有日者因而詳之,舊無日者因而略之,亦既自有詳略,不可以爲褒貶,故《春秋》諸事皆不以日月爲例。其以日月爲義例者,唯卿卒、日食二事而已。……日與不日,唯此而已。月與不月,傳本無義。《公羊》《穀梁》之書,道聽塗説之學,或日或月,妄生褒貶。先儒溺於二傳,橫爲《左氏》造日月褒貶之例,故杜於大夫卒例備詳説之。仲尼刊定日月無褒貶,而此序言史官記事必

---

① 參見李紀祥先生《兩宋以來大學改本之研究》,臺北:台灣學生書局,1988 年。

繫日月時年者，自言記事之體須有所繫，不言繫之具否皆有義例也。[1]

如上所述，就《春秋》的經/史屬性而言，《正義》以時月日爲史例而非經例，即"史官記事必繫日月時年者，自言記事之體須有所繫，不言繫之具否皆有義例也"。易言之，即"魯史"本必當具時月日之時間性，《春秋》經不必以時月日蘊褒貶之經義。孔穎達闡發杜預之說，直指《春秋》"日月之義"惟有"卿卒"與"日食"二事而已。[2] 除此之外，則別無就"時月日"發義者。易言之，即"日與不日，唯此而已。月與不月，傳本無義"。是故，《公羊》《穀梁》以"時月日"書法發義，則實爲"道聽塗說之學，或日或月，妄生褒貶。"如是而論，若以《春秋》時月日爲有例，則必不能以《左氏》爲依歸。就許桂林而言，其以解《春秋》之要在時月日例，則必當屬之於《公》《穀》二家，《左氏》可不必亦不能據也。

出於將《春秋》由"史"拉回到"經"的目的，許桂林認爲治《春秋》必當言時月日例。蓋若不依時月日例，則《春秋》猶如斷爛朝報，其文固非完具，更毋論其義矣。後人多有因不明《春秋》時月日書法而疑《春秋》經文者，如許氏舉例曰："僖二十九年秋，大雨雹。季本謂不書月日爲闕文，棟高亦信之，以爲豈經一時皆雨雹。"[3]季本、顧棟高皆以爲不可經一時皆雨雹，"僖公二十九年秋大雨雹"實爲闕月日之文。但就《穀梁》而言，"《穀梁》例災異，甚則月，不甚則時。"[4]許氏即從《穀梁》之說以駁季、顧二氏。實則，季、高二氏將《春秋》之記載看成了歷史實錄，以歷史現實爲標準，考究《春秋》記載之確否，實將《春秋》作爲"史"來讀了。但就作爲經學典籍的《春秋》而言，其所記載之事的評判標準並不在於史實之確否，而在於如何用"書法"去予以解讀。《穀梁》將《春秋》災異書法分爲兩類，即"甚則月，不甚則時"。其所以書"時"者，不在於經時皆災，而是災異不甚，故以"時"爲紀。此即《穀梁》解讀下的《春秋》災異書法，不必牽

---

[1] 杜預注，孔穎達疏：《春秋左傳注疏》卷一《春秋左氏傳序》，臺北：藝文印書館，1973年，第6—7頁。

[2] 孔穎達曰："其以日月爲義例者，唯卿卒、日食二事而已。故隱元年，冬，十有二月，'公子益師卒'。傳曰'公不與小斂，故不書日。'桓十七年，'冬，十月，朔，日有食之。'傳曰'不書日，官失之也'。丘明發傳，唯此二條。明二條以外，皆無義例。既不以日爲例，獨於此二見義者，君之卿佐，是謂股肱，股肱或虧，何痛如之！病則親問，歿則親與。卿佐之喪，公不與小斂，則知君之恩薄。但是事之小失，不足以貶人君。君自不臨臣喪，亦非死者之罪，意欲垂戒於後，無辭可以寄戒；而人臣輕賤，死日可略，故特假日以見義也。日食者，天之變。甲乙者，曆之紀。朔是日月之會，其食必在朔日，是故史書日食必記月朔。朔有甲乙，乃可推求，故日有食之，須書朔日。"（《春秋左傳注疏》卷一《春秋左氏傳序》）從這裏也可以看出，"卿卒""日食"之書日與否，雖亦言其具有"義例"，但此"義例"與《公羊》《穀梁》所謂時月日中所附之"微言大義"炯然有別。杜預所謂"卿卒""日食"之"義例"，最終仍是指向於"事"，而非"微言大義"。

[3] 許桂林：《穀梁釋例·總論》，第2頁B。

[4] 許桂林：《穀梁釋例·總論》，第2頁B。

扯是否符合歷史事實。要之,以《穀梁》闡發的《春秋》書法而言,《春秋》所書時月日
雖不合常理,但却有"經例"存焉。但若將《春秋》視爲"實録"之"史",那麽,就難免簡
編缺略、斷爛朝報之譏。故許桂林續言曰:

> 然則隱二年春公會戎於潛,經一時皆會戎乎? 五年春,公觀魚於棠,經一時皆
> 觀魚乎? 以此類推,《春秋》闕文殆居其半,是爲王安石斷爛朝報之説復揚其
> 爐也。①

即以"實録"標準予以衡量,《春秋》記載闕略實甚,甚至於"《春秋》闕文殆居其半"。
但如果説這些記載本身就具有書法、義例,那麽,就非但不是闕文,而且是夫子書寫
《春秋》之特筆了。也惟有將《春秋》的記載視爲書法意義下的特筆,《春秋》之爲"經"
才能成立。故而,研治《春秋》經學者必當講時月日例。

但是,後人即便承認《春秋》存在時月日書法,却又疑《春秋》流傳千載,難免有闕,
其中時月日之書,亦不免存在文字闕略,而非夫子原本。故據殘缺之本以言夫子之筆,
則亦不免使人有疑。故許氏對《春秋》所載時月日是否存在"闕文"又做了分析,其
言曰:

> 程端學謂《春秋》闕文皆孔子修成後所闕,尤不可通。三傳各相傳受,而經文
> 不同者不過人名,如祝吁作州吁,隱如作意如;地名,如屈銀作厥憖,浩油作皋鼬;
> "公伐齊納糾",《左氏》多"子"字;"不至而復",《公羊》少"而"字;"莊十六年,盟
> 幽",《公羊》有"公"字,《左氏》無曹伯之類。而最易訛誤脱落之月日,三傳皆同,
> 其無脱誤審矣。②

三傳各有授受,先師所傳《春秋》亦各自流傳,故難免有異文存焉。但三傳各自所附的
《春秋》時月日之文却並無異文。許桂林認爲時月日書寫是最易脱誤的,但三傳皆同,
則當無闕文,亦可視爲時月日爲修《春秋》時所定者。是以,《春秋》所以如此書寫時月
日者,必有義例存焉。

但這只能認爲夫子修《春秋》之時,時月日之書寫即已如此,然其所以如此者,仍
有可疑之處,即先儒"謂月日或有或無皆據舊史,寧用《公羊》年遠之説,不從《穀
梁》"。③ 此所謂"皆據舊史"者,即杜預《左傳》説,即"《春秋》不以日月爲例,唯卿佐之

---

① 許桂林:《穀梁釋例・總論》,第 2 頁 B—第 3 頁 A。
② 許桂林:《穀梁釋例・總論》,第 3 頁 A—第 3 頁 B。
③ 許桂林:《穀梁釋例・總論》,第 4 頁 A。

喪獨記日以見義"。① 已見上文。而《公羊》於"公子益師卒"下發傳曰："何以不日？遠也。所見異辭，所聞異辭，所傳聞異辭。"②何休用"恩有厚薄、義有深淺"③以爲説，即"《公羊》年遠之説"也。但無論是杜預之將日與不日坐實到公之臨與不臨，抑或是何休、《公羊》以年遠爲説，其實皆是一種歷史性的解讀法。但自《穀梁》而言之，則是"大夫日卒，正也；不日卒，惡也"④。即將大夫卒書日與否視爲《春秋》書法，其日與不日不再是歷史性的追溯，而是書法義例的書寫。也就是説，就《春秋》書法而言，《穀梁》時月日例似較《左》《公》爲密。故柯劭忞曰："今以《穀梁傳》證之日月時之例，傳義較《公羊》詳數倍。"⑤

但《穀梁》時月日例之説並不能服後儒，故許桂林言"謂月日或有或無皆據舊史，寧用《公羊》年遠之説，不從《穀梁》"。事實上，自漢晉已還，《公羊》式微，《左氏》漸興。尤其是清初以來，考據之學勃興，《左傳》以多載事實而爲學者所重，成爲三傳中最爲特出者。及至許桂林所處的乾嘉時期，考據之風更是前所未有之熾烈，而晚清《公羊》學尚未興起，故許氏此言與其説是針對《左傳》《公羊》二傳而發，不如説更是針對《左傳》而論。⑥《左傳》以爲"月日或有或無皆據舊史"，易言之，即時月日之具與不具固非《春秋》修成後有所闕文，然可能是孔子據魯史以修《春秋》之時，魯史本已闕時月日，孔子據之而修《春秋》，則亦因陋就簡耳。若是如此，則是"文獻不足故也"，固無義例存焉。

對此，許桂林以孔子參盟之例予以反駁，其文曰："外盟，如曲濮孔子身當其時而不書日，瓦屋之盟遠矣乃書日，此不用《穀梁》外盟不日以謹參盟之始，而書日不可也。"⑦許桂林以曲濮之會爲例，認爲孔子身經曲濮之會，不可能不知其日，其所以不書日者，必有義例存焉。許氏以此爲證反駁"舊史"説，可謂力證。故其認爲"此不用《穀

---

① 杜預注，孔穎達疏：《春秋左傳注疏》卷二"隱公元年"條，第33頁下。

② 何休注，徐彦疏：《春秋公羊注疏》卷一"隱公元年"條，第17頁上。

③ 何休注，徐彦疏：《春秋公羊注疏》卷一"隱公元年"條，第17頁上。

④ 范甯注，楊士勛疏：《春秋穀梁傳注疏》卷一"隱公元年"條，第12頁上。

⑤ 柯劭忞：《春秋穀梁傳注·序》，臺北：力行書局，第2頁。

⑥ 許氏此處所謂"年遠"之説，亦非《公羊》舊説，當是指《左傳》家以年遠説《春秋》時月日者。《左傳正義》曰："案經傳書日者，凡六百八十一事：自文公以上，書日者二百四十九；宣公以下亦俱六公，書日者四百三十二。計年數略同，而日數向倍，此則久遠遺落，不與近同；且他國之告有詳有略，若告不以日，魯史無由得其日而書之。如是，則當時之史亦不能使日月皆具。當時已自不具，仲尼從後脩之，舊典參差，日月不等，仲尼安能盡得知其日月皆使齊同？去其日月，則或害事之先後；備其日月，則古史有所不載，自然須舊有日者因而詳之，舊無日者因而略之，亦既自有詳略，不可以爲褒貶，故《春秋》諸事皆不以日月爲例。"（孔穎達：《左傳正義》，第7頁）許氏所謂"年遠"之説，當時對《左傳》家而發。

⑦ 許桂林：《穀梁釋例·總論》，第4頁A—第4頁B。

梁》外盟不日以謹參盟之始",則無法解釋。他認爲"因舊史"之説亦當就此而破。

簡言之,以時月日爲例者,經學也;以時月日爲闕文者,史學也。就《春秋》時月日例而言,《左傳》可毋論。而對於《公》《穀》二家而言,許桂林認爲:

> 穀梁子受業子夏,孔門文學科也。深得古人爲文體要,以其所論,推其所不論,省文互見,條理自具。觀其與《公羊》爲同門,各自爲傳而詳略亦復相備,則其本傳之不爲繁贅,宜矣。……竊嘗讀三傳而疑《公羊》《穀梁》二傳爲一人所述,其書彼詳此略,異同互存,似屬有意。①

也就是説,在他的理解中,《公》《穀》屬於同門同源,故而可以相通。然凡屬於"兩傳義異者,則《穀梁》之義多正,《公羊》之論多偏"。② "《穀梁》明著月日義例,居要不煩,深得經旨。"③又説:"漢鄭君碩學大儒,作《六藝論》,獨稱《穀梁》善於經,其必有所見矣。夫善於經者,時月日書法亦其一也。"④故許桂林認爲,"蓋以《穀梁》爲正傳,《公羊》爲外傳,如《左氏》之與《國語》耳"。⑤ 即對於《公》《穀》關係,許桂林認爲《穀梁》是本,而《公羊》是流,故必當以《穀梁》爲據。同時,對於《春秋》時月日例而言,"《穀梁傳》與《公羊傳》皆謂《春秋》書法以時月日爲例,而《穀梁》尤備"。⑥ 是以,其論時月日例,必當以《穀梁》爲據。

---

① 許桂林:《穀梁釋例·總論》,第5頁B—第6頁A。
② 許桂林:《穀梁釋例·總論》,第6頁B。
③ 許桂林:《穀梁釋例·總論》,第3頁B。
④ 許桂林:《穀梁釋例·總論》,《粵雅堂叢書》本,第8頁B—第9頁A。鍾文烝對於《春秋》之時月日例,亦有説,其言曰:"疏曰:'公盟皆日,故知非例不日。《左氏》惟大夫卒及日食以日月爲例,自餘皆否。此傳凡是書經皆有日月之例者,以日月相承,其事可悉。史官記事,必當具文,豈有大聖修撰而或詳或略?故知無日者,仲尼略之,見襃貶耳。'文烝案:《春秋》無事猶空書時月,蓋本魯史舊文,豈有例當具日月者而史反遺之?後儒又以當日月而不日月者概目爲史闕文,不知夫子所據策書,如'夏五'之屬者甚少。傳惟於'夏五'言以遠傳疑不可悉,援此例也。舊史有日,君子以後之渝盟追去日者,凡《春秋》之文,屬辭比事,前後相顧,彼此互明,斯乃大聖制作之義,非以爲史法也。必以不日見之者,隱之渝盟,遠在七年,不去盟日,無以顯之,與定三年盟拔同義,皆所以重盟約之信,貴鄑、魯之好。桓十七年盟趡、哀二年盟句繹,則一二年間即背盟好,其爲惡事,昭然易知,故還依公大夫盟書日之常文,而其義自見,傳亦可不復發文也。"(《春秋穀梁經傳補注》卷一,北京:中華書局,2009年,第9頁)此亦可看作是《穀梁》家對《春秋》時月日例之一共同看法,姑附於此,以爲許桂林説之補焉。清中期之後,治經求例之發展,尤其是《公羊》學之興起,實爲是時之一大潮流,許桂林之求《春秋穀梁》時月日例,亦此潮流之所趨者。
⑤ 許桂林:《穀梁釋例·總論》,第6頁B。
⑥ 許桂林:《穀梁釋例·總論》,第1頁A。

## 三　書法與義例：許桂林對"時月日例"的重構

一般而言,治《春秋》學者喜言"正例""變例",但許桂林《提綱》首條即言"《春秋》書時月日有正例,不用正例者,或謹之、或危之、或美之、或惡之、或備之、或略之、或著之、或非之、或信之、或閔之"。其用"正例"與"不用正例"相對立論,而非以"正例"與"變例"爲對,則頗不同於其他治《春秋》者之言。但許桂林並不是不用"變例",只是其所謂"變例"與他家所謂之"變例"有別,亦復與其所謂"不用正例"有別。也就是説,許桂林對《春秋》時月日例的書法概念重新做了詮釋與定義。故當對其概念、術語作一分疏。

### (一)正例"與"不用正例"

許桂林於"卒葬例"言"正例""不用正例""變例"最詳,故不妨先以"卒葬例"爲例,略示其"正例""不用正例"及"變例"之所指。

"卒葬例"實當分爲"卒例"和"葬例",因卒、葬頗相關聯,故常卒葬連書而稱"卒葬例"。許桂林即將"卒例"與"葬例"放在一起,對"卒葬例"予以統一探討。然則許氏所論"卒葬"之"正例"謂何? 許桂林分諸侯、大夫、內女等類對"卒葬例"予以探討。其論諸侯曰:"諸侯日卒,正例。"①諸侯"日卒時葬,正也"。② 即"日卒時葬"即爲諸侯"卒葬"之正例。然諸侯之中,又分"中國""夷狄"。宣公十八年"甲戌楚子吕卒",《穀梁》曰:"夷狄不卒,卒,少進也。卒而不日,日,少進也。日而不言正不正,簡之也。"許桂林案曰:"傳意夷與中國不同,故別著此例,實則進之,即用日卒正例耳。"③也就是説,按《春秋》書法,夷狄之君與中國不同,其卒實不書日,即按照《春秋》夷狄卒之常法,則當書"楚子卒",而不當書"甲戌"之日。然因進之,故"用日卒正例"。那麼,需要進一步追問的是,夷狄"卒例"不書"日",是"不用正例",還是"變例"呢? 不妨再來看"大夫卒例"。許氏引"大夫卒"文如下:

> 隱元年,"公子益師卒"。傳:"大夫日卒,正也;不日卒,惡也。"僖十六年"三月壬申,公子季友卒"。傳:"大夫日卒,正也。……""秋七月甲子,公孫茲卒。"傳:"大夫日卒,正也。"
>
> 成十六年"乙酉,刺公子偃"。傳:"大夫日卒,正也。先刺後名,殺無罪也。"

---

① 許桂林:《穀梁釋例》卷二《述傳》,第27頁 B。
② 許桂林:《穀梁釋例》卷二《述傳》,第28頁 A。
③ 許桂林:《穀梁釋例》卷二《述傳》,第27頁 B。

成十七年，"十有一月，公至自伐鄭。壬申，公孫嬰齊卒於貍首。"傳："十一月無壬申，壬申乃十月也。致公而後録臣子之義也。……"①

許桂林案曰：

右大夫卒例。公子益師不日卒，惡也，俠、無駭卒，其類也。公子季友日卒，正也，隱五年公子彄卒，其類也。公子偃見刺，以無罪，亦用日卒正例。公子賈有罪，則書曰"不卒戍，刺之"，不用日卒例矣。②

由上文可知，大夫卒，書日爲其正例，公子季友、彄是也。而公子益師、俠、無駭之卒不書日，惡也。那麼，此益師、俠、無駭卒之不書日，當爲"不用正例"抑"變例"耶？許氏在論公子偃、公子賈之"刺"時言，"公子賈有罪，則書曰'不卒戍，刺之'，不用日卒例矣"，即公子偃無罪故用正例書日，公子賈有罪故"不用日卒例"。"不用日卒例"，即"不用日卒正例"。以理推之，則公子益師、俠、無駭之不書日，亦"不用日卒正例"也。

**（二）"不用正例"與"變例"**

然則"不用正例"是否能等同於"變例"呢？筆者以爲不然。上文已述，諸侯以"日卒時葬"爲正例，故許桂林引"隱三年癸未，葬宋穆公""僖三十三年癸巳，葬晉文公"後，據《穀梁》"日葬故也，危不得葬也"之説，案曰："此諸侯日葬故也例。"③又引"隱五年夏四月，葬衛桓公""隱八年八月，葬蔡宣公""莊三年四月，葬宋莊公"，案曰："此月葬故也例。"④就此數條而言，許桂林只言"此月葬故也例""此日葬故也例"，而未將其指爲"變例"。但緊跟此數條之後，許氏連續提出四條"變例"，可見"變例"與此數條必有不同之處。現將各條列下，逐一分析，以見何謂許氏之"變例"。

A.成十五年秋八月庚辰，葬宋共公

《穀梁》曰：

月卒日葬，非葬者也。此其言葬何也？以其葬共姬，不可不葬共公也。葬共姬則其不可不葬共公，何也？夫人之義不踰君也，爲賢者崇也。⑤

許桂林曰：

此一變例也。本例諸侯日卒正也，月卒無文，時卒惡之也，日葬故也。今共公

① 許桂林：《穀梁釋例》卷二《述傳》，第31頁。
② 許桂林：《穀梁釋例》卷二《述傳》，第32頁A。
③ 許桂林：《穀梁釋例》卷二《述傳》，第34頁。
④ 許桂林：《穀梁釋例》卷二《述傳》，第34頁B。
⑤ 許桂林：《穀梁釋例》卷二《述傳》，第35頁A。

月卒而日葬，疑於危不得葬，故著變例。紀叔姬月卒日葬，傳曰"閔紀之亡"，此與紀叔姬同義，蓋閔共姬之守禮遇災，因詳共公之葬，所謂"爲賢者崇也"。其云非葬者，係言本例日葬必有故，此非葬有故也。注以共公昏亂，本不宜葬，於事無證，於義未安。①

諸侯之卒葬，以"日卒時葬"爲"正例"，此書"八月庚辰，葬宋共公"，按之上文之例，則是"日葬故也，危不得葬也"。然《穀梁》不發"日葬故也"之傳，而是就共姬立説，則似乎在"日葬故也"之外別發一義。按范甯注曰：

> 宋共公正立，卒當書日。葬無甚危，則當録月。今反常違例，故知不葬者也。然則，共公之不宜書葬，昏亂故。賢崇伯姬，故書共公葬。②

范甯以共公昏亂而不宜書葬立説，對其何以昏亂，柯劭忞曰："文公卒未葬，共公即會諸侯，不子，故奪其臣子之辭，宜不書葬。"③易言之，范甯、柯劭忞都認爲實不應書共公之葬，但因爲崇伯姬之故而書其葬。但無論是昏亂還是"不子"，都是在解説宋共公之不當書葬的理由。而崇伯姬之所以必要葬宋共公，即"夫人之義不踰君"，欲書伯姬之葬，則必書宋共公之葬。也就是説，在此條中，范甯、柯劭忞都認爲宋共公之"日葬"不當以"日葬故也，危不得葬也"發義，而是要從伯姬發義。

　　許桂林不贊同范甯之説，即不認同"共公昏亂，本不宜葬"，認爲范甯之説"於事無證，於義未安"。但與范甯、柯劭忞一樣，許氏也認爲此條並非"日葬故也，危不得葬也"之例，而是因爲伯姬而產生的"特例"。因爲宋共公"月卒日葬"，容易啓人"疑於危不得葬"之論，即使人以爲宋共公是"危不得葬"，故書日以見。《穀梁》傳文提出宋伯姬之説，就是要告訴讀《春秋》之人，此處非"危不得葬也"，實因伯姬之故然。易言之，這並不是一條通例，而是因爲宋伯姬而產生的特書。許氏並不欲探討何以此處宋共公不書"時葬"之正例，或者説，如范甯、柯劭忞之論，是否宋共公本不當書葬，其所欲論者，只是指出此處之"日葬"非謂"危不得葬也"，實爲因宋伯姬而起之《春秋》特書。

　　故而，許桂林將其稱爲"變例"。所謂"變例"者，不在時月日書寫之"變"，而在書日之義由"危不得葬也"轉變爲"爲賢者崇也"。因爲"爲賢者崇"，故書宋共公之"日葬"以見之。這只能是僅適合於宋共公、伯姬的特書、特義，而不能稱之爲"例"。蓋"例"者，可推而及於他者也，但就此義而言，却是《春秋》文本之特書，不能推之於其他

---

① 許桂林：《穀梁釋例》卷二《述傳》，第35頁。
② 范甯注，楊士勛疏：《春秋穀梁傳注疏》卷一四"成公十五年"條，第140頁下。
③ 柯劭忞：《春秋穀梁傳注》卷一〇，第325頁。

“日葬”書寫之義。是以，許桂林雖然亦稱之爲“變例”，筆者以爲不妨視之爲“變義”，而不能言爲“例”也。

B.襄三十年冬十月葬蔡景公

《穀梁》曰：

> 不日卒而月葬，不葬者也。卒而葬之，不忍使父失民於子也。

許桂林曰：

> 此又一變例也。凡君弒賊不討，不當書葬。況世子行弒，是無葬之者矣，故曰不葬。然世子不子，景公不得謂無民，特書其葬，不忍使父失民於子。其義正而大矣，然必書月日以著有故。①

魯襄公三十年，《春秋》書“夏四月，蔡世子般弒其君固。”②案《穀梁》書法，“君弒賊不討不書葬，以罪下也”，③則此處不當書蔡景公。但《春秋》却書以“月葬”，則與《穀梁》常例不合。《穀梁》謂“不日卒而月葬，不葬者也。卒而葬之，不忍使父失民於子也”。許氏即以此論爲中心，以“君弒賊不討”與“世子不子，景公不得謂無民”爲立足點，對其所以“不日卒而月葬”者予以探討。所謂“不葬”者，不當書葬者也。“君弒賊不討不書葬”，且世子弒之，則更“無葬之者”。是以，按例不當書葬。但《穀梁》發“不忍使父失民於子”之義，范甯注引鄭嗣曰：“夫葬者臣子之事也，景公無子，不可謂無民。無民則景公有失於民，有民則罪歸於子。若不書葬，則嫌亦失民，故曰不忍使父失民於子。”④這就在“君弒賊不討不書葬”之外，又開出了世子弒君而書葬之義。許桂林進一步指出，“世子不子，景公不得謂無民”，其所以特書其葬，即不忍君父因世子而失其民也。這一方面是對蔡景公被弒的哀悼，另一方面也更加深了對世子般的批判。是故，在“君弒賊不討不書葬”之外又開出書葬之文，許氏以爲其“義正而大矣”。

但蔡景公被世子所弒而書葬，這實爲特筆，只有滿足世子弒君、君未失其民的情況，才能成立此一書法。相對於“君弒賊不討不書葬”，這是一種特殊情況，故許桂林稱之爲“變例”，即變“君弒賊不討不書葬”之常例而成者也。《穀梁》言“諸侯葬時正也，月葬故也”，“故”即常例書“月葬”所蘊之義。但此處之所以書月葬，却並不僅僅在明其“故也”，而在於發景公未失其民而世子般弒君不子之義。也就是說，此處書“葬”

---

① 許桂林：《穀梁釋例》卷二《述傳》，《粵雅堂叢書》本，第35頁B—36頁A。
② 范甯注，楊士勛疏：《春秋穀梁傳注疏》卷一六，第161頁下。
③ 范甯注，楊士勛疏：《春秋穀梁傳注疏》卷二，第26頁上。
④ 范甯注，楊士勛疏：《春秋穀梁傳注疏》卷一六，第162頁下。

與否不但是書法之變，更是其義之變。故許桂林言"其義正而大矣，然必書月日以著有故"，許氏所矚目的也不單單是"例"，其歸結處則在於"義"。是以，許桂林雖稱其爲"變例"，毋寧説更是一種"變義"。

C.昭十九年冬，葬許悼公

《穀梁傳》曰：

> 日卒時葬，不使止爲弑父也。曰：子既生，不免乎水火，母之罪也。羈貫成童，不就師傅，父之罪也。就師學問無方，心志不通，身之罪也。心志既通而名譽不聞，友之罪也。名譽既聞，有司不舉，有司之罪也。王者不用，王者之過也。許世子不知嘗藥，累及許君也。①

傳文言"日卒時葬，不使止爲弑父也"，又説"許世子不知嘗藥，累及許君也"，則論許悼公之葬書法前，有必要先對許悼公之卒予以探討。《春秋》昭公十九年，"夏五月戊辰，許世子止弑其君買"。《穀梁》曰：

> 日弑，正卒也，正卒則止不弑也。不弑而曰弑，責止也。止曰我與夫弑者，不立乎其位，以與其弟虺。哭泣歠飦，粥嗌不容粒，未踰年而死。故君子即止自責而責之也。②

也就是説，許世子止實不弑許悼公，但許世子止自比於弑君，《春秋》"即止自責而責之"，故書"弑"。而從其後葬許悼公之文視之，則是止不嘗藥，許悼公因藥而死，故止以是自以爲弑，故《穀梁》曰"許世子不知嘗藥，累及許君也"。許桂林曰："中國弑日，謹之也。夷狄弑例不日，略之也。中國臣弑君日，子弑父不日，比之於夷狄也。"③即按照"子弑父"之例，許世子如實弑許君，則當"不日"。但《春秋》書許君日卒，則非中國子弑父之常例。《春秋》一面書弑，一面又書時葬，則是在成許世子止自責之情的同時，展現其實爲非弑之義。許氏即曰："今書日，是用正卒例，明不弑也。"④則許桂林不但不把《春秋》明確書"弑"者指向"弑"之書日，即責臣之弑書日例，而且還逕言"用正卒例"，則可見此非弑例之比。故許桂林曰："此又一變例也。葬時，正也。弑而書時，見非弑也。"⑤易言之，此雖明言止弑君買，但止實非弑。非弑而曰弑，是成止之義也。然又不能不見其實非弑，故書弑而時葬，見其實非弑者。故許氏曰"三傳皆同，而《穀

---

① 許桂林：《穀梁釋例》卷二《述傳》，第36頁A。
② 范甯注，楊士勛疏：《春秋穀梁傳注疏》卷一八，第177頁。
③ 許桂林：《穀梁釋例》卷二《述傳》，第37頁B—38頁A。
④ 許桂林：《穀梁釋例》卷二《述傳》，第38頁A。
⑤ 許桂林：《穀梁釋例》卷二《述傳》，第36頁。

梁》著日月例尤明"①,即將此條書弑、時葬之日月書法視爲一種"變例",從時月日書法之"變例"看其"特義"。

D.哀五年閏月,葬齊景公

對於此條經文,《穀梁》只有一句傳文,即"不正其閏也"。許桂林曰:"此又一變例也。蓋非月葬故也而月之,著其閏之不正耳。"②此所謂"著其閏之不正",許氏於"閏月"條言之更詳,故不妨以"閏月"條觀之。許氏曰:

> 九月癸酉齊景公卒,並閏月數之,爲五月而葬。《穀梁》此傳文略者,喪事不數之義已著於文六年"閏月不告月"傳也。③

在此不妨先予引入"文六年閏月不告月"之説。《春秋》曰:"閏月不告月,猶朝於廟。"《穀梁》曰:

> 不告月者何也? 不告朔也。不告朔則何爲不言朔也? 閏月者,附月之餘日也,積分而成於月者也。天子不以告朔,而喪事不數也。④

所謂"喪事不數"者,范甯注曰:"閏是叢殘之數,非月之正,故吉凶大事皆不用也,不數所右也。"⑤即喪事不當數閏月以爲數。哀公五年所以書"閏月葬齊景公"者,齊國以閏月葬之,《春秋》非之也。但其書閏月之葬,並不是發"月葬故也"之義,而是責"閏月而葬"之義。"九月癸酉齊景公卒",日卒,正也。日卒而月葬,非言其正卒而危葬,實爲貶齊國數閏而葬,故許桂林言其爲"變例",實亦爲諸侯月葬之"變義"也。

分析以上四條許桂林所書"變例"可知,許氏所謂之"變例"實非時月日書寫之變例,而是時月日書寫中具有了不同於常例之義。許氏所謂"變例"並不是相對於"正例"而言,而是相對於"常例"而言,即在同一時月日書法之下,卻具有了不同之義。故許氏雖稱其爲"變例",筆者以爲毋寧稱之爲"變義"。因爲這些"變例"所具有的"變義"皆具有獨特性,皆是由"特例"所產生的"特義",皆是一種特筆。

### (三)"正例"與"常例"

上文言"變例"是相對於"常例"而言,那麼,何謂"常例",又與"正例"存在什麼差異呢?

諸侯以日卒爲正例,但踰境不日卒。如宣公九年,"辛酉,晉侯黑臀卒於扈"。《穀

---

① 許桂林:《穀梁釋例》卷二《述傳》,第36頁B。
② 許桂林:《穀梁釋例》卷二《述傳》,第36頁B。
③ 許桂林:《穀梁釋例》卷二《述傳》,第3頁B。
④ 范甯注,楊士勛疏:《春秋穀梁傳注疏》卷一〇,第102頁。
⑤ 范甯注,楊士勛疏:《春秋穀梁傳注疏》卷一〇,第102頁。

梁》曰："其地,於外也。其日,未踰竟也。"襄公七年,"鄭伯髡原如會,未見諸侯。丙戌,卒於操"。《穀梁》曰："其地,於外也。其日,未踰竟也。日卒時葬,正也。"①從"其日,未踰竟也"逆推,則踰境不當"日卒",即不當書日。故許桂林曰：

> 此即"日卒正例"。卒於外,有疑於異,故著之。……許男新臣不日,爲其踰竟。許男甯卒於楚,亦踰竟,又書壬午日者,經書卒于楚,是踰竟已見,不必不書日也。昭二十三年六月,蔡侯東國卒於楚。注"不日,在外也",仍用"踰竟不日"常例。②

許桂林以"日卒"爲正例,以"踰竟不日"爲常例,則"正例"與"常例"顯然有別。諸侯卒於境外則不書日,是雖可稱"常例",但不能稱爲"正例",蓋就諸侯之卒而言,正例只能是日卒。

那麼,當如何來理解"正例"與"常例"之別呢？不妨以"滅國"爲例述之。《穀梁》曰："滅國有三術,中國謹日,卑國月,夷狄不日。"又曰："中國日,卑國月,夷狄時。"③易言之,就滅國而言,"中國日,卑國月,夷狄不日"是一般書法,亦當是書法之"常例"④。但此三術能否皆稱爲正例呢？筆者以爲不然。

許桂林引莊公十三年、僖公五年、僖公二十六年三例論滅微國之書法,曰："莊十年⑤,齊人滅遂。傳:其不日,微國也。僖五年,楚人滅弦。傳同。僖二十六年,楚人滅夔。傳同。"⑥許氏引文刪節頗多,事實上,《春秋》此三條當分爲兩種情況,由於許氏刪節,難以察知,今將文字補全,並略作分析。莊公十三年,"齊人滅遂",實書"夏六月",即"夏六月,齊人滅遂";僖公五年,"楚人滅弦"之前雖未書時月日,但前此一條書"秋八月",案《春秋》書法,此條亦當爲書月例。即許氏所引此二條皆爲"卑國月"之"常例"。但"卑國月"既然爲"常例",《穀梁》爲何仍書："遂,國也,其不日,微國也。"⑦也就是說,當"卑國月"的書寫出現在《春秋》經文中時,穀梁子爲之詮釋,但其衡量的標準仍然是何以"不日",即"卑國月"只是一種"常例",而不是"正例"。惟"常例"與"正例"有別,當不符合"正例"之"常例"出現在經文中,傳文才會問何以不書"正例"。

---

① 許桂林:《穀梁釋例》卷二《述傳》,第28頁A。
② 許桂林:《穀梁釋例》卷二《述傳》,第28頁。
③ 范甯注,楊士勛疏:《春秋穀梁傳注疏》,第122頁上、149頁下。
④ 許桂林對滅夷狄常例是否可以書月,即"夷狄不日"者是只能是"夷狄時",還是同樣可以"夷狄月"爲常例,存在一定的糾葛。但此與本文主旨關聯不大,故不贅。
⑤ 實爲"莊公十三年",當脫一"三"字。
⑥ 許桂林:《穀梁釋例》卷二《述傳》,第23頁A。
⑦ 范甯注,楊士勛疏:《春秋穀梁傳注疏》卷五,第52頁下。

與前二例相比，"楚人滅夔"是另一種書法。僖公二十六年，"秋，楚人滅夔，以楚子歸。"《穀梁》曰："夔，國也。不日，微國也。以歸猶愈乎執也。"①相比於滅遂、滅弦之書月符合"卑國月"之"常例"，"楚人滅夔"則是書"時"，這明顯不符合"卑國月"之書法。但《穀梁》却只是解答何以"不日"，並未解答何以"不月"，這也就説明，當穀梁子面對《春秋》"滅國時月日"書寫時，凡書月、書時皆非"正例"，故問答何以不書"日"之正例。

當許桂林在《提綱》中同時書寫下"中國日，卑國月，夷狄時"與"滅國不日，微國也"這兩條書法之例時，"中國日，卑國月，夷狄時"雖然作爲"常例"出現在許桂林的《穀梁》時月日例中，但"滅國不日，微國也"的出現，也就昭示了書"日"才是許氏滅國之"正例"。

由是而言，"常例"包括"正例"，但並不等同於"正例"。當然，這種"正例"與"常例"的區别並不能算作是許桂林的創設，許氏之《穀梁》時月日例一依《穀梁》傳文，則其所謂"正例""不用正例""常例""變例"云云，與其説是許氏之特創，不如説是他依據經傳做出的概括。筆者以爲，就許氏而言，他並不會承認這是他的獨創，而之會將其視爲對經傳的概括與提煉。②

### (四)"例"與"義"

《春秋》時月日例有"正例""不用正例""變例"等等，蓋正之與否、正變之間，才可見夫子褒貶之義。《提綱》所謂"《春秋》書時月日有正例，不用正例者，或謹之、或危之、或美之、或惡之、或備之、或略之、或著之、或非之、或信之、或閔之"，即時月日書法之義。此條就《春秋》全書時月日例之書法而發，故提綱挈領，首而論之。許桂林將《穀梁》所述《春秋》常例、正例、不用正例、變例運於每例之中，並進一步探求其謹、危、美、惡、備、略、著、非、信、閔之義也。而其義即附於時月日之正例、不用正例與變例之間。《春秋》"盟例"頗爲繁複，其間"正例""不用正例""變例"錯雜，頗可見其間所藴之義。故此以"盟"爲例，對《春秋》時月日例之義予以探討。《提綱》曰：

> 盟渝不日。卑者之盟不日。前定之盟不日。外盟不日。而參盟之始謹而日之。内不與而其盟善亦謹而日之。齊桓之盟不日，雖内與亦不日，信之也。葵邱之盟日，美之也、備之也。③

---

① 范甯注，楊士勛疏：《春秋穀梁傳注疏》卷九，第92頁上。
② 《穀梁釋例》亦用"本例"一辭，尋其文義，當與"常例"相同。許氏多用"常例"，偶用"本例"，然其義則一。故本文不再對"常例"與"本例"予以區分。
③ 許桂林：《穀梁釋例・提綱》，第1頁 B—第2頁 A。

此即許桂林對"盟例"提要鈎玄之概括。如將其以"常例""正例""不用正例""變例"予以區分,則可表列如下：

**《穀梁釋例》"盟例"表**

| 正例 | 不用正例 | 變例 | 變例之變例 |
|---|---|---|---|
| 盟日 | 盟渝不日 | | |
| | 卑者之盟不日 | | |
| | 前定之盟不日 | | |
| | 外盟不日 | 内不與而其盟善,亦謹而日之 | |
| | | 齊桓之盟不日 | 葵邱之盟日 |

許桂林首以"盟渝不日"發"盟例",從中我們可以知道,"盟渝不日"是許氏"盟例"之總綱。其引隱元年盟眛、莊九年盟暨、莊十九年與齊侯宋公盟爲例,證"不日,其盟渝也"之説,又引柯陵之盟論"盟日"之書法。許氏詳論《穀梁》柯陵之盟曰：

> 成十七年夏,公會尹子、單子、晉侯、齊侯、宋公、衛侯、曹伯、邾人伐鄭。六月乙亥,同盟於柯陵。傳:柯陵之盟,謀復伐鄭也。
>
> 秋,公至自會。傳:不日,至自伐鄭也,公不周乎伐鄭也。何以知公之不周乎伐鄭? 以其以會致也。何以知其盟? 復伐鄭也,以其後會之人盡盟者也。不周乎伐鄭,則何爲日也? 言公不背柯陵之盟也。
>
> 冬,公會單子、晉侯、宋公、衛侯、曹伯、齊人、邾人伐鄭。傳:言公不背柯陵之盟也。[1]

許桂林案曰：

> 此盟渝不日一例。柯陵之盟,傳文屈曲以明不渝,故書日耳。因是以推盟唐、盟浮來、盟越、盟趎等,凡書日者,皆不渝者也。定四年,皋鼬之盟不日。注:"不日者,後楚伐蔡不能救故。"[2]

許桂林之所以要詳引柯陵之盟屈曲之文,並爲之疏解,其意正在説明"不渝而日"與"盟渝不日"確乎爲《穀梁》"盟例"之核心。許氏用柯陵之盟説明"凡盟,不渝則日",這當然是針對"盟渝則日"所做的探討,但"盟"之守與渝之間,自以"守"爲正。許氏以"盟渝不日"爲"盟例"之總綱,則"盟不渝而例"即爲許氏"盟例"之"正例"。如是,

---

[1] 許桂林:《穀梁釋例·述傳》,第9頁B。
[2] 許桂林:《穀梁釋例·述傳》,第10頁A。

則“盟渝不日”即“不用正例”者也。許氏雖未明言此條盟例之義,但其義並不難掘發。范甯注曰:“日者,所以謹信,盟變,故不日。”楊士勛疏曰:“不日,其盟渝也。……結盟之後,信義不固,……故去日以惡之。”①結盟書日,正在謹其盟而信之。如盟渝,則不書日,故所以惡其盟之渝也,故去日以見之。而其核心,即“信”之與否。也就是説,書日“謹信”,謹其有信也;不書日,“惡之”,惡其不謹於信也。此即以盟渝與否判定“盟例”書日與否之原則,亦即“盟例”之“正例”與“不用正例”之義。

許桂林雖未論何以“卑者之盟不日”“前定之盟不日”“外盟不日”,其義爲何,但從許氏《春秋》時月日例書法總綱,即以“《春秋》書時月日有正例,不用正例者,或謹之、或危之、或美之、或惡之、或備之、或略之、或著之、或非之、或信之、或閔之”論之,不難發現,此即其所謂“略之”者也。“卑者之盟”不可與“公盟”抗,故略而不日;“前定之盟”,前此已定,故此略而不日;“外盟不日”,《春秋》別内外,以魯爲内,魯公不與,故略而不日。此即所謂“略之”之義也。

而“外盟不日”又有一“變例”,即“内不與而其盟善,亦謹而日之”。許桂林論平邱之盟曰:

> 平邱之盟公不與,是亦外盟也,日以著其善。故後蔡侯廬歸於蔡,陳侯吴歸於陳,傳又云:“善其成之,會而歸之,故謹而日之。”②

平邱之盟屬外盟,故按例不當書“日”,但《春秋》卻書日,則實善此盟也。《穀梁》曰:“公不與盟者,可以與而不與,譏在公也。其日,善是盟也。”③易言之,當平邱之盟以外盟書日,一則善是盟,一則責公當與而不與,是即其義也。

也就是説,在許桂林所概括的“盟例”中,“盟渝不日,卑者之盟不日,前定之盟不日,外盟不日”是四條“正例”,而“參盟之始謹而日之。内不與而其盟善亦謹而日之。齊桓之盟不日,雖内與亦不日,信之也”則是三條“不用正例”之原則。而齊桓之盟則又是《春秋》書盟一大變例。“盟例”之總綱即“信盟而日,盟渝不日”,但“齊桓之盟不日”,這無疑已非“盟渝不日”能够涵括。《穀梁》曰:“桓盟雖内與不日,信也。”又曰:“桓會不致,安之也;桓盟不日,信之也。”④齊桓公信於天下,故其盟可不必書日以謹之,信齊侯也,是即“桓盟不日”之義。而齊桓公葵邱之會書日,《穀梁》曰“美之也”,是亦變例之變,“美之”即其義也。

---

① 范甯注,楊士勛疏:《春秋穀梁傳注疏》卷一,第10頁上。
② 許桂林:《穀梁釋例·述傳》,第11頁。
③ 許桂林:《穀梁釋例·述傳》,第11頁 A。
④ 許桂林:《穀梁釋例·述傳》,第11頁 B。

如以"齊桓之盟不日，雖内與亦不日，信之也"條爲"齊桓之盟"的正例，則"葵邱之盟日，美之也、備之也"則又是不用齊桓之盟之"正例"。就"盟例"而言，則是"不用正例"之"不用正例"。而"謹之""美之""備之"則是其"義"。

許桂林以《春秋》書時月日有正例，不用正例者，或謹之、或危之、或美之、或惡之、或備之、或略之、或著之、或非之、或信之、或閔之爲其時月日例發義之總綱，其文雖以"例"爲主，少有專涉"義"者，但有此一條總綱在，則許氏之論《春秋》時月日例，實則亦欲透過例而求其義也。故許氏非僅爲探求《春秋》時月日之例，更在尋求其義也。許桂林論"義"之文雖少，然亦有頗深邃者，其中尤以論"定公即位"條最爲深刻。

許桂林在"正月例"中，只選擇了隱公"元年春王正月"、隱公十一年"公薨"及定公"元年春王"三條爲説，而没有選擇其餘十公的"正月"，之所以如此，蓋隱公、定公之書"正月"最"不用正例"。《穀梁》於隱公條發傳曰："雖無事，必舉正月，謹始也。""隱十年無正，隱不自正也。元年有正，所以正隱也。"[1]如用"義"論隱公"正月"之例，則是於元年書正月以"正之"。許桂林用定公與隱公比較曰："特書正月，明隱之正異於定之無正也。"[2]許氏在《提綱》中説"不自正則不書（正月）"，即是就隱公發不用正例之例。而此處説"特書正月，明隱之正異於定之無正也"，則是在闡述《穀梁》"正隱"之義。《穀梁》論定公"元年春王"曰："不言正月，定無正也。定之無正何也？昭公之終非正終也，定之始非正始也。昭無正終，故定無正始。"[3]許桂林用昭公之無"正始"對比隱公元年之有正，則是發隱公爲"正始"之義。而"定無正始"的含義也不僅僅是簡單的元年正月尚未得到昭公之喪或"書日以危之"，而是要見昭定即位之"義"，故於"即位例"發"定無正始"之義。《春秋》書定公"元年春王""夏，六月癸亥，公之喪至自乾侯。戊辰，公即位"[4]。許桂林曰：

> 即位例不日，故桓、文、宣、成、襄、昭、哀七公書即位皆不書日，獨此書日，《穀梁》發二義。一明先君無正終，後君無正始，故曰"戊辰公即位"，謹之也，又曰"踰年即位，屬也"。一明"殯，然後即位之義"，故曰"著之也"，又曰"於屬之中又有義焉"。[5]

什麼叫作"於屬之中又有義焉"呢？《穀梁》曰：

---

① 范甯注，楊士勛疏：《春秋穀梁傳注疏》，第 9、26 頁。

② 許桂林：《穀梁釋例·述傳》，第 1 頁 B。

③ 范甯注，楊士勛疏：《春秋穀梁傳注疏》卷一九，第 186 頁上。

④ 范甯注，楊士勛疏：《春秋穀梁傳注疏》卷一九，第 186 頁。

⑤ 許桂林：《穀梁釋例·述傳》，第 6 頁。

即位,授受之道也。先君無正終,則後君無正始也。先君有正終,則後君有正始也。"戊辰,公即位",謹之也。定之即位,不可不察也。公即位,何以日也? 戊辰之日,然後即位也。癸亥,公之喪至自乾侯,何爲戊辰之日,然後即位也? 正君乎國,然後即位也。沈子曰:"正棺乎兩楹之間,然後即位也。"内之大事日,即位,君之大事也,其不日,何也? 以年決者,不以日決也。此則其日,何也? 著之也。何著焉? 逾年即位,厲也。於厲之中,又有義焉! 未殯,雖有天子之命猶不敢,況臨諸臣乎! 周人有喪,魯人有喪,周人吊,魯人不吊。周人曰:"固吾臣也,使人可也。"魯人曰:"吾君也,親之者也,使大夫則不可也。"故周人吊,魯人不吊,以其下成康爲未久也。君至尊也,去父之殯而往吊,猶不敢,況未殯而臨諸臣乎![1]

其所謂"於厲之中又有義焉"者,即在定公何以"癸亥,公之喪至自乾侯",而必當在"戊辰之日,然後即位"。范甯曰:"先君見授,後君乃受,故須棺在殯,乃言即位。""諸侯五日而殯,今以君始死之禮治之,故須殯而後言即位。""先君未殯,則後君不得即位。"[2]《穀梁》所以要書寫昭公之喪至之日與定公即位之日,正是要見定公之即位雖無正始,但仍恪守"五日而殯""而後即位"之禮。這也正是許桂林所欲發之"義"。易言之,定公之即位無正始,故不書"正月"以"厲之"。但定公仍恪守諸侯五日而殯之禮,昭公之喪至,五日而後即位,是守禮者也,故《春秋》書喪至、即位之日以見之,可謂"於厲之中又有義焉"。許桂林就此發論曰:"周人有喪以下,曲折沈痛,可補禮經所未備。後世奪情起復之流,讀之得不愴然生哀,默而自悔乎![3]是亦將經典之義運用於歷史現實之中,予以褒貶評判,是亦其求例而義而及於當下者也。

## 結　語

自清初以來,學者頗以疑經爲事,非但疑經文簡編錯亂,更疑經書爲後人僞撰。[4]乾嘉考據之風興起之後,對經典的考究日深,而經典的神聖性反而日減。蓋乾嘉時期考據盛行,治經者雖多,然多局於文字、音韻、訓詁之學,細節雖越辨越明,而大旨却越來越不爲人所知了。故柳詒徵曰:"吾謂乾、嘉諸儒所獨到者,實非經學,而爲考史之學。……諸儒治經,實皆考史。"[5]許桂林此書,蓋就此而發。其之所以一定要

---

① 范甯注,楊士勛疏:《春秋穀梁傳注疏》卷一九,第186—187頁。
② 范甯注,楊士勛疏:《春秋穀梁傳注疏》卷一九,第186頁下。
③ 許桂林:《穀梁釋例·述傳》,第6頁 B。
④ 參見林慶彰《清初的群經辨僞學》,上海:華東師範大學出版社,2011年。
⑤ 柳詒徵:《中國文化史》,上海:上海古籍出版社,2001年,第832頁。

辯白《穀梁》時月日例之用功於經,並不單單在《穀梁》之傳《春秋》、解《春秋》,更欲在當時考經、疑經的風氣下,恢復經學的神聖性,使世人從考經回到研經、尊經的道路上。是以,許桂林此書雖然以《穀梁釋例》標目,但其目的則在《春秋》,蓋期以《春秋》義例啓世人研經、尊經之心也。其所以以《穀梁》標目者,在《穀梁》所概括的時月日例最可説明《春秋》大義也。而許桂林之期待,蓋亦不僅僅在於《春秋》一經,而在群經之恢復吧。

**作者簡介:**

許超傑,男,1985 年生,浙江慈溪人,湖南大學嶽麓書院副教授。主要研究領域爲中國經學史、文獻學,近年代表論著有《何休〈春秋公羊解詁〉注釋體式研究——以〈總目〉"何休〈解詁〉但釋傳而不釋經"爲切入點》(《中國文哲研究集刊》2022 年總第 61期)、《叙事與附義:〈春秋〉三傳"齊桓晉文之事"述論》(《孔子研究》2021 年第 1 期)、《〈四庫全書〉提要文本系統例説》(《文獻》2020 年第 6 期)。

（上接第 94 頁）

恩師之學術專業爲中國哲學與傳統文化思想，以《周易》之象數思想爲綱，兼及先秦諸子、宋明理學、道學、佛學、現代新儒學等，於文化、教育、政治事務亦深有體會，一生筆耕不斷，撰有《陳乾初研究》《象數易鏡原》《老子新詮》《周易象數義理發微（附《五行探原》)》《中國哲學與文化復興詮論》等專著，以及散篇論文數十篇、專欄文章約三百篇。今夫子遽然離逝，我等一衆弟子不忍其學失傳，深盼有機會將其論著一一付梓，造福學林。

其中，夫子 2010 至 2014 年間曾於《香港商報》發表《易經》及《論語》專欄文章，2020 至 2022 年間復於《文匯報》《大公報》《光明日報》《人民政協報》等發表多篇論及中華文化的文章，其内容鑒古通今，深入淺出，於普及國學文化言，亟宜優先出版。因此，我在追思會後向恩師家屬表達出版文集的意願，獲得師母同意，由晚輩擔任統籌工作，並在曾定金學妹協助下，初步完成全稿之整理及編排工作，至深感篆。

在籌備過程中，幸得凌友詩博士、葉德平博士引薦，以及諸位報刊編輯友善相助，終獲《香港商報》允許授權轉載其專欄文章共 200 篇，《文匯報》授權收錄文章 32 篇，《大公報》4 篇，以及《光明日報》《人民政協報》各 1 篇，恩師其人其學其志，俾能更廣泛流傳。

又是書之出版，承蒙三聯書店總經理葉佩珠女士、編輯梁偉基先生支持及費心，馮燊均國學基金會慷慨贊助經費，彭林教授、鄧國光教授百忙中賜序推薦，晚輩感激不盡，謹此一併敬致謝忱。

全賴諸位同道無私相助，是書方可順利結集，夫子之精神，得以薪火傳承。恩師的身教言教，其對弘揚中華傳統文化的堅定信念，用生命教會我們、感動我們的道理，弟子永未敢忘，定當努力傳承，不負諄諄教誨，活出無愧人生，以敬告恩師在天之靈。

弟子　謝向榮　癸卯仲夏敬誌於正心齋

## 曾定金小姐後記

韓愈謂："師者，所以傳道、授業、解惑也！"我人生中遇到過很多好老師，唯獨鄧師是不一樣的好！與鄧師結緣於城大應用中文副文學士課程。那時學業失意，只好報讀副學士課程，希望借此跳板升上大學。但塞翁失馬，焉知非福？鄧師雖然只教過我一科，但他用心關懷所有學生，知道我有心求學，在我讀完一年課程就爲我寫推薦信，讓我嘗試報讀大學，結果成功了！像我一樣被鄧師提攜過、鼓勵過的學生，實在不勝枚舉。今生有幸遇上這麼用心關愛學生的良師，感激之情，終生銘記！

（下轉第 168 頁）

# 殷人"左祖右社"禮俗再發覆[*]
## ——兼論"三重證據法"在殷商禮制史研究中的局限性

鄧國軍

**内容摘要** 除傳世禮經及其相關注疏,殷商卜辭材料以及考古發現的建築、祭祀遺存,或爲禮制的文字記録或内含有禮制因素,它們成爲了研究殷商禮制不可或缺的史料。從傳世文獻來看,在漢唐經學家的觀念中,禮經所載"左祖右社"禮俗爲周人之傳統,殷人之社、祖方位佈局正好與周人相反,實爲"左社右祖"。漢唐諸儒所言的殷人"左社右祖"觀念,肇始於孔子的質文説,後經子思、董仲舒、何休等人層累地建構起來。證諸古文字和考古材料,殷人祖、社不規則地共存於殷商王都或方國城邑之内,尚未形成"左祖右社"亦或"左社右祖"的方位禮俗。傳世文獻與出土文獻、考古材料關於殷人祖、社方位關係的不同叙述,客觀上提示了"三重證據法"在殷商禮制史研究中存在一定的局限性,這種局限性是由傳世文獻的"滯後性"、出土文獻的"片面性",以及考古資料的"不自明性"共同造成的。

**關鍵詞** 宗廟 社稷 左祖右社 左社右祖 三重證據法

"左祖右社"禮俗,本質上是一種都邑空間佈局理念。"左祖"之"祖"指供奉祖先神的場所,"右社"之"社"指祭祀社神的地方。石璋如先生曾依照金鶚的《社稷考》,指出:"祖是廟的形制,社是壇的形式,兩種建築物形式不同。廟内是祭祖宗的,社上是祭地示的,兩種建築物的性質不同。兩者有很清楚的劃分,不過這是指周代而言。"[①]在周代,祖、社之别,除了在建築形式、性質等方面有明顯差異之外,在空間分佈

* 本文爲國家社科基金青年項目"空間方位觀念與商周社會秩序研究"(20CZS012)階段性成果。

① 石璋如:《小屯遺址的發現與發掘·乙編:殷墟建築遺存》,臺北:"中央研究院"歷史語言研究所出版,1958年,第9—10頁。

上亦形成顯著對比,這在禮書中有明載,《周禮·春官·小宗伯》云:"小宗伯之職,掌建國之神位,右社稷,左宗廟。"即宗廟位於王宮的左邊,社稷居於王宮的右邊。禮書所載的"左祖右社"禮俗在殷代是否形成了呢? 石璋如先生指出"(殷墟)乙組建築在東,屬左;丙組建築在西,屬右。乙組建築基址多數似有房頂,丙組基址大部分似爲土臺。乙組建築基址規模大,丙組基址的規模小。兩者對比起來,頗有左宗廟右社稷的可能。"①在石氏看來,"左祖右社"禮俗可能在殷代就已生成。宋鎮豪先生贊成石説,他指出殷墟乙組建築和丙組建築之位置關係雖具備了"左祖右社",但還不是嚴格的"左祖右社"。②劉慶柱先生對石説持懷疑態度,他指出殷墟宮廟建築是否存在"左祖右社"佈局尚難確定,有待進一步工作。③王震中、謝肅先生更是指出"左祖右社"是西周以來社神地位提升的結果,夏商時期尚不存在這種建築佈局。④以上學者們的多元認識提示了該問題的複雜性,它不僅關係着如何處理出土材料與傳世文獻的關係,亦牽涉到了"三重證據法"在殷商禮制研究中的適用度問題。爲此,本文擬突破傳統的研究視域,將"左祖右社"禮俗放在經學、文字學、考古學的論域中予以綜合考察,以期揭示殷人祖、社佈局的具體形態,進而推進殷商禮制研究。謬誤之處,敬期方家指正。

## 一 經學論域中殷人的祖、社位置關係爲"左社右祖"

"左祖右社"雖然載於禮經,但有關殷人祖、社方位關係的討論最早可追述到漢代。《公羊傳》桓公二年云:"取郜大鼎於宋……納於大廟。"漢儒何休注云:"質家右宗廟,尚親親;文家右社稷,尚尊尊。"⑤在何休看來,質家與文家文化迥異,質家尚親親,將宗廟置於王宮的右邊;文家尚尊尊,將社稷置於王宮的右邊。質家與文家對舉,亦見於漢儒劉向的《五經通義》,其文云:"質家左社稷,右宗廟……文家右社稷,左宗廟。"⑥引文内容與何休的注大同小異,這説明漢儒已在親親與尊尊、質家與文家、左與右、宗廟與社稷之間建立起了相互對應關係。具體爲:質家尚親親,左社稷,右宗廟;文家尚尊尊,左宗廟,右社稷。鑒於漢儒何休、劉向分別爲公羊、穀梁學派的代表人物,他

① 石璋如:《小屯遺址的發現與發掘·乙編:殷墟建築遺存》,第9—10頁。

② 宋鎮豪:《夏商社會生活史》,北京:中國社會科學出版社,1994年,第509頁。

③ 劉慶柱:《中國古代宮城考古學研究的幾個問題》,《文物》1998年第3期,第54頁。

④ 王震中:《中國古代文明的探索》,昆明:雲南人民出版社,2005年,第494頁。謝肅:《簡論商代的社》,《中原文物》2008年第5期,第47—53頁。

⑤ 何休注,徐彦疏,阮元校刻:《春秋公羊傳注疏》卷一二《桓公二年》,北京:中華書局,2009年,第4806頁。

⑥ 李昉等撰:《太平御覽》卷五三二禮儀部一一《社稷》,北京:中華書局,1960年,第2414頁。

們所主張的"質家左社稷,右宗廟;文家左宗廟、右社稷",應是漢代穀梁、公羊兩學派等多數知識份子的共識。

那麼,漢儒所言的質家、文家具體指什麼呢?漢儒的質、文之分與漢代流行的質文説關係密切。質文説,最早見於《論語·雍也》,其文云:"質勝文則野,文勝質則史。文質彬彬,然後君子。"孔子雖然提出了質文説,但在他看來質、文主要是指兩個不同層面的道德標準。①子思繼承了孔子的質文説,並將質、文與殷人、周人相聯繫,他在《孔叢子·雜訓》中云:"殷人質而尊其尊,故立弟;周人文而親其親,故立子,亦各其禮也。文質不同,則其禮各異。"②子思明確將周人歸爲文家,將殷人歸爲質家,認爲殷周質文互異,禮制不同。經子思發展的質文説,後爲漢代知識份子所繼承。公羊學大師董仲舒在《春秋繁露·三代改制質文》云:"王者以制,一商一夏,一質一文,商質者主天,夏文者主地,春秋者主人,故三等也。主天法商而王,其道佚陽,親親而多仁樸分……主地法夏而王,其道進陰,尊尊而多義節……。"③董仲舒認爲質、文是兩種對立的社會形態,夏代爲文,商代爲質,周繼商爲文,質家尚親親,文家尚尊尊。東漢公羊家何休繼承了董仲舒的質文説,並對董學進行損益,明確提出了"質家右宗廟,尚親親;文家右社稷,尚尊尊"(《春秋公羊解詁》)的觀點。此外,子思的質文説還對統治者產生了重大影響,如《史記·梁孝王世家》曾載"太后謂帝曰:'吾聞殷道親親,周道尊尊。'"司馬貞《索隱》曰:"殷人尚質,親親,謂親其弟而授之。周人尚文,尊尊,謂尊祖之正體。"④由殷人尚"質",周人尚"文"可知,漢儒所言的"質家"指殷人,"文家"指周人。"質家左社稷,右宗廟"明言殷人遵循着"左社右祖","文家右社稷,左宗廟"則言周人遵循着"左祖右社"。

漢儒的上述觀點又被後世諸儒援以解經。唐儒賈公彥在解釋經文"小宗伯之職,掌建國之神位,右社稷,左宗廟"(《周禮·春官·小宗伯》)時,就援引何休的觀點作爲其論據,具體爲:"'右社稷、左宗廟'者,據王宮出路門向外言之。……又案(《公羊傳》)桓二年,'取郜大鼎,納於大廟。'何休云:'質家右宗廟,尚親親;文家右社稷,尚尊尊。'若然,周人右社稷者,地道尊右,故社稷在右,是尚尊尊之義。此據外神在國中者,社稷爲尊。故鄭注《郊特牲》云:'國中神莫大於社。'《祭義》注'周尚左'者,據內神而言。"⑤唐儒孔穎達在給經文"建國之神位,右社稷而左宗廟"(《禮記·祭義》)作

---

① 宋艷萍:《孔子質文説與漢代文家特質》,《孔子研究》2003 年第 4 期,第 74—82 頁。

② 傅亞庶:《孔叢子校釋》卷二《雜訓》,北京:中華書局,2011 年,第 113 頁。

③ 蘇輿撰,鐘哲點校:《春秋繁露義證》卷七《三代改制質文》,北京:中華書局,1992 年,第 204 頁。

④ 司馬遷著:《史記》卷五八《梁孝王世家第二十八》,北京:中華書局,1982 年,第 2092 頁注 1。

⑤ 鄭玄注,賈公彥疏,阮元校刻:《周禮注疏》卷一九《小宗伯》,北京:中華書局,2009 年,第 1653 頁。

疏時亦引用了何休的觀點,孔穎達云:"'周人尚左,故宗廟在左,社稷在右。'(《公羊傳》)桓二年,'取郜大鼎不過,納於大廟。'何休云:'質家右宗廟,尚親親;文家左宗廟,尚尊尊。'與鄭合,故鄭云周尚左。"①賈公彥、孔穎達在論證周人"左祖右社"成因時,所用之史料、所持之論點大同小異,二者都引用了漢儒何休的觀點。儘管賈、孔所論述的重點在於周人"左祖右社"觀念的成因,但在他們的解釋體系中,周人的祖、社位置關係是在與殷人對比基礎上提出來的,基本上沿襲了漢儒"質家右宗廟,尚親親;文家右社稷,尚尊尊"的論斷。

綜上,從傳世文獻來看,在漢唐諸儒觀念中,禮經所載"左祖右社"禮俗爲周人之傳統,殷人之社、祖方位佈局正好與周人相反,實爲"左社右祖"。不過,漢唐諸儒所言的殷人"左社右祖"觀念,肇始於孔子的質文説,後經子思、董仲舒、何休等人層累地建構起來。

## 二 古文字學視野下的殷人的祖、社方位佈局

殷人祭社和祭祖活動習見於甲骨卜辭。卜辭中有"爭貞:燎于土(社),求于嶽。"(《合集》14399),又有"丁卯卜,其酒求于父丁宗。"(《合集》30335)的記載,意即商王分別在"社"和"宗"中進行祭祀社神和祖先神的活動。祭社與祭祖地點不同,表明祖、社類建築在晚商已經分置。那麼,殷人在佈局祖、社類建築時遵循着怎樣的方位原則呢?

### (一)卜辭所見殷人的"社"祭與方位

卜辭中"社"與"土"同形,作"Ω""Ω'""Ω"諸形,"祭土"即"祭社"。"社"爲土地之主,《説文》云:"社,地主也。"《風俗通義·祀典》又云:"社者,土地之主。土地廣博,不可遍敬,故封土以爲社而祀之,報功也。"②明言祭"社"是爲了報功。殷商之"社"又有王都和方國之別。方國之"社",一般是在"社"前冠以方國名,如:

　　(1)貞:作大邑于唐社。(《英藏》1105)
　　(2)于中社燎。(《合集》21090)

唐社、中社應爲方國之"社"。與方國之"社"不同,王都之"社"一般在"社"字前面不冠以任何修飾詞,即禮書所載"左祖右社"之"社"。如:

① 鄭玄注,孔穎達疏,阮元校刻:《禮記正義》卷四八《祭義》,北京:中華書局,2009年,第3474頁。
② 應劭撰,王利器校注:《風俗通義校注》,北京:中華書局,1981年,第354頁。

（3）丙辰卜，于土（社）寧［風］。（《合集》32301）

（4）癸丑卜：甲寅又宅土（社），燎牢，雨。（《屯南》4400）

（5）戊申，其乇（宅）于土（社）牛。（《合集》34190）

從以上辭例來看，殷人祭"社"多與求雨、寧風等有關，不過這些記載文辭簡略，鮮有涉及方位者。唯一可能與社神方位相關的是辭（4）中的"又宅"。常玉芝先生認爲"又宅"即"右宅"。古代宗廟設置爲"左祖右社"，看來該辭的"右宅"即是祭祀社神的宗廟"右社"。① 然而，晁福林先生認爲"又宅"之"宅"字讀若磔。他根據《史記·李斯列傳》"十公主砥死於社"索引"砥音宅，與磔同，古今異字耳。磔謂裂其肢體而殺之"，指出"砥死於社"與卜辭"宅土（社）"相同。② 辭（5）中也出現了"宅"，于省吾先生認爲該"宅"字當讀爲砥，與文獻磔相通，指割裂祭牲的肢體。③ 參之以辭（5）可知，將"宅"理解爲祭祀方式較爲穩妥，"又宅土"意爲再以割裂祭牲肢體的方式祭祀社神。這樣，從現有殷人祭祀社神的卜辭材料中，既不見"左祖右社"禮俗的痕跡，亦找不到"左社右祖"的相關證據。

### （二）卜辭所見殷人的"宗廟"祭祀與方位

殷人祭祀祖先的宗廟及場所，據陳夢家先生統計，有：宗、升、家、室、亞、宋、宮、庭、門、户、宜十三種。④ 常玉芝先生認爲"宋"不是宗廟類建築，而"寢""祊"應爲宗廟建築，這樣殷人祭祀祖先的宗廟及場所共十四種。⑤ 陳夢家先生又將以上建築細分爲：藏主之所，如宗、升、家、室、亞、旦；祭祀之所，如宗、東室、中室、南室、血室、大室、南宣、公宮、庭；居住之所，如寢、小室、從宮；宴饗之所，如庭；治事之所，如大室、乙門。⑥ 事實上，以上各類建築的功能並未如陳氏所言那樣判然有別，如下辭：

（6）貞：今二月宅東寢。（《合集》13569）

（7）辛丑卜，于西寢。（《合集》34067）

（8）弜剛于寢。

辛巳貞：其剛于祖乙寢。（《屯南》1050）

卜辭所見"寢"有"東寢""西寢""祖乙寢"等。陳夢家先生認爲："卜辭所說的寢，都與

① 常玉芝：《商代宗教祭祀》，北京：中國社會科學出版社，2010 年，第 137 頁。
② 晁福林：《論殷代的神權》，《中國社會科學》1990 年第 1 期，第 105 頁。
③ 于省吾：《甲骨文字釋林》，北京：中華書局，2009 年，第 167—168 頁。
④ 陳夢家：《殷虛卜辭綜述》，北京：中華書局，1988 年，第 468 頁。
⑤ 常玉芝：《商代宗教祭祀》：第 481 頁。
⑥ 陳夢家：《殷虛卜辭綜述》，第 479—480 頁。

祭祀無關,當是王居住之所。"①李孝定先生亦認爲:"卜辭寢之意爲時王燕居之所,乃名詞,猶今言寢室也。"②邨迪先生則指出:"寢不單是居住之所,也是祭祀之所。"③據辭(8)來看,殷人有時亦在"寢"祭祀祖先,看來"寢"類建築的性質並不單一。由此看來,殷人的宗廟及場所雖然衆多,真正可確定爲宗廟建築的大概僅有陳夢家先生所言的"藏主之所"中的"宗"。④ 卜辭中與方位相關的"宗"有北宗、西宗、右宗、河宗,如:

(9)甲午王卜,貞:其于西宗奏示。王占曰:引吉。(《合集》36482)

(10)……鄉……于燎……北宗,不[遘]大雨。(《合集》38231)

(11)即又(右)宗夒,有雨。(《合集》30318)

(12)貞:于南方將河宗。十月。(《合集》13532)

卜辭只見西宗、北宗、右宗。辭(9)(10)涉及西宗、北宗,胡厚宣先生認爲北宗爲北方之廟,西宗爲西方之廟。⑤ 宋鎮豪先生指出:"北宗是王邑北部專行外祭的建所。"⑥晁福林先生推測:"卜辭中的西宗、北宗蓋爲殷都以外的宗廟。"⑦在宋氏、晁氏看來,所謂西宗之"西",北宗之"北"皆是相對於王宮而言的,西宗位於王宮之西,北宗位於王宮之北。辭(11)涉及右宗。右宗是最先被郭沫若先生認出的,他指出:卜辭中的"又宗"應讀爲"右宗",古人以西爲右,"右宗者蓋宗祭於西方也"。⑧ 朱鳳瀚先生亦指出:"右宗既冠以'右'字,自當還有左邊(即在東邊的宗),此位於東邊的宗只能是上述諸先王宗廟聚合構成的'宗'。"⑨郭氏、朱氏皆指出右宗位於西方,具體右宗位於什麼地方的西方,並未明言。楊升南先生則認爲:"西宗與右宗當是異名而同指,……,故西宗(右宗)可能是專祭先公神的場所。"⑩宋鎮豪先生更是指出:"殷墟小屯附近的大型建築遺

---

① 陳夢家:《殷虛卜辭綜述》,第479頁。

② 李孝定:《甲骨文字集釋》,臺北:"中央研究院"歷史語言研究所,1970年,第2467頁。

③ 邨迪:《卜辭考釋數則》,《古文字研究》(第六輯),北京:中華書局,1980年,第187頁。

④ "室"雖然也是藏主之所,但其功能複雜,"室"既是藏主之所,又是祭祀之所,還是居住之所。此外,現在還沒有明確證據表明升、家、亞、旦一定爲藏主之所。

⑤ 胡厚宣:《殷代婚姻家族宗法生育制度考》,《甲骨學商史論叢初集》(上),石家莊:河北教育出版社,2002年,第110頁。

⑥ 宋鎮豪:《夏商社會生活史》,第322頁。

⑦ 晁福林:《關於殷墟卜辭中的"示"和"宗"的探討——兼論宗法制的若干問題》,《社會科學戰線》1989年第3期,第164頁。

⑧ 郭沫若:《殷契粹編》,北京:科學出版社,1965年,第362頁。又該書第539頁曰:"'即於右宗',亦見第十六片。'又'蓋讀爲右,謂宗祭於西也。"

⑨ 朱鳳瀚:《殷墟卜辭所見商王室宗廟制度》,《歷史研究》1990年第6期,第7頁。

⑩ 楊升南:《從殷墟卜辭中的"示""宗"說到商代的宗法制度》,載於氏著《甲骨文商史叢考》,北京:線裝書局,2007年,第105—106頁。

址,位於西面的 17 座都是壇式建築,其西南又有數十座房基,似即高祖遠公的右宗或西宗所在,與甲骨文可相印證。"①若以上諸位先生所言不謬的話,卜辭中的西宗、右宗即位於王宮的西邊。辭(12)涉及河宗,即在卜問於南方將祭河宗。該辭所言的"南方"亦是相對於王宮而言的,即"河的宗廟是在(商王居所)南面"。②儘管卜辭中大部分"宗"還無從確知其方位,不過從西宗、北宗、河宗、右宗與王宮的相對位置來看,殷人的宗廟並未全部固定在王宮的左或右,這亦可佐證殷人尚未形成"左祖右社"或"左社右祖"的方位禮俗。

### (三)商代祖、社尊卑關係與"左祖右社"方位禮俗

在商代,社神的地位要遠遠低於祖先神,這通過商人對祖先神和社神祭祀的次數、祭品的規模、向社神祈告等內容的對比看得最爲清楚。就祭祀次數而言,祭祀上甲的卜辭有 1100 多條,祭祀成湯的有 800 多條,祭祀祖乙的有 900 多條,祭祀武丁的有 600 多條。③在全部卜辭裏,祭祀祖先神的有 15 000 多條,而祭祀社神的僅有 110 多條,可知殷人祭祖的次數要遠遠多於祭祀社神。再從祭社和祭祖所用祭品種類和數量來看,如下辭:

(13)戊子卜,其又歲于亳土(社)三小[宰]。(《合集》28109)

(14)戊戌,今其土(社)三十[牛]。(《合集》21108)

(15)…貞:翌丁未酌燎于丁十小宰,卯十勹牛。八月。(《合集》39)

(16)貞:禦自唐、大甲、大丁、祖乙百羌、百牢。(《合集》300)

(17)丁巳卜:又燎于父丁百犬、百豕,卯百牛。(《合集》32674)

辭(13)至(15)爲祭祀社神,所用的祭品爲羌、小牢、牛等。辭(16)至(17)爲祭祀祖先神,所用祭品有牢、牛、犬、羌、豕等。對比便會發現,殷人祭祀祖先神的祭品種類要比祭祀社神的豐富。此外,殷人祭祀祖先神所用的祭品數量也往往多於祭祀社神,其中獻祭社神數量最大的爲三十牛,獻祭祖先神的犧牲數量則最多可達百牛、百豕、百犬。而且,卜辭中對社神的獻祭,主要是小牢,獻祭大牢者只找到了《合集》34711、《屯南》726 兩條記載。④綜合可知商代社神的地位遠低於祖先神,誠如王震中先生所言"商代社神的地位大致與河、嶽等相同"。⑤商代祖先神的地位高於社神,具體落實到宗廟、

---

① 宋鎮豪:《夏商社會生活史》,第 509 頁
② 常玉芝:《商代宗教祭祀》,第 481 頁。
③ 晁福林:《先秦社會形態研究》,北京:北京師範大學出版社,2003 年,第 165 頁。
④ 魏建震:《先秦社祀研究》,北京:人民出版社,2008 年,第 96 頁。
⑤ 王震中:《商代都邑》,北京:中國社會科學出版社,2010 年,第 69 頁。

社類建築的方位佈局上，殷人應將宗廟建築置於尊位，將社類建築置於卑位。鑒於殷商時期左、右方位已具有了尊卑屬性，殷人圍繞左、右方位已形成了"尚右"傳統，即"以右隊爲先的軍事編制""以右卜爲用的占卜習尚""以右官爲高的官吏體系""以右學爲尚的學校教育"等。① 殷人在佈局神位時就不可能採取"左祖右社"原則，即將地位高的宗廟置於卑位——左，而將地位低的社神建築置於尊位——右。文獻所載"左祖右社"禮俗恰好與殷人"尚右"的傳統相違背，這也佐證了晚商還未產生"左祖右社"觀念。

綜上，從卜辭所見殷人祭社、祭祖的辭例來看，殷人雖然實行了祖、社分祭，但"左祖右社"的方位禮俗在殷商時期尚未形成。從殷人"尚右"的傳統來推測，殷人的祖、社位置關係有可能如漢儒所言爲"左社右祖"，遺憾的是在卜辭材料中並未能找到相關例證。

## 三　考古視域中殷人的祖、社方位關係

考古發現的商代建築遺存多以夯土建築基址的形式呈現，要從諸多夯土基址中分辨出祖類、社類建築，就需要明確判斷祖類、社類遺存的主要依據。《淮南子·齊俗訓》云："殷人之禮，其社用石。"高誘注："以石爲社主也。"②看來"以石爲社主"應是判斷殷人社類建築的一項重要依據。此外，石璋如先生指出："祖是廟的形式，社是壇的形式，兩種建築物形式不同。"③王震中先生亦指出：從周代到漢代，社壇的建築形制，"大體是中間設有方壇，四周砌有垣牆，不設屋頂。'受霜露風雨，以達天地之氣。'只有那些'喪國之社'，才'屋之'即建成有屋頂的建築，使其上覆下蔽，爲的是使他'不受天陽'，不能達天地之氣"。④ 石氏、王氏從形制出發，認爲社類建築與宗廟建築的區別在於社類建築以壇的形式呈現，且四周砌有垣牆，不設屋頂。石氏、王氏所論雖是周代社類建築的基本特徵，但其對於認識商代社類建築無疑具有重要的參考價值。石璋如先生曾受趙林《商代的社祭》一文影響，認爲判定商代的"社"必須具備兩個條件：在平臺上堆一個圓土堆作標記，或是在平臺上堆幾塊大石頭作社主。⑤ 石氏所提的兩個條件均就社主而言，筆者認爲僅有這兩個條件還不足以判斷某一夯土基址爲商代社類遺

---

① 朱彥民：《商代社會的文化與觀念》，天津：南開大學出版社，2014年，第423—441頁。

② 何寧：《淮南子集釋》（新編諸子集成本），北京：中華書局，1998年，第789頁。

③ 石璋如：《小屯遺址的發現與發掘·乙編：殷墟建築遺存》，第9—10頁。

④ 王震中：《商代都邑》，第69—70頁。

⑤ 石璋如：《殷代的壇祀遺跡》，《"中央研究院"歷史語言研究所集刊》第五十一本，1980年，第444頁。

址,作爲社類遺址至少應包括以下特徵:一是以石或土堆爲社主,二是社類基址呈壇式,三是社類建築没有屋頂,四是社壇周圍有祭祀遺存。現據以上四項特徵來考察偃師商城、鄭州商城、洹北商城、殷墟等城址内的祖、社位置關係。

### (一) 偃師商城的祖、社位置關係

偃師商城祭祀區位於宫城中部偏北,主體部分自東向西分爲 A、B、C 三個區域。B區、C 區兩個東西並列,四周有夯土圍牆,兩區均以豬爲主要犧牲。A 區由若干個"祭祀場"和祭祀坑組成,犧牲和祭品主要有人、牛、羊、豬、狗以及水稻、小麥等。所用犧牲除單獨埋豬,最常見的組合有豬、牛和羊。① 有學者指出 B、C 兩區有可能就是社祀場所,其中一個屬於夏族,一個屬於商族。② 宋鎮豪先生推測,B 區和 C 區可能與後世"左祖右社"有某種聯繫。③ 筆者認爲以上兩種推測的證據皆嫌不足。一是 B、C 兩區並未出現壇式建築基址,也没有發現社主,更没有發現有屋頂的建築遺跡。二是從甲骨文辭例來看,殷人祭祀社神和祭祀祖先神所用祭品的種類、數量都是有明顯區别的。然而據發掘者描述,B 區、C 區所發現的犧牲種類分别並不明顯,由此可知將 B 區和 C區與後世"左祖右社"聯繫起來的看法稍欠妥當。除北部的祭祀區,在二號宫室建築西側,發現由南到北 11 列,由東向西 5 排,排列有序的柱洞群。楊鴻勛先生認爲二號宫室西側的該建築就是社與稷。④ 然而,經考古工作者核實,柱網東邊略呈方形的夯土台基上,發現有柱洞,所以它是有屋頂的建築,在形制上與社不符。這樣,偃師商城内部尚未發現社祀遺存,也就無從談起"左祖右社"的方位佈局了。

### (二) 鄭州商城的祖、社方位關係

鄭州商城社祀遺址主要位於北城牆東段内側的平坦高地上。發掘出排列有序埋在地下的 6 塊石頭,其中較大的一塊埋在中間,四周又放五塊。以"埋石"爲中心,在其北側、東側和南側有排列有序的燒土坑 2 個,殉狗坑 8 個,殉狗 100 餘只,還有無任何隨葬器物和有很少隨葬器物且僅能容下人身的單人坑 14 座,有的殉狗坑内還埋有

---

① 中國社會科學院考古研究所:《河南偃師商城商代早期王室祭祀遺址》,《考古》2002 年第 7 期,第6—7 頁。

② 魏建震:《先秦社祀研究》,第 102 頁。

③ 宋鎮豪:《夏商城邑的建制要素》,載於《商承祚教授百年誕辰紀念文集》,北京:文物出版社,2003年,第 161 頁。

④ 楊鴻勛:《偃師商城王宫遺址揭示"左祖右社"萌芽》,《楊鴻勛建築考古學論文集》(增訂版),北京:清華大學出版社,2008 年,第 101—107 頁。

人骨架。① 發掘者認爲這些人與狗埋葬於此,顯然與祭祀時殺殉有關。② 郝本性、宋鎮豪兩位先生認爲該處祭祀遺址是商人的社祀遺址。③ 該處祭祀遺址以石爲社主,遺址位於高地,遺址露天没有屋頂,周圍有祭祀坑,基本上具備了殷人社類建築的四項特徵。因此,將該處祭祀遺址定爲社祀遺存應該是没問題的。就方位關係而言,由於該社祀遺存位於鄭州商城最東北端,與其西南的大型宮廟建築很難構成"左祖右社"的方位關係,所以"左祖右社"的方位佈局在鄭州商城内部也是不存在的。

### (三)洹北商城的祖類、社類遺跡

洹北商場一號宮殿基址由門塾、主殿、主殿旁的廊廡、西配殿、門塾兩旁的長廊組成,估計尚未發掘的基址東部還應有東配殿。據簡報資訊,主殿由大小基本相等的 9 間房屋構成,在各個房間的中部以及臺階周圍發現了大量祭祀坑,尤其在主殿臺階東側的人牲坑内發現 4 件"玉柄形飾"。劉釗先生認爲玉柄形飾的形狀與甲骨文"示"字的早期構型十分相似。玉柄形飾用爲"石主",即代表祖先神主的標誌。④ 種種跡象表明,主殿的性質應爲宗廟建築。⑤ 此外,王震中先生懷疑西配殿爲社祀遺址,⑥依據是"與主殿及其廊廡不同的是,西配殿平面上没有發現柱洞"。⑦ 後來發掘者指出"西廂建築的周圍同樣發現了不少燒土塊,燒土塊周圍的數量不如主殿附近多。但仍可以看到有可能屬於夯土牆體的夯土殘塊,且還發現燒結後保存着葦秸痕跡的殘土塊。在台基後側(西部)發現倒塌的土坯殘塊,其中一些殘塊明顯疊砌過的。因此西廂房建築可能並非如杜金鵬所推測是没有屋頂的,它原本應該是有屋頂的,只是屋頂結構已無法復原而已"⑧。而且,原報告指出西配殿朝向庭院共設有 3 個臺階,在北部和中部的臺階兩側均發現有角柱,可見這些臺階原來也是有頂棚的。⑨ 西配殿臺階上面有頂棚

---

① 河南省文物考古研究所:《鄭州商城 1953—1985 考古發掘報告》,北京:文物出版社,2001 年,第 493—505 頁。

② 河南省文物考古研究所:《鄭州商城:1953—1985 年考古發掘報告》,第 494 頁。

③ 郝本性:《試論鄭州出土商代人頭骨飲器》,《華夏考古》1992 年第 2 期,第 94—99 頁。宋鎮豪:《夏商城邑的建制要素》,載《商承祚百年誕辰紀念文集》,第 162 頁。

④ 劉釗:《安陽後崗殷墓所出"柄形飾"用途考》,《考古》1995 年第 7 期,第 623—625 頁。

⑤ 高江濤、謝肅:《從卜辭看洹北商城一號宮殿的性質》,《中原文物》2004 年第 5 期,第 20 頁。

⑥ 王震中:《商代王都的"社"與"左祖右社"之管見》,載《中國古代文明的探索》,第 493 頁。

⑦ 中國社會科學院考古研究所:《河南安陽市洹北商城宮殿區 1 號基址發掘簡報》,《考古》2003 年第 5 期,第 21 頁。

⑧ 唐際根、荆志淳、何毓靈:《洹北商城宮殿區一、二號夯土基址建築復原研究》,《考古》2010 年第 1 期,第 29 頁。

⑨ 中國社會科學院考古研究所:《河南安陽市洹北商城宮殿區 1 號基址發掘簡報》,《考古》2003 年第 5 期,第 21 頁。

亦可佐證它原來是有屋頂的。這樣將西配殿理解爲社祀遺存就没有道理了,洹北商城內也不存在"左祖右社"的方位佈局。

### (四) 殷墟的祖、社位置關係

20 世紀 30 年代,在殷墟宫殿區的東北部發掘了甲、乙、丙三組 53 座建築基址。① 1989—2006 年在乙二十基址東南發掘了"凹"字形丁組建築基址。② 從功能上來講,以上建築遺址可分爲宫殿、宗廟、祭壇及寝居之所。石璋如先生指出殷墟甲組基址可能是住人的,乙組基址可能是宗廟所在,丙組基址可能是祭祀之所。乙組和丙組基址頗有"左祖右社"之可能。③ 由於時代和考古條件使然,石氏所掌握的材料具有一定的局限性。後來,中國社會科學院考古研究所在小屯宫殿區内進行了重點勘探,據勘探的結果,乙十一基址很可能與乙十二、乙十三組成一座"四合"院。在乙二十基址的東、西、南各發現一處規模較大的夯土基址,恰與乙二十基址組成另一座"四合"院。④ 杜金鵬先生根據偃師商城的佈局及《周禮·考工記·匠人》的記載,推定以上兩組"四合院"爲朝堂建築群。⑤ 杜氏在對殷墟宫殿建築完成考古學研究之後,指出:甲組基址爲"寝",乙組基址爲"朝",丙組基址爲"社",丁組基址爲"宗"。丙組和丁組基址構成了"左祖右社"的方位佈局。⑥

杜氏的觀點對於重新認識乙組基址的性質極具啓發性,不過其觀點有結論先行、比附禮經的嫌疑。如王震中先生所言:"宗廟可以是四合院式的,宫殿也可以是四合院式的。所以從單個的宫室建築方面,是難以判斷出孰爲宗廟、孰爲宫寝的。從甲骨文涉及的宫室建築來看,某一建築物商王可以從不同的分類角度給予它不同的名稱。這或許原本就有一室多用的功能,或許是最初爲某一商王的宫殿,等到該王死去後即變成爲專門祭祀他的宗廟。"⑦信然。卜辭中尚未發現用以表示"朝政"建築的專用名,在商代用作施政場所的主要是"大室"和"庭"。陳夢家先生認爲"大室"在作爲"祭祀所在的宗廟"的同時"兼爲治事之所"。⑧ 它與宫殿中的"庭"一樣,是後世所謂"朝廷"

---

① 石璋如:《小屯遺址的發現與發掘·乙編:殷墟建築遺存》,第 152—159 頁。
② 中國社會科學院考古研究所安陽工作隊:《河南安陽殷墟大型建築基址的發掘》,《考古》2001 年第 5 期,第 18—26 頁。
③ 石璋如:《小屯遺址的發現與發掘·乙編:殷墟建築遺存》,第 9—10 頁。
④ 中國社會科學院院考古研究所安陽工作隊:《2004—2005 年殷墟小屯宫殿宗廟區的勘探和發掘》,《考古學報》2009 年第 2 期,第 221 頁。
⑤ 杜金鵬:《殷墟宫殿區建築基址研究》,北京:科學出版社,2010 年,第 263、295、296 頁。
⑥ 杜金鵬:《殷墟宫殿區建築基址研究》,第 87 頁。
⑦ 王震中:《商代都邑》,第 96 頁。
⑧ 陳夢家:《殷虚卜辭綜述》,第 477 頁。

或“内朝”的濫觴。① 作爲施政場所的“大室”“庭”本身很可能就是宗廟的組成部分，亦或如朱鳳瀚先生所言：“大室”“庭”是一種獨立的宫室建築，不依附於任何一宗廟建築。這兩種建築也被用作祭祀王室先王的處所，祭祀所奉神主必要請自宗廟，故很有可能坐落在宗廟附近，在宗廟群範圍内。②

從現存遺跡來看，乙組建築的主體性質依然是宗廟建築。乙一基址没有發現柱礎石等遺跡，在其東側放置着 10 餘個虎頭，並埋有 9 具猪骨架，顯然不屬於宫殿建築，石璋如先生認爲其爲測影臺。③ 乙七基址有 19 座葬獸坑打破基址或壓在基址之下。在其基址以南，發現大批成排分佈的小葬坑。目前，乙七基址爲宗廟建築已成爲學者們的共識。④ 乙八基址上分佈着一些柱礎石，在該基址的後檐牆下發現 4 座埋有狗、羊的祭祀坑，綜合乙八基址的結構、祭祀遺跡，可判斷其爲宗廟建築。乙十基址發現一些柱坑和柱礎石，在鋪墊土層的中間和下層夾壓着 4 個祭祀坑，坑内埋有人和羊。乙十基址位於乙七基址的前面，可能承襲了乙七基址的主要祭祀功能，⑤乙十基址亦應爲宗廟建築。值得注意的是，曾被杜金鵬先生確定爲宫殿建築的乙二十基址，不僅在其南側門道周邊發現 4 處祭祀坑，還在基址中部發現一座長約 5、寬約 3、深約 2 米的祭祀坑，坑底有大量動物骨骼，骨骼下鋪有朱砂。⑥ 如此大型的祭祀坑並不像一般的奠基墓，應是專門的祭祀遺跡。顯然，將乙二十基址定爲宗廟建築可能更合理。退一步講，即使由乙十一、乙十二、乙十三基址和乙十八、乙十九、乙二十以及乙二十基址附近新發的夯土基址分別組成了“四合院”，也没有明確證據表明它們一定構成了前後兩進的大型院落。如前文所言，單憑“四合院”式的結構是無法判斷該建築一定是“朝堂”建築的。種種跡象表明，將乙組主體建築判斷爲宗廟建築依然是没有問題的。

丙組基址位於以乙二十基址爲核心的“四合院”的西側，並與“四合院”南廡相連（如圖 1）。關於丙組諸基址的性質，石璋如先生認爲：“丙三與丙四、丙五與丙六、丙十四與丙十五等六座建築皆爲小而方的基址，基址上未發現柱洞和牆基，應爲祭壇類建築；丙九、丙十、丙十二、丙十三等四座基址，均爲長方形，東西相對，可能爲居住基址。

---

① 王震中：《商代都邑》，第 97 頁。

② 朱鳳瀚：《殷墟卜辭所見商王室宗廟制度》，《歷史研究》1990 年第 6 期，第 9—10 頁。

③ 石璋如：《從乙一基址試説殷代的測影臺》，“中央研究院”史語所會議論文集之四《中國考古學與歷史學之整合研究》（上册），1997 年。

④ 石璋如、鄒衡、陳志達、唐際根、杜金鵬諸位先生皆認爲其屬於宗廟。

⑤ 杜金鵬：《殷墟宫殿區建築基址研究》，第 194—195 頁。

⑥ 中國社會科學院院考古研究所安陽工作隊：《2004—2005 年殷墟小屯宫殿宗廟區的勘探和發掘》，《考古學報》2009 年第 2 期，第 222 頁。

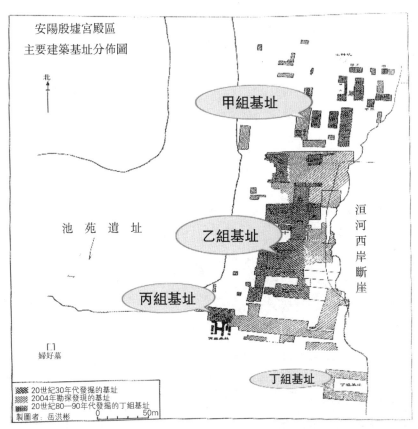

**圖 1：殷墟甲組、乙組、丙組、丁組基址位置圖**

（摘自杜金鵬：《殷墟宮殿區建築基址研究》，科學出版社，2010 年，第 380 頁。）

丙十六、丙十七兩基址，窄而長，可能爲路或廊廡。"[1]在石氏看來，丙組建築基址的性質並不單一，既有社類建築，亦有居住類建築。仔細考察丙組基址的相關遺跡，可發現丙組的諸多基址多爲露天壇臺，且基址（尤其是丙一基址）周圍分佈有大量的祭祀遺存，丙組基址的特徵與"社"類遺存特徵大致相合。丁組建築基址位於乙十二基址東南方，由北、南、西三排基址組成。在北排基址之外南墊土下發現祭祀坑 10 座。發掘者依據 F1 内無隔牆、屋居住痕跡及門外有祭祀坑等現象推測 F1 大概是用於祭祀的宗廟建築，[2]該觀點爲目前學術界所認可。

殷墟甲、乙、丙、丁各組基址的性質大致明瞭，乙組、丁組爲宗廟建築，丙組主要爲

<hr />

① 石璋如：《小屯遺址的發現與發掘·乙編·殷墟建築遺存》，第 10 頁。

② 中國社會科學院考古研究所安陽工作隊：《河南安陽殷墟大型建築基址的發掘》，《考古》2011 年第 5 期，第 22—26 頁。

社類遺存。表面上看來,丙組建築位於右(西),乙組和丁組建築位於左(東),丙組建築與乙組、丁組建築構成了不太嚴格的"左祖右社"的方位佈局。不過,宋鎮豪先生曾指出:"殷墟小屯附近的大型建築遺址,位於西面的丙組17座都是壇墠式建築,其西南又有數十座房基,似即高祖遠公'右宗'或'西宗'所在,與甲骨文可相印證。"①如果丙組建築西南的數十座房基屬於高祖遠公的集合宗廟,那麼丙組建築的左右兩邊就都有宗廟建築,丙組建築與乙組建築够成了"左祖右社"的格局,丙組建築與丙組建築西南的數十座宗廟之間却構成了"左社右祖"的方位關係。況且,丙組基址與以乙二十基址爲核心的"四合院"的南廡相連,二者很可能就是一體的,並不構成左右方位關係。此外,《周禮·考工記·匠人》雖言:"匠人營國,方九里,旁三門。國中九經九緯,經塗九軌。左祖右社,面朝後市。"但《考工記》所載"九宮格"式的宮城佈局,整體上與考古所見殷墟的實際情況並不符。由此看來,以丙組、乙組、丁組基址的左、右方位來論證殷人已產生了"左祖右社"觀念還需斟酌。

**(五)晚商方國城址内的祖、社方位。**

目前可確定爲晚商方國社祀遺存僅有2處,一處是江蘇銅山丘灣商代社祀遺跡②,另一處是江西吳城遺址内的社祀遺存③。銅山丘灣社祀遺跡發現有4塊形狀不規則的大石豎立於土中。中間一塊較大,南、北、西三塊較小。在埋石周圍清理出人骨架20具,狗骨架12具。俞偉超、王宇信兩位先生根據《淮南子·齊俗訓》所載的"殷人之禮,其社用石",推斷該遺址爲社祀遺址。④ 其説可信。不過,由於銅山丘灣商代社祀遺跡附近並未發現大型宮廟建築遺址,只發現了部分小型居住建築基址,這樣在該遺址内就找不到"左祖右社"佈局的痕跡。吳城遺址是一處與商文化密切相關的晚商方國遺址,内部分爲制陶區、鑄銅區、居住區和宗教祭祀區。其祭祀區位於遺址中部,由道路、建築基址、紅土臺座、紅土臺地、柱洞群五大部分組成。建築基址位於祭祀場所的西部近中段,門向西南,發掘者初步推測爲議事廳,或是祖廟。⑤ 紅土臺座北距建築基址約5米。此外,吳城遺址發現4件刻劃着文字的陶器,其中一件上面刻劃有四字,宋鎮豪先生將其釋爲"入土(社),嵩田"。四片陶文中,還有兩片是與祭祀祖先

① 宋鎮豪:《夏商社會生活史》,第509頁
② 南京博物院:《江蘇銅山丘灣古遺址的發掘》,《考古》1973年第3期,第71—78頁。
③ 江西省考古研究所:《吳城:1973—2002年考古發掘報告》,北京:科學出版社,2005年,第69—73頁。
④ 俞偉超:《銅山丘灣商代社祀遺跡的推定》,《考古》1973年第5期,第296—298頁;王宇信、陳紹棣:《關於江蘇銅山丘灣商代祭祀遺址》,《文物》1973年第12期,第55頁。
⑤ 江西省考古研究所:《吳城:1973—2002年考古發掘報告》,第69—73頁。

相關的。① 宋鎮豪先生聯繫祭社、祭祖陶文,認爲建築基址是宗廟祭祀建築,紅土臺座屬於當時的祭社地。② 若宋氏所論不謬的話,那麼就二者方位關係而言,宗廟建築在北,紅土台基位於其南,並没有位於宗廟建築的西(左),二者的位置關係與禮經所載“左祖右社”方位格局並不相同。

綜上,從目前考古資料來看,可明確爲商代社祭遺址共有4處,其中王都之社2處,即鄭州商城社祀遺址和殷墟丙組建築遺存;方國之社2處,即銅山丘灣社祀遺跡、吳城社祀遺址。無論是王都之社還是方國之社,其與宫廟建築之間皆構不成“左祖右社”的方位佈局。

## 四 從殷人祖、社方位佈局來看“三重證據法”在殷商禮制研究中的局限性

從傳世文獻來看,有關殷人祖、社方位佈局的論述最早可追述到漢代。在漢儒觀念中,殷周異制,周人流行的是“左祖右社”,殷人遵循的則爲“左社右祖”。漢儒的該觀點,不僅爲後世諸儒所沿襲,亦被他們援以解經。證諸史實,文獻所載殷人“左社右祖”的觀念,並非歷史之實録,而是在孔子質文説的基礎上,經子思、董仲舒、何休等人層累地建構起來的。從殷商甲骨文及考古材料來看,無論是殷商王都還是方國遺址内,皆不見禮經所載“左祖右社”的蹤跡,亦不見漢儒所言“左社右祖”的證據,祖、社建築則是不規則的共存於王都或方國城邑之内。據以上證據便得出“左祖右社”觀念在殷商時期尚未生成,恐怕還不能服衆。從學理上而言,我們還需要對上文研究方法的合理性進行審察,方可最後下結論。

鄧小南先生曾指出:“歷史學是一門反思的學科,歷史學討論的所有問題,都是建立在反思的基礎之上的。歷史學者自身也應有所反思,既要叩問史料,又要叩問研究方式。”③對殷人祖、社方位佈局問題的討論亦是如此,我們除了對與其相關的材料予以審視外,還需要對其研究方法進行反思。上文對殷人“左祖右社”禮俗的考察採取的主要是“三重證據法”,而關於“三重證據法”的討論恐怕先得從“二重證據法”説起。“二重證據法”最早是王國維先生於1925年在清華大學國學院講授《古史新證》時提出的,其内容具體爲:

① 魏建震:《先秦祭祀研究》,第101頁。
② 宋鎮豪:《夏商社會生活史》,第99頁。
③ 鄧小南:《略談研究選題與路徑——從個人觀察出發》,《澎湃新聞》2018年1月5日。

　　吾輩生於今日,幸於紙上之材料外,更得地下之新材料。由此種材料,我輩固得據以補正紙上之材料,亦得證明古書之某部分全爲實録,即百家不雅馴之言,亦不無表示一面之事實。此二重證據法,惟在今日始得爲之,雖古書之未得證明者,不能加以否定,而其已得證明者,不能不加以肯定,可斷言。①

王國維的"二重證據法"的基本内涵,可概括爲:運用甲骨文、金文文獻,補證傳世文獻,證明古書部分或全部之真僞。"二重證據法"在其提出以後,爲衆多古文獻、上古史等領域研究者奉爲圭臬。饒宗頤先生在"二重證據法"的基礎上提出了"三重證據法",即:

　　我認爲探索夏文化,必須將田野考古、文獻記載和甲骨文的研究三方面結合起來,即用"三重證據法"(比王國維的"二重證據法"多了一種甲骨文)進行研究,互相抉發和證明。②

饒宗頤先生的"三重證據法"雖然最初是針對夏文化提出的,不過,"三重證據法"作爲一種基礎的研究方法,它在殷商禮制考證中也有較廣泛的應用。殷商禮制研究苦於傳世文獻記載缺乏,早在春秋時代孔子已感歎"殷禮吾能言之,宋不足征也。文獻不足故也,足則吾能徵之矣。"(《論語‧八佾》)殷商甲骨文的發現和近代考古學的興起,爲殷商禮制研究提供了豐富的"出土材料",彌補了傳世文獻不足的缺陷。綜合甲骨文、金文以及相關考古材料與傳世文獻來考察殷商禮制,已經成爲了當前學界研究殷商禮制的"不二法門"。

　　殷人"左祖右社"禮俗再發覆正是基於"三重證據法"進行的一次關於殷商禮制研究的個案考察。不過,在具體考察過程中,我們發現"三重證據法"在殷商禮制研究中存在一定的局限。具體而言:"三禮"文獻以及歷代注疏等傳世文獻爲理解殷商禮制提供了基於文本的解釋框架,成爲了後世學者研究殷商禮制的重要依據。但是,"三禮"文獻往往成書較晚,尤其是漢儒的相關注疏又蘊含着經學的想象,傳世文獻時代的滯後性以及漢儒注疏的想象性致使傳世文獻所載殷商禮制與殷商史實的切合度本身就是一個難解的問題。甲骨卜辭爲殷商時期的王室"檔案",因其未經後人改動且保留了殷商文字的原貌,成爲了殷商禮制史研究的"第一手資料"。而且,甲骨文、金文資料在有争議的殷商禮制問題上往往起着"一錘定音"的作用。不過,甲骨卜辭乃至金文資料只不過是殷商晚期的材料,所記載的内容也多是圍繞商王及其家族而展開

---

① 王國維:《古史新證》,北京:清華大學出版社,1994年,第1—3頁。
② 曾憲通:《選堂先生三重證據法淺析》,《華學》第九、十合輯,上海:上海古籍出版社,2008年,第2頁。

的,是故,甲骨卜辭、金文材料所揭示的僅僅是晚商時期商王及其家族的貴族禮儀,用其來解釋商代早中期的貴族禮儀顯然是不合適的。考古材料(無字材料)是僵化的、物化的人類活動,其本身蘊藏了過去大量的人類活動的資訊。目前,殷商時期不同時段的考古材料均有所發現,這些考古材料,尤其是大型禮制建築材料、祭祀材料、墓葬材料已經成爲了殷商禮制研究的基礎材料。但多數考古材料具有"不自明"性,正如許宏先生所言:"考古材料本身不會説話,而考古學者的代言,不可避免地會融入研究者的主觀認識。在借鑒其他學科理論與方法的過程中,也會産生適配性的問題。"①讓無言的考古資料發出聲音,進而重構失落的殷商禮制,需要充分調動考古學者特有的闡釋力,這自然增加了殷商禮制的不客觀性。總之,傳世文獻的"滯後性"、甲骨文、金文資料的"片面性"以及考古資料的"不自明性",共同決定了"三重證據法"在殷商禮制研究中存在一定局限性。

"三重證據法"在殷商禮制研究中的局限性是否意味着我們在今後殷商禮制研究中要放棄"三重證據法"呢? 顯然不是。無論是傳世典籍,還是甲骨文、金文等出土文字資料,亦或是考古資料,都有其自身獨特的價值和用處,都是殷商禮制研究必須參考的資料。"三重證據法"在殷商禮制研究中的局限性提醒我們在運用"三重證據法"研究殷商禮制時,不僅需要重視每一重證據,還應當充分注意不同證據的不足之處,妥善處理不同證據之間的關係。尤其是當三種證據不協調的時候,或者兩種證據完全衝突的時候,我們應當謹慎、合理地選擇用一種證據而排除其他證據。具體就本文而言,傳世文獻《周禮》《禮記》雖然記載了"左祖右社"這一禮俗,但是並未明言殷人遵循着該禮俗。而且學界普遍認爲《周禮》《禮記》成書不早於春秋時期,它們所記內容不可避免地帶有東周時人構擬的成份。漢儒雖然依據文獻建構了殷人"左社右祖"禮俗,但其摻雜了經學想象的成份,亦經不起推敲。因此,從史料價值層面來看,傳世文獻的可信度顯然不如"出土材料"。"出土材料"中的甲骨文材料和考古材料雖然各自存在一定的局限,但是在殷人祖社位置佈局這個問題上二者顯然是可以互證的,它們共同表明在殷商晚期殷人尚未形成"左祖右社"或"左祖右社"禮俗。這也是利用"三重證據法"在殷商祖、社方位佈局探索中所能得出的最大限度的結論。

## 結　語

除傳世禮經及其相關注疏之外,殷商卜辭材料以及考古發現的建築、祭祀遺存,或

---

① 許宏:《從證經補史到獨步史前:考古學對"中國"誕生史的探索》,《南方文物》2016 年第 1 期,第10 頁。

爲禮制的文字記録或内含有禮制因素,它們成爲了研究殷商禮制不可或缺的史料。縱觀現有史料,傳世文獻和出土材料爲我們展示了殷人祖、社方位佈局的兩種不同形態,前者揭示的是殷人祖、社位置遵循着"左社右祖",而後者展示的是殷人祖、社不規則地共存於殷商王都或方國城邑之内的。綜合審察傳世文獻以及出土材料的可信度問題,可以發現傳世文獻關於殷人祖社位置關係的論述有後人構擬的成份,其可信度不如甲骨文、考古材料。證諸甲骨文、考古材料,殷人雖然已經使用方位分類原則來命名宗廟建築,還賦予了左右方位以尊卑屬性,但是殷商晚期殷人尚未形成"左祖右社"或"左社右祖"的方位禮俗。綜上,殷人祖社方位佈局的個案揭示了"三重證據法"在殷商禮制史研究中的"雙重"特徵,一方面利用"三重證據法"佐證、重構殷商史的做法,不僅可以填補史料空白,糾正文獻的訛誤,更重要的是有助於我們跳出傳統經學的框架,把殷商禮制研究建立在更加科學的基礎上;另一方面傳世文獻的"滯後性"、出土文獻的"片面性"以及考古資料的"不自明性"共同造成"三重證據法"在殷商禮制研究中存在一定的局限性,這種局限性提醒我們利用"三重證據法"研究殷商禮制所得出的結論往往具有一定的相對性,這點也是需要我們在上古史研究中警惕的。

**作者簡介:**

鄧國軍,男,1986 年生,山西忻州人,湖南大學岳麓書院副教授。主要研究領域爲出土文獻與先秦史,近年代表論著有《商周時期"中"觀念的生成與演變:兼論殷周制度文化的沿革》(《古代文明》2018 年第 1 期)、《清華簡〈祭公之顧命〉與西周"中"觀念》(《哲學與文化》2020 年第 10 期)。

# 儐禮考

杨　哲

**内容摘要**　從文字學角度考察，"賓"爲本字，"儐""擯"後起，由"賓"字演化而來。從禮學角度考察，"賓"通常作名詞指賓客，"擯"訓爲擯相或引導，"儐"則代表儐使者之禮，即儐禮。儐禮是古代一種邦交禮儀，具備規範化的儀節和豐厚的禮物，用以表達對使者本國君王的尊敬之意。西周金文所載儐禮行禮對象爲使者，出使之國贈送使者財物即爲儐禮。《儀禮》記載與此相反，出聘國使者在受聘國以主人身份贈送對方使者財物，亦稱儐禮，其主要儀節分拜迎使者、授几、授幣、拜送使者四部分。

**關鍵詞**　賓　擯　儐　儐禮

古人宫室由庭升堂分爲二階，東階稱阼階，亦稱主階，西階稱賓階。無賓不成禮，唯有主有賓方能分庭抗禮。"賓"字最古，"儐""擯"後起，由"賓"字演化而來。凡此三字皆與禮儀密切相關，承擔着不同的意義與功能。世人在傳鈔、刊刻過程中，時常將三字混用，致使歧異紛紛。尤其是在禮學領域，三字混用給禮學研究造成了極大困擾。

《武威漢簡》録《儀禮》漢簡九卷，其《燕禮》第 6 簡主人獻賓節"賓升自西階，主人亦升自西階，擯右北面至再拜，賓合（答）再拜"。陳夢家《校記》云："擯，今本作賓，案作'擯'者是，此擯即前簡之'擯者'也。"①陳先生認爲漢簡作"擯"爲是，今通行本作"賓"爲非。沈文倬就此作《陳氏〈禮漢簡校記〉正誤》駁之："燕禮爲公與群臣燕飲，命一大夫爲賓，公尊不自爲主人而以宰夫代之。故賓入之後，公不與賓爲禮，擯者亦不與堂上獻酢事……此獻賓節主人拜賓之涖臨，賓升西階，宰夫以非正主，且君席在阼，故不得升於阼階而必隨賓升西階，亦不得在阼階上而必在西階上與賓並立爲禮。與賓並立而主人在右（亦即在東），故曰賓右。《大射》同節今本簡本俱作'賓右'，而二禮又屢言'主人賓右'云云，簡本賓、擯多互訛，則此文當作'賓'。"②沈先生以經證經，疏通

①　中國科學院考古研究所、甘肅省博物館編：《武威漢簡》，北京：文物出版社，1964 年，第 177 頁。
②　沈文倬：《菿闇文存》，北京：商務印書館，2006 年，第 665—666 頁。

禮節,辨明漢簡本此處的"擯"當爲"賓"。

唐石經《聘禮》歸饔餼於賓介節"士介四人,皆饎大牢,米百筥,設于門外。宰夫朝服,牽牛以致之。士介朝服,北面再拜稽首受,無擯"。繼唐石經本作"擯"後,嚴、徐、閩本、《集釋》《通解》、敖繼公等皆作"擯",而毛本、監本又作"儐",至清儒胡培翬撰《正義》從毛本作"儐"。

一字之訛,聚訟千年,令人莫知所從。究其根本,皆因"賓"字演變流程不清,儐禮未明。故本文擬以甲骨文、西周青銅器銘文以及傳世文獻爲基礎材料,結合文字學、禮學等學科,深入考察"賓"與"儐""擯"關係,辨析儐賓之禮與禮賓之禮的差異,鈎沉西周儐禮,探究儐禮的發展歷程和具體儀節。

# 一 "賓"與"儐""擯"考辨

"賓"字起源甚古,且"賓"爲本字,"儐""擯"後起,由"賓"字演化而來。分辨"賓"與"儐""擯"之關鍵在於追溯"賓"字原始含義,探析其演化過程。早在殷商時期,甲骨文中便已出現大量"賓"字,甲骨文"賓"字作:

<blockquote>
㑁《合集》32　　㑁《合集》1401　　㑁《合集》18353

㑁《合集》3168　　㑁《合集》28092　　㑁《合集》30533
</blockquote>

西周時期,"賓"字進一步演化,其形如下:

<blockquote>
㑁《集成》88　　㑁《集成》5415　　㑁《集成》2719
</blockquote>

由上述可知,"賓"字演化歷程主要分三階段:《合集》32、1401、18353 從宀從人,字形最簡,爲後世所本;《合集》3168、28092、30533 從宀從人從止,所增之"止",表示客人自外而來;而《集成》5415、2719 從止變爲從貝,爲後起之字,其字形與今日所見"賓"字基本相同。王國維先生從字形演化角度,對甲骨文、金文中的"賓"字做過簡要闡釋:"(卜辭賓)上從屋,下從人從止,象人至屋下,其義爲賓。各客二字從夂,意皆如此。金文及小篆易從止爲從貝者,乃後起之字。"[1]王國維先生對"賓"字的釋讀得到大多數學者贊同,李孝定《甲骨文字集釋》即采用是説。不過王先生對甲骨"賓"字含義的叙述稍顯簡要,略作補充如下。

甲骨"賓"字主要釋義有三。其一,人名。郭沫若云:"卜辭亦多見'方字介在卜、貞

---

① 王國維:《觀堂集林》,北京:中華書局,1959 年,第 43 頁。

二字之間,乃人名。"①其二,賓敬之義,爲動詞。或祭先祖,或燕賓客。王襄云:"殷契王賓有二誼,一爲祭先祖,一爲燕賓客,誼皆爲王所賓敬者。"②其三,賓敬之對象,爲名詞。羅振玉、王國維本此説,解《洛誥》"王賓殺禋咸格"之"王賓"爲文王武王。王國維云:"於禮,卿大夫之繹祭謂之賓尸,則殷周間稱先王爲王賓亦不足怪也。《洛誥》時代去商甚近,其所云王賓當與卜辭義同。……故前釋爲文王武王。"③總之,從甲骨"賓"字釋義可見,"賓"與禮儀息息相關,作"賓敬之"解是施禮行爲和態度,作"賓敬對象"解是施禮對象,即賓。

先秦文獻中亦出現不少"賓"字,上述《洛誥》"王賓殺禋咸格"即爲一例。古注謂"王賓"爲助祭諸侯④,王國維釋"王賓"爲文王武王,郭沫若則認爲"王賓"爲"王儐","賓"作動詞爲儐文武之意⑤。又《堯典》"寅賓出日",古注釋"賓"爲"道"⑥。《堯典》"賓于四門,四門穆穆",鄭康成曰:"賓,擯。舜爲上擯以迎諸侯。"⑦

結合出土文獻和傳世文獻記載來看,"賓"之一字,含義甚廣,既有賓客義,又有儐禮義,亦含擯導、擯者之義,使用情況頗爲複雜。"儐""擯"二字出現後,分化了"賓"字部分含義,文意使用趨於規範。但"賓"與"儐""擯"時常互相借用,同一篇文獻中三字混用現象屢見不鮮。尤其是在與此三字密切相關的禮學領域,三字混用給禮學研究帶來了莫大困擾。例如唐石經與宋元本《儀禮·聘禮》,同一篇禮典中"儐""擯"頻頻錯出,令人莫知所從。可若結合文字學與禮學,辨明"儐""擯"關係,難題便可迎刃而解了。今試作分析如下:

許慎《説文·人部》:"儐,導也。从人賓聲。儐或从手。"許慎認爲儐、擯形異義同。可代入禮經文本中,如"賓用束錦儐勞者","儐"顯然不能作"導"解釋。《儀禮·覲禮》王使人郊勞節"侯氏用束帛乘馬儐使者",鄭玄注"儐使者,所以致尊敬也"。鄭玄從禮學的角度,認爲"儐"爲禮賓之意,爲儐使者之意。

許慎、鄭玄對"儐""擯"的理解差異,清儒段玉裁進行過詳細分析。段氏《説文解字注》云:

> 《周禮·司儀》《注》曰"出接賓曰擯"。《聘禮》"卿爲上擯,大夫爲承擯,士爲

① 李孝定:《甲骨文字集釋》,臺北:"中央研究院"歷史語言研究所,1970年,第2150頁。
② 李孝定:《甲骨文字集釋》,第2151頁。
③ 王國維:《觀堂集林》,第44頁。
④ 孫星衍:《尚書今古文注疏》,北京:中華書局,1986年,第420頁。
⑤ 李孝定:《甲骨文字集釋》,第2149—2150頁。
⑥ 孫星衍:《尚書今古文注疏》,第14頁。
⑦ 孫星衍:《尚書今古文注疏》,第33頁。

紹擯",《注》曰"擯謂主國之君所使出接賓者也"。《士冠禮》"擯者請期",《注》曰"擯者,有司佐禮者,在主人曰擯"。①

可見,鄭玄認爲"擯"爲擯相之義,承擔迎接賓客和輔佐主人行禮的職務。段《注》又云:

《聘禮》"賓用束錦儐勞者",又"儐之如初",又"儐之兩馬束錦",又"無儐",凡言儐者九②。……鄭據禮經字作儐,是以《周禮·司儀》"賓亦如之""賓使者如初之儀"皆云"賓當爲儐",易賓爲儐,取賓禮相待之義,非擯相之義也。③

可見,鄭玄認爲"儐"爲賓禮之義,是禮儀名稱。段《注》再云:

然則合二禮訂之,擯相字當从手,賓禮字當从人,許儐擯合而一,云"導也",與二《禮》及鄭説不合。④

段玉裁從禮學角度出發,贊同鄭玄對"儐""擯"二字的分辨,反對許慎"儐""擯"不分的做法。總之,嚴格區分"儐""擯",不僅有利於規範文字使用,還有助於校勘禮書、理解禮意。唐石經與宋元本《聘禮》中錯出的"儐""擯",在胡培翬《儀禮正義》中均已得到了校勘和糾正,詳列如下:

①《聘禮》歸饔餼於賓介節"士介朝服,北面再拜稽首受,無儐"。

《正義》曰:《校勘記》云:"唐石經、嚴、徐、陳、閩、葛本、《集釋》《通解》、楊、敖俱作'擯'。"李氏云:"'擯'當作'儐'。下經、記'無擯',及注'不擯賓'同。"秦氏蕙田云:"案:'儐',石經及宋元本皆作'擯',故楊復、李如圭皆云當作'儐',監本已改正。"今案:毛本作'儐',與監本同,從之。⑤

②《聘禮》賓問卿面卿節"賓降,出。大夫降,授老幣,無儐"。

《正義》曰:《校勘記》云:"'儐',唐石經、徐、陳、閩、葛、《集釋》《通解》、楊、敖俱作'擯',注同。"今亦從毛本作"儐",義詳於前。⑥

③《聘禮·記》"士無饔,無饔者無儐"。

《正義》曰:《校勘記》云:"'儐',唐石經、嚴、徐、陳、閩、葛本、《集釋》《通

---

① 段玉裁:《説文解字注》,北京:中華書局,2013年,第375頁下欄。
② 段氏所見《儀禮·聘禮》版本有三處"儐"錯出爲"擯",故而段氏説"凡言儐者九",其實爲十二,詳見下文。
③ 段玉裁:《説文解字注》,第375頁下欄。
④ 段玉裁:《説文解字注》,第375頁下欄、376頁上欄。
⑤ 胡培翬:《儀禮正義》,北京:北京大學出版社,2016年,第815頁。
⑥ 胡培翬:《儀禮正義》,第817頁。

解》、楊、敖俱作"擯"。李氏曰:"當爲'儐'。"今案:監本、毛本已改從"儐"。①

經過校勘,上述三處"擯"均當爲"儐","無儐"爲不行使儐禮義。

綜上,從禮學的角度考察,"賓"作名詞指賓客,"擯"訓爲擯相或引導,"儐"則代表儐賓之禮,即儐禮。

## 二 "儐賓"與"禮賓"考辨

據禮書記載,賓、主人行禮既畢有待賓之禮,主要分儐賓、禮賓兩大類。通過儐賓、禮賓的對比研究,可歸納出儐禮主要特徵。東漢鄭玄、清儒淩廷堪曾分別就此問題進行過研究,形成了兩套解釋體系。

《周禮·司儀》:"及廟,唯上相入,賓三揖三讓,登,再拜授幣,賓拜送幣。每事如初,賓亦如之。"鄭《注》:"賓當爲儐,謂以鬱鬯禮賓也。上於下曰禮,敵者曰儐。《禮器》曰'諸侯相朝,灌用鬱鬯,無籩豆之薦',謂此朝禮畢,儐賓也。"所謂"上於下曰禮",即如《聘禮》聘享畢,主國君主禮聘賓之類;所謂"敵者曰儐",即如《聘禮》君使卿勞賓,賓以束錦儐勞者之類。在鄭玄的禮學體系中,儐賓與禮賓似乎有相同的意味,只是名稱不同,上對下稱"禮",平級稱"儐"。清儒淩廷堪則認爲鄭玄的解釋"與禮例未合"②,他反駁道:"然《覲禮》聘享畢,經不云禮賓,注亦不引《大行人》以釋之,蓋以其難強同歟?"③鄭玄以行禮雙方的等級來區分儐賓、禮賓,確實難以完全彌合行禮實際狀況。例如,《聘禮》夫人使下大夫勞賓,禮畢,賓"儐之如初",賓爲卿,勞者爲下大夫,賓儐勞者是上對下行禮,按鄭玄理解此處應爲禮賓,但經文使用的是"儐",顯然與鄭玄觀點相左。

淩廷堪在分析禮例的基礎上,提出了關於"儐""禮"的新觀點。"凡賓、主人行禮畢,主人待賓,用醴則謂之禮,不用醴則謂之儐。廷堪案:賓、主人行禮既畢,必有禮賓及儐使者之禮,所以申主人之敬也。"④淩廷堪歸納了"禮賓"兩例:其一,《士昏禮》納采、問名畢,擯者請禮賓(鄭《注》"此醴亦當爲禮"),賓禮辭,許。主人迎賓,拜送几,賓設几。贊者酌醴,賓拜受醴。贊者薦脯醢,賓即筵坐,祭脯醢與醴。此女父禮賓,用醴。其二,《聘禮》聘享禮畢,擯者請禮賓,賓禮辭,聽命。公迎賓,拜送几,賓設几。宰

① 胡培翬:《儀禮正義》,第884頁。
② 淩廷堪:《禮經釋例》,北京:北京大學出版社,2012年,第148頁。
③ 淩廷堪:《禮經釋例》,148頁。
④ 淩廷堪:《禮經釋例》,146頁。

夫實觶以醴,賓受醴。宰夫薦籩豆脯醢,賓祭脯醢與醴。公用束帛,賓受幣,執左馬以出。此主國之君禮賓,用醴。

凌氏又歸納了"儐賓"九例,分別是《聘禮》"賓用束錦儐勞者";夫人使下大夫勞賓,賓"儐之如初";君使卿歸饔餼於賓,禮畢,賓出迎大夫,鄭《注》"賓出迎,欲儐之";君使下大夫歸饔餼於上介,上介"儐之兩馬束錦";夫人使下大夫歸禮賓,"賓如受饗之禮,儐之乘馬束錦";夫人歸禮上介,上介"受之如賓禮,儐之兩馬束錦"。《覲禮》王使人用璧勞,禮畢,"侯氏用束帛、乘馬儐使者";天子賜舍,"侯氏儐之束帛、乘馬";天子賜侯氏以車服,侯氏"儐使者:諸公賜服者,束帛四馬,儐大史亦如之"。在凌廷堪的禮學體系中,是否用醴成爲區分儐賓、禮賓的唯一標準。

後來學者孫詒讓對鄭、凌二説的差異進行分析,孫氏道:"此經(《周禮》)之儐爲裸禮,《禮經》之儐爲幣馬,事實不同。鄭此《注》之意,蓋謂此經字雖作'儐',實與《禮經》之禮相近,但以尊卑文異,其與《禮經》之儐事固不相涉也。若然,此注之禮即《禮經》之禮,而儐非即《禮經》之儐,不必援彼釋此。"[1]孫氏強調《周禮》與《禮經》的區別,以解釋鄭玄對"儐""禮"的理解。同時,孫氏也意識到《周禮》所言"儐"與《禮經》之儐事無關,若要準確理解儐賓、禮賓,仍當以《禮經》爲主要考察對象。

凌廷堪所列《禮經》儐賓之禮九例、禮賓之禮兩例,實則不止。例如《士冠禮》冠畢,"賓出,主人送于廟門外,請醴賓。賓禮辭,許"(鄭《注》"此醴當作禮"),乃禮賓以壹獻之禮。此冠者之父禮賓也。再如祭禮有儐尸、禮尸之禮。《有司徹》鄭《目錄》云:"《少牢》之下篇也。大夫既祭,儐尸於堂之禮。祭畢,禮尸於室中。"儐尸、禮尸同時出現,賈《疏》對此解釋云:"言'大夫既祭,儐尸於堂之禮'者,謂上大夫室內事尸行三獻禮畢,別行儐尸於堂之禮。又云'祭畢,禮尸於室中'者,據下大夫室內事尸行三獻,無別行儐尸於堂之事,即於室內爲加爵禮尸,即下文云'若不儐尸'以下是也。"[2]此上大夫儐尸、下大夫禮尸之禮。

綜上所列,大體可以對禮書中的儐賓、禮賓之禮做出簡要分辨。在此之前,先要對"賓"作定義。所謂"賓",可分爲兩大情況:其一,"賓"指一切來賓,包括尸。在這種情況下,儐賓、禮賓並無明晰區分,也無隆殺之別,當可泛指待賓之禮。其二,"賓"特指邦交禮儀中的君王使者,如《聘禮》中的主國國君使者、《覲禮》中的王使,此時儐賓即凌廷堪所列儐賓九例,禮賓即《聘禮》聘享禮畢主國之君禮賓之禮。

---

① 孫詒讓:《周禮正義》,北京:中華書局,1987年,第3037頁。
② 阮元校刻:《儀禮注疏》,《十三經注疏》,北京:中華書局,1980年,第1206頁。

# 三　青銅器銘文所載西周儐禮鈎沉

　　禮書所載儐禮實爲一種邦交禮儀,且淵源有自,至遲在西周便已出現。根據西周青銅器銘文,可對當時儐禮做出簡要鈎沉。

　　甲骨文"賓"字从宀从人从止,金文"賓"字易从止爲从貝,王國維認爲:"金文及小篆易从止爲从貝者,乃後起之字。古者賓客至必有物以贈之,其贈之之事謂之賓,故其字从貝,其義即《禮經》之'儐'字也。"①王先生從文字學的角度,率先將金文中的"賓"字與儐禮聯繫起來。楊樹達進一步指出金文中出現的"賓"爲儐使者之禮,楊先生《弭仲簠再跋》云:"擯使者之禮見於彝銘者,《瞏卣》夷白賓瞏貝布,《盂卣》登白賓盂貝,《史頌殷》穌賓章馬四匹吉金,以及《大殷》《守殷》《㒼殷》《公貿鼎》諸器所記是也。"②陳夢家亦云:"晚周《儀禮》嘗記儐使之制:《覲禮》曰'侯氏用束帛乘馬儐使者,使者再拜受','侯氏再拜稽首,賓之束帛乘馬';《聘禮》曰'賓用束錦儐勞者,勞者再拜稽首受'。凡此侯氏儐天子使者以束帛、乘馬,和金文所賓多爲布帛、乘馬,極相符合。"③陳先生更進一步,將西周金文中的儐禮與《儀禮》記載的儐禮對照比較,得出"極相符合"的結論。

　　王、楊、陳三位先生均意識到西周即存在儐禮,且與後出《儀禮》書中記載的儐禮一脈相承,可惜三位先生點到即止,論述未爲詳備。本文將在三位先生研究的基礎上,盡力搜羅西周青銅器中有關儐禮的銘文,並按照時代順序進行排列分析,以期對西周儐禮形成較爲全面的認識。

　　西周早期《保卣》銘文(《集成》5415):

> 乙卯,王令保及殷東國五侯,誕睍六品,蔑曆于保,賜賓,用作文父癸宗寶尊彝。遘于四方,會王大祀祓于周,在二月既望。

據學者考證,這篇銘文記載的是西周武王時事。④ 乙卯,王命令保出使殷東國五侯,保歸國後,王勉勵保完成出使任務,並將此次出使所得儐物賜予他。《保卣》所載儐禮儀節主要分爲兩個層級:第一,保身爲王使者出使他邦,得到儐物;第二,保歸來後,王又將儐物賜予保。

---

① 王國維:《觀堂集林》,第43—44頁。
② 楊樹達:《積微居金文説》,上海:上海古籍出版社,2007年,第197頁。
③ 陳夢家:《西周銅器斷代》,北京:中華書局,2004年,第8頁。
④ 陳夢家:《西周銅器斷代》,第7頁。

西周早期《作册睘卣》銘文(《集成》5407):

> 唯十又九年王在庠,王姜令作册睘安夷伯,夷伯賓睘貝布。揚王姜休,用作文考癸寶尊彝。

此王爲成王,王姜乃成王之后,①王姜命令作册睘安夷伯,夷伯以貝、布儐睘。《作册睘卣》所載儐禮儀節爲:睘作爲王后使者出使他邦,他邦君主對其行使儐禮,賞賜儐物。此銘所載儐物爲貝、布,應是西周通行貨幣之屬。

西周早期《盂爵》銘文(《集成》9104):

> 唯王初秊于成周,王令盂寧鄧伯,賓貝,用作父寶尊彝。

此器仍屬於成王時代,秊爲祭名。②《盂爵》所載儐禮儀節比較簡單:王命令盂寧鄧伯,鄧伯儐盂,儐物爲貝。

西周中期《公貿鼎》銘文(《集成》2719):

> 唯十又二月初吉壬午,叔氏使貧安叓伯,賓貧馬驫乘。公貿用揚休鱻,用作寶彝。

據銘文字體考證,此器作於康王時代。作器者名公貿,字貧。③《公貿鼎》所載儐禮儀節與上述銘文類似,唯使者貧乃叔氏所命,且儐物爲馬。

西周中期《蒲段》銘文(《集成》4195):

> 唯六月既生霸辛巳,王命蒲罩叔絲父歸吳姬飴器,師黃賓蒲璋一馬兩,吳姬賓帛束。蒲對揚天子休,用作尊段。季姜。

陳夢家據此段形制花紋,暫定爲孝王器。④銘文記載了王命令蒲歸贈吳姬飴器,師黃爲異姓侯伯,吳姬乃其妻室。蒲作爲王使履行歸贈吳姬的任務後,師黃與吳姬分別儐禮蒲,儐物爲璋、馬、帛。該篇銘文所載儐禮儀節與上述銘文類似,唯一不同在於侯伯與侯伯妻室均儐禮王使。

西周晚期《大段蓋》銘文(《集成》4298):

> 唯十又二年三月既生霸丁亥,王在豊侲宫,王呼吳師召大賜趣睽里。王令膳夫豕曰趣睽曰:"余既賜大乃里。"睽賓豕璋、帛束。睽令豕曰天子"余弗敢吝"。

---

① 陳夢家:《西周銅器斷代》,第 61 頁。
② 陳夢家:《西周銅器斷代》,第 63 頁。
③ 陳夢家:《西周銅器斷代》,第 132 頁。
④ 陳夢家:《西周銅器斷代》,第 228 頁。

豕以眕導大賜里,大賓豕**飘**璋馬兩,賓眕**飘**璋帛束。大拜稽首,敢對揚天子丕顯
休,用作朕皇考烈伯尊毁,其子子孫孫永寶用。

此銘記王以**趄**眕里賞賜大。其具體過程爲王命令豕告知眕此事,眕以璋帛儐禮豕,並
與豕一起導大賜里,於是大分別儐禮王使豕和眕,儐物爲璋、馬、帛。《大毁蓋》所載儐
禮實則有兩條。其一,眕儐王使豕;其二,大儐王使豕以及與豕同來的眕。

西周晚期《史頌鼎》銘文(《集成》2787):

> 唯三年五月丁巳,王在宗周,令史頌省蘇,**澗**友里君百姓,帥**鞹**盭于成周。休
> 有成事,蘇賓璋馬四匹吉金。用作**齎**彝,頌其萬年無疆日**遐**天子**覜**命,子子孫孫永
> 寶用。

此器爲厲王時器,①所載儐禮儀節較爲簡單:王在宗周命令史頌東至成周省視蘇國,蘇
儐王使史頌璋、馬、吉金。

以上述銘文爲基礎,從儐禮行禮對象、儐禮儀節以及儐物三方面考察,可大致鈎沉
出西周儐禮。首先,從行禮對象的身份來看,儐禮主要面向王使者或王后使者,以及與
王使者同行承擔王命之人。例如《大毁蓋》銘文所記的眕,眕雖非王使但亦奉王命,故
而大一並儐之。但亦有並非君王使者,例如《公貿鼎》所載儐禮對象**貧**即非王使,而是
叔氏所派。其次,從儐禮儀節來看又分爲兩種情況:其一,使者奉王命出使,出使對象
對使者行使儐禮且饋贈儐物,使者歸來復命時,王將其所受儐物賞賜給他,如《保卣》
所記;其二,使者受命出使,出使對象儐禮使者,無王賞賜儐物之事,如《盂爵》《史頌
鼎》等所記。最後,從儐物來看,有璋、金、馬、貝、布、帛之屬不等。

## 四 《儀禮》所見儐禮的文本化與規範化

西周青銅器銘文所載儐禮比較粗略,且詳於儐物,疏於儀節。至春秋戰國時期,禮
儀逐漸文本化,《儀禮》書中記載的儐禮相較於西周更加細緻、規範。歸納疏理《儀禮》
中的儐禮,有助於了解儐禮在西周之後的發展變化和具體儀節。

《儀禮·聘禮》共提及 12 次儐禮,其中 11 次明確使用"儐"字,只有一次雖没有使
用"儐"字,但根據上下文意和鄭玄注仍可判斷是在闡述儐禮。現依行禮次序將這 12
次儐禮闡列如下:

> ①郊勞節,君使卿勞賓,禮畢,賓"出迎勞者,勞者禮辭。賓揖先入,勞者從

---

① 陳夢家:《西周銅器斷代》,第 306 頁。

之。乘皮設。賓用束錦儐勞者。勞者再拜稽首,受。賓再拜稽首,送幣。勞者揖皮出,乃退。賓送再拜"。(鄭《注》:"言儐者,賓在公館如家之義,亦以來者爲賓。")

②郊勞節,夫人使下大夫勞賓,禮畢,賓"儐之如初"。

③歸饔餼於賓介節,君使卿歸饔餼於賓,畢,賓"出迎大夫,(鄭《注》:"賓出迎,欲儐之。")大夫禮辭,許,入,揖讓如初。賓升一等,大夫從,升堂。賓降堂,受老束錦,大夫止。賓奉幣西面,大夫東面。賓致幣,大夫對,北面當楣,再拜稽首。受幣于楹間,南面,退,東面俟。賓再拜稽首,送幣。大夫降,執左馬以出。賓送于外門外,再拜"。

④歸饔餼於賓介節,君使下大夫歸饔餼於上介,畢,上介"儐之兩馬束錦"。

⑤歸饔餼於賓介節,餼士介,宰夫牽牛以致之,"士介朝服,北面再拜稽首,受,無儐"。

⑥賓問卿面卿節,賓問卿,禮畢,"賓降,出。大夫降,授老幣,無儐"。

⑦夫人歸禮賓介節,夫人使下大夫歸禮賓,"賓如受饔之禮,儐之乘馬束錦"。

⑧夫人歸禮賓介節,夫人歸禮上介,上介"受之如賓禮,儐之兩馬束錦"。

⑨主國君臣饗食賓介之禮節,若公不親食賓,使大夫"致之以侑幣,如致饔,無儐"。

⑩賓行主國贈送節,公使卿贈賓,"受於舍門外,如受勞禮,無儐"。

⑪賓行主國贈送節,大夫親贈賓,"如其面幣,無儐"。

⑫《聘禮 · 記》:"士無饔,無饔者無儐。"

在 12 處儐禮中,①②③④⑦⑧共六處使用儐禮,其餘 6 處則是標明"無儐",即不使用儐禮。這六處儐禮又大致分爲兩種情況:其一爲郊勞畢,賓儐君使者和君夫人使者,具體儀節如①所示;其二爲歸禮畢,賓、上介儐君使者和君夫人使者,具體儀節如③所示。

《儀禮 · 覲禮》共提及 3 次儐禮:

①王使人郊勞節,王使人用璧勞,禮畢,使者出,"侯氏乃止使者,使者乃入。侯氏與之讓升。侯氏先升,授几。侯氏拜送几,使者設几,荅拜。侯氏用束帛、乘馬儐使者,使者再拜受。侯氏再拜送幣。使者降,以左驂出。侯氏送于門外,再拜"。(鄭《注》:"儐使者,所以致尊敬也。")

②王賜侯氏舍節,"侯氏儐之束帛、乘馬"。(鄭《注》:"王使人以命致館,無禮,猶儐之者,尊王使也。侯氏受館於外,既則儐使者於内。")

③王賜侯氏車服節，"使者出，侯氏送再拜。儐使者：諸公賜服者，束帛、四馬，儐大史亦如之"。（鄭《注》：既云'拜送'，乃言儐使者，以勞有成禮，略而遂言。"）

《覲禮》中的三次儐禮，具體儀節如①所示。

由此可知，《儀禮》書中所載儐禮屬於邦交禮《聘禮》《覲禮》中的重要禮節，且共分三大類情況：《聘禮》賓儐勞者、賓儐歸饔餼者，《覲禮》侯氏儐使者。從禮儀的使用場合、地點、人員、儀節以及儐物五方面剖析，當可歸納疏理出禮書所載儐禮面貌。現列一表格示意如下：

**儐禮表 1**

| | 聘禮·賓儐勞者 | 聘禮·賓儐歸饔餼者 | 覲禮·侯氏儐使者 |
|---|---|---|---|
| 使用場合 | 賓至於近郊，君使卿勞賓，勞禮畢 | 君使卿歸饔餼於賓，禮畢 | 侯氏至於郊，王使人勞侯氏，勞禮畢 |
| 地點 | 郊舍 | 賓館 | 帷宮 |
| 參與人員 | 賓、君使者卿 | 賓、君使者卿 | 侯氏、王使者 |
| 具體儀節 | ①迎入使者。<br>賓出迎使者，使者禮辭。賓揖先入，使者從之。<br>②授幣。<br>乘皮設。賓用束錦儐使者。使者再拜稽首，受，賓再拜稽首，送幣。<br>③拜送使者。<br>使者揖皮出，乃退。賓送再拜。 | ①迎入使者。<br>賓出迎使者，使者禮辭，許，入，揖讓如初。賓升一等，使者從，升堂。<br>②授幣。<br>賓降堂，受老束錦，使者止。賓奉幣西面，使者東面。賓致幣，使者對，北面當楣，再拜稽首。受幣于楹間，南面，退，東面俟。賓再拜稽首，送幣。<br>③拜送使者。<br>使者降，執左馬以出。賓送于外門外，再拜。 | ①迎入使者。<br>侯氏乃止使者，使者乃入。侯氏與之讓升。侯氏先升。<br>②授几。<br>侯氏拜送几，使者設几，荅拜。<br>③授幣。<br>侯氏用束帛、乘馬儐使者，使者再拜受。侯氏再拜送幣。<br>④拜送使者。<br>使者降，以左驂出。侯氏送于門外，再拜。 |
| 儐物 | 束錦、乘皮 | 束錦、乘馬 | 束帛、乘馬 |

從上表亦可得出《儀禮》所載儐禮的基本特徵：第一，儐禮指邦交禮儀中的儐使者之禮，使者必須為天子、諸侯國君或王后、君夫人所遣；第二，使者地位不低，《儀禮》中所見使者均為大夫及以上等級身份；第三，儐禮具體儀節主要有拜迎使者、授几、授幣、

拜送使者四部分,如上表所列,但没有飲食醴酒;第四,儐使者用皮馬帛錦等物品。

與西周金文所載儐禮相比較,《儀禮》有以下四點不同。第一,使者身份差異,金文中的使者多爲天子或王后所遣,亦有其他長官所遣,如《公貿鼎》中的使者爲叔氏所遣,但《儀禮》中的使者均爲天子、國君或王后、君夫人所遣;第二,儀節詳略不同,金文儀節簡略,《儀禮》中的儀節至少有迎入使者、授幣、拜送使者三部分,部分增加授几儀式,儀節較爲詳備;第三,儐物不同,金文中的儐物豐富,有璋、金、馬、貝、布、帛之屬不等,而《儀禮》中的儐物則固定爲皮馬帛錦;第四,西周金文所載儐禮行禮對象爲使者,出使之國贈送使者財物即爲儐禮。《儀禮》與此相反,出聘國使者在受聘國以主人身份贈送對方使者財物,亦稱儐禮。

綜上所述,本文從溯源"賓"字演化流程出發,辨析"賓"與"擯""儐"之別、儐賓與禮賓之別,並通過分析卜辭、金文等出土材料以及《儀禮》《周禮》等傳世文獻,疏理出儐禮的發展歷程和基本特徵。如此,則不僅可以解決禮書中"賓"與"擯""儐"混用問題,還對儐禮的起源與發展做出了初步探索。然儐禮只是邦交禮儀中衆多待使者之禮中的一種,此外如禮使者、贈使者、酬使者諸禮,皆有進一步研究的必要和價值。

**作者簡介:**

楊哲,女,1994 年生,安徽無爲人,湖南大學嶽麓書院博士研究生,主要研究領域爲經學與學術思想史,近年代表論著爲《徽州學者禮經學治學方法初探》(《古籍研究》2021 年總第 74 輯)。

# 禮學背景下對伯或父鼎銘文的釋讀[*]

貫海生　　鄭静

**内容摘要**　伯或父鼎是西周時代中期的有銘銅器,銘文中有諸家未釋出的古文字。若將銘文置於禮學背景之下,以傳世禮書爲參證,可知銘文記載了伯或父爲了在殯宫中虞祭其亡妻,制作了行禮的寶鼎,新作了依神的木主;虞祭之後,又在宗廟中以祔祭典禮祔其妻之木主於其祖姑,而由大宗宗子主其禮。銘文與禮書記載了當時實際踐行的禮典,詳略不同而已,因而可以相互發明,彼此互證,而未釋出的古文字亦可在禮學背景下説其形、釋其義。

**關　鍵　詞**　伯或父鼎　虞祭　祔祭

吳鎮烽編著的《商周青銅器銘文暨圖像集成續編》第一卷著録了一件私家收藏的有銘銅器,題爲伯或父鼎,編號 0231,斷爲西周中期後段時器;對器形也作了客觀的描述:窄沿方唇,下腹向外傾垂,底部近平,一對附耳高聳,三條柱足較矮,頸部飾竊曲紋,其下有一周粗弦紋;同時還隸寫了銘文。爲便於展開討論,照例依行款格式引之如下:

> 佳(唯)王三月初吉丁亥,
> 白(伯)或父乍(作)凡姬🔲宫
> 寶尊鼎,凡姬乃新🔲。
> 宗人曰:"用爲女(汝)帝方
> 器。"宗人其用朝夕言(享)
> 事于敵(嫡)宗室,肇學耆(前)
> 文人,秉德其井(型),用夙
> 夜于帝(嫡)宗室。宗人其
> 邁(萬)年子子孫孫永寶用。

* 本文爲國家社會科學基金冷門絶學專項研究項目"出土文獻與禮樂文明研究"(22VJXG008)階段成果。

就上引釋文來看,不僅文中有難以隸定的古文字,而且文脈似曲折不貫,文義亦隱晦不明。因此,自伯或父鼎刊佈之後,立刻就引起了學者的關注。朱鳳瀚、韓巍曾聯繫其他器銘,對伯或父鼎做過研究。① 若從禮學的角度切入,與禮書的記載相互參證,不難發現銘文涉及凶禮轉爲吉禮過程中的不同禮典,仍有可以繼續討論的餘地。

從伯或父鼎的器形照片來看,其器屬於王世民等所分圓腹鼎中的第5式。此式爲附耳鼎,數量較少,器形變化較大,出土的代表器有強伯鼎、伯唐父鼎、七年趞曹鼎、斁叔鼎,諸器跨越的時代較大,從西周中期延續到西周晚期。② 伯或父鼎與伯唐父鼎相似,而伯唐父鼎的時代在昭穆之際,則伯或父鼎或亦是昭穆時代的銅器。

伯或父爲凡姬作器,稱其姓以明同姓不婚,則凡姬當是伯或父之妻。伯或父既爲祭祀凡姬制作有銘禮器,表明其妻是已亡之人。若是爲母作器,則銘文中或稱妣、或稱母以別於稱姓表明是爲妻作器。③ 古之喪禮自始死至於入葬,皆奠而不祭。據《儀禮·士喪禮》而言,共有始死奠、小斂奠等十種不同名稱的喪奠。凡喪中之奠,皆是始死至葬時的祭名,因奠時不立尸,僅置酒食於地,所以謂之爲奠。既葬之後,不見亡親,遂行虞祭,立尸饗神,使亡親有象,使魂氣有歸。《禮記·檀弓下》云:"葬日虞,弗忍一日離也。是日也,以虞易奠。"虞爲安神之祭,文獻屢有説明。《廣雅·釋詁》云:"虞,安也。"《釋名·釋喪制》云:"既虞還祭於殯宮曰虞,謂虞樂安神,使還此也。"《儀禮·士虞禮》記載的虞祭主要有陳設牲器、主賓即位、設饌陰厭、迎尸妥尸、饗尸九飯、主人獻尸、主婦亞獻、賓長三獻、祝告利成、改設陽厭等儀節,可據以觀察到虞祭的總體面貌。鄭玄《目録》云:"虞,猶安也。士既葬其父母,迎精而反,日中而祭之於殯宮以安之之禮。"④ 實際上,虞祭並不僅僅限於父母之喪,喪妻之禮亦行虞祭以安樂其神。《禮記·喪服小記》云:"婦之喪,虞、卒哭,其夫若子主之。"妻非血親,僅是義合。婦人有三從之義,出嫁從夫,則以夫爲天。既移天與己齊體,故妻亦是至親之人,《喪服傳》所言"妻至親也"即是明證。妻之喪亡,其夫主持虞祭以安樂其神,合乎禮制、人情的要求。《士虞禮》後附記文云"男,男尸;女,女尸",則虞祭亡妻所立之尸是女尸。葬後虞祭的次數,隨死者爵位的高低而有多寡之分。《雜記下》云:"士三虞,大夫五,諸侯七。"此文僅就男子而言,婦人之喪有幾次虞祭,文獻沒有明確的記載。《禮記·郊特

---

① 朱鳳瀚:《宗人諸器考——兼及再論西周貴族家族作器制度》,北京大學出土文獻研究所《青銅器與金文》第1輯,上海:上海古籍出版社,2018年,第16—28頁;韓巍:《新出"宗人"諸器所反映的西周宗族關係》,《嶺南學報》復刊第10輯。

② 王世民等:《西周青銅器斷代研究》,北京:文物出版社,1999年,第40—41頁。

③ 賈海生:《周代禮樂文明實證》,北京:中華書局,2010年,第36—47頁。

④ 黃焯:《經典釋文彙校》,北京:中華書局,2006年,第343—344頁。

牲》云："婦人無爵,從夫之爵。"若據此推測,士之妻三虞,大夫之夫人五虞,諸侯之夫人七虞。雖然虞祭的次數視爵位而定,但初虞皆在葬日的日中行之,則是共同的特點。

以傳世禮書記載的喪禮爲據,伯或父喪其妻凡姬當亦舉行虞祭以安樂其神而使其魂氣有所依歸,再與銘文所言"伯或父作凡姬🔲宮寶尊鼎"合觀,🔲字雖然諸家皆未釋出,若將其置於虞祭典禮的觀照之下,以相關禮書的記載爲參證,可斷"🔲宮"無疑就是舉行虞祭的處所,禮書中稱之爲殯宮。所謂殯宮,即適寢。《士喪禮》云"死于適室",《既夕禮》後附記文云"士處適寢",根據鄭注的説明,適室是適寢之室,則適寢是統室與房的大名。① 死於適室,斂屍於棺,而暫時停棺於適寢之賓階待葬,所以喪禮期間適寢又有殯宮之稱。就喪禮的總體進程而言,以祭易奠,始於虞禮,隨後經過卒哭、祔祭、小祥、大祥、禫祭等一系列的祭祀典禮,凶禮才逐漸轉變爲吉禮而吉禮又是依時舉行的常祀。伯或父在虞祭時就爲其妻制作可用於各種祭祀典禮的禮器,當是因爲陳鼎載俎是各種禮典不可或缺的重要儀節。因此,根據上文的論述,可證伯或父鼎就是爲了在殯宮中虞祭凡姬所作禮器,而銘中"宗人其萬年子子孫孫永寶用"之語,又透露了伯或父在虞祭時就爲其妻制作禮器或是出於從長計宜。

既已確定伯或父爲亡妻作鼎的目的是用於以祭易奠的虞禮及隨後舉行的各種祭祀禮典,則銘中"凡姬乃新🔲"的句意及句中古文字之義亦可揭而明之。喪禮自始死之日就在殯宮庭中懸置一截木制的"重"以爲死者魂氣所依之物。《士喪禮》云："重,木刊鑿之。甸人置重于中庭,參分庭一在南。夏祝鬻餘飯,用二鬲於牆下。幂用疏布,久之,繫用靲,縣于重。"根據鄭注、賈疏的解釋,重是以木制成,木長三尺,橫於一根立木之上,兩端各穿一孔,兩孔用竹篾各懸掛瓦鬲而中置薄粥,因橫木兩端懸物,所以名之曰重。黃以周所繪重之形狀,本於鄭注,可以參看。② 喪禮至於葬後舉行虞祭時,則新作木主以爲魂氣所依之物,代替始死時所立之重。《禮記·檀弓下》云："重,主道也。殷主綴重,周主徹重焉。"綜合鄭注、孔疏而言,始死不作木主而以重主死者之神,虞祭時則新作木主,殷禮以木主綴於重,周禮新作木主則徹去初置之重。《雜記上》云："重,既虞而埋之。"孔疏闡發鄭注,推斷徹去之重埋於祖廟門外之東。伯或父所作之鼎既用於虞祭,則所謂"新🔲"當是就虞祭時新作依神之物而言。銘中🔲字,或釋爲"亲",或釋爲"于",皆與字形不合。仔細辨析🔲字,不難發現其字與甲骨卜辭中有些示字的構形完全相同,而許多學者都認爲卜辭中的示字指神主,③陳夢家、何琳儀甚至

① 胡培翬:《儀禮正義》第 3 冊,南京:江蘇古籍出版社,1993 年,第 1641 頁。
② 黃以周:《禮書通故》,北京:中華書局,2007 年,第 2694 頁。
③ 古文字詁林編纂委員會編纂:《古文字詁林》第 1 冊,上海:上海教育出版社,2003 年,第 67—86 頁。

認爲示、主本是一字。① 實際上，若將字隸作示，釋爲神主，既有禮制爲證，亦與字形相合。周代的神主皆以木爲之，《公羊傳・文公二年》所言"虞主用桑，練主用栗"可以爲證，則字可釋爲木主，"新示"就是新作的木主。因此，銘中"凡姬乃新"的字面意思是說，凡姬魂氣所依之物是新作的木主。若聯繫前文而言，銘文大意是說，伯或父爲了在殯宮中虞祭凡姬，制作了行禮的寶鼎，新作了依神的木主。

虞祭結束之後，遂行卒哭祭。綜合《既夕禮》《雜記下》的記載而言，士三月而葬，同月而卒哭；大夫三月而葬，五月而卒哭；諸侯五月而葬，七月而卒哭。卒哭祭之明日，又在宗廟中舉行祔祭典禮，將虞祭時新作的木主依昭穆之次祔於其祖，等練祭遷廟時再重新排列昭穆的次序。歷史上是否有記載祔祭典禮的文本，已無從取證以考其事實真相。《士虞禮》後附記文則簡略地記載了祔祭典禮的主要特點：

> 明日，以其班祔。沐浴，櫛，搔翦。用專膚爲折俎，取諸脰膉，其他如饋食。用嗣尸。曰："孝子某，孝顯相，夙興夜處，小心畏忌，不惰其身，不寧，用尹祭、嘉薦、普淖、普薦、溲酒，適爾皇祖某甫，以隮祔爾孫某甫，尚饗！"

祭者在祝辭中自稱孝子，鄭注云"稱孝者，吉祭"，表明凶禮正逐漸向吉禮轉化。行於廟中的祔祭典禮承用虞祭時所立之尸，表明禮之進程是先祭後祔。鄭注云："欲其祔合，兩告之。"依此而言，祝辭中"適爾皇祖某甫"是告孫之語，"以隮祔爾孫某甫"是告祖之語。祖孫同時受祭之後，以孫之木主祔於祖之木主。王引之認爲祝辭中"孝子某"之"子"當爲"孫"字之誤，祔祭統於尊而告祖，不得祖孫兩廂皆告，則"適爾皇祖"謂祭者以此祫事適皇祖之廟而薦之，"隮祔爾孫"謂始祔孫於祖。② 其說雖與鄭注不同，祔祭以祝辭連屬祖孫而使孫之魂氣早有所歸，則是當時人固有的觀念，所以記文不記祔祭典禮的義節而特記行禮時的祝辭。上引記文僅記載了祔祭典禮的俎實、祝辭，未言祔祭的其他原則。《喪服小記》則對祔祭的原則有更加具體的說明：

> 士、大夫不得祔於諸侯，祔於諸祖父之爲士、大夫者。其妻祔於諸祖姑，妾祔於妾祖姑。亡則中一以上而祔，祔必以其昭穆。

依此而言，婦人皆入配祭而不享特祭。《少牢饋食禮》所謂"用薦歲事于皇祖伯某，以某妃配某氏"即是明證。雖然在殯宮虞祭婦人時立女尸受享，似乎婦人亦獨享特祭，實際是爲了使亡親有象、魂氣有歸而不辨昭穆的喪祭，但在廟中舉行略具吉禮性質的

---

① 陳夢家：《殷虛卜辭綜述》，北京：中華書局，1988 年，第 440 頁；何琳儀：《戰國古文字典》，北京：中華書局，1998 年，第 356 頁。
② 王引之：《經義述聞》，阮元編《清經解》第 6 冊，上海：上海書店出版社，1988 年，第 857 頁。

祔祭典禮時,婦人祔於祖姑,祖姑配於祖父,則婦人仍在配祭附食之列。男子、婦人之所以祔於祖父、祖姑,是因爲男孫、女孫與祖父、祖姑昭穆相同。因此,祔祭典禮的實質是分辨昭穆,以昭祔昭、以穆祔穆而不使昭穆相混。假如昭無所祔之昭,則間穆一代而仍上祔於昭。

祔祭在宗廟中舉行,不同於虞祭行於適寢。既然是宗廟之祭,須由宗子主其禮,則銘中的宗人就是大宗宗子。因祔祭有陳鼎載俎之儀而虞祭時伯或父已爲亡妻作鼎,固可以虞時之鼎用於祔祭典禮,所以宗人有"用爲汝帝宁器"之語。此言當是宗人告伯或父之語而被伯或父記之於銘文之中,大意是說祔祭時就用你虞祭凡姬時所作之鼎。聯繫前文所述,可知伯或父爲亡妻所作之鼎,先用於殯宮之虞祭,又用於廟中之祔祭。論述至此,銘中"用爲汝帝宁器"的語意已可揭而明之。銘中的帝字,當讀爲禘。《說文》云:"禘,審也。"銘中宁字亦見於西周中期的虘鐘銘文,其文作"用樂好宁",林義光以爲宁是賓之本字,商承祚以爲宁、賓是古今字,馬叙倫則認爲宁即《說文》的宁字,乃賓客之賓的本字而賓則是頒賜之頒的本字。① 頒可通班,例不勝舉,如《周禮・宮伯》云"以時頒其衣裘",《大宗伯》云"乃頒祀于邦國都家鄉邑",《禮記・明堂位》云"頒度量",鄭注並云"頒讀爲班"。賓既是頒的本字而頒可通班,則賓與宁是古今字,亦皆可通班。因此,銘文中的"帝宁"當讀爲"禘班"而"禘班"即《士虞禮》所言"以其班祔",分辨昭穆之意。宗人所言"用爲汝帝宁器"的語意是說,祔祭時就用虞祭凡姬時所作之鼎爲審禘昭穆且祔凡姬於其祖姑的禮器。

伯或父在宗廟中以祔祭典禮祔其亡妻之木主於其祖姑,由大宗宗子主持其禮,當是因爲伯或父是宗人之弟,無論其富貴還是貧賤,除了虞祭行於自家的適寢外,不得自立宗廟祭祀祖考,只能攜其爲亡妻所作禮器,前往宗廟所在的宗子之家而由宗子主持祔祭及以後的各種祭祀禮典,伯或父執役助祭而已。此即尊祖敬宗之義,體現了宗法制度的規定。《喪服小記》對此有明確的說明:"庶子不祭祖者,明其宗也。……庶子不祭禰者,明其宗也。"呂大臨推闡其義云:"宗子既祭其祖禰,其支子不得別祭,所以嚴宗廟、合族屬。"②伯或父在大宗之家的宗廟雖是以祔祭典禮祔其亡妻於祖姑,而祖姑配於祖父,祔時必是祖父、祖姑、亡妻一並祭之。既然祔祭典禮統於祖而又有"庶子不祭祖"的規定,則推本崇適,明有所宗,其禮必是由宗子主之。

總結上文所論,伯或父鼎銘文的大意是說,周王三月初吉丁亥,伯或父爲了在殯宮中虞祭其亡妻凡姬,制作了用於行禮的寶鼎,新作了用於依神的木主。宗人說:"祔祭

---

① 古文字詁林編纂委員會編纂:《古文字詁林》第6冊,第832—833頁。

② 衛湜《禮記集説》卷七〇,文淵閣《四庫全書》本。

時就用虞祭凡姬時所作之鼎爲審諦昭穆且祔凡姬於其祖姑的禮器。"宗人用此寶鼎逐時祭祀宗廟,以有文德的祖考爲榜樣,不懈於宗廟之事,宗人子子孫孫永寶此器。

在禮學背景下釋讀伯或父鼎銘文,所得結論竟然與《儀禮》《禮記》等禮書的記載若合符契,可證銅器銘文與傳世禮書的記載皆是以當時實際踐行的禮典爲基礎,因而有同一禮典分別見於銘文與禮書的現象,不同之處僅在於詳略不同而已。將伯或父鼎置於禮學背景之下,銘文中雖有暫時不能隸定的古文字,以禮書的記載爲參證,仍可得其字義。

最後,需要補充説明的是,因對銘文有不同的理解與釋讀,或主張伯或父鼎當題名宗人鼎。有銘銅器的命名,根植於銘文内容。伯或父在銘文中,明言爲凡姬作器,同時還記載了宗人之語及其依時主持宗廟祭祀的情形,也表達了希望宗人永遠寶用自己歸於宗子之家的禮器,尊祖敬宗之義躍然於字裏行間。理清了銘文的文脈,揭出了銘文的文意,不難得出器主人就是伯或父的結論。因此,仍當依例稱此器爲伯或父鼎。

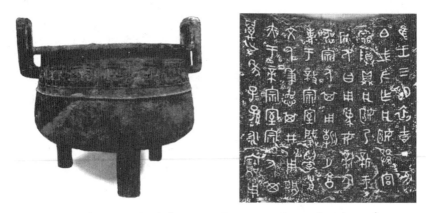

伯或父器形照片與銘文拓本(《銘圖續編》第一卷)

**作者簡介:**

賈海生,男,1963 年生,山東鄒平人,浙江大學古籍研究所教授、山東大學兼職特聘教授。主要研究領域爲經學文獻與先秦禮制。近年代表論著有《宗人簋銘文所見饗禮》(第一作者,《中國經學》2021 年第 29 輯)、《由簡本〈詩經〉的超音節特點論詩在先秦的傳習方式》(《經學文獻研究集刊》2021 年總第 26 輯)、《銅器銘文所見大宗干預小宗立嗣的現象》(《中國典籍與文化》2021 年第 4 期)、《作册嗌卣銘文所見祔祭典禮》(《考古與文物》2021 年第 3 期)等。

鄭靜,浙江大學馬一浮書院博士研究生。

# 西周金文"執駒"及相關問題研究

石光澤

**内容摘要** 馬的訓育是一個漫長的過程,周王"執駒"只是一個象徵性的禮儀。而從盠駒尊的造型來看,"執駒"意味着幼馬正式開始進行駕車訓練。"駒"在先秦有美義,金文中的"駒車"所用之馬很可能經過"執駒"禮。從西周中晚期的金文和墓葬中的隨葬品來看,車馬器用途以作爲儀仗展示身份爲主,而非用於軍事。象徵身份地位的服飾、車馬由王册命賞賜,顯示出周王的權威,周王舉行"執駒"目的也是爲了加强王權。

**關 鍵 詞** 執駒 駒車 儀仗 王權

## 一 文獻中所見執駒資料及前人研究成果

西周金文中所見執駒的材料一共有四組,今羅列如下:

### 1.作册吴盉

佳卅年四月既生霸壬午,王在䢼,執駒於䢼南林。衣(卒)執駒,王乎(呼)巂𨐈召作册吴,立𤕚門。王曰:賜駒。吴拜稽首,受駒以出。吴敢對揚天子丕顯休,用作叔姬般(盤)盉。

另有一件吴盤(《商周青銅器銘文暨圖像集成》,14525)[①]:

天月既生霸壬午,執駒於䢼南林。衣(卒)乎(呼)巂𨐈召作册吴,叔召敢駒,吴拜稽首盉出。吴敢對揚天姬用作叔姬般(盤)盉。

吴盤銘文大體相同,但有很大的差别,從銘文來看吴盤和吴盉是同一套盥洗器,這種罕見的錯銘,有待進一步研究。韓巍先生根據吴盉的器形、紋飾、銘文的内容,認爲吴盉

---

① 吴鎮烽編著:《商周青銅器銘文暨圖像集成》,上海:上海古籍出版社,2012 年,後文簡稱《圖像集成》。

的年代應是恭王三十年。①

### 2.達盨蓋

> 唯三年五月既生霸壬寅,王在周,執駒於滆庭。王乎(呼)簹趩召達。王賜達
> 駒。達拜稽首對揚王休,用作旅盨。

達盨蓋1984—1985年出土於陝西西安張家坡井叔家族墓地M152,原物爲鑲嵌在漆器
盨蓋中的有銘銅版,張長壽先生認爲M152墓主或爲西周孝王時期的井叔達。②

### 3.盠駒尊(《集成》6011)

器銘:

> 佳(唯)王十又二月,辰才(在)甲申,王初執
> 駒於啟,王乎(呼)師豦召(詔)盠,王親旨
> (詣)盠駒,易(賜)兩,拜頜首曰:王弗望(忘)
> 厇(厥)舊宗小子,歮皇盠身。盠曰:王倗
> (不)下(叚)不其則邁(萬)年保我邁(萬)
> 宗。盠曰:余其敢對揚天子之休,余用乍
> (作)朕文考大中(仲)寶隣(尊)彝。盠曰:其
> 邁(萬)年世子孫孫永寶之。

蓋銘:

> 王拘駒啟,易(賜)盠駒,勇雷騅子。

另有一件駒尊蓋(《集成》6012):

> 王拘駒昂,易(賜)盠駒,勇雷駱子。

1955年陝西郿縣李家村窖藏,一蓋出於腹內,最早公佈的圖像是獸系蓋配駒尊,③現國
家博物館收藏的駒尊所配的是出於腹內的器蓋,獸系蓋則收藏於陝西歷史博物館,似
乎兩件器蓋都可配駒尊。韓巍先生根據器主盠和其他相關人物將駒尊的年代定在恭
王時期。④

---

①　韓巍:《簡論作冊吳盉及相關銅器的年代》,《中國國家博物館館刊》2013年第7期,第71—80頁。
②　張長壽:《論井叔銅器——1983—1986年灃西發掘資料之二》,《文物》1990年第9期,第32—35頁。
③　李長慶、田野:《祖國歷史文物的又一次重要發現——陝西郿縣發掘出四件周代銅器》,《文物參考資料》1957年第4期,第5—10頁。
④　韓巍:《眉縣盠器群的族姓、年代及相關問題》,《考古與文物》2007年第4期,第16—21頁。

### 4.趞簋(《銘圖續編》0438)

佳(唯)四月王執魏駒,至於冀,内(入)光趞宫,休,無尤。趞敢對揚天子光,用乍(作)朕文考日癸寶簋,其子子孫孫萬年永寶。

此器爲私人收藏,曹錦炎先生從銘文書體風格判斷爲西周中期穆、恭、懿王時期,且書風與牆盤較爲接近,很可能是恭王時期的器物。① 吴鎮烽先生《銘圖續編》一書著録有兩件,銘文相同。

以上四組是目前金文中所見到"執駒"的全部材料,前三組都是執駒之後賜駒,趞簋中則未見賜駒,"佳(唯)四月王執魏駒",頗有大事紀年的意味,可見執駒在當時是一件很重要的事情。金文中單獨賜駒的有兩則材料:

### 1.宋代著録的癲鼎(《集成》2742)②

佳(唯)三年四月庚午,王才(在)豐,王乎(呼)虢弔(叔)召癲,易(賜)駒兩。拜頴。用乍(作)皇且(祖)文考孟鼎,癲萬年永寶用。

### 2.山西省天馬—曲村遺址北趙晉侯墓地 M8 出土的西周晚期晉侯穌鐘:(NA0879—NA0881)

六月初吉戊寅,旦,王各大室,即立(位)。王乎(呼)善夫曰:召晉侯穌,入門,立中廷。王親(親)易(賜)駒四匹,穌拜頴(稽)首,受駒以出,反(返)入,拜稽首。丁亥,旦王鶸於邑伐宫,庚寅,旦,王各大室,翮(司)工揚父入又(右)晉侯穌,王親(親)儕(齋)晉侯穌蠿(秬)一卣、弓矢百、馬四匹。

傳世文獻中與執駒相關的有六處,按照文獻來源類型可分爲三組:

1.《周禮·夏官·校人》:"春祭馬祖,執駒。"鄭玄注:"鄭司農云:執駒毋令近母,猶攻駒也,二歲爲駒,三歲曰駣。玄謂執猶拘也。春通淫之時,駒弱血氣未定,爲其乘匹傷之。"《周禮·夏官·廋人》:"廋人,掌十有二閑之政教,以阜馬佚特,教駣攻駒,及祭馬祖,祭閑之先牧,及執駒散馬耳。"鄭玄注:"鄭司農云:二歲曰駒,三歲爲駣,教駣,始乘習之也。攻駒,驈其蹄齧者。"

2.《禮記·月令》:"(仲夏之月)遊牝别群,則縶騰駒,班馬政。"鄭玄注:"爲其壯氣有餘,相蹄齧也。馬政,謂養馬之政教也。"《吕氏春秋·十二紀》《淮南子·時則訓》也有"遊牝别其群,則執騰駒"(《吕氏春秋》"執"作"縶"),來源是《月令》,不别列。

---

① 曹錦炎:《趞簋銘文考釋》,《出土文獻》第八輯,上海:中西書局,2016 年,第 42—48 頁。
② 薛尚功:《歷代鐘鼎彝器款識法帖》,杭州:浙江古籍出版社,2019 年影印版,第 76 頁。

3.《大戴禮記・夏小正》：“（四月）執陟攻駒。”戴德傳云：“執也者，始執駒也。執駒也者，離之去母也。陟，升也。執而升之君也。攻駒也者，教之服車，數舍之也。”

學者們的研究大都以上述材料爲據，楊向奎先生認同高誘注《吕氏春秋》《淮南子》的説法“是月牝馬懷胎已定，故别其群，不欲騰駒踶傷其胎育，故執之”，執駒的目的是爲了防止馬駒傷害懷孕的母馬。[1] 陳夢家先生認爲執駒是始於駒首加以籠頭和韁繩。[2] 李學勤先生根據“校人”鄭注執駒“猶攻駒也”、《夏小正》傳攻駒是“教之服車”，認爲執駒是訓練小馬駕車。[3] 日人白川静認爲執駒是在每年春季祭馬祖的時節，則執駒而繫之，免其通淫的禮儀。[4] 沈文倬先生認爲“執”與“繫”通，繫是絡頭的一部分，單稱繫也可代表絡頭，絡籠一聲之轉，以繫系駒，以名詞當動詞用，執駒是給駒套上籠頭，[5]蔡哲茂先生亦認爲此説最爲可信。[6] 劉海宇將執駒與《小雅・白駒》“皎皎白駒……繫之維之”聯係起來，認爲“執駒”即繫駒，以繩索繫絆住馬足。[7]

諸家討論以沈文倬先生最爲詳細，尤其是結合古今的養馬法，不局限於文獻，很有啓發。但其中亦有不合理處，沈文倬先生認爲“離之去母也，執而升之君也”是連續的一個過程，幼馬到一歲至一歲半時，要斷乳，離開其母，舉行執駒，開始套上籠頭，在籠頭上結上繫，正式編入王的六閑或十二閑。[8] 一方面，一歲到一歲半斷乳太晚，沈先生文中也提到現代養馬專家是使仔馬在5—8月間斷乳，而一般馬駒在六月齡斷乳，種用駒可延長一、兩個月，[9]古代幼馬斷乳在一歲以上也只是沈先生的推測，時代雖有古今，但動物的生理習性不會隨着時代而變化，且母馬一般18個月性成熟、公馬12—20個月性成熟，一歲以上斷乳太晚；另一方面斷乳之後就套上籠頭這個過程過急會導致幼馬應激。“離之去母”與“執之而升之君”中間有一段散養期限，一方面是讓幼馬習慣吃草，逐漸適應成年馬的生活，另一方面也是在等小馬達到一定的年齡或身高標準之後再進行下一步的馴養。參考現在的馬匹飼養方式，馬駒的馴致，早在哺乳期就可以開始適應性的訓練，而且未經馴致的馬駒，年齡愈大，接近愈困難，斷乳後，在哺乳期

① 楊向奎：《釋“執駒”》，《歷史研究》1957年第10期，第95—97頁。
② 陳夢家：《西周銅器斷代》（上册），北京：中華書局，2004年，第173頁。
③ 李學勤：《郿縣李家村銅器攷》，《文物》1957年第7期，第58—59頁。
④ 白川静著，温天河、蔡哲茂譯：《金文的世界》，臺北：聯經出版事業公司，1989年，107頁。
⑤ 沈文倬：《執駒補釋》，《考古》1961年第6期，第325—329頁。
⑥ 蔡哲茂：《談周代的“執駒”禮》，《故宮文物月刊》1991年第3期，第104—111頁。PH
⑦ 劉海宇：《西周金文“執駒”及〈詩經〉相關内容考述》，北京大學出土文獻研究所編：《青銅器與金文》（第三輯），上海：上海古籍出版社，2019年，第221—229頁。
⑧ 沈文倬：《執駒補釋》，第325—329頁。
⑨ 内蒙古農牧學院主編：《養馬學》，北京：農業出版社，1961年，第99頁。

的基礎上,繼續進行受銜和口令的訓練。① 可見馬匹的訓育是一個漫長的過程,幼馬從哺乳期就開始適應性訓練。"執駒"很可能只是象徵性的典禮,周王很可能在"執駒"典禮上象徵性質地以繩索繫絆住馬足或者套上籠頭,具體的儀節則不得而知。

## 二　盠駒尊與"執駒"新研

關於周代執駒的含義,除了傳世文獻中那些語焉不詳的記載,金文中的記載只能表明執駒在西周時期確實存在。前文所列材料中以盠駒尊最爲特殊,不僅有文字資料,亦有圖像資料,盠駒尊是因王賜駒而以賞賜的馬駒爲原型製作的駒形青銅器,屬於青銅器中器與銘文相照應的現象。② 青銅器器形與銘文有互相補充的功能,比如作册般銅黿"丙申,王游於洹,隻(獲)",銘文中並未言王所獲之物,但從器形可以看出王是獲得了一隻黿。同樣,盠駒尊通過器形表現出王所賜之駒的具體形象。關於駒尊的形象,有學者認爲是騾駒,並認爲蓋銘中的"雷"假借爲騾。③ 孫機先生指出其品種是馬駒,而非騾駒,且認爲西漢中葉以前,我國自産之馬主要是由普氏野馬繁衍而來。④ 而實際上科學家們證實5500年前在中亞博泰(Botai)地區的野馬已被成功馴化爲家馬,現在的普氏野馬(Equus przewalskii)是由這些Botai家馬反野數千年形成的。⑤ 學界普遍不承認中國古代家馬的與普氏野馬有共同的直系母系祖先,而且現階段的研究表明中國家馬最初出現在商代晚期。⑥ 周本雄通過對古代馬匹形態學進行歷史性的分析,認爲古代馬匹有逐漸大型化的趨勢,這種有意識地品種選育,與當時當權者追求牽引力強勁的駕車馬匹的時代相關。⑦《周禮·夏官·廋人》"教駣攻駒"註云"三歲爲駣,教駣,始乘習之也",如果三歲時始乘習之,實際上有些晚。從文獻中的記載,幼馬被稱爲"駒"有兩個條件,一個是兩歲,另一個是體高五尺以上六尺以下。從駒尊的形象來看,頭部和頸部的毛髮都有被修剪過,尤其是尾部,修剪呈編結狀。《說文解字》"駪,系馬尾也",駕車的馬其尾部往往挽成結,秦始皇陵出土的銅馬,尾部都是編結

---

① 甘肅農業大學畜牧系馬牛學教研組主編:《養馬學》,1959年,第371—372頁。

② 陳英傑:《談青銅器中器與銘相照應的現象》,西南大學出土文獻綜合研究中心、西南大學漢語言文獻研究所主辦:《出土文獻綜合研究集刊》第四輯,成都:巴蜀書社,2016年,第1—25頁。

③ 陳邦懷:《盠作騾尊跋》,《人文雜誌》1957年第4期,第70—71頁。

④ 孫機:《盠駒尊的造型是代表騾駒嗎?》,《中國國家博物館館刊》2021年第9期,第136—140頁。

⑤ 付孟、李豔:《家馬的起源歷史與品種馴化特徵》,《遺傳》2022年第44卷第3期,第216—229頁。

⑥ 菊地大樹、劉羽陽:《中國古代家馬再考》,《南方文物》2019年第1期,第136—150頁。

⑦ 周本雄:《太原晉國趙卿墓動物骨骼鑒定》,山西省考古研究所編:《太原晉國趙卿墓》,北京:文物出版社,1996年,第248—252頁。

狀。而騎兵的馬尾巴梳成長辮狀,在高速奔跑時保持平衡。[1] 可見駒尊並不是一匹剛斷奶的小馬駒,可以説是已經開始役馬訓練的後備乘馬,所以"執駒"的意義是幼馬經過適應性訓練之後正式"教之服車",這與前文對於馬駒的訓育過程的討論相合。

與其他賜駒的銘文不同,駒尊蓋銘是對兩匹駒的細節描述。青銅器只能鑄造出外形,但並不能鑄造出産地、毛色等其他資訊,蓋銘可以説是對器銘和器形的補充。蓋銘的内容"王拘駒𢼸""王拘駒𣅂"表明雖然兩匹駒是同時賞賜,但可能來源自不同的馬場。"賜盠駒:![]雷騅子""賜盠駒:![]雷駱子"則是對駒的具體描述,"![]"字的釋讀存在爭議,或釋作"旁""風""寫"[2]"勇"者,今從張亞初《殷周金文集成引得》釋作"勇","勇雷"應該釋作讚美馬駒的修飾詞。"騅子""駱子",李學勤先生認爲騅、駱是小馬的母親的名字,小馬尚未命名,所以稱騅子、駱子。《説文解字》云"騅,馬蒼黑雜毛","駱,馬白色黑鬣尾也",可見騅、駱是形容馬匹顔色的專有名詞,《説文解字》中亦有大量關於馬毛色特徵的專用名詞,居延、敦煌漢簡中有很多傳驛馬名籍,其中詳細記録了馬的毛色、年齡、性别、身高等信息。[3] 金文中的賞賜品也會記録馬的毛色,如大鼎(《集成》2807)"王召走馬雁(應)令取誰(騅)![]卅二匹易(賜)大"、召卣(《集成》5416)"白(伯)懋父(賜)白馬,毒(督)黄![]"。[4] 馬出生之後毛色就不會變,現代畜牧學選育會記録父本和母本,騅、駱如果是記録母馬的毛色,只記録母本,並無選育的意義,而且在執駒前幼馬就已經離開母馬。騅、駱更可能是記録這兩匹駒的毛色,"子"在這裏表示幼小義,與文獻中常見"小子""沖子""稚子"相似。

## 三　駒與駒車

西周册命金文賞賜物中的車馬器,常常會出現金車、駒車等。金小燕指出金車、駒車與甸車賞賜的級别相關,[5]車馬器的配置或與身份級别有關,但駒車與金車在車馬器的配置上却相差很小,如:

四十三年逑鼎(NA0747):　駒車:![]較(較),朱虢(鞹),靳,虎![]熏

① 汪少華:《騑與介馬考辨》,《中國古車輿名物考辨》,北京:商務印書館,2005 年,86—102 頁。

② 李建西:《盠駒尊銘文補釋》,《西部考古》2020 年第 1 期,第 68—72 頁。

③ 高榮:《漢代"傳驛馬名籍"簡若干問題考述》,《魯東大學學報(哲學社會科學版)》2008 年第 25 卷 6 期,第 34—38 頁。

④ 毒字考釋參陳劍:《釋金文"毒"字》,《中國文字》總第 3 期,臺北:萬卷樓圖書股份有限公司,2020 年,第 195—222 頁。

⑤ 金小燕.《"駒車"考》,《東方博物》2016 年第 2 期,第 93—100 頁。

裹,畫轉(韏)、畫輈,金甬,馬四匹,攸(鋚)勒。

三年師兑簋(《集成》4319):金車:**桼較**(較)、朱虢(鞹)、**画**(靲)、**新**(靳)、虎**冟**熏裹、右厄(軛)、畫轉、畫輈、金甬、馬四匹、攸(鋚)勒。

從逨鼎與師兑簋的銘文來看,金車與駒車的配置並無明顯差別,駒車所用的也是馬四匹,而不是駒四匹,而從晉侯**穌**鐘的兩次賞賜來看,一次賜駒四匹,一次賜馬四匹,駒和馬是有嚴格區分的,並不會用馬作爲總名來稱呼駒,金車、駒車應該是是一物二名。有學者提到伯晨鼎記載賞賜"駒車"但却並未記載"馬四匹",認爲其中的"駒車"可能是並列關係,即賞賜"駒""車"二物。[①] 但按照賞賜品的慣例,對於馬匹都會記錄數量,伯晨鼎銘文中"駒車:畫呻(紳)、**䩦**(幬)爻(較)、虎幃、**冟**粒、里(裹)幽、攸(鋚)勒"的配置與常見的駒車無異。伯晨鼎銘文的排版十分整齊,在鑄刻時有意地排版,六字一列,正好十六列,"子孫萬年其萬年永寶用"的"子孫"也未鑄出重文符號,應該是出於美觀的考慮。"馬四匹"三個字(即使"四匹"合文,也要占三個字的位置)如果鑄刻進去,最後一列必然會多出三個字,銘文没有記錄"馬四匹"應該也是出於銘文美觀的角度,賞賜"駒車"必然會包含"馬四匹"在當時是共識,省略"馬四匹"不影響銘文的内容。金車在西周早期金文中就有出現,如小臣宅簋,而駒車直到西周中晚期才出現,駒車應該是金車的後起名稱。金車與駒車,一個是從車馬器的材料而言,另一個從所賜之馬得名。而按照這個命名規則,金車更應該叫馬車,那麼金車何以得名駒車?

金文中常見以駒爲名者,有内史駒(《集成》2813)、絲駒父(《集成》2386)、仲駒父(《集成》3937)、駒父(駒父盨蓋,《集成》4464,西周晚期)、**發**見駒(《集成》3750)、叔駒父(NB1623)等。關於古人取名,《左傳·桓公六年》記載桓公子同生,桓公問名於大夫申繻,對曰:"名有五,有信,有義,有象,有假,有類。以名生爲信,以德命爲義,以類命爲象,取於物爲假,取于父爲類。"《左傳·桓公二年》師服在討論太子仇與其弟成師的名字,云:"異哉,君之名子也!夫名以制義,義以出禮,禮以體政,政以正民。"這些雖然是春秋時期的事情,但可知古代命名頗爲講究。[②] 仲駒父、叔駒父是字,《士冠禮》字辭曰:"伯某甫",注云:"伯仲叔季、長幼之稱。甫是丈夫之美稱。"古人取名還是偏向於美稱,"駒"雖然是一個客觀的名詞,但本身亦有情感色彩。《荀子·大略篇》楊倞注云:"子家駒名羈,駒其字也。"駒得名於羈拘,因聲以求義,指幼馬從散養開始進入拘束的馴養日常,由自由馬變成役馬。從文獻來看,並不是所有的幼馬能被稱爲駒,

---

① 金小燕.《"駒車"考》,《東方博物》2016年第2期,第93—100頁。

② 虞萬里:《商周稱謂與中國古代避諱起源》,《榆枋齋學林》,上海:華東師範大學出版社,2012年,第612—618頁。

"馬二歲曰駒""五尺以上曰駒",可見古人對於"駒"的定義一是從年齡,二是從身高。雖然未必是二歲齡的馬須達到五尺的體高,但一定是在幼馬在一定的年齡之後須達到一個身高標準,這樣才能被稱爲"駒"。執駒不僅僅是對幼馬的調教,也是一個選育的過程,實際的選育很可能更嚴格,《吕氏春秋・觀表》即有十派相馬"良工"的記述:"古之善相馬者,寒風是相口齒,麻朝相頰,子女厲相目,衛忌相髭,許鄙相尻,投伐褐相胸脅,管青相唇吻,陳悲相股脚,秦牙相前,贊君相後。凡此十人者,皆天下之良工也。"馬王堆出土的《相馬經》從眼睛部位之眼球、眼角、眼瞼、睫毛、眼眶、眼神以及皮膚、經脈、五臟、筋骨、耳朵等表徵對良馬進行鑒定。① 駒尊的"勇雷"也是來形容駒的美辭,那些發育不良、體態不佳、脾氣暴躁的幼馬,是不能够名之曰"駒"的,在這個過程中會被淘汰。從這個角度來看,駒尊有點類似于後世的表現良馬標準的銅馬式。② 只有被選爲駒,登入馬籍,才能够成爲乘馬。以駒爲名爲字,蓋取其雅馴成才之義,金車所用的"馬四匹"也必然是通過嚴格篩選出來的駒成年之後,很可能都是經過"執駒"之禮,只有在這種情況下,金車才會出現駒車的別稱,以凸顯賞賜物的貴重。

瞭解"駒"的文化内涵,對《詩經》中與"駒"有關内容的研究亦有所幫助。《詩經》中的"駒"四見:

> 駕我乘馬,説於株野。
> 乘我乘駒,朝食於株。(《陳風・株林》)
> 之子於歸,言秣其馬。
> 之子於歸,言秣其駒。(《周南・漢廣》)
> 我馬維駒,六轡如濡。(《小雅・皇皇者華》)
> 老馬反爲駒,不顧其後。(《小雅・角弓》)

清人段玉裁曾在《説文》"駒,馬二歲曰駒。三歲曰駣"條注解云:③

> 按《詩》駒四見,而《漢廣》《株林》《皇皇者華》於義皆當作驕,乃與毛《傳》、《説文》合,不當作駒。依韻讀之則又當作駒,乃入韻,不當作驕。深思其故,蓋《角弓》用字之本義。《南有喬木》《株林》《皇皇者華》則皆讀者求其韻不得,改驕爲駒也,駒未可駕車,故三《詩》斷非用駒本義。

---

① 馬王堆漢墓帛書整理小組:《馬王堆帛書〈相馬經〉釋文》,《文物》1977 年第 8 期,第 17 頁。
② 董珊:《樂從堂藏銅馬式考》,《出土文獻與古文字研究》(第七輯),上海:上海古籍出版社,2018 年,248—278 頁。
③ 段玉裁撰:《説文解字注》,上海:上海古籍出版社,1988 年,第 461 頁。

《説文》"驕，馬高六尺爲驕。從馬，喬聲。《詩》曰：我馬維驕"條下，段玉裁亦有討論：①

> 《漢廣》：言秣其馬。言秣其駒。《傳》曰：六尺以上爲馬。五尺以上爲駒。按此駒字釋文不爲音。《陳風》：乘我乘駒。《傳》曰：大夫乘駒。《箋》云：馬六尺以下曰駒。此駒字《釋文》作驕，引沈重云或作駒。後人改之。《皇皇者華》篇内同。《小雅》：我馬維駒。《釋文》云：本亦作驕。據《陳風》《小雅》則知《周南》本亦作驕也。蓋六尺以下五尺以上謂之驕，與駒義迴别。三《詩》義皆當作驕，而俗人多改作駒者，以駒與蓴株濡諏爲韻。驕則非韻。抑知驕其本字音在二部，於四部合韻，不必易字就韻而乖義乎？陸氏於三《詩》無定説，彼此互異，由不知古義也。毛云：大夫乘驕，以此推之，當是天子乘龍。諸侯乘騋。卿乘馬。

> 《皇皇者華》二章也。可以此訂《周南》譌字。一曰野馬。

段玉裁認爲《漢廣》《株林》《皇皇者華》三篇中的"駒"都當作"驕"，而且《説文》引《詩》"我馬維驕"是《皇皇者華》的第二章，也是"駒"本作"驕"的一個異文證據。段玉裁並未否認從音韻的角度而言《漢廣》《株林》《皇皇者華》作"駒"更合理，"抑知驕其本字音在二部，於四部合韻，不必易字就韻而乖義乎？"，這只能是一種推測，尤其是三處都以駒入韻，這個原則基本上排除了"驕"字的可能，且安徽大學藏戰國簡本《詩經》收録的《漢廣》作"駒"，雖不能遽判作"駒"不誤，但可見作"駒"來源已久。金文駒車用馬四匹而不是駒四匹，説明駒車雖然以駒命名，但並不是以駒駕車。誠如段玉裁所云，駒未可駕車。但從《詩》原文來看，這三處的駒都是用來駕車，《詩經》有着複遝的章法特點，使得我們可以通過前後文的比對推斷一些具體字詞的含義，《皇皇者華》中與"我馬維駒，六轡如濡"句式相同的有"我馬維騏，六轡如絲""我馬維駱，六轡沃若""我馬維駰，六轡既均"，騏、駱、駰雖然是形容馬匹毛色的專有名詞，但亦有褒美義，駒在此處也應該不只是指馬匹年齡或者身高的客觀名詞，也有褒美義。《詩經》中言駒，與金文中的"駒車"一樣也是在強調乘馬是經過精心選育，由駒成長而來，並不是指以駒駕車，"駒"非"驕"字之誤。《株林》毛傳云"大夫乘駒"，鄭玄認爲乘車乘駒，是陳靈公變易車乘，王肅則認爲此詩中"乘馬"者指陳靈公，"乘駒"者指陳靈公之臣孔寧、儀行父，君臣同淫于夏姬，這是經學家的解釋，未必可靠，乘駒就是乘馬。

---

① 段玉裁撰：《説文解字注》，第463頁。

## 四 執駒非專爲軍事而設

關於執駒的性質,楊寬先生認爲是一種養馬禮制。① 學者們也大都認同是馬政,沈文倬先生認爲幼馬經過執駒儀式之後,"正式編入王的六閑或十二閑,登記上王的財産簿籍,作爲增加王的財産,唯其是這樣,執駒才能成爲古代一種重要的典禮,才有王親自參加的必要"②。 近年來,張秀華認爲西周金文中的"執駒"非傳統意義的馬政,而是一種重要典禮,是軍禮的一個重要組成部分,爲"駒"開始服兵役而舉行的盛大儀式。③ 也有學者指出唐代杜佑《通典》一書把包括執駒禮在内的馬政劃入五禮中的軍禮,周王親自執駒,是因爲馬匹作爲重要的戰略軍用物質。④ 關於西周的軍事用馬,文獻中少有記載,而車馬器一直是西周墓葬中的重要隨葬品,吴曉筠曾指出其中的變化:⑤

> 隨着早期以擴張爲目的的兵戎行動的日益減少以及西周中晚期禮制更趨向制度化,車馬器的器類組合也有了改變,與軍事相關的器物逐漸消失。對車馬坑的安排也與商代晚期或西周早期有較大的區別,部分車馬坑内的陳設更像是一列儀仗。早期常見的犄角形當盧在西周中期已不多見,車禮器只留下了象徵車禮的鑾。

從金文來看,西周時期的馬車雖然有用於戰争,但大都是對外族的幾場戰争,内部處於一個相對穩定的狀態。尤其是西周中晚期承平日久,馬車日常應用更多的是禮儀場合而非戰争,宣王時期的《大雅·韓奕》"韓侯迎止,於蹶之里。百兩彭彭,八鸞鏘鏘,不顯其光。諸娣從之,祁祁如雲",韓侯以百輛馬車行親迎之禮。記録西周晚期與鄂侯馭方的的戰争的禹鼎銘文"武公廼遣禹率公戎車百乘,斯(廝)駿(馭)二百,徒千",這場戰争用到的公戎車也只是百乘。鄭憲仁先生指出西周的車馬器在中期和晚期的册命賞賜銘文中有更多的記載,細目增加不少,可能是車馬器在身分的識别功能受到重視有關,且晚期車馬器的重要性比起中期更爲增强,在西周晚期的金文中形成了車馬

---

① 楊寬:《西周史》,上海:上海人民出版社,2003 年,第 828—829 頁。
② 沈文倬:《執駒補釋》,第 325—329 頁。
③ 張秀華:《西周金文"執駒"禮補釋》,《古籍整理研究學刊》2020 年第 4 期,第 1—8 頁。
④ 劉海宇:《西周金文"執駒"及〈詩經〉相關内容考述》,北京大學出土文獻研究所編:《青銅器與金文》(第三輯),上海:上海古籍出版社,2019 年,第 221—229 頁。
⑤ 吴曉筠:《商周時期車馬埋葬研究》,北京:科學出版社,2009 年,202 頁。

器的陳述順序。① 可見無論從文獻還是墓葬隨葬品來看,西周中晚期馬車更多的是儀仗功能,而非軍事,"執駒"的目的很可能是爲了滿足周天子日常册命、田獵、婚迎等禮儀對馬匹的需求。韓巍先生指出"執駒"及"賜駒"之禮主要流行於西周中期偏晚階段,②而此時正是周王朝形成了以册命儀式爲中心的政治運作模式,其目的在於強調王權。③ 鄭憲仁先生引政治學者亞伯納·柯恩(Abner Cohen)之説,認爲政權的穩定與持續需要由表示權威的象徵符號來給予政權合法的地位,而册命儀式與具有身份象徵的賞賜物都是這種符號,官員穿着由周王賞賜的服飾,立刻表現出其身份。④ 臣權君授,具有身份等級象徵的服飾、車馬均由周王賜予,馬車所用之馬由周王親自"執駒",更顯示出王權之重要。

**作者簡介:**

石光澤,男,1993年生,江蘇如皋人,清華大學歷史系博士生。主要研究領域爲金文、青銅器、禮制,近年代表論著有《作册般銅黿補説》(《甲骨文與殷商史》新13輯,上海古籍出版社,2023年)、《再造周禮乎?——戰國時期的禮器仿古新論》(《青銅器與金文》(第十一輯),上海古籍出版社,2023年)。

---

① 鄭憲仁:《西周銅器銘文所載賞賜物之研究:器物與身分的詮釋》,臺北:花木蘭文化出版社,2011年,第314—315頁。

② 韓巍:《簡論作册吴盉及相關銅器的年代》,第71—80頁。

③ 韓巍:《册命體制與世族政治——西周中晚期王朝政治解析》,香港城市大學中國文化中心編:《九州學林》2011年春季號,上海:上海人民出版社,2012年,第2—31頁。

④ 鄭憲仁:《西周銅器銘文所載賞賜物之研究——器物與身分的詮釋》,第435頁。

（上接第 120 頁）

在我心中，鄧師就是中國傳統文化，就是《周易》，就是《論語》。在結緣的第一天，他就一直言傳身教《易經》的智慧、《論語》的實踐，以及中國傳統文化的真善美。非常遺憾，這樣有抱負、有遠大理想的老師竟英年早逝，作爲學生，我仍在努力追趕老師的步伐，雖未成氣候，永不敢怠慢！在含淚送別鄧師後，得知向榮師兄有意結集老師的專欄文章，深感意義重大，盼望能將鄧師對《易》學與《論語》之獨到見解傳揚後世，故冒昧向師兄自薦幫忙，冀爲鄧師遺作結集盡一分綿力。

所謂"心有所感，必有所應"，我和向榮師兄一心只想把事情盡快做好，努力找尋未齊全的專欄文章。或許是好事多磨，在報社網頁下載舊文期間，偶有意外發生。後來幸得偉中師兄及其他貴人相助，皇天不負有心人，鄧師於各報社的專欄文章，終順利收集齊全。

在整理文稿的過程中，覺得自己又找回了作爲鄧師學生的美好回憶。今生雖已沒機會再聽鄧師講學，但能用眼睛再一次領受老師的教導，亦於願足矣！鄧師在我心中，已不只是一位敬愛的恩師，更代表了一份對傳承中國傳統文化的執着精神！就是這份擇善固執的精神，成就了這一次的專欄結集。敬謝鄧師教誨，也謝謝感念、支持鄧師，收藏此書的每一位善衆。此刻心情，除了感恩，還是感恩！

定金　癸卯年敬識於鄧師生忌

# 鄭玄禮學體系中的"始祖""太祖"辨析*

范雲飛

**內容摘要** 鄭玄經注具有立足語境的文本主義特點。他並未嚴格區分"始祖""太祖",而是根據經傳語境隨文釋之。宗法意義上的"始祖／太祖"指本宗初祖;封建意義上的"始祖／太祖"指諸侯、大夫始封君;對於天子世系,"始祖／太祖"又兼感生、受命的內涵。"始祖""太祖"在天子、諸侯對文的情況下有別,散文則通。秦漢以降,各朝得姓、始封、受命、創業之君往往非同一人,出於功德論的歷史邏輯,歷代統治者拆分"始祖"與"太祖",又造出"高祖"等廟號。鄭玄在維持經義邏輯完整性的前提下,也適當參酌歷史邏輯。

**關 鍵 詞** 鄭玄 廟制 始祖 太祖

近年來經學史、禮制史研究逐步走向細化、深化。其重要表現之一,就是不再滿足於勾勒表層的禮制沿革,而是深入到背後政局、權力關係的變動,更進一步追究相關禮制的深層次經義邏輯的建構與推理方式。一些重大且深入的經學、禮制議題也成爲學者集矢之的,比如廟制中的"始祖""太祖"廟號,累代爭論不休,在唐宋更是激起多次大規模的深入議論,學者也從公與私、家與國、儒與道、尊尊與親親等不同視角對其作出深入剖析。"禮是鄭學",不管歷代爭論如何複雜,鄭玄始終是無法繞開的基石。辨明鄭玄禮學體系中"始祖""太祖"的含義及其異同,考察鄭學的特徵,也是不得不進行的基礎工作。

* 本文爲國家社科基金重大項目"中國禮儀文化通史研究"(18ZDA021)、教育部人文社會科學青年項目"中古禮議與政務運作研究"(23YJC770006)階段性成果。本文初撰於 2018 年,擱置四年之後,因思考廟制相關問題而檢視舊稿,認爲仍有一定價值,於 2022 年 11 月又大修一遍,與上海師範大學高瑞傑、重慶大學馮茜、山東大學郭超穎、武漢大學朱明數與單力維等海內研禮學者切磋研討,承蒙諸君賜示重要意見,使拙稿得以避免諸多問題。當然,文中錯誤仍由本文作者負責。

　　學界對經學與禮制上的"始祖""太祖"概念已有深入研究。李衡眉認爲"始祖"之稱起自班固、鄭玄等人,鄭學中的"始祖"就是始封君,等同於"太祖",但因爲鄭玄另立"始祖"之名,遂造成後世"始祖""太祖"分立的混亂局面。① 華喆反駁李衡眉,認爲鄭玄禮學體系中有"始祖""太祖"之别,將此問題的討論引向了更深入的層次,並爲後續研究奠定了良好的基礎。不過他也承認,周代后稷兼具"始祖""太祖"雙重角色,鄭注也多次將"大廟(太廟)"解爲"始祖廟"。② 林鵠在華喆工作的基礎上又有所辨正,認爲經傳中"始祖"乃"太祖"别稱,本無專門的"始祖"概念,進而認爲周公以后稷爲太祖是爲了達到"重文德,輕武功"的目的,並以兩宋關於僖祖是否應該遷祧之議爲重點,分析了"始祖"從"太祖"中分立的理路。③ 吴麗娱也表示始祖與太祖"有時候很難區分"。④ 除此之外,陳贇對鄭玄"六天"説體系下的感生、受命理論及"以祖配天"的政治哲學内涵有極爲深入的解讀,對理解鄭學要義很有幫助。⑤

　　除此之外,還有一些對特定時代之"始祖""太祖"廟號的專題探討。范雲飛分析了漢唐之間"太祖""高祖"廟號的内在聯繫與升降關係,總結出曹魏—北朝與兩晉—南朝兩種廟制傳統。⑥ 郝兆豐探究了劉宋"太祖"。⑦ 馮茜詳盡分析了唐代"太祖"相關爭議,區分了作爲廟號的"太祖"及禮制意義上的"太祖"。⑧ 吴麗娱從公與私的角度分析唐代國家禮制中的儒、道因素,對唐代廟制中的"始祖"做出深入剖析。⑨ 張焕

<hr />

① 李衡眉:《歷代昭穆制度中"始祖"稱呼之誤釐正》,《求是學刊》1995 年第 3 期。

② 華喆:《中古廟制"始祖"問題再探》,《文史》2015 年第 3 輯。

③ 林鵠:《王業與武功——兩宋始祖廟議發微》,吴飛主編:《神聖的家——在中西文明的比較視野下》,北京:宗教文化出版社,2014 年,第 142—154 頁。在拙稿一校期間,筆者獲讀林鵠先生《感生説與鄭玄的始祖觀念——與華喆先生商榷》一文,與拙稿觀點不謀而合,已發表於《中國經學》第三十二輯,祈請讀者參看。

④ 吴麗娱:《也談唐代郊廟祭祀中的"始祖"問題》,楊華、薛夢瀟主編:《經國序民:禮學與中國傳統文化國際學術研討會論文集》,上海:上海古籍出版社,2021 年,第 193 頁。

⑤ 陳贇:《鄭玄"六天"説與禘禮的類型及其天道論依據》,《陝西師範大學學報(哲學社會科學版)》2016 年第 2 期;陳贇:《"以祖配天"與鄭玄禘論的機理》,《學術月刊》2016 年第 6 期。

⑥ 范雲飛:《廟號之爭與制度淵源——魏晉南北朝兩種廟制傳統在隋朝的碰撞》,《人文論叢》2020 年第 2 輯。

⑦ 郝兆豐:《正統的訴求與建構——對劉宋文帝"太祖"廟號的考察》,《北京社會科學》2017 年第 8 期。

⑧ 馮茜:《中晚唐郊廟禮制新變中的儒學色彩——禮制意義上的"太祖"在唐代郊廟中的出現及其地位的凸顯》,《文史》2014 年第 3 輯。

⑨ 吴麗娱:《也談唐代郊廟祭祀中的"始祖"問題》,楊華、薛夢瀟主編:《經國序民:禮學與中國傳統文化國際學術研討會論文集》,第 192—224 頁。

君、朱溢討論過宋代的"始祖"與"太祖"之争。① 張良對宋代"藝祖"亦撰有專文。②

現在看來,華喆推翻前説,主張鄭玄禮學體系中的"始祖"與"太祖"有明確區分。這一論斷影響甚廣,成了討論鄭玄禮學與中古廟制繞不開的論點。學者雖對經傳、鄭注中"始祖""太祖"混用的現象頗爲困惑,但未及系統辨正。林鵠的論點對本文很有幫助,但其文主要從歷史角度立論,未能細辨鄭玄禮學體系中"始祖""太祖"到底是異是同。我們在華喆的基礎上再細審相關材料,深入剖析鄭玄對"始祖""太祖"的詮釋,對這一問題再作新讞,也藉此對鄭玄經學的特質略做分析。

## 一 "始祖""太祖"異同辨

僅就經學體系而言,在經傳注疏的文本範圍内,"始祖"與"太祖"到底有没有區别? 古人早已思考過這個問題。唐太常博士張齊賢曰:"始祖即太祖,太祖之外,更無始祖。"③後晉御史中丞張昭遠曰:"臣讀十四代史書,見二千年史事,觀諸家宗廟,都無始祖之稱。"④兩人都認爲"始祖""太祖"無别,否定"始祖"這一概念在經學上存在的正當性。如上文所述,李衡眉認爲鄭玄所謂"始祖"等同於"太祖",華喆反駁之,認爲在鄭玄體系中:

① "始祖"經天帝感生而誕生氏族,其上世系無可追溯;"太祖"則是建立功業獲得爵命土地之人,其上世系猶可追溯。

② 始祖因出自感生帝而得名,屬於郊祀範疇;太祖則在宗廟中居百世不祧之尊,屬於廟制範疇。

本文認爲,華喆對相關材料的解讀十分深入,建構了他所理解的鄭玄"始祖""太祖"之别,後續研究必須建立此基礎上,否則將難以進行。但因爲華喆對材料的解讀略有偏失,導致最終結論與鄭玄本意不盡一致。我們爲了釐清鄭玄體系中"始祖""太祖"的真正含義,只得不厭其煩,對這些材料再作推敲。

---

① 張焕君:《宋代太廟中的始祖之争——以紹熙五年爲中心》,《中國文化研究》2006年夏之卷;朱溢:《唐宋時期太廟廟數的變遷》,《中華文史論叢》2010年第2期。

② 張良:《宋太祖稱"藝祖"考》,《經學文獻研究集刊》第十九輯,上海:上海書店出版社,2018年,第139—162頁。

③ 杜佑撰,王文錦等點校:《通典》卷四七,北京:中華書局,2016年,第1301頁。

④ 《舊五代史》卷一四二《禮志上》,北京:中華書局,1976年,第1869頁。

A.《儀禮·喪服傳》：禽獸知母而不知父，野人曰父母何筭焉，都邑之士則知尊禰矣，大夫及學士則知尊祖矣，諸侯及其大祖，天子及其始祖之所自出。（鄭注：都邑之士，則知尊禰，近政化也。大祖，始封之君。始祖者，感神靈而生，若稷、契也。自，由也，及始祖之所由出，謂祭天也。）①

B.《禮記·祭法》：有虞氏禘黃帝而郊嚳，祖顓頊而宗堯。夏后氏亦禘黃帝而郊鯀，祖顓頊而宗禹。殷人禘嚳而郊冥，祖契而宗湯。周人禘嚳而郊稷，祖文王而宗武王。（鄭玄：禘、郊、祖、宗，謂祭祀以配食也。此禘，謂祭昊天於圜丘也。祭上帝於南郊，曰郊。祭五帝、五神於明堂，曰祖、宗，祖、宗通言爾。下有禘、郊、祖宗。《孝經》曰："宗祀文王於明堂，以配上帝。"……有虞氏以上尚德，禘、郊、祖、宗，配用有德者而已。自夏已下，稍用其姓代之，先後之次，有虞氏、夏后氏宜郊顓頊，殷人宜郊契。郊祭一帝，而明堂祭五帝，小德配寡，大德配衆，亦禮之殺也。）②

C.《禮記·喪服小記》：王者禘其祖之所自出，以其祖配之，（鄭注：禘，大祭也。始祖感天神靈而生，祭天則以祖配之。自外至者，無主不止。）而立四廟。（鄭注：高祖以下與始祖而五。）③

D.《禮記·大傳》：禮，不王不禘。王者禘其祖之所自出，以其祖配之。（鄭注：凡大祭曰禘。自，由也。大祭其先祖所由生，謂郊祀天也。王者之先祖皆感太微五帝之精以生，……《孝經》曰'郊祀后稷以配天'，配靈威仰也；'宗祀文王於明堂以配上帝'，泛配五帝也。）④

以上四則材料，其中 A 是華文立論之核心證據，最爲重要，B、C、D 爲輔證。A《喪服傳》稱諸侯祭祀及其"大祖"，天子則可以祭祀及其"始祖之所自出"，鄭玄隨文將"大祖"解爲"始封之君"，將"始祖"解爲"感神靈而生"。C《喪服小記》鄭注也將"始祖"解爲"感神靈而生，祭天則以祖配"。據此看來，華喆認爲"太祖"屬於廟制範疇，是建功立業的始封君，"始祖"屬於郊祀範疇，從神靈感生，其上世系不可追溯，這些觀點似乎是正確的。

其實不然。首先看"始祖""太祖"是否有郊祀、廟制的區分。鄭玄將"祖之所自

---

① 鄭玄注，賈公彥疏，王輝整理：《儀禮注疏》卷三〇，上海：上海古籍出版社，2008 年，第 917 頁。
② 鄭玄注，孔穎達正義，呂友仁整理：《禮記正義》卷五五，上海：上海古籍出版社，2008 年，第 1783 頁。
③ 鄭玄注，孔穎達正義，呂友仁整理：《禮記正義》卷四二，第 1298 頁。
④ 鄭玄注，孔穎達正義，呂友仁整理：《禮記正義》卷四四，第 1349 頁。

出"解爲"太微五帝之精",也就是靈威仰、赤熛怒、含樞紐、白招矩、汁光紀這五精帝。王者之始祖感太微五帝之精而生,所以南郊祭五精帝之一(本朝之感生帝)時,要以王者的始祖配祭。但《喪服小記》"王者禘其祖之所自出,以其祖配之"之後,緊接一句"而立四廟",鄭玄注曰:"高祖以下與始祖而五。"也就是説,王者之廟制,首先是始祖廟,其次是父、祖、曾、高四親廟。則在鄭玄看來,"始祖"也是廟制概念,並不局限於郊祀。在此處經注的語境中,"始祖"等同於"太祖"。①

另外,材料C《喪服小記》鄭注尚有一句"自外至者,無主不止"。鄭玄此處乃是援引《春秋》公羊學之義建構自己的感生受命理論。《公羊傳》宣公三年:"自内出者,無匹不行;自外至者,無主不止。"何休《解詁》曰:"必得主人乃止者,天道闇昧,故推人道以接之。"②《禮記正義》:"'外至'者,天神也,'主'者,人祖也。故祭以人祖配天神也。"③也就是説,天神(感生帝)並不是王族真正的祖先,只是個"自外至者",須得以始祖爲"主"才得以祭祀之。王族之始祖是人類,也處於人類世系之中,他感五帝之精,受命而生,使得本族成爲承膺天命、光有四海的天子世系。天無形體,感生帝也没有形體,無法爲之立"主",必須依止於本族始祖之"主",才能受本族子孫的祭祀。這樣説來,鄭玄所謂南郊祭天雖以感生帝爲祭祀對象,以始祖爲配,但實際上若無始祖,感生帝也將無所依附。由此可知,"始祖"並不限於郊祀範疇,恰恰相反,正是廟制意義上的"始祖"引申出郊祀意義上的"始祖"。進言之,鄭玄體系中的"始祖""太祖"本無廟制、郊祀範疇的區分,只不過有些就廟制作注、有些就郊祀作注而已。

再看"始祖"之上是否還有人類祖先。華喆認爲鄭玄體系中的"始祖"感五精帝而生,其上再無人類世系。這一論點是錯誤的。鄭玄認爲"有父"與"感生"並不矛盾,聖人雖感天而生,但仍然有血緣上的父親。《毛詩·生民》正義引鄭玄《駁五經異義》曰:

> 玄之聞也,諸言感生得無父,有父則不感生,此皆偏見之説也。《商頌》曰:"天命玄鳥,降而生商。"謂姞簡吞鳦子生契,是聖人感生見於經之明文。劉媪是漢太上皇之妻,感赤龍而生高祖,是非有父感神而生者也?(陳壽祺案:"也"當做"邪"。)且夫蒲盧之氣嫗煦桑蟲成爲己子,況乎天氣因人之精,就而神之,反不使

---

① 李衡眉將《喪服小記》與《王制》鄭注對讀,已指出鄭玄的"始祖""太祖"概念並無區别。
② 何休解詁,徐彦疏,刁小龍整理:《春秋公羊傳注疏》卷一五,上海:上海古籍出版社,2014年,第617頁。
③ 鄭玄注,孔穎達正義,吕友仁整理:《禮記正義》卷四二,第1298頁。

子賢聖乎？是則然矣，又何多怪。①

不難看出，鄭玄恰恰反駁"感生得無父，有父則不感生"的論點。鄭玄認爲，契雖感生，但也有父親帝嚳；劉邦雖感生，但也有父親太上皇。再推而廣之，周之始祖（太祖）后稷雖是感生，但也有父親帝嚳，其上還是有先世的。鄭玄所謂"始祖"，並不是感天帝而生、誕生了一個全新的人類氏族，而是因感生而受命，使得本族成爲有天下之王族，"始祖"即此族受命之初祖。

鄭玄多引緯書注經，在緯書體系中，並非只有"始祖"才感生受命。《正義》引《河圖》："慶都感赤龍而生堯。"又説："堯赤精，舜黃，禹白，文王蒼。"又引《元命包》："夏，白帝之子。殷，黑帝之子。周，蒼帝之子。"最後總結説："是其王者皆感大微五帝之精而生。……文王不特配感生之帝，而泛配五帝矣。"②衆所周知，鄭玄是最信緯書的，緯書認爲文王感蒼帝而生，鄭玄也賦予文王配帝的禮制地位。根據材料 D《大傳》鄭注，鄭玄認爲周代郊祀后稷以配感生帝靈威仰，宗祀文王於明堂，泛配五帝。所配者多，其"德"也就更大，文王的配享之禮甚至超過后稷。

賈公彥也傾向於認爲鄭玄體系中不僅"始祖"感生。《儀禮·喪服傳》賈公彥《疏》曰：

> 又鄭注《大傳》云王者之先祖皆感大微五帝之精以生，則不止后稷與契而已。但后稷感青帝所生，即《生民》詩云"履帝武敏歆"，據鄭義，帝嚳后妃姜原履青帝大人跡而生后稷，殷之先母有娀氏之女簡狄吞燕卵而生契，此二者文著，故鄭據而言之。其實帝王皆有所感而生也。③

按照賈公彥的理解，鄭玄體系中並非只有稷、契"始祖"感五帝之精而生，其他帝王也有可能感帝而生。緯書《河圖》、孔氏《正義》、賈《疏》都認爲周朝除了后稷，文王也是感帝而生。鄭玄本意如何，今已不得而詳，但不至於與此有過大出入。或許正是出於這個原因，材料 D《大傳》鄭玄注"祖之所自出"，只説"先祖所由生"，而非"始祖所由生"，蓋感帝精而生者非惟"始祖"，也有可能是其他"先祖"。"先祖"與"始祖"不能等同視之。這暗示鄭玄體系中感生受命者不僅"始祖"，"始祖"也有人類祖先，也並不局

---

① 陳壽祺撰，曹建墩校點：《五經異義疏證》，上海：上海古籍出版社，2013 年，第 168 頁。
② 鄭玄注，孔穎達正義，呂友仁整理：《禮記正義》卷四四，第 1350 頁。
③ 鄭玄注，賈公彥疏，王輝整理：《儀禮注疏》卷三十，第 919 頁。

限於郊祀範疇,可謂不言自明。

再看材料 B《祭法》。細審經注,鄭玄認爲有虞氏、夏后氏郊顓頊,殷人郊契,周人郊稷,並非基於"始祖感生"而發。鄭注明確説:"有虞氏以上尚德,禘、郊、祖、宗配用有德者而已。自夏以下,稍用其姓之先後之次。"所謂禘、郊、祖、宗所配的先祖,只不過依據"其姓先後之次",若據此認爲鄭玄體系中"始祖"屬於郊祀範疇,恐怕求之過深了。況且,如果認爲始祖感生、其上世系無可追溯,那爲何鄭注在配"郊"之祖之上尚有一個配"禘"之祖呢? 這是華喆所建構的經義體系與鄭玄體系之間的矛盾之處。

在上述分析的基礎上,我們繼續解剖材料 A《喪服傳》經注。或問:材料 A 之中,鄭玄確實區分了作爲諸侯始封之君的"大祖"及天子感神靈而生的"始祖",這又作何解釋呢? 答曰:鄭玄此處並不是要區別"始祖"與"大(太)祖"這一對概念,而是要區別天子與諸侯這兩種身份。因爲經文中有"諸侯及其大祖""天子及其始祖之所自出"這種相對應的表述,而且把"諸侯"與"大祖"、"天子"與"始祖之所自出"各自聯繫起來,鄭玄隨文釋義,就以諸侯始封之君作爲"大祖",把天子感神靈而生之祖作爲"始祖"。與其説這是鄭玄對"始祖""大(太)祖"的區分,毋寧説是對諸侯、天子的對舉。這樣説來,鄭玄禮學體系中的"始祖""太祖"其實是一組"對文則異,散文則通"的概念。如果諸侯、天子對舉,則"太祖""始祖"有別;若無此種對舉,則鄭玄對"始祖""太祖"並不作特別區分。比如上揭《喪服小記》"別子爲祖"一語,鄭玄以諸侯之庶子作爲分出去的其宗初代祖先,而稱其爲"始祖",這顯然就是以某一分支的初祖爲"始祖",與"太祖"無別。①

經過冗長的分析,我們不得不推出如下結論:第一,在鄭玄經學體系中,感五帝之精而生的先祖並不僅限於"始祖","始祖"之上也並非不可追溯世系;第二,"始祖"並不屬於郊祀的範疇,或者説,鄭玄體系中對"始祖/太祖"本無明確的郊祀、廟制範疇之分;第三,鄭注"始祖"與"太祖"的區別並不是絕對的,僅隨文而立,"始祖""太祖"更多情況下是可以替換的。

## 二 宗法與封建意義上的"始祖/太祖"含義探源

如上所述,鄭玄在天子、諸侯對文的情況下分別使用"始祖""太祖",其他情況下

---

① 林鵠認爲《喪服傳》此處特意用"始祖"一詞,以示天子太祖與諸侯太祖之區別,非常正確。參見林鵠:《王業與武功——兩宋始祖廟議發微》,第 149 頁。

"始祖/太祖"往往混用。如何在這一前提下理解鄭玄禮學體系中"始祖/太祖"的含義？我們將回到經注文本產生的時代語境,繫聯更多材料,對此再作推定。

我們知道,一個宗族的祖先是可以向上無窮追溯的,到底追溯到哪一代祖先才算是"始祖"？華喆認爲"始祖"出自感生帝,其上更無世系,我們上文已辨其非。若要定某一宗族之"始祖/太祖",不能脫離先秦時代的宗法封建制度。經學文本產生於"宗法與封建相維"的時代。從宗法的角度來說,"始祖/太祖"就是分宗之際的本宗初代祖先;從封建的角度來說,"始祖/太祖"就是諸侯或大夫的始封君。鄭玄經注明顯體現上述觀點:

表1　鄭玄經注中的"始祖""太祖"

| 篇目 | 經文 | 鄭注 |
|---|---|---|
| 《喪服小記》 | 別子爲祖 | 諸侯之庶子,別爲後世爲始祖也。 |
| 《大傳》 | 別子爲祖 | 別子,謂公子若始來在此國者,後世以爲祖也。 |
| 《王制》 | 諸侯五廟,二昭二穆,與大祖之廟而五。 | 大祖,始封之君。王者之後,不爲始封之君廟。 |
| 《王制》 | 大夫三廟,一昭一穆,與大祖之廟而三。 | 太祖,別子始爵者,《大傳》曰"別子爲祖",謂此雖非別子,始爵者亦然。 |

上述四則經文和鄭注可互相繫聯。就鄭玄禮學體系而論,《喪服小記》鄭注所言"始祖"即宗法意義上的"別子爲祖",《大傳》宗法意義上"別子爲祖"又被解釋爲封建意義上的"始來此國者",《王制》諸侯"大祖"被鄭玄解爲封建意義上的"始封之君",大夫"太祖"解爲"別子始爵",既有宗法意義上的"別子爲祖",又有封建意義上的"始爵(始封)"。經過上述繫聯,不難看出鄭玄體系中的"始祖/太祖"既可以是宗法意義上的"別子爲祖"之"祖",又可以是封建意義上的"始封之君"。——在宗法與封建相維的社會,這兩者是等同的。天子之別子爲諸侯,則此別子既爲一國之始封君,也是其宗的開宗之祖,即始祖/太祖;同理,諸侯之別子爲大夫,既是爵命之始封者,也是其小宗之初祖,即始祖/太祖。從上述四例經注亦不難看出,鄭玄並未區分諸侯、大夫在宗法、封建意義上的"始祖"與"太祖",而是混稱。

以上經注僅就諸侯、大夫而言。若上推至天子,結論仍然基本適用。夏、商、周三代天子在成爲天下共主之前,其先代也是諸侯。比如商以契爲始祖/太祖,周以稷爲始祖/太祖,乃是商、周二族尚爲諸侯之時,契、稷既是諸侯始封之君,也是從帝嚳之宗分出來的本宗之初祖。不同之處在於,鄭玄給天子宗族賦予了"感生""受命"的意涵。天子宗族的"始祖"除了具有宗法意義上的本宗初祖、封建意義上的諸侯始封君之外,同時也是感五帝之精而生、膺受天命以開啓本宗作爲天下共主身份的祖先。這是鄭玄結合感生受命理論與廟制理論而在經義結構上進行的一大創造。也正是在這個意義上,天子在與諸侯對文的語境下,天子稱"始祖",諸侯稱"太祖"。在鄭玄禮學體系中,只有天子才具有郊祀感生帝、以"始祖"配享的特權,諸侯不得行此禮,其"太祖"自然不得郊祀配享,只能在宗廟中受祭。故此,華喆認爲"始祖"屬於郊祀範疇,"太祖"屬於廟制範疇。今推本言之,可知鄭玄並非以郊祀/廟制區分始祖/太祖,而是以天子、諸侯對文,在特定語境下分別使用始祖、太祖的概念。天子有感生受命之祖,可郊祀;諸侯無感生受命之祖,不可郊祀。——這才是鄭玄禮學體系所要強調的要點。若非天子、諸侯對文的語境,則始祖/太祖自然可以混用。

值得注意的是,鄭玄禮學體系中有"夏無太祖"的問題:

> 《禮記·王制》:天子七廟,三昭三穆,與大祖之廟而七。(鄭注:此周制。七者,大祖及文王、武王之祧,與親廟四。大祖,后稷。殷則六廟,契及湯與二昭二穆。夏則五廟,無大祖,禹與二昭二穆而已。)[1]

鄭玄提出周有七廟,即太祖后稷、文武二祧、四親廟;殷六廟,即太祖契、湯、四親廟;夏五廟,即禹、四親廟,沒有太祖。爲何夏朝沒有太祖?鄭玄的立論依據是《禮記正義·王制》所引緯書:

> 《禮緯稽命徵》云:"唐虞五廟,親廟四,始祖廟一。夏四廟,至子孫五。殷五廟,至子孫六。"《鈎命决》云:"唐堯五廟,親廟四,與始祖五。禹四廟,至子孫五。殷五廟,至子孫六。周六廟,至子孫七。"[2]

《正義》又曰馬昭難王肅,引《禮緯》"夏無大祖,宗禹而已"之説。可知鄭玄關於夏、殷、周三代廟制的觀點其實出自《稽命徵》《鈎命决》等緯書。在緯書的禮制構建中,夏朝沒有太祖,只有作爲"宗"的禹。所謂"夏(禹)四廟,至子孫五",就是説禹之時立四親廟,此後子孫繼嗣,宗廟迭毀,到了禹之玄孫之子,除了立父、祖、曾、高四親廟之外,還立了已是高祖之父的禹,作爲夏朝宗廟的不遷之宗。

---

[1] 鄭玄注,孔穎達正義,吕友仁整理:《禮記正義》卷一七,第516頁。
[2] 鄭玄注,孔穎達正義,吕友仁整理:《禮記正義》卷一七,第517頁。

夏廟只有"宗",没有"太祖",很不合常理。按照《祭法》"夏后氏亦禘黃帝而郊鯀,祖顓頊而宗禹"之説,夏朝應以顓頊爲太祖才對,爲何鄭玄説夏無始祖/太祖?果然,清代學者萬斯大就認爲虞、夏皆以顓頊爲始祖:"虞、夏之祖顓頊,殷之祖契也,皆始祖也。"①萬斯同在其《廟制圖考》中據《祭法》"夏后氏祖顓頊而宗禹"把顓頊定爲夏之始祖(太祖),並在其《夏制七廟圖》中明確反映出來。② 周廣業也據《祭法》反駁鄭玄"夏無太祖",也以顓頊爲夏之太祖。③ 丁山(1948)在考察殷周宗法制度的基礎上認爲:"以宗法論之,有虞氏、夏后氏並祖顓頊,殷人祖契,周祖文王,④皆所謂'別子爲祖'。"⑤

到了這一步,答案也就豁然:所謂"太祖/始祖",其本意是宗法制度下分宗之際本宗的初代之祖,亦即"別子爲祖"意義上的"祖"。據《祭法》,鄭玄認爲有虞氏、夏后氏皆郊天而以顓頊配,亦即皆以顓頊爲始祖/太祖,虞、夏同宗。以宗法論之,顓頊既爲虞之太祖,夏也就没有單獨的太祖,只有禹作爲不遷之"宗"。換言之,夏禹的情況相當於宗法上的"奪宗"。諸侯有"奪宗"之義,如淳曰:"奪宗,始封之君尊爲諸侯,則奪其舊爲宗子之事也。"⑥如果某宗支子被封爲諸侯,因其地位之尊,故可奪宗主之位,自己成爲宗主。同樣,若某宗支子受命而爲天子,也將"奪宗"成爲宗主。禹是始祖顓頊之後的支子,因受命爲天子而成爲夏朝不遷之"宗",但本身並非本宗初祖,所以夏朝以禹爲"宗",却無太祖。以封建論之,夏並無"始封君",只有禹作爲"受命君",所以禹不能因始封之義開宗立祖。鄭玄正是在調和緯書之説與經典記載的基礎上,提出"夏無太祖"這樣奇異的論斷,本質上則是以"始祖/太祖"乃是宗法與封建意義上的概念。

這樣説來,鄭玄"夏無太祖"之説正好可以反證我們關於"始祖/太祖"的論點:鄭玄禮學體系中的"始祖/太祖",既是宗法意義上的"別子爲祖"之"祖",也是封建意義上的"始封之君"。在鄭玄禮學所構築的宗法與封建相維的社會,這兩種身份是統一的。

---

① 萬斯大撰,溫顯貴校注:《學禮質疑》卷二"東周祖文宗武"條,收入《經學五書》,上海:華東師範大學出版社,2012年,第42頁。

② 萬斯同:《廟制圖考》,《叢書集成續編》第67冊影印四明張氏約園刊本,臺北:臺灣新文豐出版公司,1991年,第637頁。

③ 周廣業:《蓬廬文鈔》卷五《復周方伯稟》,《清代詩文集彙編》第370冊影印引得校印所1940年據燕京大學圖書館藏舊鈔本排印本,上海:上海古籍出版社,2010年,第515頁。

④ 按照鄭玄改定之後的結構,周之所祖應該是始祖/太祖后稷,而非文王。

⑤ 丁山:《宗法考源》,氏著《古代神話與民族》,北京:商務印書館,2015年,第173頁。

⑥ 《漢書》卷六七《梅福傳》顏師古注引如淳説,北京:中華書局,1962年,第2926頁。

## 三　周文王爲"大祖"辨——經義邏輯與歷史邏輯的調和

以上所論鄭玄禮學體系中的"始祖/太祖"之内涵的建構,符合宗法與封建相維的經義邏輯。對於諸侯來説,是"開宗爲祖""始封立國";對於天子來説,還要再加上一條"受命稱王"。但在經義邏輯之外,還有另一套歷史邏輯。經典所載商、周二代的始封君、受命君都是合一的,分别是契、后稷。但秦漢以降,各朝皇族得姓之祖、始封君、受命君、創業君往往並非同一人。其中始封、創業之君比較明確,受命君的追認則具有一定變數,至於得姓之祖,更是深受民間宗族觀念、族源傳説的影響,與經典禮制有較大距離。

相比於經義邏輯,歷史邏輯的特點是:第一,尊重得姓、始封、受命、創業諸君並非同一人的客觀事實;第二,更爲强調祖宗的歷史功績(也就是所謂"功德")。這種歷史邏輯在西漢廟議中已有明確體現。韋玄成等人説:"禮,王者始受命,諸侯始封君,皆爲太祖。"①漢人又每每稱引"祖有功宗有德"之義。② 以經義邏輯視之,商、周二代先爲諸侯,再爲天子;以歷史邏輯視之,漢代則是王者先受命,然後再分封諸侯。漢朝帝系並無"諸侯始封君",只有作爲"王者始受命"之君的高帝劉邦。韋玄成等人以劉邦爲"帝者太祖之廟",與秦朝尊始皇廟爲"帝者祖廟"的做法非常類似,③是一種歷史邏輯,本質上是一種功德論。也就是説,漢代高帝之所以爲"太祖",以及文帝之所以爲"太宗"、武帝之所以爲"世宗",都是因其"功德"。劉邦最初之所以能稱帝,群臣勸進的理由是其"於天下功最多";④劉邦死後之所以能獲謚"高帝"、成爲漢之"太祖",群臣的理由也是其"功最高"。⑤ 在這種以功德評定的體系下,高帝毫無疑問是漢朝太祖。

此後歷朝也是以功德評高下,參酌親親、尊尊的原則,考慮得姓、始封、受命、創業之君各不相同的事實,拆分原本無别的"始祖/太祖",再加上"高祖"等廟號,盡量照顧到各位有特殊意義的先祖。如果始祖、太祖、高祖廟號不敷使用,還要造出"遠祖""大

---

① 《漢書》卷七三《韋賢傳》,第 3118 頁。

② 關於"祖有功宗有德"之思想與西漢廟制的内在關係,日本學者末永高康已有詳細的分析,本文不贅。[日]末永高康:《前漢廟制議論と〈禮記〉祭法篇》,《東洋史研究》第 76 卷第 3 號,2017 年 12 月。

③ 參見《史記》卷六《秦始皇本紀》,北京:中華書局,1982 年,第 338 頁。

④ 《漢書》卷一《高帝紀下》,第 52 頁。

⑤ 《史記》卷八《高祖本紀》,第 492—493 頁;《漢書》卷一《高帝紀》,第 80 頁。

聖祖"等新稱。總之,以功德高下爲標準,以實用爲目的。①

鄭玄禮學體系建立在經義邏輯的基礎上,但也在一定程度上容納歷史邏輯,並作出一定的折衷和調適,這集中體現在他以周文王爲"大祖"的經義上。鄭玄所構建的周代廟制,以后稷爲始祖/太祖,文王、武王爲二祧,再加上父、祖、曾、高四親廟,一共七廟。但周文王是周朝王業的實際創業者,而且如上文所述,鄭學體系中也爲文王感生受命留下了一定的詮釋空間。文王不可能具有"始祖/太祖"的廟號,作爲二祧之一,他在廟制中的身份又嫌太低。如何既能兼顧文王的歷史功業,同時又不破壞鄭玄廟制體系之經義邏輯的完整性呢?

鄭玄箋《詩》,隱約透露周文王"大祖"的地位。《詩·周頌·雍》篇,《小序》曰:"《雍》,禘大祖也。"鄭《箋》曰:"禘,大祭也。大於四時,而小於祫。大祖,謂文王。"《雍》是禘祭周文王的詩篇,《小序》説是"禘大祖",那麼毫無疑問,這個"大祖"就只能是周文王。這就留下了一個難題:后稷爲周之太祖,但鄭《箋》又以文王爲"大祖",兩者豈不相犯?

對此有三種可能的解釋。第一,"太祖""大祖"無別,鄭玄注《禮》、箋《詩》本非同時,兩者觀點容有差異,此爲鄭玄所親自承認。② 注《禮》時以后稷爲太祖,箋《詩》又以文王爲太祖,並非全無可能。第二,鄭玄此處乃隨文釋義。禘祭爲宗廟大祭,歷代神主分別合食於后稷、文、武及四親廟,當於文王廟中合食時,演奏《雍》詩,故鄭玄將《小序》所謂"大祖"隨文釋爲文王,並非認爲文王就是周朝太祖。③

孔穎達《正義》則對此做出第三種解釋:

> 《雍》者,禘大祖之樂歌也。謂周公、成王太平之時,禘祭大祖之廟。詩人以今之太平,由此大祖,故因其祭,述其事,而爲此歌焉。經言祭祀文王,諸侯來助,神明安孝子,予之多福,皆是禘文王之事也。……大祖謂祖之大者,既非后稷,明知謂文王也。文王雖不得爲始祖,可以爲大祖也。④

《雍》之內容"皆是禘文王之事",這首詩只能是禘文王,不可能是后稷。既是文王,如

① 關於漢唐之間"太祖""高祖"兩種廟號之間的升降關係及其展開邏輯,參見范雲飛:《廟號之爭與制度淵源——魏晉南北朝兩種廟制傳統在隋朝的碰撞》。
② 皮錫瑞撰,吳仰湘編:《鄭志疏證》卷六《禮記志》,北京:中華書局,2015年,第358頁。
③ 承蒙重慶大學人文高等研究院馮茜老師、武漢大學中國傳統文化研究中心朱明數老師賜示這兩種可能。
④ 毛亨傳,鄭玄箋,孔穎達正義:《毛詩正義》卷一九之三《周頌·雍》,阮元校刻:《十三經注疏》清嘉慶刊本,北京:中華書局,2009年,第1284頁。

何又是"大祖"？《正義》特意按照字面意思將"大祖"解爲"祖之大者",相當於特別強調文王只是"大祖",而非"太祖"。《正義》推究鄭玄之意,"禘"爲"大祭","祖"爲"大祖",兩者相應,禘是"祭之大者",與"祖之大者"組成一對取義結構。宗廟禘祭大於四時常祀,小於祫祭;與之相應,"大祖"大於其他先祖,但小於真正的"始祖/太祖"。文王雖然不是始祖(太祖),却可以當得起一個"大祖"的稱呼。就這樣,《正義》通過巧妙詮釋《小序》"大祖"之義,將后稷、文王"太祖"相犯的經學危機消解於無形。

不過,兩漢確實有以周文王爲"太祖"的經義。持此説最著者當屬《白虎通義》。唐太常博士張齊賢議禮引《白虎通義》佚文曰:"后稷爲始祖,文王爲太祖,武王爲太宗。"[1]此處將"始祖""太祖"分立,且又別立一個"太宗"出來,顯然是根據兩漢廟制而生硬構擬出來的新經義,是爲兩漢實際政治服務的。衆所周知,《白虎通義》乃漢代官方經學學説之淵藪,此説也應當是凝聚了漢代衆多儒者結合現實與經義議論研討之成果,因文獻不足,其背後的生成邏輯無法詳考。但以文王爲太祖,其實就是在功德論的歷史邏輯前提下,以創業君爲太祖,把始封君后稷安排爲"始祖"。

《白虎通義》此説雖然代表了漢代的官方經義,但在後世却並不被廣泛承認。如上所述,《毛詩正義》即消解了文王爲"太祖"的經學正當性。張齊賢也認爲文王乃"祖有功宗有德"意義上的"祖",而非祫祭合食之"太祖"。[2] 到了後世,此説影響更微。清初學者萬斯大爲了調和后稷、文王"太祖"相犯的問題,分東西兩周而論,認爲西周以后稷爲太祖,東周以文王爲太祖。其説雖巧,然而却既無經義基礎,也無歷史基礎。[3] 至孫詒讓作《周禮正義》,引張齊賢之説而駁"文王爲太祖",認爲周朝雖以文王、武王受命,然而后稷始封爲諸侯在先,故后稷爲太祖,文王不得爲太祖。[4] 至此,"文王爲太祖"之説在生成以來的二千年裏,先後經孔穎達、張齊賢、孫詒讓等大儒的批駁,始終未成爲主流經義,也未成爲歷代制禮者的共識。

概言之,鄭玄將文王稱爲"大祖",既照顧了文王作爲周朝王業開創者的巨大功德,從而賦予其超越一般先祖的地位,同時也盡量避免與后稷相犯,保持了經義邏輯的完整性。鄭玄對《小序》的詮釋,可謂在經義邏輯的基礎上,在一定程度上兼容歷史邏輯而進行的巧解。

需要指出的是,鄭玄雖然非常克制地兼容歷史邏輯,但絕不會以此破壞經義邏輯

---

[1] 《通典》卷四七《禮七　沿革七》,第 1301 頁;又見於《舊唐書》卷二五《禮儀五》,第 946 頁。

[2] 《通典》卷四七《禮七　沿革七》,第 1301 頁;又見於《舊唐書》卷二五《禮儀五》,第 946 頁。

[3] 萬斯大撰,温顯貴校注:《經學五書·學禮質疑》卷二"東周祖文宗武"條,第 41—43 頁。

[4] 孫詒讓撰,汪少華整理:《周禮正義》卷四一《春官守祧》,北京:中華書局,2015 年,第 2020 頁。

的完整性。兩漢以來,基於功德論的歷史邏輯,許多經學家爲了凸顯周文王作爲創業君的歷史地位,構擬了一種"明堂宗廟一體論"的經義,認爲明堂即文王之廟,由此極大抬高文王在周朝郊廟明堂禮制體系中的地位。一般來説,明堂爲布政之宫,祭天神(上帝/五帝)以祖宗相配。漢晉時代的"明堂宗廟一體論"則認爲:

表 2　明堂宗廟一體論

| 論者 | 論點 | 出處 |
|---|---|---|
| 《大戴·明堂》 | 或以爲明堂者,文王之廟也。 | |
| 古《周禮》、《孝經》説 | 明堂,文王之廟。 | 許慎《五經異義》 |
| 《左氏》舊説 | 以祖廟與明堂爲一。 | 《左傳》文公二年《正義》 |
| 盧植《禮記注》 | 明堂即大廟也。天子太廟,上可以望氣,故謂之靈臺。中可以序昭穆,故謂之太廟。圜之以水,似辟,故謂之辟雍。古法皆同一處,近世殊異,分爲三耳。 | 《毛詩正義·大雅·靈臺》 |
| 穎子容《春秋釋例》 | 太廟有八名,其體一也。肅然清静謂之清廟,行禘祫、序昭穆謂之太廟,告朔行政謂之明堂,行饗射、養國老謂之辟雍,占雲物、望氣祥謂之靈臺,其四明之學謂之太學,其中室謂之太室,總謂之宫。 | 《毛詩正義·大雅·靈臺》 |
| 穎容《春秋釋例》 | 周公朝諸侯於明堂,太廟與明堂一體也。春秋人君將出,告於宗廟,及還策勳,獻俘於廟。 | 《初學記》卷一三 |
| 賈逵、服虔注《左傳》 | 靈臺在太廟明堂之中。 | 《毛詩正義·大雅·靈臺》 |
| 蔡邕《明堂月令論》 | 明堂者,天子太廟,所以崇禮其祖,以配上帝者也。……故雖有五名,而主以明堂也,其正中焉皆曰太廟。取其宗祀之清貌,則曰清廟。取其正室之貌,則曰太廟。取其尊崇,則曰太室。取其堂,則曰明堂。取其四門之學,則曰太學。取其四面周水,圓如璧,則曰辟雍。異名而同事,其實一也。……以周清廟論之,魯太廟即明堂也。魯禘祀周公於太廟明堂,猶周宗祀文王於清廟明堂也。 | 《續漢書·祭祀志》第八劉昭注所引 |
| 杜預 | 明堂,祖廟也。 | 《左傳》文公二年杜預注 |

經傳並無明堂即周文王廟的論斷,只有《大戴·明堂》中的"或以爲"之説。然而此説在兩漢古文經義中却被相當廣泛地認可,古《周禮》説、古《孝經》説、《左氏》舊説等古文家皆將明堂與宗廟(文王廟)等同起來。東漢經學家繼承上述經説而又有所發

展,完善了"明堂宗廟一體論"。盧植、穎子容、賈逵、服虔、杜預等人皆持其説,蔡邕《明堂月令論》尤爲其集大成者。

"明堂宗廟一體論"在漢末以來的經學界激起了一場風波,遭到鄭玄、袁準等人批駁。漢晉以來的"駁明堂宗廟一體論"如表所示:

表3　駁明堂宗廟一體論

| 論者 | 論點 | 出處 |
| --- | --- | --- |
| 馬融 | 明堂在南郊,就陽位,而宗廟在國外,非孝子之情也。 | 袁準《正論》引 |
| 鄭玄 | 《鄭志》趙商問云:"説者謂天子廟制如明堂,是爲明堂即文廟邪"? 鄭答曰:"明堂主祭上帝,以文王配耳,猶如郊天以后稷配也。" | 《南齊書》卷九《禮志上》王儉議引《鄭志》 |
| 袁準《正論》 | 明堂、宗廟、太學,禮之大物也。事義不同,各有所爲,而世之論者,合以爲一體,……失之遠矣。……是故明堂者,大朝諸侯,講禮之處。宗廟,享鬼神,歲覲之宮。辟雍,大射養孤之處。太學,衆學之居。靈台,望氣之觀。清廟,訓儉之室。各有所爲,非一體也。……明堂以祭鬼神,故亦謂之廟。明堂太廟者,明堂之内太室,非宗廟之太廟也。 | 《毛詩注疏》卷一六引 |
| 徐邈 | 配之爲言,必有神主;郊爲天壇,則堂非文廟。 | 《南齊書》卷九《禮志上》王儉議引 |
| 賈思伯 | 《周禮》營國,左祖右社。明堂在國之陽,則非天子太廟明矣。然則《禮記·月令》四堂及太室皆謂之廟者,當以天子暫配享五帝故耳。 | 《魏書》卷七二《賈思伯傳》 |
| 封軌 | 至如廟、學之嫌,臺、治之雜,袁準之徒已論正矣。 | 《北史·封軌傳》 |

不難看出,漢儒馬融就已對當時的"明堂宗廟一體論"提出懷疑:若明堂即太廟,那麼明堂/太廟在南郊國都之外,位置太遠,不符合孝子之心。系統反駁"一體論"者當推鄭玄。熟悉鄭注者當知鄭玄認爲太廟、路寢、明堂三者制度相同。其學生趙商據此發問,明堂與太廟是否一體? 此問雖從鄭學内部生出,但無疑也受到了漢末蔡邕等人"一體論"的影響。鄭玄認爲於明堂祭上帝,以文王配,但明堂並非文王廟,否定"一體論"。

　　鄭玄之後，袁準反駁"一體論"最爲有力。他以蔡邕爲靶子，多方面論證了太廟與明堂等建築的不同之處。鄭玄、袁準已經基本破除"一體論"，此後學者沿波，徐邈、賈思伯、封軌繼有論及，但皆不出鄭、袁二人之範圍。鄭玄、袁準之後，"一體論"已鮮有學者信奉。

　　推究漢儒"一體論"的本意，是爲了照顧周文王作爲創業君的歷史功績，擡高他在廟制中的地位。在"天子七廟，左昭右穆"的宗廟格局中，文王、武王雖爲二祧，但地位畢竟低於太祖后稷之太廟。若以明堂、太廟（文王廟）一體，相當於在原本的"七廟"體系之外別立一座明堂/太廟，這既是一座祭上帝的明堂，也是文王（創業君）的宗廟。創業君在原本的"七廟"體系之外獨享一座"太廟"，其地位至少跟始封君一樣高，甚至更高。

　　擡升創業君廟制地位的經義，或許基於秦漢實際情況而發。秦始皇曾作"極廟"於渭南，這是在秦之群廟之外單獨特出的重要宗廟。[1] 秦二世定秦宗廟之制曰："今始皇爲極廟，……天子儀當獨奉酌祠始皇廟。自襄公已下軼毀。所置凡七廟。群臣以禮進祠，以尊始皇廟爲帝者祖廟。"[2]秦朝置七廟，秦襄公爲諸侯始封君，秦始皇則是"王者始受命"的創業君，兩者之廟不毀，其他軼毀。始皇廟稱爲"帝者祖廟"，卓異於此前的歷任先公先王，成爲此後萬世皇帝之"祖廟"。可見作爲創業君的秦始皇在廟制中的地位絲毫不比始封君秦襄公低，其"極廟"也獨立於群廟之外。始皇"極廟"之地位正相當於漢儒所建構的"明堂/文王廟"，兩者都是在群廟之外的一座單獨建築，都具有極爲崇高的意義，都是基於功德論的歷史邏輯，拔高創業君在廟制中的地位。我們說漢儒基於秦漢之現實情況而發明"明堂宗廟一體論"之經義，殆非虛言。

　　總而言之，鄭玄的廟制體系以經義邏輯爲基礎，適當參酌歷史邏輯。鄭玄何嘗不知創業君功德巨大，地位特殊，但他不會因此破壞其廟制體系的經義邏輯基礎，只是極爲克制地賦予周文王"大祖"之號，盡量避免后稷、文王"太祖"相犯。對於基於功德論之歷史邏輯的"明堂宗廟一體論"，因其破壞了明堂郊廟禮制體系的完整性，所以加以批駁。

---

　　① 《史記》卷六《秦始皇本紀》，第310頁。
　　② 《史記》卷六《秦始皇本紀》，第338頁。

# 結　論

綜上所述,鄭玄立足經傳文本"宗法與封建相維"的語境,隨文詮釋"始祖""太祖"之義。就宗法而言,"始祖/太祖"指的是本宗初祖,亦即"別子爲祖"之"祖";就封建而言,"始祖/太祖"指的是諸侯、大夫的始封君。對於天子世系來説,"始祖/太祖"又兼有感生、受命的内涵。天子"始祖/太祖"感五帝之精而生,從而膺受天命,光啓四海,但他同時也有人類祖先,"感生"與"有父"並不矛盾。只有在天子、諸侯對文的語境下,"始祖""太祖"分別對應天子、諸侯;在一般語境下,"始祖""太祖"往往混用。天子南郊祭感生帝,以始祖配享;諸侯則無郊祀之禮,只能在宗廟中祭祀太祖。但"始祖""太祖"本身並無郊祀、宗廟範疇上的區别。在經傳、鄭注的語境中,商、周二代分別以契、后稷爲"始祖/太祖",兩朝的始封君、受命君都是二位一體的。虞、夏皆以顓頊爲"祖",夏禹受命爲天子,依宗法"奪宗"之義而爲夏朝不遷之"宗",但並非本宗初祖,所以夏朝無太祖。

除了宗法、封建的經義邏輯之外,還有另一套功德論的歷史邏輯。秦漢以降各朝得姓、受命、始封、創業之君往往並非同一人,從實際功德高低的角度出發,各朝通常離析原本無别的"始祖/太祖",再加上"高祖"等廟號,分配給各位有功德之祖,由此造成各朝始祖、太祖、高祖、遠祖、大聖祖各不相同、疊床架屋的局面。鄭玄在保證其經義邏輯之完整性的前提下,非常克制地參酌功德論的歷史邏輯,標識周文王超卓的功德。但他也反駁漢儒"明堂宗廟一體論",不過分擡升周文王在明堂郊廟禮制體系中的地位,以免對其經義邏輯的基礎造成衝擊。

總的來説,鄭玄釋經以語境爲第一要義,具有明顯的文本主義的特點。他重在綜合各經,以核心材料統攝外圍材料,最大程度上通釋各個文本。對於少數無法通釋之處,則換用其他技巧彌縫之。鄭玄對經傳中的"始祖/太祖"以隨文注釋爲主,否則的話,鄭玄對廟制中如此重要的兩個概念,不會不加以明確區分而混用的。我們採用與鄭玄相同的辦法,盡量回歸鄭注的語境,隨文審視鄭玄涉及"始祖/太祖"的文本,爲其作一通融的解釋。不過,因爲鄭玄具有立足語境的文本主義特點,任何"以鄭還鄭"的嘗試都難免沾染"代鄭玄立言"的建構色彩,這或許是所有鄭學研究都應盡量避免却難以根除的問題。

**作者簡介：**

范雲飛，男，1993 年生，安徽宿州人，武漢大學中國傳統文化研究中心講師。主要研究領域爲中國古代禮制史、經學史、思想學術史，近年代表論著有《唐代東都廟議的經義邏輯》(《文史》2021 年第 1 輯)、《從"周禮"到"漢制"：公私視角下的秦漢地方宗廟制度》(《史林》2020 年第 2 期)等。

# 論韓儒丁若鏞詮釋《論語》"不貳過"的
# 特點及其局限

許子濱

**内容摘要**　茶山詮釋群經,會通彼此,對心性相關文字進行辨析與統合,完成了自我建構的心性論。《論語古今注》呈現了茶山的心性論,其中論"仁""恕",説"心""體",重出疊見,不可殫指。茶山潛心探尋經義,對透露在字裏行間的聖人之意,體究殊深。心性論主宰着茶山對《論語》片言隻字的理解。茶山詮釋《論語》的獨特見解,集中於"原義總括","辨不貳過,是不兩屬"即居其一。茶山訓"不貳過"之"貳"爲兩屬,具體表現爲對待"過"的兩種勢成對立的心理——既"欲改過"又"欲無改","欲"爲性、爲嗜好。"欲改過"發自道心,"欲無改"發自人心,兩者對決,角力交戰。茶山就這樣,將改過内化爲一種内心自反省察的克己工夫,使改過遷善變得實在,可以踐履。若撇開文本原意不論,茶山解説"不貳過"之意,實自程朱心性之學進路,既對理學中的心性之學有所繼承,又能推陳出新,擴而充之,大而化之,創建更完善周密而切實可行的理論體系。夷考其實,茶山解説"不貳過",既重文本,又善推衍,但用心過寬,只顧"推論推通",規模雖大,却未能貼合文本的詞理語脈。其説雖極精微周致,終嫌求之過深,恐非孔子原語的意思。

**關鍵詞**　丁若鏞　《論語古今注》　不貳過　人心道心　大體小體　橫説豎説

## 一　緒言

　　茶山丁若鏞(1762—1836)是朝鮮王朝後期實學派大師,著述宏富,成就卓著,是韓國儒者的代表人物,在韓儒對中國經學研究中擁有無可比擬的地位。茶山自許:"余所不朽,唯《禮》與《易》。"①觀乎今存茶山著作,其禮學與《易》學固然突出,而其

---

① 丁若鏞:《禮疑問答·僧菴禮問》,《與猶堂全書》第 22 册,首爾:茶山學術文化財團,2012 年,第254 頁。

《四書》之學同樣引人注視。茶山研治儒經，力求博考精審，參古酌今，務歸至當，旨在闡明聖人大義，經世致用。其回歸原典，以經證經，直探經旨之法，值得後人借鏡。茶山闡發孔子原意，集中於《論語古今注》，其中呈現的心性論最爲獨特，論“仁”“恕”（忠恕），説“心”（道心仁心）、“體”（大體小體），重出疊見，不可殫指。通覽其書，可見茶山潛心探尋經義，對透露在字裏行間的聖人之意，領會殊深。而且，茶山深知《論語》與《易傳》關係密切，洞悉其中義理每有契合、相爲表裏之處。茶山詮釋群經，會通彼此，對心性相關文字進行辨析與統合，完成了自我建構的心性論。反過來説，獨特的心性論，也主宰着茶山對《論語》片言隻字的理解。近年，Kim Hongkyung（金弘炅）將茶山《論語古今注》翻譯成英文，目前已出版了兩册。可以預期，茶山《論語》之學必將廣傳於世界漢學，其書其學亟待研究，毋庸置疑。

伏羲、神農、軒轅、堯、舜、禹、湯、文王、周公、孔子（前 551—前 479），皆被茶山視爲聖人。茶山認爲，上天之所以特生聖人，爲的是立之爲君師，以救萬民。① 茶山對諸聖的尊信，莫崇於孔子。寫成於乾隆辛亥（1791 年）的《論語對策》足爲明證，其文云：“物莫靈於人，人莫尊於聖，聖莫盛於孔子，則孔子之片言隻字，實足爲生民之模範，持世之維綱。”②是人類中唯孔子至靈至聖。如此稱頌孔子，自孟子（前 372—前 289）及其引述宰我、子貢、有若之語發端。孟子引述有若説：“自生民以來，未有盛於孔子也。”（《孟子・公孫丑上》）至於《論語》的篇章排序，以《學而》所記孔子“學而時習之”之語發端，以《堯曰》所記孔子“不知命，無以爲君子”之語收結，始“學”終“命”，茶山如此領會箇中蘊含的義理：“《魯論》一部，始之以學，終之以命，是下學上達之義”③，既説明唯學可上達於聖人，又強調心上修治的工夫。在注文中，茶山不忘反復申明《論語》在修德上的重要性，如云：“後學之尊信體行，惟《論語》一部是已。”又云：“大抵《論語》者，聖人之影子也。首之以入道之門，終之以傳道之事，而其間謙己誨人之辭，容貌威儀之盛，修德講學之功，立朝行己之節，無不謹書而該載之。……儘乎其爲六經之總會，而天德王道之大典也。……遠而道德性命，近而名物字句，必欲於縷析毫分，靡有遺蘊，而義理不窮，……發未發而聞未聞。”④據此可知，《論語》一書具載孔聖言行，面面俱到，義理無窮，堪當“六經之總會”“天德王道之大典”。讀《論語》，固可從字句中認識名物，更重要的是要做到“縷析毫分”，務使“道德性命”“靡有遺蘊”，從而紹續聖人餘緒，入道傳道。丁氏之論既是度人金針，也是夫子自道。

---

① 丁若鏞：《論語古今注Ⅱ》，《與猶堂全書》第 9 册，第 285 頁。
② 丁若鏞：《論語古今注Ⅱ》，《與猶堂全書》第 9 册，第 402 頁。
③ 丁若鏞：《論語古今注Ⅱ》，《與猶堂全書》第 9 册，第 401 頁。
④ 丁若鏞：《論語古今注Ⅱ》，《與猶堂全書》第 9 册，第 409—410 頁。

朱熹(1137—1200)曾揭示詮釋"四書"文義與義理的心法,大要是説,詮釋者既要寬着心,又要緊着心,"這心不寬,則不足以見其規模之大;不緊,則不足以察其文理(引者按:"理"一作"義")之細密。若拘滯於文義,少間又不見他大規模處。"①要想掌握文本結構、詞理語脈中的"文義",及可由此延伸或推衍而成的"義理",詮釋者如何拿捏其心的"寬""緊",是成功與否的關鍵所在。寬緊適度是詮釋《論語》者所應當心處,茶山對此應有會心。茶山説經,既重文本,又善用"推論推通"②之法,而其推論往往揆情度理,一空依傍,規模宏遠,有自立一家言的大氣魄。就《論語古今注》所見,茶山解説經文義理,一如其他論著,不爲舊説所囿,著力創發新見,多發前人之所未發。但無可諱言,隨心而發,有時顧此失彼,未能做到寬緊適度。其書對"不貳過"的解説,就是最好的例證。茶山之"不貳過"説,雖然已引起當代學者的注意,但對其説的討論却顯得十分不充分。《論語古今注》書前首列"原義總括"175條,"辨不貳過,是不兩屬"即居其一。朱子曾説:"尋常解'不貳過',多只説'過'字,不曾説'不貳'字。"③茶山説"不貳過",就專注體究"貳"字之義。本文所論,旨在將茶山解讀"不貳過"之意放在其心性論中來考察,説明"不貳過"在其中所擔當的角色和發揮的作用,既凸顯其説的特點,又嘗試博稽文獻,旁參古今各家説法,就"貳"字之義,窺其局限所在。東亞學界對茶山《論語古今注》的討論甚多,爲免枝蔓,本文僅聚焦於"不貳過"一端。

## 二　茶山"不貳過"説考釋

### 1.茶山"不貳過"原注及學者對其文的分析

《論語·雍也》"(魯)哀公問弟子"章云:

> 哀公問:"弟子孰爲好學?"孔子對曰:"有顏回者好學,不遷怒,不貳過,不幸短命死矣。今也則亡,未聞好學者也。"

茶山《論語古今注》説"不貳過"之意云:

> 補曰:貳,歧也,攜也。有過則勇改之,無所歧攜,是不貳過也。[心無餘戀,爲不貳]子曰:"有不善,未嘗不知,知之未嘗復行。"
>
> 又按:貳之爲言,橫説也,非豎説也。分攜曰貳,兩屬曰貳,未聞重累層疊,可

---

① 黎靖德編:《朱子語類》,第158頁。
② 丁若鏞:《喪禮外編》卷三《正體傳重辨三》,《與猶堂全書》第21冊,第264頁。
③ 黎靖德編:《朱子語類》,臺北:文津出版社,1986年,第767頁。

謂之貳也。《大雅》曰:"無貳爾心。"《曲禮》曰:"雖貳不辭。"《左傳》云:"大叔命西鄙北鄙貳於己。"[杜云:"兩屬也。"]又云:"王貳於虢。"[杜云:"欲分政。"]義可知也。前過之再犯,其可謂之貳過乎? 人心惟危,道心惟微。既欲改過,又欲無改,兩屬之於人心道心,此之謂貳過也。一刀兩段,去之匆容,無復一毫查滓留著胸中,然後方可謂之不貳過。

引證:《論衡》曰:"'不遷怒,不貳過,何也?'曰:'哀公之性,遷怒貳過,因其問,兼以攻上之短,不犯其罰。'"[刑(引者按:刑爲邢之誤)云:"以哀公遷怒貳過,而孔子因以諷諫。")案:不遷怒者,不改其樂也。不貳過者,未嘗復行也。孔子稱顔子,本自舉此二事,非諷哀公也。①

謹案:金彦鍾《丁茶山論語古今注原義總括考徵》云:

案:"不貳過"之"貳",古今注家皆釋"復",無有別解。《集解》云:"不貳過者,有不善,未嘗復行也。"此則以復解貳。《集注》云:"貳,復也。"從《集解》。茶山於此有別解。(引者按:下引茶山文,此不贅)考查古今諸家之説,無人以兩屬解貳,可謂茶山之創説。然而以文字之原義考之,復、兩屬皆是引伸義而已。本義作"副益"解。乃既有而又增加使多之意,本指儲藏以備匱乏之財物而言。貝示財物,故貳從貝。茶山雖以爲重纍層疊不可謂之貳,而終非否定《集解》《集注》所説。故亦云:"不貳過者,未嘗復行也。"於是可推論,蓋茶山以爲以復解貳,亦無不可,唯不如以兩屬解之之更近孔子原義。②

總結金先生考徵所得,約有三點:其一,"不貳過"之"貳",古今注家如何晏(?—249)、朱熹皆釋作"復","無有別解",至茶山始創爲新説,以"兩屬"解"貳";其二,茶山雖謂"貳"不解作重纍層疊,却又説"不貳過者,未嘗復行",沒有完全否定何、朱之説,也因此不認爲不可將"貳"解作"復",只是"兩屬"更接近孔子原意;其三,"貳"字本義爲"副益","復"也好,"兩屬"也好,皆是其引申義。第三點,蓋據徐灝《説文解字注箋》爲説。徐文云:

《周禮・大司寇》曰:"大史、内史、司會及六官,皆受其貳而藏之。"灝按:貳之者,所以廣儲藏、備匱乏。左氏哀六年《傳》曰"器二不匱"是也。因之公卿亦以貳偁。昭三十二年《傳》史墨曰:"物生,有兩,有三,有五,有陪貳……王有公,諸侯

---

① 丁若鏞:《論語古今注Ⅰ》,《與猶堂全書》第8册,第205—206頁。
② 金鍾彥:《丁茶山論語古今注原義總括考徵》,臺灣師範大學國文研究所博士論文,1987年,第61—62頁。

有卿,皆有貳也。"貳有增益義,故曰副益,不必分言之也。又有差分義,故引申爲疑貳之詞。①

"貳"字從貝得義,原指財貨之副益,《周禮》"受其貳而藏之",專言廣儲藏、備匱乏,即用其本義。②《説文》"貳,副益也",引申之,凡人之增益,亦言"貳"。又引申之,有差分之義,疑貳即爲其例。朱子《集注》的確説"貳,復也",並連貫"過"字説"過於前者,不復於後"。③何晏《集解》援引《易·繫辭上》"顔氏之子其殆庶幾乎!有不善未嘗不知,知之未嘗復行"與此章互證,却未曾解"貳"爲"復",反而明確説"凡情,有過必文,是爲再過"。④何晏此解似乎照應鄭玄(127—200)注文。今存唐寫本《論語鄭氏注》云:"貳,再","行有不善,未嘗復行"。⑤鄭玄訓"貳"爲"再",且引《易》與《論語》互證。茶山否定貳有重累層疊之意,這點是非常清楚的。注中説"不貳過者,未嘗復行也",大概是因引《易》爲證連帶而言,未必有並存兩説的意圖。

Kim Hongkyung(金弘炅)*The Analects of Dasan*, *Volumn II*: *A Korean Syncretic Reading* 説:

A unique interpretation of this passage, which is listed in the "Original Meanings," is drawn from Dasan's efforts to bring consistency among Confucius's remarks on Yan Hui. Dasan believed that the two descriptions of Yan Hui in this chapter pertained to others that appear in the classical texts. He noticed an analogy between them and two other instances in which Confucius mentions Yan Hui-one from the *Analects* and another from *Changes*-and he created an unprecedented reading of this chapter.

Such efforts of his may meet with doubts on the part of the reader. His rendition of *qian* and *er* in this chapter may need to be supplemented with more evidence, unless a liberal interpretation is allowed. Dasan actually tried to supplement his rendition of *er* with his theory of the human-mind and Dao-mind. Without this supplementary explana-

---

① 丁福保:《説文解字詁林》,北京:中華書局,1982年,第2761頁。貳,從弍會意,弍亦聲,爲會意兼聲字。段玉裁以爲《説文》原文"當云:副也,益也。"王筠《説文句讀》則以爲原文爲"副,益也","副貳複語,益爲訓義"。

② 《廣雅·釋詁》云:"貳,盈也。"取其充備之義,故訓爲盈。

③ 朱熹:《四書章句集注》,北京:中華書局,1983年,第84頁。

④ 皇侃撰,高尚榘校點:《論語義疏》,北京:中華書局,2013年,第126頁。

⑤ 唐寫本《論語鄭氏注》云:"遷,移也。貳,再。顔回有所怒於甲,不及乙;行有不善,未嘗復行。"王素:《唐寫本論語鄭氏注及其研究》,北京:文物出版社,1991年,第57頁。

tion, it would be difficult to accept his rendition. In that sense, this was a rare case in Dasan's interpretation of the *Analects* because he mainly wished to understand the *Analects* within the context of the classic.①

金先生這段説明,開宗明義,肯定列於"原義總括"的茶山詮釋"不貳過"的獨特性,認爲茶山注意到《雍也》篇有兩章可與《易》相類比,力求維持孔子評論顔淵的一致性,從而産生如此空前的解讀。金先生這樣揣摩茶山之意:鑒於其創説或令讀者生疑,對"遷""貳"的譯解需要更多的證明,茶山於是嘗試將"貳"的譯解聯繫到"道心人心"的理論。如果没有補證,讀者便難以接受其譯解。茶山詮釋《論語》,像這樣將書中文字放在經典語境中來考量和理解,實在罕見其例。確如作者所言,茶山譯解"不貳過",可謂發前人之所未發,無論在《論語古今注》還是在古今注家中,都相當突出。

**2.茶山論"人心""道心"之要旨**

朱子以《古文尚書・大禹謨》"人心惟危,道心惟微,惟精惟一,允執厥中"爲堯、舜、禹相授受的道統真傳。後儒相信此"十六字心訣"乃梅賾僞作,由《論語・堯曰》與《荀子・解蔽》所引《道經》兩文撮合而成。茶山深信梅書僞案,證據確鑿,其僞作之迹,昭然呈露,如白日中天,魑魅莫遁。② 雖然如此,茶山認定"允執厥中"爲"堯、舜、禹秉德傳道之要旨",更奉"人心""道心"爲"五帝以來省心察性之玄訣"。人若不察乎"人心""道心",克己省身,便無由超凡作聖。③ 朱子《中庸章句序》辨明"人心""道心"之意云:

> 心之虛靈知覺,一而已矣,而以爲有人心、道心之異者,則以其或生於形氣之私,或原於性命之正,而所以爲知覺者不同,是以危殆而不安,或微妙而難見耳。然人莫不有是形,故雖上智不能無人心,亦莫不有是性,故下愚不能無道心。二者雜於方寸之間,而不知所以治之,則危者愈危,微者愈微,而天理之公卒無以勝夫人欲之私矣。④

---

① Kim Hongkyung, *The Analects of Dasan*, Volume II: *A Korean Syncretic Reading*, New York: Oxford University Press, 2017, p.128.

② 丁若鏞《論語古今注》還據押韻及釋義證明其文爲梅書之僞,云:"梅氏《大禹謨》曰:'天之曆數,在汝躬,汝終陟元后。人心惟危,道心惟微,惟精惟一,允執厥中。'又曰:'欽哉! 慎乃有位,敬備其可願。四海困窮,天禄永終。'……人心道心二句,乃古《道經》文也。[自注:見《荀子》]躬中窮終,聲韻不落,而忽入危微二韻,插于其中,非亂經乎! 其釋困窮之義,亦全不成理。已詳余《尚書説》,今不再述。"《論語古今注Ⅱ》,《與猶堂全書》第9册,第391頁。

③ 丁若鏞:《梅氏書平》,《與猶堂全書》第13册。

④ 朱熹:《四書章句集注》,第14頁。

茶山對"此經此解"尊信備至,許之爲"吾人性命之公案",建議將《道經》及朱子序文刻於大碑,建於太學,"爲萬世立大訓",更告誡説,"凡具人形而含天性者,當時刻誦習,常常自省"。

茶山《論語古今注》各章對"人心""道心"多有言説,且特意將《陽貨》"性相近也,習相遠也"與"惟上知與下愚不移"二章合一,詳細闡述已見。茲嘗試綜合書中所見,簡述其立論要旨如下(行文字詞,凡引用茶山人性論的重要概念的,皆加引號)。

天下之生物、死物共分三等:草木有"生"(生命)而無"知"(知覺),禽獸有"知"(知覺)而無"靈"(靈明),人兼"生""知""靈"而有之。人之一體,分爲"大體"與"小體",二者相須相關,妙合而不能相離。其發之爲心者,有因"道義"而發,是爲"道心",有因"形質"而發,是爲"人心"。"道心"存乎"虛靈本體"(即"大體")之中,其好惡表現爲"性相近"之性。"性"之命名,取"本心之好惡"(嗜好厭惡)之義。人之所以爲人,是因爲人有"本性"或"良知",爲"天"所賦予,故又稱"天性"或"天命"。人性"好德恥惡",故又稱"道義之性"。此性與生俱來,聖凡所同,孔子言"性相近",孟子説"性善"皆就此而言。"道義之性",唯人有之,而"氣質之性"則人物所同。人"氣質"有不齊,其清濁厚薄之差等,取決於所受"山川風氣"(氣)之剛柔與"父母精血"(血)之清濁。"氣質"固然會決定人智慧之優劣("慧鈍":智慧、愚鈍),却與其本性之善惡了無關涉。堯舜爲善,不等於氣質清明;同樣地,桀紂爲惡,也不等於氣質濁穢。"人心"由此性而發,發而爲形軀諸慾(貪財好色、懷安慕貴)。天既賦予人"好德恥惡"之性,又賦予其"可善可惡之權",即聽任其自主決定向善或趨惡。"君子上達,小人下達"(《憲問》),其人本皆自中層起程,或善或惡,差別在於君子進德修業而小人日進其惡。"大體"之中,每當"道心"與"人心"交發相遇,必然出現二心("敬怠")交戰的情況。善惡之分,自亦成於行事之後,而未定於生靜之初。只是受形軀(人心)所拘囿與沮壞,道心容易陷溺,所謂"從善如登,從惡如崩"(《國語·周語下》諺語),行善步步唯艱,行惡却如山崩之勢。今依茶山所論,將"人心""道心"之關係圖示如下:

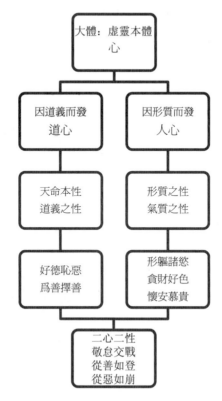

圖一、茶山二心二性論框架圖

茶山之心性論,專主於《論語》《中庸》《孟子》《大學》,又會通《詩》《書》等,擘肌分理,統合一衆"古經"而成。因此,其説除詳見於《陽貨》二章及散見書中各處,還集中於《梅氏書平》、兩種《中庸》論著(《中庸自箴》《中庸講義》)及《孟子要義》等。數書所論,互有詳略,取詳補略,相得益彰。如《梅氏書平》解"性相近"章義云:"性相近者,道心之微,智愚之所同也。習相遠者,人心之危,聖狂之條變也。"據"道心""人心"分説"性""習",較諸《論語》本經注文,更顯直截了當。"人心"與"氣質"或"氣質之性"的關係,注文之間的聯繫照應不甚清晰。《孟子要義》云:"大抵人之所以知覺運動趨於食色者,與禽獸毫無所異,惟其道心所發無形無質,靈明通慧者,寓於氣質以爲主宰。故粵自上古,已有人心、道心之説。人心者,氣質之所發也;道心者,道義之所發也。人則可有此二心,若禽獸本所受氣質之性而已,除此一性之外,又安有超形之性寓於其體乎?氣質之性即其本然也,然孟子所言者,道義之性也。"[①]知覺趨於食色,形成"氣質之性",人與禽獸所同有。人既有發於"氣質"的"人心",又有發於道義的"道

_____

① 丁若鏞:《孟子要義》,《與猶堂全書》第4册,第531—532頁。

心",有此二心,故能自別於禽獸。又如天賦人以可善可惡之權,是茶山人性論中不可或缺的部分。但《論語古今注》對這個自主權與"道心""人心"的關係,却没有進一步的申述。相較而言,《梅氏書平》所論要明確完整得多。茶山的理論核心,是先確立人心原有三等:其一,靈知之全體,心之官思(《孟子·告子上》)、"先正其心"(《大學》)皆屬其例;其二,感動思慮之所發,惻隱之心(《孟子·公孫丑上》)、非辟之心(《禮記·玉藻》)皆屬其例;其三,五藏之中主血與氣者。感動思慮可以發爲百千之心,或四端,或邪僻,静察其分,却不出乎"人心""道心",公私、善惡的分判,視乎何者戰勝。進而謂靈知有"才""勢""性"。心有"才",能够在可善可惡的情况下發揮自力自主的作用。心有"勢",因氣質私欲的引誘,難善易惡,其勢有如"從善如登、從惡如崩"。性爲心之所嗜好,即心之欲求。氣質之性,嗜好芻豢,天命之性,樂善恥惡。同是嗜好欲求,唯有遵循道心之所欲求,即"率性"而行,自可成善免惡。

### 3."横説""豎説"與茶山之理氣觀

茶山説:"貳之爲言,横説也,非豎説也","人心惟危,道心惟微。既欲改過,又欲無改,兩屬之於人心道心,此之謂貳過也"。茶山將揚雄(前53—18)提出的"人之性,善惡渾"看成是人之二心("人心""道心")角力交戰的狀態。對此,注文屢屢言及,如"人心道心交發而胥戰""人心欲之,道心勿之,彼欲此勿,兩相交戰",或變言"性之遇形,敬怠交戰",或變言"慾道二物,心戰角勝",或變言"天命人欲,交戰於内",不一而足,極意摹狀二心相互作用的心理活動。"欲改過""欲無改",無疑是道心與人心交戰於内的寫照。

茶山語中,"横説""豎説"所指,可得而説焉。朱子云:"絜矩之道,推己度物,而求所以處之之方。故於上下、左右、前後之際,皆不以己之所不欲者施諸彼而已矣。"依朱子所言,自我主體具有空間知覺,常處於三維人倫世界。李承焕從符號學的角度,將朱子理學的符號排列及其布置方式歸納爲横説、豎説、發説三種。[1] 基於對朱子"理氣"概念的不同理解和發展,朝鮮儒學呈現以李滉(1501—1571)及李珥(1536—1584)爲首兩派(若按地域分,即嶺南學派與畿湖學派)的思想主張和精神面貌。茶山"横説""豎説",蓋與此相關,並非尋常語,而實有深意存焉。[2] 栗谷《答成浩原》一文,對理學的重要概念,包括"人心道心""四端七情""理氣"皆有深論,反駁退溪相關學説,

---

① 李承焕:《從朝鮮儒學"符號布置方式"批判高橋亨的"主理/主氣"説》,林月惠、李明輝編:《高橋亨與韓國儒學研究》,臺北:臺灣大學出版中心,2015年,第354頁。

② 朱子引胡安國語云:"好解經而不喜讀書,大抵皆是捉任一箇道理,便横説豎説,都不曾涵泳文理。"《朱文公文集》卷三九《答范伯崇》,《朱子大全》第5册,臺北:臺灣中華書局,1983年,第45頁下。此"横説豎説"爲尋常語,意指多方論説。

而以“聖賢之説，或横或豎，各有所指。欲以豎準横，以横合豎，則或失其旨矣”發端。① 在兩篇《理發氣發辨》中，茶山辨析了退溪與栗谷所持“理”“氣”論的根本差異，指出退溪主張“四端，理發而氣隨之；七情，氣發而理乘之”，而栗谷則主張“四端七情，皆氣發而理乘之”。後學各有所尊，聚訟紛然，以致兩説南轅北轍，像燕、越兩國般相距邈遠。通過深究精思，茶山洞悉二子見解分歧的所在：

> 乃二子之曰理曰氣。其字雖同。而其所指有專有總，即退溪自論一理氣，栗谷自論一理氣，非栗谷取退溪之理氣而汨亂之爾。蓋退溪專就人心上八字打開，其云理者，是本然之性，是道心，是天理之公；其云氣者，是氣質之性，是人心，是人欲之私。故謂四端、七情之發，有公私之分。而四爲理發，七爲氣發也。栗谷總執太極以來理氣而公論之，謂凡天下之物，未發之前，雖先有理，方其發也，氣必先之。雖四端七情，亦唯以公例例之。故曰四七皆氣發也。其云理者，是形而上，是物之本則；其云氣者，是形而下，是物之形質，非故切切以心性情言之也。退溪之言較密較細，栗谷之言較闊較簡，然其所主意而指謂之者各異。即二子何嘗有一非耶？未嘗有一非，而強欲非其一以獨是，所以紛紛而莫之有定也。求之有要。曰專曰總。②

茶山辨析退溪、栗谷理氣論的差異，準確明晰。退溪、栗谷皆言“理氣”，但所指涉的概念並不一樣，名同實異，各有所當，自成體系，不能強作牽合，亦不必定於一是。《理發氣發辨二》則藉由闡明退溪學説的要旨，拈出心上修治的真諦，其文云：

> 四端，大體是理發，謂發於本然之性。……七情，大體是氣發，謂發於氣質之性。……四端由吾心，七情由吾心，非其心有理氣二竇，而各出之使去也。君子之靜存而動察也。凡有一念之發，即已惕然猛省，曰：是念發於天理之公乎，發於人欲之私乎？是道心乎，是人心乎？密切究推，是果天理之公，則培之養之，擴而充之；而或出於人欲之私，則遏之折之，克而復之。君子之焦脣敝舌，而惕惕乎理發、氣發之辨者，正爲是也。苟知其所由發而已，則辨之何爲哉！退溪一生用力於治心養性之功，故分言其理發氣發，而唯恐其不明。學者察此意而深體之，則斯退溪之忠徒也。③

---

① 李珥：《答成浩原》，《栗谷全書（一）》卷九，서울特別市：成均館大學校大東文化研究院，1986 年，第192 頁。

② 丁若鏞：《理發氣發辨一》，《與猶堂全書》卷一二，第 1 册。

③ 丁若鏞：《理發氣發辨一》，《與猶堂全書》卷一二，第 1 册。

四端大抵是理發,即發於本然之性,但也有例外,如唐明皇在馬嵬坡命人引楊貴妃而縊殺之,就不能説是"天理之公"的作用。七情大抵是氣發,即發於氣質之性,但也有例外,如子路聞過則喜(《孟子·公孫丑上》),就不能説是"形氣之私"的作用。由此可見,膠執"理發""氣發",徒然煞費唇舌,不如體察心念來得切實。心上修治的要訣,在於一念之發,必先警省覺悟、深自反思,審辨此念究竟是發於"人心"(人欲之私)還是發於"道心"(天理之公)。若爲前者,自當遏折克服,不使陷惡;如屬後者,自當培養擴充,必使爲善。

茶山訓"不貳過"之貳爲兩屬,具體表現爲對待"過"的兩種勢成對立的心理——既"欲改過"又"欲無改","欲"(或欲求)爲性、爲嗜好。"欲改過"發自道心,"欲無改"發自人心,兩者對決,角力交戰。"橫説也,非豎説也"點明此"貳"屬於橫説的理論架構模式。現在參照李承焕的研究方法,將這種道德性向(moraldispositions)與欲求性向(appetitivedispositions)的心理性向的對立關係(contrastiverelation)圖示如下:[1]

| 道心 | 人心 |
|------|------|
| 本然之性 | 氣質之性 |
| 天理之公 | 人欲之私 |

圖二、"貳"所表示的人心道心對立的橫説框架圖

茶山正是以《論語》爲依據,藉着説明"貳"字所表示的"二心二性"交互作用的深層内涵,建立其心性論的理論體系和實踐方式。

茶山二心二性論,蓋受李柬(1677—1727)啓導。李柬的相關説法,可從韓元震(1682—1751)對其説的質疑中反映出來。按照韓元震的理解,李柬説,"以心爲本然之心,氣禀爲氣質之心","本然之性就本然之心,單指氣質之性就氣質之心","以有二副而對峙相形,以性爲有兩體而各居一處,心有二副,性有兩體","聖人氣禀之性,常居百體之中,與所謂方寸内大本之性者,表裏對峙"。[2] 如李説,則心有二心、性有二性。"副"是"貳"的本義,二副對峙,正與茶山説相彷彿。而其説大異於李氏者,莫過於反對以佛家之"本然"論心性。由此可將茶山所言置於朝鮮理學的發展脈絡中來考量。

茶山還運用這種理論來解釋《論語》的其他章節。《公冶長》記孔子曰:"已矣乎!

---

① 李承焕:《從朝鮮儒學"符號布置方式"批判高橋亨的"主理/主氣"説》,林月惠、李明輝編:《高橋亨與韓國儒學研究》,第355—356頁。

② 韓元震:《附未發五常辨》,《南塘集》卷一一,《韓國文集叢刊》第202集,首爾:民族文化推進會,1998年,第933頁。

吾未見能見其過而内自訟者也。"茶山云:

> 訟者,公庭之對辯也。天命人欲,交戰于内,克己如克訟。然人能自見其過,
> 令二者對辯于内,必能見其是非而知所以改過矣。①

貫徹"欲知經旨,先求字義"(見《梅氏書平》)的解經方法,茶山根據"訟"爲争辯的本
義,切合解讀經文的需要,將"訟"界定爲"公庭之對辯"。對辯的場所就在人心,對辯
雙方就是"天命"與"人欲",也就是"道心"與"人心",二心交戰於内,較量勝負。"克"
意謂勝,"克訟"指在對辯中取勝,落實到人心上,就指"天命"("道心")得勝。能自見
其過的人,就指那些能使"貳過"——一爲"欲改過",另一爲"欲無改"——在心内對
辯,直至是非分明知所改過。換言之,就是"克己",即一己勝過另一己。茶山更援引
《易·訟》的卦象爲證,説:

> 訟之爲卦,天命在上,坎過在内,善爲《易》者,觀此象,知天命人欲,相爲敵
> 讎。此之謂内自訟也。②

☰訟卦爲下坎上乾,乾爲天,爲外卦,坎爲過,爲内卦。觀乎卦象,茶山認爲當中包含天
命人欲相爲敵讎對辯於内的意思。茶山簡化心性的複雜活動而歸結爲一個"訟"字,
將"改過"内化爲一種内心自反省察的工夫。

### 4.茶山解説"不貳過"之義

依茶山之説,"貳過"指"欲改過"與"欲無改",一屬道心,另一屬人心。相反,"不
貳過",就指克己反省、分辨是非,使"欲改過"戰勝"欲無改"。因此,茶山説:"有過則
勇改之,無所歧攜,是不貳過也。"還特意補充"心無餘戀,爲不貳",後文更申明"一刀
兩段,去之勿吝,無復一毫查滓留著胸中,然後方可謂之不貳過"。是知改過必須堅決
果斷,心中不能對私欲有絲毫的留戀,惟其如此,才稱得上"不貳過"。"去之勿吝"正
是茶山援引《易傳》解説《論語》的反映。《論語·述而》記録孔子説:"加我數年,五十
以學《易》,可以無大過矣。"茶山這樣解讀此章意旨:

> 《易》之爲書,主於悔吝。悔者,改過也,吝者,不改過也,(自注:"能悔,則改
> 過不吝")故曰學《易》則可以無大過。(自注:"秦他石[引者按:秦道實]云:'過
> 者,即《易》所載悔吝凶之義也。'")③

茶山認爲,《周易》之宗旨,一言以蔽之,曰"悔吝"。"悔吝"見於《周易·繫辭上》"吉

---

① 丁若鏞:《論語古今注Ⅱ》,《與猶堂全書》第9册,第202頁。
② 丁若鏞:《論語古今注Ⅱ》,《與猶堂全書》第9册,第202頁。
③ 丁若鏞:《論語古今注Ⅰ》,《與猶堂全書》第8册,第269頁。

凶者,得失之象也。悔吝者,憂虞之象也"。吝指不改過,反之,不吝指改過。"去之勿吝"與"改過不吝"同義。茶山《周易四箋》釋《繫辭》云:

> 《周易》一部,是聖人改過遷善之書也。故謂其占之善變者曰悔。悔者,改過勿憚之名也。謂其占之不變者曰吝,如惜財之情。又吝者,文過以口也。吝者,改過不肯之名也。憂者,惕也。虞者,度也。憂虞者,吉凶未判,得失在慮也。《洪範》曰貞曰悔,爲筮家之所用。此自夏商已然。禹、箕子,蓋修德之法。善則固守而勿失,惡則速改而勿留。卦象本好,而屢遷猶好,則是守善而勿失也。故曰貞。貞字從卜文,卦象本屬,而一變即滅,則是改遷而勿憚也。故曰悔。悔字亦從卜,卦象有疵,而屢變不滅,卦變而象猶不變,則是惜過而不棄也。故曰吝。①

"遷善改過",襲用《益》卦之"君子以見善則遷,有過則改"。其說《吝例》云:

> 《易》者,聖人所以改過而遷義也。故孔子曰:假我數年,卒以學《易》,庶無大過矣。斯可驗也。改過曰悔,不改過曰吝。悔吝者,《易》家之大義也。或陰居陽位,陽居陰位者,卦既變遷,猶不悛改,則其占爲吝。又或艮迷兌屬,依然不改,亦得爲吝。不一例也。

《悔例》則云:

> 人之有悔,將以改也。故《易》例象有變改,謂之悔也。筮家直以變卦謂之悔卦,《國語》所云貞屯悔豫是也。

又釋《繫辭上》"吉凶者,言乎其失得也。悔吝者,言乎其小疵也。無咎,善補過也"云:

> 失得者,善惡之成而禍福判也。小疵者,善惡之幾而臧否未大定也。悔雖善矣,其本則有過。故云小疵。無咎者,本有咎而今已改悔,兼能補續其罪過也。《周易》者,聖人所以改過也。故孔子曰:假我數年,卒以學《易》,庶無大過矣。

茶山說得明白,《周易》是聖人改過遷善之書,這點可據孔子自言學《易》可以無大過得到驗證。《周易》之大義端在"悔吝"二字,區別在於改過曰悔、不改過曰吝。"吝"從文口會意,取"文過以口"之義②,用以指稱不肯改過。"悔"③即孔子所說的"過則勿憚改"(《論語·學而》),有過,不能吝惜,必須盡棄而後可。既已悔矣,則過錯亦得已

---

① 丁若鏞:《周易四箋》《與猶堂全書》第二集經集卷四四。

② 許慎《說文》解"吝"云:"恨惜也。從口,文聲。"段玉裁注云:"此字蓋從口會意。凡恨惜者,多文之以口,非文聲也。"許慎撰,段玉裁注,許惟賢整理:《說文解字注》,南京:鳳凰出版社,2007年,第107頁。

③ 《說文》解"悔"云:"悔恨也。從心,每聲。"悔有自恨之意。茶山謂"悔"字從卜,未知何據。

改正。

### 5.茶山對"過"概念的深化與發展

如上考述,茶山將心性的複雜活動簡化而歸結爲一個"訟"字,與訟雙方爲"道心""人心",二心交戰於内,較量勝負。通過詮釋《論語》《周易》,茶山就是這樣,將"改過"内化爲一種内心自反省察的工夫,使改過遷善變得實在,可以踐履。《論語》談論人的負面性,主要用三個概念:"過""惡""罪",三者輕重程度依次遞增。惡與善對立,例如"攻其惡"(《顏淵》),罪的用例如"獲罪於天"(《八佾》)。人不能無過,故而《論語》首重談"過",文例甚夥,若按小人與君子之過劃分,則有:"過則勿憚改"(《學而》)、"能見其過而内自訟"(《公冶長》)、"過而不改是謂過"(《衛靈公》)、"小人之過也必文"(《子張》),以上屬於小人之過。"君子之過日月蝕"(《子張》)、"觀過知仁"(《里仁》)、"子曰:'丘也幸,苟有過,人必知之。'"(《述而》)"子曰:'德之不修,學之不講,聞義不能徙,不善不能改,是吾憂也。'"(《述而》)"子曰:'加我數年,五十以學《易》,可以無大過矣。'"(《述而》)以上屬於君子之過。①

茶山釋"過"爲"愆",並補充説:"不至於罪惡。"②"愆""過"同訓,見於《季氏》孔安國注。《季氏》記孔子曰:"侍於君子有三愆:言未及之而言,謂之躁,言及之而不言,謂之隱;未見顏色而言,謂之瞽。"陪侍有德位的人,未輪到自己説話却先説,叫作急躁不安;説話而未盡實情,叫作隱匿;未能先察看君子的臉色而貿然説話,叫作瞎眼。③ "躁""隱""瞽"就是説話的三種過失。孔子對人之過體察殊深,《里仁》記孔子曰:"人之過也,各於其黨;觀過,斯知仁矣。"④"黨"指過錯或過失的類型,以智者、勇者論,智者之過,表現在狡詐,勇者之過,表現在作亂,類型各有歸屬,因人而不同。好義者以義而作過、好禮者以禮而作過、好信者以信而作過。茶山各舉事例,好義者有子路死於衛,好禮者有伯姬不下堂,好信者有尾生抱柱死。⑤ 依此類推,仁者以仁而作過,觀察之法同樣適用,所以説"觀過知仁"。茶山補充説:"若貪淫好殺,是罪惡也。不在過失中論。"⑥過相對於中而言,失中即是過。不論人的缺失類型如何,都可以總

---

① 金谷治分析《論語》中的"過"頗爲周致。見氏著:《"過ち"について》,《論語雜文》,東京:展望社,2002 年,第 151—156 頁。

② 丁若鏞:《論語古今注Ⅰ》,《與猶堂全書》第 8 册,第 147 頁。

③ 丁若鏞:《論語古今注Ⅱ》,《與猶堂全書》第 9 册,第 249 頁。

④ 孫欽善:《論語新注》(北京:中華書局,2018 年)説:"因果複句意謂人的過錯各屬於一定類型,包括過錯的大小、性質,是否公開透明以及對待過錯的態度不同等等,此爲因;意謂觀察人的過錯,就能知道此人仁德如何,此爲果。人不能無過,即使仁者也不例外。仁者與不仁者所犯的過錯差别更大。"第 108 頁。

⑤ 丁若鏞:《論語古今注Ⅰ》,《與猶堂全書》第 8 册,第 148 頁。

⑥ 丁若鏞:《論語古今注Ⅰ》,《與猶堂全書》第 8 册,第 148 頁。

稱爲過。《衛靈公》:"子曰:'過而不改,是謂過矣。'"茶山先辨析兩過的讀音,指出:"上過,平聲;下過,去聲"。前"過"作動詞用、後過作名詞用。然後著重詮釋"過"字説:"過者,不得中之名。過而失中者,改而得中,則不謂之過。若仍其過而不改,則斯謂之過矣。""過"即失中,"改過"即復中。其義甚明。又聯繫到"中庸"。"中庸者,擇善之名,如衡安錘。不得其中,則前傾後瀉,移其錘而安於中,則如改其過而得其中。傾瀉而不知改,則於是乎爲過矣。"① 秤錘(《子罕》稱"權")懸掛於秤桿,左右移動以量物之輕重。倘若秤錘不得其中,便會前傾後墜,只有移動秤錘,直至得其中,才得以平衡。依此類比,過(傾瀉)與改過(得中)。以量物比喻過與改過的過程,形象貼切生動。《論語》以至《孟子》談論改過遷善,所謂"人誰無過?過而能改,善莫大焉"(《左傳》宣公二年)。到了《大學》《中庸》,又以戒慎恐懼充實其中,深化對人之過的體察。朱子意識到過生則德損,故而從根本出發,主張不使過生。② 茶山深刻體認人心理活動的負面性,據《周易》《論語》立論,一方面強調人不能無過,即使聖人也不例外,有過則勇改之;另一方面,又深化發展《中庸》戒慎恐懼的觀念。茶山於《陽貨下》云:

> 文王作《易》,專以改過爲法門,故悔吝爲《彖》《象》之大觀,明生知之聖,未嘗不小心翼翼,恐懼修省。今乃以傅不勤師不煩,謂文王自然成聖,如草木之滋長然者,其可曰知聖人乎?③

周文王作《周易》,以"悔吝"爲宗,説明即使是聖人,亦非自然成聖,而是通過不斷的"小心翼翼,恐懼修省",躋身聖域。其《中庸講義》也有類近的説法:"小心翼翼,昭事上帝,文王以之。未聞以寂然不動爲吾心之本體也。"④ 人不自善,寂然不動必不能成聖。文王固然如此,舜更不得了,"善與人同,捨己從人,樂取於人以爲善。自耕稼、陶漁以至爲帝,無非取於人者"(《孟子·公孫丑上》)。舜也是從不斷學習他人的善行,踏上進德修業的最高層級。⑤ 茶山論心性最重實踐,於茲可見。更進一層,強調人的道德自覺性,強調心上修治的工夫——"小心翼翼,恐懼修省",始於喜怒哀樂之未發,《中庸自箴》論"未發之中"云:

> 未發者,喜怒哀樂之未發,非心知思慮之未發。當此之時,小心翼翼,昭事上

---

① 丁若鏞:《論語古今注Ⅱ》,《與猶堂全書》第9冊,第214頁。
② 詳參徐聖心:《青天無處不同霞:明末清初三教會通管窺》第三章《儒學對佛學無明問題的回應——羅豹、劉宗周、王夫之、李顒等論"過"與改悔》,臺北:臺大出版中心,2016年,第73頁。
③ 丁若鏞:《論語古今注Ⅱ》,《與猶堂全書》第9冊,第290頁。
④ 丁若鏞:《中庸講義》,《與猶堂全書》第4冊,第247頁。
⑤ 茶山説舜,見《論語古今注Ⅱ》,《與猶堂全書》第9冊,第276頁。

帝,常若神明照臨屋漏,戒慎恐懼,惟恐有過。矯激之行,偏倚之情,惟恐有犯,惟恐有萌。持其心至平,處其心至正,以待外物之至,斯豈非天下之至中乎?①

唯有小心翼翼,戒慎恐懼,才能避免矯激偏倚的萌發,才能使心處於平正的狀態,達致"中"的境界。《易·繫辭上》云:"寂然不動,感而遂通天下之故。"程伊川以爲,"心一也,有指體而言者,寂然不動是也。有指用而言者,感而遂通天下之故是也"。② 茶山言"未聞以寂然不動爲吾心之本體",即針對程説而發,而有取於呂大臨(1044—1091)説。③

### 6.茶山論顏子之不貳過

要想理解茶山對顏子"不貳過"的整體看法,就必須綜合考察《論語》各個章節。孔子評論顏淵,而與"哀公問弟子"章同篇的,還有下面一章:"子曰:'回也,其心三月不違仁,其餘日月至焉而已矣。'"茶山注文與前章相關的,有"其心不違,則不止顯於行事而已,中心實然也"。④ 強調顏子不但行事不違背仁道,實於心上修治工夫顯現出來。然後結合前章及《中庸》説:

> 《中庸》曰:"民鮮能久矣。"能久則聖人也。顏子不能無過,故曰不貳過。不能無過則不能無間斷,但其間斷甚疏,故曰三月不違。⑤

此注補充説明顏子與聖人不同,聖人能久,而顏子"不貳過",説明他雖不能無過,不能無間斷,但其間斷甚爲疏闊,殊非常人所能企及。在詮釋《顏淵》篇的"顏淵問仁"章時,茶山同樣據"道心""人心"作解。《顏淵》篇記孔子曰:"克己復禮爲仁。一日克己復禮,天下歸仁焉。爲仁由己,而由人乎哉?"顏淵曰:"請問其目。"孔子曰:"非禮勿視,非禮勿聽,非禮勿言,非禮勿動。"顏淵曰:"回雖不敏,請事斯語矣。"茶山注云:

> 己者,我也。我有二體,亦有二心,道心克人心,則大體克小體也。一日克己,一朝奮發用力行之。……由己,謂由我也。仁生於二人之間,[父與子二人,兄與

① 丁若鏞:《中庸自箴》,《與猶堂全書》第4冊,第186頁。成泰鏞以爲,此文之"上帝"是茶山反對朱子"理氣論"取代朱子"天理"説的一個重要概念。詳參鄭吉雄《從儒學"內、外"問題論丁茶山對〈中庸〉的詮釋》,[韓]茶山學術文化財團編:《茶山的四書經學》(北京:商務印書館國際有限公司,2008年),第315頁。
② 程頤:《與呂大臨論中書》,《二程集》,第609頁。
③ 呂大臨云:"喜怒哀樂之未發,則赤子之心。當其未發,此心至虛,無所偏倚,故謂之中。以此心應萬物之變,無往而非中矣。"《二程集》,第607頁。朱熹等説,詳許朝陽:《理學中的寂感型態及其意義》,《國文學報》第57期,2015年,第113—144也。
④ 丁若鏞:《論語古今注Ⅰ》,《與猶堂全書》第8冊,第216頁。
⑤ 丁若鏞:《論語古今注Ⅰ》,《與猶堂全書》第8冊,第216頁。茶山説"民鮮能久矣",尚可參"子曰:'中庸之爲德也,其至矣乎!民鮮久矣'"注文。《論語古今注Ⅰ》,《與猶堂全書》,第8冊,第248頁。

第二人]然爲仁由我，不由人也。[非二人與共成之]目，克己之條目也。[克己爲綱，四勿其目也。]①

此注着力説明己有二體(大體與小體)，亦有二心(道心與人心)，“己”前著一“克”字，旨在點明二體與二心相克。克己爲綱，四勿爲目，綱舉目張，貴乎踐履。進而強調，以己克己，兩個“己”字，義不相妨。茶山自詡其説，獨得“千聖百王單傳密付之妙旨要言”，譏諷漢儒説經專主文字詁訓，却對此全然不明，只有朱子作《中庸章句序》能發明此理，成爲“吾道中興之祖”。②

## 三　茶山“不貳過”説的局限

茶山認爲，“貳”字取義有二，即“分携曰貳，兩屬曰貳”，又舉《大雅》《曲禮》及《左傳》爲證。如此定義引證，無視經典所見“貳”取義不一之事實，其説實有討論之必要。爲此，本文專闢此節，集中討論“貳”字在《左傳》中之用法。小倉先生綜合考察《左傳》所見“貳”字用法，歸納爲多義。筆者以爲，其説有創始之功，但析義不盡確當，多有可商。故而以小倉文爲討論基礎，由此起步，重新檢視《左傳》每一用法，進而談及劉師培(鮮有學人措意及此)等人之説，以離析七義爲歸結。筆者所論絶非一味重複舊説，“了無新意”。分離/離畔一義爲筆者所立，與小倉所言不同，不能牽合。想是審查人未有細讀小文，未有注意到鄙説與小倉原文既同且異，故有此誤解。

### 1.“不貳過”之“貳”字取義

依《説文》，貳字從貝得義，原指財貨之副益。引申之，凡人之副益，亦言貳，又引申之，有差分之義(即疑貳)。已述如上。茶山訓此“貳”爲“歧也，攜也”，並申講説“有過則勇改之，無所歧攜，是不貳過也”。“貳”“歧”同訓，未見舉出文獻證據，而著重證明“貳”有“分携”與“兩屬”。茶山云：“分携曰貳，兩屬曰貳，未聞重累層疊，可謂之貳也。《大雅》曰：‘無貳爾心。’《曲禮》曰：‘雖貳不辭。’《左傳》云：‘大叔命西鄙北鄙貳於己。’[杜云：“兩屬也。”]又云：‘王貳於虢。’[杜云：“欲分政。”]義可知也。前過之再犯，其可謂之貳過乎？”細繹茶山所舉《大雅》《曲禮》《左傳》之文，可知原文三個“貳”字用法各有偏向，分別甚明，不可等而一之。

“貳”字，《論語》僅此一見，而多見於其他典籍，尤以《左傳》最夥，超過百例。將此等用例做一通盤考察，可見其用法和意義不盡相同，即使同一記事，數語相聯，所用

---

①　丁若鏞：《論語古今注Ⅱ》，《與猶堂全書》第9册，第12頁。
②　丁若鏞：《論語古今注Ⅱ》，《與猶堂全書》第9册，第13—14頁。

貳字相同,但取義各别。小倉芳彦《貳と二心——『左伝』の"貳"の分析》綜合考察《左傳》所見"貳"字用法,並歸納爲三説,即兩屬説、二心説與副益説。① 三説大致涵蓋了《左傳》的大部分用法,其説雖有創始之功,但析義不盡確當,多有可商。故而下文將以小倉先生文爲討論基礎,由此起步,重新檢視《左傳》每一用法,進而談及劉師培等人之説,以離析七義爲歸結。現在分列《左傳》所見貳字的各種用法並略舉文例如下:

(1)兩屬

例1:"大叔命西鄙北鄙貳於己。"(隱公元年)

例2:"王貳於虢。"(隱公三年)

例3:"有出者,有居者,臣不能貳,通外内之言以事君。"(襄公二十六年)衛獻公在外,衛侯剽在内。

例4:"(晉公子重耳)得志於諸侯,而討無禮,曹其首也。盍蚤自貳焉。"(僖公二十三年)

例5:"鄭伯如晉,晉人討其貳於楚也。"(成公九年)

(2)二心

例1:"教之貳也,父教子貳,何以事君。"(僖公二十三年)

例2:"敬以待命,敢有貳心乎!"(襄公二十六年)

(3)副益

例1:"體有左右,各有妃耦,王有公,諸侯有卿,皆有貳也。"(襄公三十二年)貳指副手。

例2:"天生季氏,以貳魯侯。"(襄公三十二年)貳作動詞用,指輔助。

以貳組成的名物,有"貳車"(副車)、"貳廣"(齊君軍車的副車)、"貳宗"(輔助官)。段玉裁云:"副之則一物成二","因之凡分而合者,皆謂之副","周人言貳,漢人言副,古今語也"。②

(4)分離/離畔

例1:"夫諸侯之賄,於公室,則諸侯貳。"(襄公二十四年)

例2:"諸侯貳則晉國壞,晉國貳則子之家壞。"(襄公二十四年)

分離之義,《左傳》或單言"攜"或複言"攜貳",如"重施而不報,其民必攜,攜而討

---

① 小倉芳彦:《貳と二心——『左伝』の"貳"の分析》,見氏著:《中國古代政治思想研究》,東京:青木書店,1970年,第262—281頁。

② 許慎撰,段玉裁注,許惟賢整理:《説文解字注》,第319頁。

焉,无衆必敗"(僖公十三年)、"邇而不偪,遠而不攜"(襄公二十九年,杜注云:"攜,貳也。");"間攜貳"(閔公元年)、"誰敢攜貳"(文公七年)。

（5）變改

例1:"吾與先君言矣,不可以貳。"(僖公九年)

例2:"吾受命於先人,不可以貳。"(襄公二十六年)

例3:"不能苟貳。"(昭公二十年)

例4:"好學不貳。"(昭公十三年)

以上四例之貳,王引之以爲皆當爲貣,而貣爲忒之借字。①

（6）不壹

例1:"吾固事之也,不敢貳矣。"(成公十八年)

（7）疑

例1:"天道不謟,不貳其命。"(昭公二十六年)

同一記事,數語相聯,所用貳字雖同,而取義各別。劉師培(1884—1919)《古書疑義舉例補》辨析《左傳》記鄭伯克段於鄢所見三個"貳"字,取義不同。據劉說,"貳於己"之貳作副益解。"國不堪貳"之貳,猶如《國語·周語》"百姓攜貳"之貳,取分離之義。"收貳以爲己邑",言收副益之地爲己有。② 劉氏謂杜預(222—285)訓貳爲兩屬不可從,實則副益、兩屬二義可通。③《左傳》所見貳字的其他用法,意義亦互相關聯,兩屬與二心義近,二心與分離義近,疑與變義近,二心又與疑相關。

茶山所舉《大雅·大明》"無貳爾心",貳實作疑解。《國語·晉語四》記齊姜言於公子重耳曰:"從者將以子行,其聞之者,吾除之矣。子必從之,不可以貳。貳無成命。《詩》云:'上帝臨女,無貳爾心。'先王其知之矣。貳將可乎?"又曰:"貳必有咎"。韋昭(204—273)注云:"貳,疑也。"④"無貳爾心"等於說"無有疑心"。同其例者,如《國語·周語下》"平民無貳。"韋昭注云:"成民之志,使無疑貳也。"⑤《爾雅·釋詁第一》

---

① 王引之:《經義述聞》,南京:江蘇古籍出版社,2000 年,第 407 頁。

② 劉師培:《二語相聯字同用別之例》,《古書疑義舉例補》,上海:商務印書館,1937 年,第 7 頁。

③ 楊伯峻云:"杜《注》謂兩屬,蓋從其實際言之;洪亮吉《左傳詁》謂有二心,蓋就訓詁言之,皆是也。"《春秋左傳注》,北京:中華書局,1990 年,第 12 頁。楊說可從。劉師培以爲副益猶言分其地以益己,同樣是就訓詁而言。

④ 董增齡:《國語正義》國十,成都:巴蜀書社,1985 年,第 3 下—4 上頁。

⑤ 董增齡:《國語正義》國三,第 53 下頁。

"蠱、謠、貳,疑也"①。是貳有猶豫不决、疑惑不定之意。至於"雖貳不辭",語出《禮記・曲禮上》,原文云:"御同於長者,雖貳不辭"原指侍食於長者,饌具與之同。貳,再益,此處指重殽膳。② 同其例者,如《管子・弟子職第五十九》記貳益羹豆之法云:"周還而貳,唯嗛之視。周嗛以齒,周則有始,柄尺不跪,是謂貳紀。"貳豆,指爲益所設之殽膳。"貳紀"是增益菜羹之法紀。③

貳有再益之意,故《廣雅・釋詁》云"貳,益也。"王念孫(1744—1832)《疏證》云:"貳者,《説文》'貳,副益也'。《坎》六四:'尊酒簋,貳用缶。'虞翻注云:'貳,副也。'《周官・酒正》凡祭祀以灋共五齊三酒以實八尊,大祭三貳,中祭再貳,小祭壹貳。鄭衆注云:'貳,益副之也。'《弟子職》'周還而貳。'尹知章注云:'貳,謂再益也。'"④貳訓爲副爲益,即增益,古訓、經文皆有徵驗。《釋詁》又云:"貳、再,二也。"貳、再與雙、耦、匹、乘、縢同訓。⑤ 又《釋言》云:"仍、重,再也。"⑥鄭玄注禮,常以"貳""副"互訓(鄭衆[?—83]已然)⑦,但注《論語》,却謂"貳"作"再"解,用意在於點明"不貳過"之貳取再、重之義。⑧《禮記・儒行》有云:"過言不再"。鄭玄注云:"不再,猶不更也。"⑨孔穎達(574—648)疏釋其意云:"言儒者有愆過之言,不更爲之。"⑩孫希旦(1736—1784)

---

① 郝懿行云:"貳,《説文》云副益也。从弍聲。弍古文二。按:二,不一也。有二心者,必生疑惑。故《晉語》云不可以貳,貳無成命。韋昭注:貳,疑也。通作二。《吕覽・應玄篇》云令二輕臣也。高誘注:二,疑也。是二貳通。又通作忒。《詩》其儀不忒。毛傳:忒,疑也。《禮・緇衣》《釋文》忒,本或作貳。《周語》云:平民無貳。《大射儀》注作"平民無忒"。又通作貣。《緇衣》云:衣服不貳。《釋文》貳,本或作貣。《易・豫》《釋文》又云忒。京本作貣。貣忒聲轉,忒又作貣,貣忒俱从弋聲,貳亦从弋,貳與忒又俱訓變,變與疑義近,故古字俱通。"見氏著《爾雅義疏》,上海:商務印書館,1929年,第82頁。
② 鄭玄注,孔穎達正義,吕友仁整理:《禮記正義》,上海:上海古籍出版社,2008年,第72頁。
③ 顔昌嶢:《管子校釋》,長沙:岳麓書社,1996年,第484頁。
④ 王念孫:《廣雅疏證》,北京:中華書局,1983年,第38頁。《周易》坎卦六四爻辭"樽酒簋貳用缶"的句讀及解釋,古來注家持説不一。虞翻云:"貳,副也。坤爲缶。禮有副尊,故貳用缶耳。"坎六四爻辭言一樽之酒,一簋之食,並以瓦缶盛載副食,而受食者只能從牖收取這些簡約飲食。詳參何文匯:《周易知行》,香港:商務印書館,2014年,第96—98頁。
⑤ 王念孫:《廣雅疏證》,第115頁。
⑥ 王念孫:《廣雅疏證》,第135頁。
⑦ 如《周官・小宰》掌邦之六典八灋八則之貳。鄭衆注云:"貳,副也。"又,《戎僕》掌王倅車之政,鄭玄注云:"倅,副也。"《道僕》掌貳車之政,鄭玄注云:"貳亦副也。"詳參王念孫:《廣雅疏證》,第31頁。茶山經注訓"貳"爲副有一例,《繫辭上》"因貳以濟民行。以明失得之報",茶山《周易四箋》云:"貳者,佐也,副也。聖人以卜之法,佐其教化,導民以正也。"《與猶堂全書》第二集經集卷四四。
⑧ 竹添光鴻:《論語會箋》卷六云:"不貳過,貳猶《儒行》篇'過言不再'之再。"(臺北:廣文書局,1961年,第3上—4上頁)。康有爲著,樓宇烈整理:《論語注》云:"貳,再也。"(北京:中華書局,1984年)潘重規:《論語今注》解"貳"作"再"((臺北:里仁書局,2000年,第105頁)。未知是否據鄭玄注爲説。
⑨ 鄭玄注,孔穎達正義,吕友仁整理:《禮記正義》,第2220頁。
⑩ 鄭玄注,孔穎達正義,吕友仁整理:《禮記正義》,第2221頁。

即援引"有不善未嘗復"爲之作解。① 竹添光鴻（1841/2—1917）以爲，"不貳過"之貳與"過言不再"之再義同，②未嘗不無道理。又，顏師古（581—645）注《漢書·谷永傳》"毋貳微行出飲之過"，引《論語》爲證云："貳，謂重爲之也。"亦取再、重之義。朱子説得明白："貳，如貳官之'貳'，已有一箇，又添一箇也。"③兩箇可以是長副，可以是重復。朱子《集注》直接訓"貳"作"復"，大概就是這個意思。嚴格來説，茶山謂"未聞重累層疊，可謂之貳也"，未免過於絕對，恐是未曾深考。

貳固然可作兩屬解，茶山所舉《左傳》"大叔命西鄙北鄙貳於己"及"王貳於虢"皆屬其例。兩例句法相同，貳字後面除"己"（大叔）或"虢"外均隱含着"鄭莊公"。上列"有出者，有居者，臣不能貳，通外内之言以事君"一例，則兼舉所貳者而言之，即出者衛獻公與居者衛侯剽。總之，貳指稱的兩個對象，或隱含不説，或兼舉明言，都清楚可知，都不指同一事物的正反對立或互相矛盾的兩面。兩屬與二心義近可通，已述如上。二心可指歸屬或背叛，在特定語境中，貳字只存在其中一義，不能兼而有之。單就茶山所指的兩屬一義而言，是欲改與欲無改的正反矛盾，且"過"作名詞用，讀去聲，意謂過失，充當"貳"字的賓語。若然，"貳"解作兩屬或二心，"貳過"便是二心於過，無論歸屬或背叛，皆不成文理。茶山也許沒有察覺到，若如己説，則"貳"所支配者，當爲改過之改而非過失之過。茶山以"貳過"爲二心之過，以道心爲心則無過，則其意中之"貳"只能是"疑"之一義，即猶預不決、疑惑不定。

順帶一提，張詒三試圖推翻近人習見的將"不貳過"解作"不再次犯上同樣的過失"的説法。他認爲，"遷怒"是動賓動構，"貳過"理應如是，如果訓"貳"爲"再次"，那麼，"貳過"就不是動賓結構，而是狀動偏正結構。他於是創發新説，認爲"不貳過"之貳實爲"慝"之借字，"不貳過"即"不慝過"，意謂"不隱瞞掩飾過錯"。④ 此説未安。由於形近、音近或義近的緣故，文獻中"貳""貸""貣""忒"常見混用。前人論之甚爲詳明。⑤ "不隱瞞掩飾過錯"無非是舊説中的"文過"。[梁]皇侃（488—545）《論語義疏》早就主張這種解釋，後人如朱運震（1706—1758）、荻生徂徠（1666—1728）、東條弘

---

① 孫希旦撰，沈嘯寰等點校：《禮記集解》，北京：中華書局，1989 年，第 1402 頁。
② 竹添光鴻：《論語會箋》卷六，臺北：廣文書局，1961 年，第 3 上—4 上頁。
③ 黎靖德編：《朱子語類》，第 767 頁。
④ 張詒三：《〈論語·雍也〉"不貳過"索解》，《孔子研究》，2018 年第 2 期，第 87—90 頁。
⑤ 詳見上引郝懿行《爾雅義疏》。又王念孫《廣雅疏證》"貳，盈也"下云："貳各本訛作貣。案：諸書無訓貣爲盈者。貸字或作貣，與貳字相亂。貳訛作貣，又訛作貸耳。"第 31 頁。

（1778—1857）、昭井一宅等皆從其説。① 皇氏解"不貳過"爲"有過必文，是爲再過"，"未嘗復行，謂不文飾"。簡言之，就是文過飾非。② 張先生似據舊説而改讀"貳"爲"慝"。但改字説經，終究有欠嚴謹。況且"貳過"實爲動賓結構。貳作動詞用，或帶賓語，組成動賓結構，文獻有徵，不勝枚舉。如《左傳》有"既而大叔命西鄙北鄙貳於己""天生季氏，以貳魯侯"等。又如《國語·晉語一》記士蔿以人四肢爲喻闡明"大子"爲"君"之貳（副）不可將下軍的道理，因爲手足左右各自爲貳，即"上貳代舉，下貳代履"，"上下左右以相心目"，所以"下不可以貳上"，上下可以貳下，即手足不相爲貳。③"貳過"作動賓結構，殆無可疑，"貳"不必改讀別字。

### 2."不貳過"之過究爲心過抑身過？

孔子之學的核心何在？唐君毅先生（1909—1978）曾作總結，將正心養性列爲第一，並舉程頤（伊川，1033—1107）《顏子所好何學論》爲證。④ 早在唐代，韓愈（768—824）論顏淵"不貳過"便説：

> 所謂過者，非謂發於行、彰於言，人皆謂之過而後爲過也。生于其心，則爲過矣。故顏子之過此類也。不貳者，蓋能止之于始萌，絶之於未形，不貳之於言

① 朱運震《論語隨筆》云："不貳過，韓子云：'生於其心，亦爲過。'説得甚細。文過便是多了一過，怙過亦是重複有過。"（嚴靈峰：《無求備齋論語集成》，臺北：藝文印書館，1967年，第199册，卷六，第2下至3上頁）荻生徂徠《論語徵丙》云："不貳過，貳重也，如戴膳之貳。過而不改，又從而文之，是謂重過。何晏引《易大傳》……朱註因之，而貳訓復，失字義。不可從矣。不重過如淺，《易大傳》如深。故後儒務欲深之。然《大傳》所言，亦不重過之事。初非二矣。'子曰：'已矣乎！吾未見能見其過而内自訟者也。''（《公冶長》）豈易事哉！且過也者，聖人猶有之，故君子不貴無過，而改之爲貴焉。哀公以好學問，而孔子對以此者，學以成德，成德之至，和順積中，故不遷怒，清明在躬，故不貳過，不遷怒者，居仁也，不貳過者，遷義也。居仁遷義，日新不已，孔子所以稱之也。"（嚴靈峰：《無求備齋論語集成》，第258册（一），第110—111頁）。東條弘《論語知言》云："按貳，副也。不貳過者，不文過也。《晉語》：'公將上軍……'注：'貳，副也。'字義可見焉。若朱注則是再字，豈當字義哉！且解不再過，則有嫌於曰一生之中，有一之過不再過。"（嚴靈峰：《無求備齋論語集成》，第277册，第167頁）。昭井一宅《論語解》云："遷者，移也。《左傳》昭十九年：令尹子瑕言蹙由於楚子曰：彼何罪？諺所謂室於怒，市於色者，楚之謂矣。舍前之忿可也。室於怒市於色，蓋遷怒之喻也。貳者，朱注復也者，非也。復者謂一物之往反也。如復命復讎等。字義可觀矣。貳者不然也。謂以異物副於物。如下車上軍之貳也、大子君之貳也等，字義亦可觀矣。一堂曰：貳副也。不貳過者謂不文過也。得之矣。何則？憚改過而文過，亦過也。文過副前之過，謂之貳過。遷怒貳過二者，人多所不免，而顏回無之則其賢也。"（嚴靈峰：《無求備齋論語集成》，第139册，第125—126頁。）
② 皇侃撰，高尚榘校點：《論語義疏》，第126頁。
③ 董增齡：《國語正義》國七，第17上頁。
④ 唐君毅：《論孔學精神》，《唐君毅全集》第27卷《中國古代哲學精神》，2016年，第125頁。

行也。①

將顏子之"過"局限於內心。韓愈蓋援《易·復》初九爻辭"不遠復"之義而本何晏《集解》爲說。② 邵雍（1011—1077）說得好，無口過易，無身過難，無身過易，無心過難。③ 心爲萬事之主，孔子所貴於顏淵者，在乎其反身省心的工夫。此後論者大多也傾向於以心論過。魯哀公問孔子弟子中孰爲好學，孔子不答以尚在世的博學篤志的子夏、多聞多識的子貢，偏要舉出靜默如愚且不幸早死的顏淵。程伊川認爲這是因爲顏淵所獨好者是"學以至聖人之道"，而其用心在乎正心養性。④ 朱熹則以"克己"概括顏淵的好學工夫，並以"不遷怒不貳過"爲其效驗，經常加以談論。⑤ 孔學從內心做起，此宋明儒學所以首重心性之學。⑥ 竹添光鴻以爲，"不貳過"，"說者多主心過說。看來即兼身說爲是。程子亦只說是微有差失，未嘗限定是心過。"⑦程子爲程頤。程頤說顏淵"只是微有差失"，後面還說"纔差失便能知之，纔知之便更不萌作"。⑧ "不萌作"當然是指不萌心念。⑨ 竹添光鴻節引其語，故未盡得程子之意。倒是朱子說得明白："過只是過。不要問他是念慮之過與形見之過，只消看他不貳處。既能不貳，便有甚大罪過也自消磨了。""重處不在怒與過上，只在不遷不貳上。"⑩觀乎茶山解說"不貳過"之意，實取徑自程朱心性之學，既於前代理學中的心性之學有所繼承，又能推陳出新，擴而充之，大而化之，創建更完善周密而切實可行的理論體系。其承傳程朱之語者，如云："學將以成聖也"。⑪ 其立論迥別於程朱者，如說《周易》一部，是聖人改過遷善之

---

① 王昶：《韓昌黎文集校注》，上海：古典文學出版社，1957年，第72頁。簡朝亮：《論語集注補證述疏》云："韓子言不貳者，蓋未察乎其不再萌者矣。"（北京：北京圖書館出版社，2007年，第154頁）若純從心上說，則當言不再萌。簡說是已。

② 黃式三：《論語後案》，南京：鳳凰出版社，2008年，第140頁。

③ 邵雍：《漁樵對問》，《漁樵對問　晁氏儒言　上蔡先生語錄》，上海：商務印書館，1939年，第4頁。

④ 程顥、程頤：《二程集》，北京：中華書局，1981年，第577—578頁。

⑤ 朱熹：《四書章句集注》，第84頁。朱熹有關顏子好學語錄，見《朱子語類》。

⑥ 李顒（1627—1705）《四書反身錄》指出，孔子既然以不遷不貳爲好學之實，其學端在約情復性。苟不在性情上用功，則學非其學，即便博極群籍，多材多藝，兼有衆長，也稱不上孔子心中的好學。薛益（1599—1655）明言，"孔門正門，止是從心性入門，從修身致力，從過勿憚改起行。"《四書薛益解》（2015年），第48頁。

⑦ 竹添光鴻：《論語會箋》卷六，第3上至4上頁。

⑧ 朱熹：《四書章句集注》，第84—85頁。

⑨ 朱駿聲結合此說以解《易·復》三爻云："初如顏子之不貳過，復於乍萌。二如子路人告之以有過則喜，復於已萌。三如太甲之自怨自艾，復於已成。"見朱駿聲著，胡雙寶點校：《六十四卦經解》，北京：國家圖書館出版社，2008年，第107頁。

⑩ 黎靖德編：《朱子語類》卷三〇《論語·雍也》哀公問弟子章，第766頁。

⑪ 丁若鏞：《論語古今注Ⅰ》，《與猶堂全書》第8冊，第28頁。

書也", 顯然針對聖人生而知之不待學而後成聖而發。且如韓愈説"惟聖人無過", 亦與茶山的看法大別。茶山解説"不貳過", 承傳與發展程朱之學的痕迹相當明顯。茶山以"貳"有兩屬之意, 利用"道心"與"人心"概念充實之, 將"不貳過"的心理活動具體化, "貳過"變成心上"欲改過"與"欲無改"的對立交戰。朱子説過, "聖人則都無這箇。顏子則疑於遷貳與不遷貳之間。"① 茶山之説蓋受此語啟發。職是之故, 其言"無復一毫查滓留著胸中", 無怪乎與朱子説的"顏子到這裏, 直是渾然更無些子渣滓"密合。② 只有將"不貳過"放在茶山統合群經而構建的心性論中來考察, 才能掌握其確切含意。簡言之, 茶山著力從念慮上立論, 刻意將"不貳過"説成是二心交戰的結果, 使之成爲其心性體系中不可或缺的一部分。其解"不貳過"之貳爲兩屬, 純從心上説, 迂迴曲折, 全然受自己建構的心性論所支配主宰。而且, 貳縱有兩屬之意, 但用來解釋"不貳過", 也顯得扞格難通。只顧推衍"貳"字之意, 却没有注意到, 如此説解, 後面的"過"字便被忽略掉。即使將"貳"釋作疑, 疑過也講不通。平心而論, 茶山説"貳", 不免爲先入爲主之見所拘囿。

錢賓四先生(1895—1990)《論語新解》釋"貳過"云:

> 貳, 復義。偶犯有過, 後不復犯, 是不貳過。一説:《易傳》稱顏子有過未嘗不知, 知之未嘗復行。是只在念慮間有過, 心即覺察, 立加止絶, 不復見之行事。今按: 此似深一層求之, 就本章言, 怒與過皆已見在外, 應從前解爲允。又説: 不貳過, 非謂今日有過, 後不更犯。明日又有過, 後復不犯。當知見一不善, 一番改時, 即猛進一番, 此類之過即永絶。故不遷怒如鏡懸水止, 不貳過如冰消凍釋, 養心至此, 始見工夫。此説不貳過, 亦似深一層説之, 而較前第二解爲勝。讀《論語》, 於通解本文後, 仍貴能博參衆説, 多方體究, 斯能智慧日進, 道義日開矣。③

謹案: 據錢賓四先生説, "不貳過"可分三層看: 第一層最貼合原文意思, 即依文直解, 怒、過既然接言相應, 皆見於外, "不貳過"不過是説不復犯過。深一層求之, 即第二層, 從念慮角度看, 心念有過, 即能察覺而止絶, 無使之於言行。茶山所説, 凡有一念之發, 即已惕然猛省, 知是出於人欲之私, 便加遏止, 克而復之。大意與此相合。又深一層求之, 即第三層, 從養心工夫的最終境界看, 務使心過永絶, "不遷怒如鏡懸水止, 不貳過如冰消凍釋"。雖然從第三層説, 比從第二層説優勝, 但都有求之過深之弊, 不如從第一層説來得直接顯括。錢先生所指"一説""又説", 分别爲韓愈及朱子之説。

① 黎靖德編:《朱子語類》卷三〇《論語・雍也》哀公問弟子章, 第766—767頁。
② 黎靖德編:《朱子語類》卷三〇《論語・雍也》哀公問弟子章, 第768頁。
③ 錢穆:《論語新解》, 北京: 九州出版社, 2013年, 第156—157頁。

朱子云："顏子到這裏,直是渾然更無些子渣滓。'不遷怒',如鏡懸水止,'不貳過',如冰消凍釋。"①朱子取譬説理,實由推衍程子之説而成。程子云："喜怒在事則理之當喜怒者也,不在血氣則不遷。若舜之誅四凶也,可怒在彼,己何與焉。如鑑之照物,妍媸在彼,隨物應之而已,何遷之有?"②以鏡爲喻,揭示"不遷怒"的意藴。程顥(明道,1032—1085)《答橫渠張子厚先生書》闡發此意,更見詳明。程明道拈出"定"字。所謂"定","動亦定,無將迎,無内外",以"廓然而大公,物來而順應"爲君子之學的至高境界。聖人以心應物,如"鏡懸水止",可以照出物象,物來則應,美醜在彼,物不來則不應,不爲外物或一己私慾所牽累。若未能做到這點,即"今以惡外物之心,而求照無物之地,是反鑑而索照也。"是知聖人的喜怒,不繫於心而繫於物。之所以單説"怒",是由於人情之中,最難遏制的莫過於此。不特程朱看法如是,張栻(1133—1180)《癸巳論語解》亦云:

> 理之所在,如鑑付形,各適其可,己何預乎? 然則奚遷之有? 凡過之所以貳者,以其所以爲過之根者不除也。……君子非無過也。隱微之間,有所未慊,則謂之過。惟其涵養純熟,天理昭融,於過之所形無纖介之滯,其化也如日之銷冰然。則奚貳之有? 是二者蓋克己復禮、心不違仁者之事也,如是而後謂之好學。然則孔門之所謂學者,蓋可知矣。有志於道者,其可不以此爲標的乎?③

其取譬説理與程朱大同。後人於此,更是津津樂道。如朱運震《論語隨筆》即云:"怒與過皆從己上生出,不遷不貳皆自克己上來。未怒之先,鑑空衡平。既怒之後,冰消霧釋。方過之萌,瑕瑜不掩。既知之後,根株悉拔。"④此宋明理學家一脈相承之説。康有爲(1858—1927)《論語注》云:

> 惟神明極清,存養備至,圓明净照,不介毫釐,纖垢不侵,光靈常耀。如鏡照物,光明自在,妍媸各付,而本體不動,如日運行,拒力甚大,熱光常發,而掩蝕難侵。……佛氏之總旨,在難降伏其心。王陽明稱去山中賊易,去心中賊難。孔子之道,内聖外王,原合表裏精粗而一之。然治世究爲粗跡,若養神明之粹精,乃爲人道太平之根。令人人神明清粹,則人種自善,而一切治法可去。故孔子之重養神明,尤甚也。若顏子之不貳過,則已優入聖域,經累生,積磨礪,浸潤所至,實非

---

① 黎靖德編:《朱子語類》卷三〇《論語·雍也》哀公問弟子章,第768頁。
② 朱熹:《四書章句集注》,第84—85頁。
③ 張栻:《癸巳論語解》,嚴靈峰:《無求備齋論語集成》,第148册,卷三,第12上頁。
④ 朱運震:《論語隨筆》,嚴靈峰:《無求備齋論語集成》,第199册,卷六,第2下—3上頁。

一時好學所強能。①

康氏藉宋明理學與佛學闡明孔子正心養性意旨,淋漓盡致。其中談及佛理處,尤堪注意。實則,二程所言,亦出入於莊子道家之學。《莊子·應帝王》云:"至人之用心若鏡,不將不迎,應而不藏,故能勝物而不傷。"茶山肯定對此了然於心,對朱子說的"顏子到這裏,直是渾然更無些子渣滓。'不遷怒',如鏡懸水止,'不貳過',如冰消凍釋",雖然承用朱文而說"無復一毫查滓留著胸中",却略去"鏡懸水止""冰消凍釋"之語,想是有意爲之。②

針對"不貳過"是心過還是身過的問題,王夫之(1619—1692)《讀四書大全說》有一番精當的論說,其文云:

> 橫渠云"慊於己者,不使萌於再"。慊者,心慊之也,而心之所慊者,則以心而慊其身之過。心動於非,迷而誰覺之乎?心之有惡,則謂之慝,不但爲過。若其一念之動,不中於禮,而未見之行事,斯又但謂之此心之失,而不成乎過。過者,有迹者也,如適楚而誤至於過也。失則可以旋得,過則已成之迹不可掩,而但懲諸將來以不貳。③

王夫之以身行、顯迹言"不貳過"之過,精確不可移易。焦循(1763—1820)同樣認定"聖人作《易》,教人改過也。"但明言"改過者,改言動之過也。"言動之過已見在外。④ 說與茶山既同又異。今考《大戴禮記·衛將軍文子》記子貢曰:

> 夙興夜寐,諷誦崇禮,行不貳過,稱言不苟,是顏淵之行也。⑤

"行不貳過"與《論語》"不貳過"重文互見,若視作後者的注脚,則"不貳過"當指已見在外的行事之過。茶山《論語古今注》別處嘗引《大戴禮記》爲說,不知是否未有措意及此,或雖見而棄之不論。若純從心上說,以"過"爲念慮之過,也應如上引韓愈所言:"能止之于始萌,絶之於未形,不貳之於言行也",或如游酢(1053—1123)因而說:"不

---

① 康有爲:《論語注》,第 72 頁。
② 茶山解說儒經,極力擺脱佛家干擾,其排詆宋人理學以"本然之性"說孔孟言性,尤爲用力。《論語古今注》對此申明再三,如云:"竊嘗思之,天之降衷,必在身形胚胎之後,何得謂之本然乎?佛家謂清净法身,自無始時,本來自在,不受天造,無始無終,故名之曰本然,謂本來自然。然形軀受之父母,不可曰無始也,性靈受之天命,不可曰無始也。不可曰無始,則不可曰本然。此其所不能無疑者也。"丁若鏞:《論語古今注Ⅱ》,《與猶堂全書》,第 9 册,第 278 頁。
③ 王夫之:《讀四書大全》,《船山全書》,第 6 册,第 671—672 頁。
④ 陳居淵:《焦循儒學思想與易學研究(修訂本)》,上海:上海人民出版社,2017 年,第 171 頁。
⑤ 黄懷信主撰:《大戴禮記彙校集注》,西安:三秦出版社,2005 年,第 674 頁。

貳過者,一念少差而覺之早,不復見之行事也。……顔子能非禮勿動而已,故或有不善始萌于中,而不及復行,是其過在心,而行不貳過焉。"①然則,無論"過"爲心過或身過,"不貳"皆當作不重解。

## 四　結論

綜上考論,心性論主宰着茶山對《論語》片言隻字的理解,"不貳過"集中體現其説經的特點。茶山説"不貳過",着眼於"貳"字之取義。茶山援據《左傳》,將"貳"解作"兩屬",以"道心""人心"充實之,再將"貳過"理解爲二心的角力胥戰,摹狀"不貳過"的心理活動,縷析毫分,著力彰顯經義。其説擺落前人,戛戛獨造,值得今人深探細究。茶山正是以《論語》爲依據,藉着推衍"貳"字所表示的"二心二性"交互作用的深層意涵,建立其心性論的理論體系和實踐方式。茶山就這樣,通過詮釋《論語》《周易》,將"改過"內化爲一種內心自反省察的工夫,使改過遷善變得實在,可以踐履。其説雖極精微周致,但局限也頗明顯,問題出在茶山所指的兩屬,是欲改與欲無改的正反矛盾,曲解了"貳"的這種用法。而且,茶山也許没有察覺到,若如己説,則"貳"所支配者,當爲改過之改而非過失之過。只顧推衍義理,未能緊扣原文作解,終嫌求之過深,恐非孔子原語的意思。由此可見,茶山説經,既重文本,又善推衍,只是有時用心過寬,只顧"推論推通",規模雖大,却未能貼合文本的詞理語脈。其説"不貳過",就是最好的例證。

退一步説,正如錢賓四先生所言:"讀《論語》,於通解本文後,仍貴能博參衆説,多方體究,斯能智慧日進,道義日開矣。"相反,"若不得孔門之所志與所學,而僅在言辭間求解,則烏足貴矣!"②茶山"不貳過"説縱使未得言辭之意,其善於體究的特點也十分可貴。抑有進者,茶山指示爲學門徑,以爲尊信體行,入道傳道,全在《論語》一經,自言:"因文悟道,由淺入深,發其淵微,得其正旨,惟在實踐而已。"③其學首重實踐,了

---

① 黎靖德編:《朱子語類》,第777頁。

② 錢穆:《論語新解》,北京:九州出版社,2013年,第156—157頁。

③ 丁若鏞:《論語對策》,《與猶堂全書》,第9冊,第408頁。蔡振豐對丁若鏞與朱熹"四書"詮釋取向有論,其中談及茶山的詮釋系統説:"丁若鏞所謂'因文悟道,由淺入深則亦惟實踐而已'中的'因文悟道',可理解爲:'在情境之中覺悟孔子之意';而所謂的'實踐'可理解爲:'在不同的生活情境下,作正確的反省與回應'。將這種對'聖人之意'的理解放在文本的追究上,則詮釋的主要工作在於:哪些文義可以和'真理'或聖人之意相連繫。意即由討論圍繞在文義本身的論題、情境而理解文義,並由此帶出文義與真理或聖人之意的關係(它在社會、歷史、心理上可發生什麼作用)。"《朝鮮儒者丁若鏞的四書學》,臺北:臺大出版中心,2010年,第68頁。

然於斯。又曾在注中説:"無聞、見惡,孔子皆以四十爲斷。蓋年至四十,其血氣已衰,無奮發遷改之望。余亦驗之多矣"。① "遷改"就是"不遷怒不貳改",即此可見其詮釋《論語》的用心,實已超然於言辭之外,端在反身力行,踐履孔子之道。從寬處説,《論語古今注》確然精義紛陳,啓人思索,細繹玩味,自有一洗心目之感。

**作者簡介:**

　　許子濱,男,1966年生,福建泉州人,香港嶺南大學中文系教授。主要研究領域爲經學,近年代表論著有《禮制語境與經典詮釋》(上海古籍出版社,2019年)。

---

① 丁若鏞:《論語古今注Ⅱ》,《與猶堂全書》第9册,第328頁。

# 試論清人筆記中《尚書》類文獻的學術價值<sup>*</sup>

趙成傑

**内容摘要** 清人學術筆記所涉《尚書》條目數量巨大、門類繁多,是清代《尚書》學研究的重要補充。清人筆記的學術價值主要表現在經文詁釋、辨章學術等方面,由於《尚書》各篇内容性質不一,筆記中所詁正之經文並非限於一般語詞,亦涵括地理、天文、名物制度及句讀等。清人筆記中的《尚書》類文獻還具有學術史方面的意義:一是細化了《尚書》經文的詁訓,二是深化了晚出古文的辨僞内容,三是拓寬了《尚書》學史的研究範圍。

**關 鍵 詞** 清人筆記 《尚書》 學術價值

筆記發展至清代已蔚爲壯觀,其中學術筆記尤爲繁榮。清儒率皆肆力於經,但於《尚書》並非都有疏釋全經之作,筆記便成爲表露零碎見解之最佳體裁。然而,有些見解未必能納入全經之作的體例中,不得不施諸筆記。據統計,清代群書考證類筆記有300餘種,[①]本文以《清代學術筆記叢刊》爲中心,輔以《清代詩文集彙編》《清代稿鈔本》《清代家集叢刊》《清代詩文集珍本叢刊》等叢書,統計有關《尚書》類筆記條目3265條。這些學術筆記顯然是估量清代學術不可或缺的材料,可與疏經之作及學人文集鼎足而立。[②]

## 一 清人筆記所見《尚書》類文獻的學術價值

由於清代經解著作浩繁,後世學者在訓釋《尚書》經文時主要關注的是疏釋全經

* 本文爲國家社科基金一般項目"清人文集所見《尚書》類文獻整理與研究"(23BTQ030)的階段性研究成果。

① 李寒光:《清人群書考證筆記研究》,北京大學博士學位論文,2017年。

② 有關清人筆記《尚書》類文獻的總體情況,本文不再一一列舉。參見拙作《清人筆記中的〈尚書〉類文獻》,《煙臺大學學報(哲學社會科學版)》,2021年第5期。

之作,如江聲《尚書集注音疏》、王鳴盛《尚書後案》、段玉裁《古文尚書撰異》、孫星衍《尚書今古文注疏》以及王先謙《尚書孔傳參正》等;而研究《尚書》學史時,則關注疏解全經之作,如閻若璩《尚書古文疏證》、陳喬樅《今文尚書經説考》等辨僞、分疏經説的專書。研究者即使將目力移及學術筆記,也僅僅關注《九經古義》《十駕齋養新録》《蛾術編》《經義述聞》《群經平議》等名作,其他筆記則多在忽略之列。由於近代以來學術視角的移換,許多傳統眼光下考評經文之筆記也自然被遮蔽。這些筆記由於體例靈活,無所不包,舉凡與《尚書》相關之文字訓詁、版本校勘、考辨源流及辯僞等均有涉及,具有重要的學術價值,茲擇其要分述於下。

**(一)經文詁釋**

清代小學興盛,而學術筆記表達對於字詞訓詁的見解不受體例之影響較易撰寫,所以這些與《尚書》有關的學術筆記以經文詁釋爲大宗。由於《尚書》各篇内容性質不一,筆記中所詁正之經文並非限於一般語詞,亦涵括地理、天文、名物制度及句讀等。

(1)字詞

《尚書》舊有馬融、鄭玄、王肅等名家傳注,但僞《孔傳》一出而皆歸亡佚。僞《孔傳》於諸經傳注中本屬下乘,雖有蔡沈《書集傳》等遞補之作,漏罅尚多。且《尚書》歷經數厄,傳世本文字經過多次轉寫,無疑也爲釋解經文增添了難度。

《堯典》"象恭滔天"句,《史記·五帝本紀》述作"似恭漫天",僞《孔傳》解爲"貌象恭敬而心傲很,若漫天",後世學者多從此説。蔡沈云:"'滔天'二字未詳,與下文相似,疑有舛誤。"[1]此句頗難解釋,亦多異説,清人徐文靖於其所撰筆記《管城碩記》卷三謂:"《竹書》:'帝堯十九年,命共工治河。六十一年,命崇伯鯀治河。'則鯀未命以前,四十一年中治河者,皆共工也。時帝問誰順予事,而驩兜美共工之俀功。帝謂其治河外貌承君命,而洪水仍致天,與下文'浩浩滔天'同一義也。"[2]盧文弨、楊寬等皆從之。[3] 徐氏雖未能確釋"象恭滔天"詞義,但指出此句乃指共工治水致洪水滔天,則爲最佳解釋,《淮南子·本經》"共工振滔洪水"亦可參證。

《堯典》"眚災肆赦,怙終賊刑",僞《孔傳》釋後句云"怙姦自終,當刑殺之",訓"賊"爲"殺"。清人于鬯於所撰筆記《香草校書》卷五中謂:"此'賊'字當讀爲'則','賊'即諧'則'聲,故二字通假。……'怙終賊刑'者,怙終則刑也。'則'是語辭,猶上

---

① 蔡沈撰,王豐先點校:《書集傳》,北京:中華書局,2018年,第6頁。

② 徐文靖:《管城碩記》卷三,徐德明、吳平主編《清代學術筆記叢刊10》,北京:學苑出版社,2015年,第165頁。

③ 盧文弨:《龍城劄記》卷一,《清代學術筆記叢刊19》,第57頁;楊寬:《鯀、共工與玄冥、馮夷》,《古史探微》,上海:上海人民出版社,2016年,第348頁。

文'肆'亦語辭,則刑與肆赦正成對文。"①近人于省吾說同。② 參前句相同位置"肆"字爲語辭,"賊"亦當爲語辭,于鬯讀"賊"爲"則",當爲確論。

《堯典》"食哉,惟時柔遠能邇",僞孔釋"食哉惟時"作"所重在於民食,惟當敬授民時",如字解"食",後儒率從此說,然頗不可通。鄒漢勳《讀書偶識》卷二謂:"孫伯淵星衍曰'食哉絕句',是已,訓'食'爲'勸',猶未盡也。漢勳聞之子鄒子,'食'讀'飭',敕也。"③近人楊筠如說同。④

《皋陶謨》"惟帝其難之",僞《孔傳》釋爲"言帝堯亦以知人安民爲難",後世學者亦無異詞。晚清學者張文虎於《舒藝室隨筆》卷一釋此句云:"解者皆謂帝指堯,案下文帝皆稱舜,此何獨屬堯?'難'有戒慎意,與下'而難任人'之'難'同。《詩·桑扈》'不戢不難',箋云'不自難以亡國之戒',疏云'難者,戒懼之意'是也。(《盤庚》'予告女於難'義同)"⑤此說疏釋文意遠勝舊解。近人屈萬里亦謂此句之帝"當指舜言。蓋本篇所言之帝,皆謂舜"⑥。

《禹貢》"導菏澤,被孟豬",僞《孔傳》釋爲"菏澤在胡陵。孟豬,澤名,在菏澤東北,水流溢覆被之",孔《疏》云"《地理志》山陽郡有胡陵縣,不言其縣有菏澤也。又云菏澤在濟陰定陶縣東,孟豬在梁國睢陽縣東北。以今地驗之,則胡陵在睢陽之東,定陶在睢陽之北,其水皆不流溢東北被孟豬也。然郡縣之名,隨代變易,古之胡陵,當在睢陽之西北,故得東出被孟豬也"⑦。孔穎達以今地驗之,菏澤無覆被孟豬之理,故以郡縣志名古今變易作解。清人桂文燦則認爲菏澤水未必入孟豬,並云:"'導菏澤''被孟豬'當是二事,'被'讀爲'陂',謂障陂也。下云'九澤既陂',蓋即謂此也。"⑧參"導菏澤"等語例,可知"被"必是針對孟豬澤而言的一項水利措施,而不是"覆被"之義。除《禹貢》後文云"九澤既陂"外,《國語·周語下》亦謂禹"陂障九澤",可知此經之"被"當如桂說讀爲"陂",訓爲壅障。又上博簡(二)《容成氏》簡24下—25云"墮(禹)親執枌(畚)𢆡(耜),㠯波(陂)明都之澤,決九河之滐(阻),於是虖(乎)夾州、㳠(徐)州台(始)可尻(處)",整理者指出"波(陂)明都之澤"即此經"被孟豬"⑨,益可證桂說

---

① 于鬯:《香草校書》卷五,《清代學術筆記叢刊66》,第60頁。
② 于省吾:《雙劍誃群經新證 雙劍誃諸子新證》,上海:上海書店,1999年,第65頁。
③ 鄒漢勳:《讀書偶識》卷二,《清代學術筆記叢刊52》,第193頁。
④ 楊筠如:《尚書覈詁》,西安:陝西人民出版社,2005年,第37頁。
⑤ 張文虎:《舒藝室隨筆》卷一,《清代學術筆記叢刊52》,第302頁。
⑥ 屈萬里:《尚書集釋》,上海:中西書局,2014年,第32頁。
⑦ 孔安國傳,孔穎達正義,黃懷信整理:《尚書正義》,上海:上海古籍出版社,2007年,第218頁。
⑧ 桑兵主編:《五編清代稿鈔本(第二三九冊)》,廣州:廣東人民出版社,2013年,第49頁。
⑨ 馬承源主編:《上海博物館藏戰國楚竹書(二)》,上海:上海古籍出版社,2002年,第269頁。

之確。

　　清人學術筆記中，可備一説者甚多。此再舉一例，如《無逸》"咸和萬民"，僞《孔傳》訓爲"皆和萬民"。桂馥《劄樸》卷一謂："《説文》'諴，和也'，引《周書》'丕能諴於小民'，此'咸'亦當作'諴'。'諴''和'並言，古語多如此。"①其説有《尚書》用字爲證，且句意更優，勝於舊解。

　　（2）地理

　　《尚書》中涉及地理之處不少，而《禹貢》爲地理學之祖，清代樸學大興，於此篇多所究心。清人學術筆記關涉《尚書》的條目中，《禹貢》一篇占比爲諸篇之冠，達 400 餘條。其中被討論最多的依然是"三江""九江""黑水"等歷來聚訟不已的名目，各家所説多言之成理，未能確實考定。此外，其他疑難之處，筆記中亦不乏有價值之見。

　　如《禹貢》"東迆北會於匯"，僞《孔傳》釋爲"東溢分流，都共北會彭蠡"，後之學者異説頗多。晚清學者吴承志於所撰《橫陽劄記》卷一中謂："'導江'，《經》'至於東陵，東迆北會於匯'，《志》云'廬江郡，金蘭西北有東陵鄉，淮水出'，桑欽言'淮水出丹陽郡陵陽東南，北入大江'。詳兩文，古經'匯'字本作'淮'，桑言出陵陽者，以東陵爲在陵陽北也；班言出金蘭者，以其縣又別有金蘭鄉也。實則經文之'淮'，即會於泗、沂之'淮'。《孟子·滕文公上篇》'禹排淮、泗，而注之江'，《墨子·兼愛中篇》'禹治天下'，'南爲江、漢、淮、汝，東流之，注五湖之處'，俱謂此淮。《水經》例，凡言會者，水名必詳具於州。荆州，《經》無淮，揚州及徐州，二《經》'淮'雖六見，並導自桐柏之淮，無二淮也。東陵上承'九江'之文，其地自在九江以下，桑説爲合。（桑意謂陵陽以在東陵之陽得名……）《晉書·卞壺傳》：'蘇峻至東陵口。'胡三省《通鑑注》云：'當在牛渚山東北。'此東陵即桑所云東陵，惟漢時爲牛渚西南境地之大名，晉時僅存小名，略移於下流耳。'東迆北會於匯'，乃補叙。'導漾'，經文謂北、中二江由是分行。北江過漢毗陵，又與北自山陽分流南注之淮水會也。《太平御覽·地部》引《晉陽秋》曰：秦始皇'改金陵曰秣陵，塹北山以絶其勢。今建康即秣陵，西北界所塹，即建康南淮也'。南淮因北淮而名，可證淮水自在秦淮水口東北入江也。桑以今清弋江爲淮水也，亦緣南淮之説而誤耳。班所云'東陵鄉淮水'，今太湖縣長河。《水經》江水'過下雉縣北，利水從東陵西南注之'。馬氏素麟《長江圖説》云：'東陵鄉，蓋在龍坪山北，長河源出英山縣之四流山。'是東陵鄉地下流入江，去東陵亦數百里，故又移其名於此也。下經東爲中江，始叙中江正流。桑不知互備之例，求淮水於二江分派以上，因失其所在。班説益去之遠矣。孔穎達《正義》於上經'至於澧'，引鄭玄注云'經言過、言會者，皆是水

————————

　　①　桂馥：《劄樸》卷一，《清代學術筆記叢刊 26》，第 13 頁。

名'。'匯'字從今文讀,無水名可言,所據本亦必作'淮'〕。"①

近人曾運乾亦謂:"北會爲匯者,匯,爲淮之叚借字。兩大水相合曰會。江淮勢均力敵,故云會。古江淮本通,孟子言禹決汝漢排淮泗而注之江,是也。久而湮塞,故春秋時吳城邗溝通江淮。云溝通者,復禹之舊跡也。或謂匯即彭蠡,非也。彭蠡,已見上導漢章,不應此章重見,當云東會,不當云北會。又經凡言會者皆水名。匯,非水名,與例不諧。故知非彭蠡也。"②只不過,吳氏筆記所述由駁正桑欽説而來,論辯更倶本源。

(3)句讀

《尚書》句讀多有不明之處,清人筆記於此亦多有致力,如武億便撰有釋證經書句讀的專書《經讀考異》。《皋陶謨》"百僚師師,百工惟時,撫於五辰,庶績其凝",偽《孔傳》將前後兩句分釋爲"僚、工,皆官也。師師,相師法。百官皆是,言政無非""凝,成也。言百官皆撫順五行之時,衆功皆成",後世學者多從其説。于鬯認爲"百僚""師師""百工"實爲三並列之官稱,繼謂:"上文'惟時'二字讀,似當屬此句之上。'惟時撫於五長'(按:于氏認爲'辰'乃'長'之訛),猶《舜典》云'惟時柔遠能邇'(孫星衍《注疏》、馮登府《十三經詁答問》、陳喬樅《今文尚書經説考》、鄒漢勳《讀書偶識》、余蔭甫太史《茶香室經説》皆讀上'食載'句絶,'惟時'屬下),又云'惟時懋哉',又云'惟時亮天功','惟時'皆屬下讀。'惟時'者,語辭也,非《傳》所云'政無非'也。以'惟時'屬此'撫於五長'讀,則上文'師師'之義爲官稱,益明矣。"③于氏此讀,不僅有《舜典》相同語例之證,而且可與此句上下文交相證明,更爲可信。

《尚書·盤庚中》"今予命汝一無起穢以自臭",偽《孔傳》釋爲"我一心命汝,汝違我是自臭敗",孔《疏》云"今我命汝,是我之一心也。汝當從我,無得起爲穢惡,以自臭敗。汝違我命,是起穢以自臭也"。借助孔《疏》,可知偽孔將"一"字屬上讀,且改易其語法位置以作解,後世學者亦多從其説。朱彬於《經傳考證》卷二中謂:"'今予命汝'句,《顧命》'兹予審訓命汝'。'一無'之言無也。'一',詞也。《大學》'壹是皆以修身爲本',《檀弓》'餘一不知夫喪之踊也',《三年問》'壹使足以成文理',賈誼《陳政事疏》'陛下何不壹令臣得孰數之於前',司馬遷《報任安書》'今舉事一不當,而全軀保妻子之臣,隨而媒孽其短',匡衡《地震日食上書》'臣愚以爲宜壹曠然大變其俗'('壹'與'一'同,《儀禮》古文'一'作'壹'),後漢崔瑗誡子'其賄贈之物,羊豕之類,一不得受',合諸説觀之,則一爲詞助發端之語,益昭然矣。"④其説一方面舉出《尚書》

① 吳承志:《衡陽劄記》卷一,《清代學術筆記叢刊52》,第10—11頁。
② 曾運乾:《尚書正讀》,上海:華東師範大學出版社,2011年,第80頁。
③ 《香草校書》卷五,《清代學術筆記叢刊66》,第62頁。
④ 朱彬:《經傳考證》卷二,《清代學術筆記叢刊33》,第343頁。

"命汝"絶句之例,又廣引"一"字屬下讀之例,當無可疑。

## (二)辨章學術

《尚書》今古文流變問題較他經複雜,加之晚出《古文尚書》的擾亂,其間關系更難分疏,學者聚訟紛紜。但此類討論不宜載於注疏,筆記體則頗便討論,故清人學術筆記中此類條目尤多。

(1)考證源流

清人學術筆記於《尚書》源流的討論,主要集中於伏生傳《書》、今古文差異、篇目分合以及《書序》作者等方面。

歷代學者對《書序》頗多質疑,涉及其作者、内容可信度及其與今古文的存屬關係等。此舉其與今古文兩家的存屬關係爲例。《漢書·藝文志》載孔壁所出《古文尚書》計有四十六卷,王先謙云:"《釋文》云'馬、鄭之徒,百篇之序總爲一卷',以一加四十五,是四十六卷也。馬、鄭序總一卷,蓋本孔壁之舊,陸德明但見馬、鄭本如此,故據以爲言也。"①有些學者認爲《書序》僅爲壁中所有,如朱熹謂"今按此百篇之序,出孔氏壁中"②,清代學者亦不乏從此説者。而今文有無《書序》因典籍並無明確記載,故争議較大。清儒陳壽祺撰《今文尚書有序説》列十七證以證明今文有序。其後皮錫瑞亦推重其説,謂"十七證深切著明,無可再翻之案"③,多爲今人所信從。俞正燮《癸巳類稿》卷一《尚書》篇目七篇説"條謂:"《書正義》云:《別録》曰'武帝末,民有得《泰誓》於壁内者上之,與博士使讀説之,數月皆起傳以教人'。《漢書·楚元王傳》劉歆《移讓太常博士書》亦云:'孝武時《泰誓》後得,博士集而讀之。'……或云《泰誓》,宣帝時得者,據武帝時博士起傳,則非宣帝時得也。或云此二十九卷有《書序》一卷者,由不知《泰誓》起傳爲經之故,使西漢經有《書序》,則古文多出之篇立矣。博士不肯立古文,知博士業無《書序》也。"④由今文博士不立古文,可以推知今文當無《書序》,不然無理由不立古文,其説頗辯。晚清學者吳承志於《橫陽劄記》卷二補充其説,謂:"今文有無序篇,説者紛如,此辯最爲明確。博士不肯立古文,而《泰誓》集而讀之者,以伏生《大傳》所述多與此經相合也。"⑤

(2)古文辨僞

晚出《尚書》古文部分,宋儒吳棫、朱熹首發其疑,其後吳澄、梅鷟續有考辨,及清

---

① 王先謙撰,何晉點校:《尚書孔傳參正(上)》,北京:中華書局,2011 年,第 3 頁。

② 朱熹:《晦庵集》,《景印文淵閣四庫全書》第 1145 册,北京:商務印書館,1986 年,第 251 頁。

③ 皮錫瑞:《經學通論》,北京:中華書局,1954 年,第 79—80 頁。

④ 俞正燮:《癸巳類稿》卷一,《清代學術筆記叢刊 39》,第 149—151 頁。

⑤ 《橫陽劄記》卷二,《清代學術筆記叢刊 52》,第 29 頁。

人閻若璩總其成,又經惠棟、程廷祚等補正,其書之僞基本已經定讞。僞書及僞傳中顯然之僞跡,諸辯僞大家已畢舉無遺,但其書體量不小,仍不乏疑僞之處可揭,清人學術筆記於此頗曾致力。

《大禹謨》"耄期倦於勤",僞《孔傳》謂"八十、九十曰耄"。武億《群經義證》卷一謂:"《説文解字》'眊'注:'目少精也,從目毛聲。《虞書》耄字從此。'今孔氏所傳本作耄,更依文解爲'八十、九十曰耄',其未見古文,此又一證。"①"《虞書》耄字從此",嚴可均《説文校議》謂"六字當是校語,許無此詞例",段玉裁《説文注》謂"《虞書》無耄字,僞《大禹謨》有之,非許所知也"。然僞《大禹謨》此句用字不排除襲《説文》此字而來,而僞《傳》又遺其訓,於是暴露僞跡。又《周官》有"六服群辟""五服一朝"二句,首言"六服"而後云"五服"。蔡沈《書集傳》謂:"六服,侯、甸、男、采、衛並畿内爲六服也。《禹貢》五服通畿内,周制五服在王畿外也。"梁玉繩《瞥記》卷一謂:"然考《周禮》六服侯、甸、男、采、衛、要,元不數王畿在内。唐孔氏《疏》謂,要服路遠,不常能及期,故寬言之而不數,然則方周盛時已有要服不至之事矣。晚出古文自相乖異,閻百詩以爲僞,誠然。"②再如,徐時棟《煙嶼樓讀書志》卷二從紀日的層面辯晚出古文之僞。其説云:"造作僞書有於無意中自露破綻者,即如古人紀日之文曰某日某甲子、越幾日某甲子,所謂幾日者,必連前所記之日數之。如《召誥》云'三月惟丙午朏''越三日戊申''越三日庚戌''越五日甲寅',又曰'若翼日乙卯''越三日丁巳',又曰'越翼日戊午''越七日甲子';《顧命》云'丁卯命作册度,越七日癸酉',是當時史官紀事體例如此。而僞古文《武城》獨曰'丁未祀於周廟''越三日庚戌',是以越四日爲越三日矣。即此一端,其僞顯然。而其僞作《畢命》則又曰'六月庚午朏''越三日壬申',體例與古史合,豈有所本耶? 即以紀日觀之,《武城》之僞顯然,而紛紛妄定,竄亂原文未必不爲作僞者所竊笑也。按《三統曆譜》嘗引《武城》矣,中有云'翼日辛亥祀於天位''越五日乙卯',與真書若合符節,然則何得不信此而疑彼乎?"③

(3)糾正傳注

僞古文出後,孔穎達等人誤信其傳乃西漢孔安國所撰而爲其作疏,其地位始定於一尊。其後學者多尊信之,宋人疑古始有論其抵牾者,但駁正其説者仍未多,至閻若璩等確證其僞後,指摘始衆。此外,承習最久、流傳最廣的當屬南宋蔡沈所撰《書集傳》。元代此書地位隨程朱理學而被推尊,延祐間定科舉以蔡《傳》爲本,其後翼蔡、砭蔡之

① 武億:《群經義證》卷一,《清代學術筆記叢刊32》,第311頁。
② 梁玉繩:《瞥記》卷一,《清代學術筆記叢刊17》,第6頁。
③ 徐時棟:《煙嶼樓讀書志》卷二,《清代學術筆記叢刊54》,第131頁。

作頻出。學者若欲詮《尚書》一經,舍此二傳而莫由,而欲別有所釋,必先摘此二傳之謬,清人學術筆記於此亦頗所用力。

駁正僞《孔傳》者,如《堯典》"方命圮族",僞《傳》釋爲"言鯀性很戾,好此方名;命而行事,輒毀敗善類"。武億《群經義證》卷一謂:"《釋文》引馬云:'方,放也。'徐云:'鄭、王音放。'證之《史記‧五帝本紀》引作'負命毀族',《正義》云;'負,違也;族,類也。鯀性狠戾,違負教命,毀敗善類,不可用也。'《夏本紀》:'堯曰:鯀爲人負命毀族,不可。'《漢書‧傅喜傳》'放命圮族',應劭曰:'放棄教令,毀其族類。'《朱博傳》亦云'今晏放命圮族',《吳越春秋‧無餘外傳》亦作'負命毀族',是太史公所見爲真古文,兩漢相傳皆以'方'爲'放',與《史記》作'負'義同。僞《孔傳》因文釋之,又云'好此方名,命而行事',其説迂鑿不可訓。"① 駁正蔡《傳》者頗多,閻若璩甚至謂"孔穎達雖亂道不至如蔡《傳》之甚",攻駁其地理之謬甚多。如《禹貢》梁州"逾於沔,入於渭",蔡《傳》云:"漢武帝時,人有上書欲通褒斜道及漕,事下張湯,問之云:'褒水通沔,斜水通渭,皆可以漕。從南陽上沔入褒,褒絕水至斜間百餘里,以車轉從斜下渭,如此則漢中穀可致。'經言沔、渭而不言褒、斜者,因大以見小也。"閻氏於《潛邱劄記》卷三中駁之云:"《漢‧溝洫志》上書人言'今穿褒斜道,少阪,近四百里;而褒水通沔,斜水通渭,皆可以行船漕',則禹之時褒雖出衙領山入沔,算不得與沔通,不可以行漕,故斜亦出衙領山北入渭,算不得與渭通,不可以行漕,故經文止言沔、渭不及褒斜,當日貢道原無須此二水也,非屬省文。顏師古曰'褒、斜二穀名,其中皆各自有水耳',正指漢武未穿道以前言。蔡氏不讀全本《漢書》,似從一節本録來,謂'因大以見小',其臆解有如此者。"②

## 二　清人筆記所見《尚書》類文獻的學術意義

《尚書》學通史或者斷代史著作,於清代一般皆擇取諸大家或流派之代表作予以立論,而於其外的文集、筆記率皆在忽視之列。當然,這種"忽視"並非皆出於遺漏,而是諸大家之書確可推舉爲代表,足以反映一代《尚書》學風貌,而且此類撰述體例也有不得不然之處。而學術筆記中的《尚書》論述,多僅在學者研討專人時涉及,且多限於著名學者。學術筆記中的《尚書》材料龐雜,雖無專門通釋全經之作系統、圓融,但其價值有時並不遜於專書,但因其零散而無條貫,仍處於無人系統研討的尷尬境地。回

① 《群經義證》卷一,《清代學術筆記叢刊 32》,第 311 頁。
② 閻若璩:《潛邱劄記》卷三,《清代學術筆記叢刊 5》,第 99 頁。

顧清人筆記所涉《尚書》文獻,其意義尚不限於其本身的學術論斷。

關於清代《尚書》學的研究,主要著眼於閻若璩、江聲、段玉裁、孫星衍直至王先謙、皮錫瑞等撰有重要專書或疏釋全經之作的大家。因爲清人《尚書》著作甚多,即使於疏解全經之作亦無法面面俱到,需於輕重緩急之間有所權衡。學術筆記中的《尚書》論述,因其零碎而無條貫自然在"忽視"之列。但是這些筆記所涉領域甚廣,無所不包,多有可以增補專書之處,對其系統探究無疑亦可豐富學界對有清《尚書》學史的認識,使其面貌更加清晰。

### (一)細化了《尚書》經文的詁訓

清儒疏釋《尚書》全經之作雖多,但不可能句句皆出新意,大多是陳陳相因。筆記體則尤便於纂録字詞訓詁心得,例如清人於《尚書》經文訓詁最有成績的不是各類注疏,反而是王引之所撰《經義述聞》中的《尚書》兩卷。劉起釪謂引之此書"所釋諸條目都是兩千多年來注疏家或聚訟紛紜或以訛傳訛始終未得善解的問題,王引之承其父學,做了深入周詳的反複稽考論證,大都提出了非常允當的解釋"[1]。當然這也與王氏卓異的治學方法有關,非謂其他學術筆記皆有此成績,不過借此可一窺筆記所蘊藏的訓詁價值。一般清代《尚書》史論著,於清儒《尚書》經文訓詁論述無多,筆記則更鮮注目。此類訓詁價值,前文已舉多條,其他筆記中亦在在多有,欲總論清人《尚書》研究成績,於這些學術筆記自當多加留意。

細致梳理清人學術筆記中的《尚書》類訓詁劄記,於學術史研究還有另一層重要意義,即關鍵字詞訓釋的發明權問題。字詞考證因其材料、邏輯較爲單純,尤其容易類同,不少專門詮經之作的字詞發明,學術筆記中實際早已有之。而且學術筆記本身,也存在許多觀點類同的現象,揭示一字一詞的首先發明者,不僅有正本清源之效,也是學術史研究的基本律例。舉一例,如《大誥》"天棐忱辭"句,僞《孔傳》釋爲"言我周家有大化誠辭,爲天所輔"。晚清孫詒讓《尚書駢枝》,將《大誥》此句與《詩經·蕩》"天生烝民,其命匪諶"、《大明》"天難諶斯"合觀,謂《尚書》"棐"字皆當爲"匪"之假借,而"忱""諶"皆禪紐侵部字,訓爲"信"。其説甚確,後人多將此説發明權歸於其名下,然細檢清人筆記,清初學者王懋竑《讀書記疑》卷二已有此説。其謂:"'棐'與'匪'通,'棐忱'猶'難諶'也。朱子《楚詞辨證》引顏監解最明,不知蔡《傳》何以不從也。"[2]

### (二)深化了晚出古文的辨僞内容

晚出《古文尚書》經閻若璩書出而已基本定讞,所辨正内容頗廣,續辨者基本不出

---

[1] 劉起釪:《尚書學史(訂補修訂本)》,北京:中華書局,2017年,第386頁。

[2] 王懋竑:《讀書記疑》卷二,《清代學術筆記叢刊11》,第197頁。

其範圍,多僅增補其材料。《尚書古文疏證》一書共列目一百二十八條,除去有目無書者,實存九十九條。戴君仁《閻毛古文尚書公案》嘗將此九十九條,分爲十四類,分別爲:(1)泛論晚出《古文尚書》是僞書;(2)分別根據古書引用《尚書》之語,以證知晚出古文之僞;(3)妄説妄語及誤解誤認誤本誤仿者;(4)自各種古書中剽竊而來者;(5)抵牾不合者;(6)不似者二條;(7)忘而未采者二條;(8)將一作二者二條;(9)旁證者五條;(10)申論前條者三條;(11)證孔傳之僞者十一條;(12)辨大序者止一條;(13)前人及時人疑古文者共九條;(14)與辨僞無關者十三條。①

　　清人學術筆記中晚出《古文尚書》辨僞諸條目,大體亦未超出閻氏所涉及的範圍,然頗有細化,及增益其引而未發者。如前文已舉出有學者從古史體例角度,論斷晚出古文之僞。有些辯僞的理路,閻氏書已發之,但未嘗深論。顧炎武首疑《泰誓》篇詬屬過甚,閻書第九十八條續謂:"嘗讀《文中子·述史》篇:'太熙之後,述史者幾乎罵矣。故君子没稱焉,曰:嗟乎! 罵史尚不可,況經乎? 而謂真出自聖人口哉?'注曰:'太熙,晉惠帝即位歲。此後至《十六國春秋》及《南北史》,有"索虜""島夷"之呼,如詬罵然。'夫以敵國相罵尚不可,況諸侯於共主乎? 豈真出自三代上乎? 晚出《泰誓》篇疑者固衆,予獨怪其'古人有言曰'以下,如'獨夫受洪惟作威,乃汝世讎'。當時百姓讎紂固往往而有,何至武王深文之爲世讎? '樹德莫如滋,去疾莫如盡',發端泛語也,何至武王易其辭爲'除惡務本',以加諸紂身? 湯誓師不過曰'爾尚輔予一人致天之罰',牧野誓師曰'今予發惟恭行天之罰',如是已耳,何至此爲'肆予小子誕以爾衆士殄殲乃讎'? 若當時百姓亦未知讎紂,而武王實嗾使之者。噫! 其甚矣夫。時際三代,動關聖人,而忽有此詬屬之言,群且習爲當然。先儒曰:'不識聖賢氣象,乃後世學者一大病。道之不明,厥由於此。'余每讀之,三歎焉!"②其後唐焕《尚書辯僞》專從辭氣、事理層面辨證僞書,與閻書總體理路有根本差異。③姚鼐《惜抱軒九經説》亦駁僞古文背理之處。晚清學者陳澧亦攻駁云:"僞《旅獒》云'不寶遠物,則遠人格',不知不寶遠物則遠人不格矣,是乃中國之福也。彼徒以遠人格爲美談,乃大惑也。《論語》云'遠人不服,則修文德以來之',遠人謂顓臾,豈謂荒遠之國乎? 彼誤讀《論語》耳。"④

　　朱熹嘗從文辭難易的角度疑晚出古文非真,明歸有光亦有"所可賴以別其真僞,唯是文辭格制之不同。後之人雖悉力摹擬,終無以得其萬一之似"(《尚書叙録》)之

　　① 戴君仁:《閻毛古文尚書公案》,臺北:臺灣編譯館,1979 年。
　　② 閻若璩撰:《尚書古文疏證》卷七,上海:上海古籍出版社,1987 年,第 978—979 頁。
　　③ 蔡長林:《考辨經文多以義理文章斷之——讀唐焕〈尚書辯僞〉》,《文章自可觀風色——文人説經與清代學術》,臺北:臺灣大學出版中心,第 41—95 頁。
　　④ 陳澧:《東塾讀書記》卷五,《清代學術筆記叢刊 53》,第 39 頁。

説。閻書第一百十五條承其説謂：“余嘗思得一法，今或未能遽廢古文，當分今文、古文爲二類，今天下習讀是經者先讀今文二十八篇是何詰屈聱牙，次讀古文二十五篇是何盡文從字順。又二十八篇之文雖同一古，而中間體制種種各殊。二十五篇之文雖名爲四代，作者不一，而前後體制不甚遠。則久之聰明才辯之士争得起而議之，雖有黨同護前之徒，亦不能不心屈也。”①清人學術筆記中頗有此類論説，如徐時棟《煙嶼樓讀書志》卷二等所述即是。他如，閻書第一百七條辨僞孔安國《尚書序》之謬，然所論未多，戴震《經考》附録卷二列“贗孔安國序”“贗序所言墳典丘索”“贗序所言科鬥書”“贗序所言篇卷”“贗序所言會國有巫蠱事”詳斥之，可補閻氏之未逮。

### （三）拓寬了《尚書》學史的研究範圍

以往有關清代《尚書》學史的通論著作，一般皆依年代擷英擇要，勾勒出主要流派與代表人物、著作。以幾部有關清代《尚書》學的史著爲例，劉起釪《尚書學史》析清代《尚書》學史爲七節，乃“清初宋學餘波的《尚書》學”“完成疑辨，推翻僞古文”“迷戀僞古文者的徒勞反抗”“清學主力對《今文尚書》的研究整理與清代一般《尚書》著作”“對《禹貢》《洪範》等單篇的研究及逸篇、逸文、逸注、逸緯的輯校整理”“清代後期今文學派的《尚書》研究”“清末開始了近代的《尚書》研究”②。其中“清學主力”分爲吴、皖二派，“清代後期今文學派”指常州今文學派及其後學，“清末”則主要述及俞樾、吴大澂、孫詒讓及桐城派諸人。古國順《清代尚書學》獨立成書，與劉書分類大體相當，只是具體主要以人物爲細目，主要差異在其書於劉氏“清學主力”節題爲“遠祧東漢之古文尚書學”“清代後期今文學派”節題爲“遠祧西漢之今文尚書學”，多“漢宋兼綜之尚書學”一章，“書序”相關研究論述亦更詳實。③ 近出劉德州《晚清〈尚書〉學研究》，只是將晚清諸家依其派屬分類論説，所新增者乃在其書末章“清末《尚書》學中的西學映像”，討論成本璞、劉光蕡、李元音等比附西學之説。④ 清人《尚書》學源流及派别較爲清初，故而諸家所倫列内容並無大異，具體人物隸屬不過仁智之見。而清人學術筆記所涉《尚書》條目，多有通論著作難以並包而逸出其外者。

此類學術筆記所涉《尚書》文獻逸出過往研究者，主要爲《尚書》版本、石經、引經、《尚書》學史評論等方面。《尚書》版本方面的論説，諸如王鳴盛《蛾術編》卷二“南國子監板”“北國子監板”、沈濂《懷小編》卷一“坊本脱誤”等條。清人石經之學自成一脈，然《尚書》學史通論諸作於此未嘗深論，學術筆記中所涉條目亦甚夥，如錢大昕《十

---

① 閻若璩撰：《尚書古文疏證》卷八，第1137—1138頁。
② 劉起釪：《尚書學史（訂補修訂本）》，第5—6頁。
③ 古國順：《清代尚書學》，臺北：文史哲出版社，1981年，第6—10頁。
④ 劉德州：《晚清〈尚書〉學研究》，北京：中國社會科學出版社，2021年，第1—2頁。

駕齋養新録》卷一"魏三體石經"、戴震《經考》附録卷七"漢一字石經""魏三字石經""晉唐後蜀宋嘉祐紹興石經合漢魏凡七刻"等條,前者於洪适《隸續》所録三體石經《左傳》之文中離析出實屬於《尚書·吕刑》《文侯之命》《大誥》三篇之文。有關引經者,如閻若璩《潛邱劄記》卷五"《古文尚書》與《説文》引《書》"、王鳴盛《蛾術編》卷四"群書引《尚書》逸文可疑者及誤者"、桂馥《劄樸》卷七"引經"、崔應榴《吾亦廬稿》卷一"郭璞《爾雅》注引《尚書》""孔安國注《論語》引《湯誓》"、王玉樹《經史雜記》卷二"《孟子》引《書》""《左傳》引《商書》"、朱彬《經傳考證》卷二"《史記·周本紀》引逸《泰誓》"、劉寶楠《愈愚録》卷一"漢碑引經"、俞樾《茶香室四鈔》卷十一"傳注誤引經文"、朱士端《強識編》卷三"《説文》引《尚書》古文"等條,辨析諸書引《尚書》之性質及訛謬頗有價值。清人筆記中亦不乏對前代《尚書》研究人物及其著作評議之語,既可用以判析相關論著的學術史位置及其價值,亦可借以察識評議者本身的《尚書》學史態度。此類如周中孚《鄭堂劄記》卷二"江氏《尚書集注音疏》"、梁章鉅《退庵隨筆》卷十四"劉子政説《尚書》"、徐時棟《煙嶼樓讀書志》卷二"西河論經亦自有的確"等條。類似上述幾端,清人學術筆記中頗常見,皆可補益傳統清代《尚書》學史研究之範圍。

　　清人學術筆記所涉《尚書》條目數量巨大、門類繁多,其價值與意義經上文舉例亦毋庸再贅言。其於今人研究外,還別有一番效用,即爲今人讀解《尚書》提供資源。一般譯解《尚書》者,多采録通釋全經的專書及王引之、俞樾等名家著作,於其他筆記材料則多所忽略,而這些材料中蘊藏了不少有價值的觀點。重視這些資料,既可不埋没前人成績,亦能對研讀者有所助益。不過這份寶貴"遺産",因其特殊的體例,雷同、雜蕪甚至輾轉剿説之處所在多有,利用時尚需細致整理。

**作者簡介:**

　　趙成傑,男,1987 年,黑龍江寧安人,同濟大學中文系助理教授,主要研究領域爲《尚書》學、金石學。近年代表論著有《今文尚書周書異文研究及彙編》(臺北蘭臺出版社,2015 年)、《清代尚書學發展的邏輯結構及其學術取向》(《福建論壇(人文社會科學版)》2022 年第 11 期)、《戴震尚書學著述考論》(香港《嶺南學報》第十八輯,2023 年)。

# 《經學歷史》編纂史事考

張凱　薛宸宇

**内容摘要**　皮錫瑞的《經學歷史》通常被視爲代表其今文經學立場的經學史著作。近年學界從該書的内容、版本方面,討論《經學歷史》是經學史還是經學著作,手稿本和通行本的版本差異以及其中皮錫瑞經學觀的變化。以新近出版《顧廷龍日記》所載陳慶年與《經學歷史》的關係入手,梳理《經學歷史》的成書經過,考察陳、皮二人編纂《經學歷史》的本意,應能理清《經學歷史》的性質及版本異同等問題,呈現經史轉型之際學人處理經史關係的多元路徑。

**關　鍵　詞**　《經學歷史》　皮錫瑞　陳慶年　《顧廷龍日記》

　　皮錫瑞《經學歷史》被視爲中國第一部經學史著作,也是研究皮錫瑞經學觀的重要資料。[①] 1906 年,《經學歷史》由長沙思賢書局刊印,上海群益書店後以《經學史講義》之名發行,書名的變化較爲直接反映了經史轉型之際時人對《經學歷史》經史歸屬的看法。清末民初學人已經注意到此書議論多於史實,近年學界進一步圍繞該書是經學史抑或經學著作、版本差異以及皮錫瑞經學觀的變化等問題展開討論。[②] 皮氏著《經學歷史》爲陳慶年授意一事爲學界所共知,而在此過程中,陳氏究竟産生了何種影響仍有待討論。新近出版《顧廷龍日記》稱《經學歷史》不但是陳慶年授意皮錫瑞撰寫,甚至該書的體例以及章節裁定也多由陳氏所定。以此爲綫索,理清陳慶年與皮錫瑞二人的交往情況,考察《經學歷史》的編纂過程,不僅有助於理解《經學歷史》的經史

---

　　① 吕思勉認爲《經學歷史》爲經學入門著作首讀之書,可"知歷代經學變遷大略",見吕思勉:《經子解題》,上海:商務印書館,1926 年,第 6 頁。周予同認爲皮氏《經學歷史》是"經學入門書籍",見皮錫瑞著,周予同注:《經學歷史》,北京:中華書局,1959 年,"序言"第 1 頁。

　　② 章太炎認爲其"鈔疏原委,顧妄以己意裁斷",見章絳:《駁皮錫瑞三書》,《國粹學報》第六年第二册,1910 年原第 64 期,第 1 頁。馬宗霍認爲"始自具裁斷與但事鈔疏者稍殊,惟持論既偏,取材復隘"。見馬宗霍:《中國經學史》,上海:商務印書館,1936 年,序,第 2 頁。吴仰湘:《皮錫瑞〈經學歷史〉並非經學史著作》,《史學月刊》2007 年第 3 期,第 5—11 頁。井澤耕一、橋本昭典:《從〈經學歷史〉的創作過程看皮錫瑞的經學史觀——手稿本和通行本的比較》,《中國經學》2020 年第 26 輯,第 153—168 頁。

糾結,對於解釋手稿本與通行本的差異亦有所裨益。

## 一 陳、皮交往與《經學歷史》的編纂

陳慶年早年求學於江陰南菁書院,爲王先謙等人所器重,由此"專駐南菁書院","得盡讀南菁書樓藏書,獲交四方知名之士"。① 陳氏學以經世,尤精經史,撰《補三國儒林傳》《漢律逸文疏證》等,編修《兩淮鹽法志》《順治鎮江防禦海寇記》等。陳慶年後應張之洞之邀任湖北譯書局總纂,並兼教兩湖書院。1904 年端方以鄉梓之義誠邀陳慶年歸鄉。1905 年初,端方調任湖南巡撫,陳慶年隨之入湘,擔任湖南全省學務處提調,兼長沙圖書館監督、湖南高等學堂監督。② 1905 年 4 月 4 日,陳慶年到湘後主動登門拜訪皮錫瑞。皮錫瑞在日記中稱:"有一談舊學者,甚佩服我經學書",猜測"或即陳慶年,俟問之"。並從友人處得知陳氏的基本經歷,爲"祭酒門生,頗通經術",不久將"移入學務處",並"索予所著書"。十日後,皮錫瑞以其"系祭酒挽來者",主動往拜陳慶年。③ 端方初到湖南便擬修長沙圖書館,陳慶年主持此事,並委托皮錫瑞擔任纂修。④ 王先謙爲此指示皮錫瑞相關修葺舉措,"須問善餘,彼在何處,即館在何處"。⑤ 孟夏之間,湖南高等學堂監督彭紹宗將至日本考察,端方出使歐洲前夕,復奏派陳慶年監督高等學堂,固辭不獲,"遂居嶽麓"。⑥ 至此,陳、皮二人因修建長沙圖書館和同在湖南高等學堂任事,交往日益深入,皮錫瑞認爲陳慶年"專講舊學,尚可與談"。⑦

皮錫瑞歷來關注湖南政局與學界動態,在端方任職湖南巡撫之前,就期待"如張去端繼,湖南學界庶有瘳乎?"陳慶年主持湖南學務不久,即有學生因不向官、師拜跪鬧事而導致無法開學的情況。爲解決此事,陳慶年曾屬意皮錫瑞講《禮》以告諸生,皮錫瑞當時就決定"擬下期講三《禮》,以此宣講"。陳慶年擔任湖南高等學堂監督後,頗爲重視經學科目。皮氏在日記中載,"復初云高等未必須經學,善餘任事當重經也"。1905 年 6 月 7 日,陳慶年委托皮錫瑞,作《經學歷史》以爲湖南高等學堂教科書。皮錫

① 陳慶年:《先府君哀啓》,見陳慶年撰:《橫山鄉人類稿》卷一三,橫山草堂刻本,湖南省圖書館藏,1924 年,第 9 頁。

② 徐蘇:《陳慶年年譜》,見許進、徐蘇編:《陳慶年文集》,海口:南海出版公司,1996 年,第 1—8 頁。

③ 皮錫瑞著,吳仰湘點校:《皮錫瑞日記》第四册,北京:中華書局,2020 年,第 1427、1428、1430 頁。

④ 陳慶年:《先妣哀啓》,見陳慶年撰:《橫山鄉人類稿》卷一三,第 27 頁。

⑤ 皮錫瑞著,吳仰湘點校:《皮錫瑞日記》第四册,第 1432 頁。

⑥ 陳慶年:《先妣哀啓》,見陳慶年撰:《橫山鄉人類稿》卷一三,第 27 頁。

⑦ 皮錫瑞著,吳仰湘點校:《皮錫瑞日記》第四册,第 1435 頁。

瑞認爲"此事亦不難","暑假後可爲之"。①

　　1905年7月11日,皮錫瑞開始撰寫《經學歷史》,當日便"録'經學胚胎時代'四條"。7月12日開始撰寫"經學萌芽時代"數條。8月9日,撰寫進度已至明末。8月13日,《經學歷史》初稿完成。10月29日,王先謙"屬刊《經學歷史》,以爲別開生面"。11月9日,陳、皮二人相見,皮錫瑞將《經學歷史》交給陳慶年。時隔5日,皮錫瑞詢問陳慶年對於《經學歷史》的看法。陳慶年當時正編寫《中國歷史教科書》,"以《東洋史要》增改,屬覓一部",未直接回應皮錫瑞的問題。皮錫瑞在日記中也暫未提及此事,直到12月13日,皮錫瑞在日記中稱:"報云高等教員由督撫出奏,不可輒去,將來保獎,又云教科書先由各省編定暫用。此二事皆於我有影響,不知督撫能實行否"。皮錫瑞一直計畫辭去湖南高等學堂教員,《經學歷史》作爲湖南高等學堂的教科書,如若辭去教職,便擬從陳慶年處取回《經學歷史》,"《經學歷史》須取回,問善餘未來城,俟其來面交可也"。1906年2月1日,皮錫瑞得知陳慶年並未帶走《經學歷史》,計畫取回增改。2月12日,得知陳慶年《中國歷史教科書》已有武昌本,但《經學歷史》未見刊行。3月26日,陳慶年終於回到湖南,二人商談湖南高等學堂與著作之事。4月11日,鑒於陳慶年已經謄鈔《經學歷史》,皮錫瑞遂將原稿取回,並再次審讀。4月20日,皮錫瑞將書稿交給王先謙,次月發刻。② 不久,陳慶年離湘。

　　《經學歷史》全書分十章,篇名依次爲"經學開闢時代""經學流傳時代""經學昌明時代""經學極盛時代""經學中衰時代""經學分立時代""經學統一時代""經學變古時代""經學積衰時代""經學復盛時代"。據此十章篇名和内容,有學者將此視之爲皮錫瑞對中國經學史的分期,"將經學史劃分爲十個時期,而每個時期的名目實際上也就是該時段的特點"。③《經學歷史》也被視爲第一本經學史著作。有學者圍繞"十個時代"的具體内容,指出事實並非如此,書中内容與時間界限的對應難以成立,因此《經學歷史》不是經學史著作,而是借史立論的經學著作。④ 對比《經學歷史》與皮錫瑞的其他相關著作,可以發現確實存在較大差異。皮錫瑞向以諸經爲研究對象,編次時以各經爲目,而《經學歷史》卻按照時間分期,相比皮錫瑞的其他著作可謂絶無僅有。此外,已有學者對比《經學歷史》手稿本與周予同注釋本的差異。在手稿本和周注本中,《經學歷史》都是十章,但是出現篇名變化的情況,特別是第一章與第二章。第一章"起初被命名爲《經學胚胎時代》,之後被改稱爲《經學萌芽時代》,最終被修改

① 皮錫瑞著,吳仰湘點校:《皮錫瑞日記》第四册,第1431、1450、1437、1447頁。
② 皮錫瑞著,吳仰湘點校:《皮錫瑞日記》第四册,第1458、1487、1491、1499—1500、1503頁。
③ 馬少甫:《皮錫瑞〈經學歷史〉的編纂特點》,《史學史研究》2003年第2期,第40頁。
④ 吳仰湘:《皮錫瑞〈經學歷史〉並非經學史著作》,《史學月刊》2007年第3期,第10—11頁。

成和通行本相同的《經學開闢時代》"。第二章"起初被命名爲《經學萌芽時代》,之後被依次改爲《經學開創時代》,最終和通行本一樣定爲《經學流傳時代》"。[①] 皮錫瑞爲何一改舊習改用新的編寫目次? 爲何一再修改既定的篇名,並最終捨棄"胚胎時代""萌芽時代",而選擇以"開闢時代"闡述經學的源起?《經學歷史》本就是皮錫瑞受陳慶年委託所作,那麼《經學歷史》的體例與內容,在何種程度上受到陳慶年的影響? 若能理清這一問題,關於《經學歷史》的爭議或許可以撥開迷霧。

新近出版的《顧廷龍日記》中有一則有關《經學歷史》成書過程的記載:"座有柳貢禾君,年約五十左右,談鋒甚健。據云陳慶年爲其親戚,曾面告皮錫瑞《經學歷史》本爲陳氏擬撰之稿。時同在兩湖書院,因爲皮述其事,皮即詢體例如何,陳並以所定章次示之。皮欣然請爲任之,屬稿三月而成。此外間尚無人知之。"[②]柳家與陳家是世交,柳貢禾的叔父即柳詒徵。陳慶年是柳詒徵父親的學生,而柳詒徵又從陳慶年獲取研治學問的門徑,甚至跟隨陳慶年"講學不做官"的步伐,正如柳詒徵坦言"我在廿歲前後,最得此二先生之力"。[③] 以陳、柳兩家的關係,柳貢禾所言除"兩湖書院"爲誤記外,其他應屬可信。如此説來,《經學歷史》不僅是陳慶年授意皮錫瑞所作,而且起初由陳慶年擬定了著述體例與章節,這既可解釋爲何《經學歷史》與皮氏其他的著作風格迥異,又可更進一步理解皮錫瑞撰寫、修訂該書過程中的經史糾結。

## 二 經史糾結:經學史還是經學

陳慶年精通史乘掌故,在兩湖書院任教時兼教史學,並受命編寫中國歷史教科書。1898 年,張之洞"擬將經説史編爲簡本,爲兩湖書院課程",而《勸學篇》中的"治史之法僅規崖略",使得兩湖書院諸師"編輯義例無所據依"。爲此陳慶年與同仁屢次討論,"或謂但就《紀事本末》與《通典》《通考》約爲節本,不必問正史。或謂正史但節各志,不必問紀、傳。或謂摭拾他書略差義類,不必録正史原文。或謂既分代編史以爲定本,不應去舊史體裁"。陳慶年提出"治史之要,莫要於節",即"刊繁文以守約,掃群碎以治要,程限易赴,而後史學始立"。並陳述八點編輯體例:省約本紀之法、節取列傳

---

① 井澤耕一、橋本昭典:《從〈經學歷史〉的創作過程看皮錫瑞的經學史觀——手稿本和通行本的比較》,《中國經學》第 26 輯,2020 年,第 155—156 頁。王亞婷、吳仰湘:《周予同注釋〈經學歷史〉點校舉誤》,《船山學刊》2012 年第 3 期,第 89—90 頁。

② 顧廷龍撰、李軍、師元光整理:《顧廷龍日記》,北京:中華書局,2022 年,(1940 年 8 月 6 日),第 97 頁。

③ 柳詒徵:《我的自述》,見柳詒徵著,文明國編:《柳詒徵自述》,合肥,安徽文藝出版社,2013 年,第 8 頁。"二先生"即陳慶年與趙申甫。

之法、會通紀傳之法、酌存體裁之法、分別篇題之法、詳節事語之法、發明去取之法、採錄注語之法。① 不過,以縮編正史的方式編纂新式中國歷史教科書並非易事,陳慶年遂以樊炳清譯本《東洋史要》爲底本,將日本桑原騭藏《中等東洋史》改編爲《中國歷史教科書》。② 在《中國歷史教科書》的序言中,陳慶年指出歷史教科書的三要素,即"歷史之學,其文不繁,其事不散,其意不隘"。另外,根據所存史籍於"内部之事,或有周咨也,而外部必懵然。前代之事,容有通覽也,而當代則缺然"的現狀,指出"夫治史而不言系統,綱紀亡矣",③所謂系統,即要匯通古今,貫通内外。《中國歷史教科書》即以此爲標準,以上古史、中古史、近古史爲編目,從"周以前"開始,以"太古""堯舜事蹟"爲綫索勾勒中國歷史。

晚清以來,西學東漸,各種思潮涌入,尤以進化論影響爲甚。中國歷史教科書作爲清末社會巨變的産物,不但是各派勢力表達政治話語的載體,治史者也試圖從中國歷史中找尋進步的痕跡,以證明中國仍在世界的"公例"之中。日本桑原騭藏《中等東洋史》以上古、中古、近古、近世的歷史分期方法在中國産生重要影響。另外,隨着國外史書的傳入,章節體成爲史學論著的主要撰述體裁。中國傳統史學在叙述方式、歷史分期、體裁等經歷重大變化。陳慶年的《中國歷史教科書》即是當時新史學觀念的嘗試,"以進化論的觀點撰寫歷史是最時髦的口號"。④ 端方認可陳慶年編纂教科書的方法,並下發至各校,皮錫瑞對此有保留意見,王先謙勸皮錫瑞"此事殊不易了,依違答之,將來再面商一切"。⑤ 皮錫瑞對《經學歷史》的改訂頗能體現其依違其間的糾結與平衡。

關於六經與孔子的關係,《經學歷史》手稿本第一章中曾有兩次改動。改動之前的原文爲"《易》始於伏羲,《書》始於唐虞,《詩》始於商,《禮》始於周公,《春秋》始於孔子。經至孔子,而後大備。當時尚未有經之名。"此處表示孔子之前已有經,祇是未有經名。此時《經學歷史》還未刪改,第一章的題目應是"經學胚胎時代"。隨後,第一

---

① 陳慶年:《上張廣雅尚書》,見《橫山鄉人類稿》卷一〇,第22—29頁。

② 關於《中國歷史教科書》的編訂時間,陳慶年1909年在《〈中國歷史教科書〉後序》中提到"甲辰之夏,編至明季得六卷",即1904年編寫完成。(陳慶年:《〈中國歷史教科書〉後序》,見許進、徐蘇編:《陳慶年文集》,第147頁。)不過1909年學部審定本《中國歷史教科書》序中,落款有"光緒癸卯孟夏之月丹徒陳慶年",但癸卯版未獲見。(陳慶年:《中國歷史教科書》,上海:商務印書館,宣統元年,序,第2頁。)

③ 陳慶年:《中國歷史教科書》,上海:商務印書館,宣統元年,序,第2頁。

④ 可參考王汎森:《晚清的政治概念與"新史學"》、《近代中國的綫性歷史觀——以社會進化論爲中心的討論》,見王汎森:《近代中國的史家與史學》,上海:復旦大學出版社,2010年,第34頁。黃東蘭:《"吾國無史"乎?——從支那史、東洋史到中國史》,孫江主編:《亞洲概念史研究》第1卷,北京:商務印書館,2018年,第129—156頁。

⑤ 皮錫瑞著,吳仰湘點校:《皮錫瑞日記》第四冊,第1454頁。

次更改如下：

> 孔子得黄帝元孫帝魁之書，而斷自唐虞删《書》，今即以唐虞爲始。《詩》始商，《禮》始周，亦以傳於今者爲斷之。伏羲十言之教，義著消息。神農並耕之説，傳農家古初。黄帝顓頊之道，具在丹書。少暤鳥官之名，創於白帝。事詳國史。洪荒已遠，書契肇興。封禪雲亭，其文不必盡識，胚胎朕兆，其跡要有可尋。蓋《易》始於伏羲，《書》始於唐虞，《詩》始於商，《禮》始於周公，《春秋》始於孔子。經至孔子，而後大備。當時尚未有經之名。

此次更改添加在原文之前，與原文同頁，側重於追溯淵源與孔子之前經之流變，落脚到孔子之時經學大備，這時題目應是“萌芽時代”。此後，皮錫瑞又另起前頁空白處做了第二次更改：

> 凡學不考其源流，莫能通古今之變，不别其得失，無以得從入之途。古來國勢有盛衰，經學亦有盛衰，國統分合，經學亦有分合。歷史具在，可明證也。經學開闢時代遠在孔子之前。至於伏羲十言之教，義著消息。……經至孔子，而後大備。其先猶不名爲經之名也。①

此次修改突出了中“考其源流”“通古今之變”的主旨。可見，《經學歷史》手稿本中對“經”的考察，從“經至孔子，而後大備。當時尚未有經之名”，到“胚胎朕兆，其跡要有可尋”，再到“凡學不考其源流，莫能通古今之變”，通過這幾次删改反而直觀地體現了皮錫瑞對“經”之變遷歷程的思索。皮錫瑞雖在篇目上未完全按照陳慶年對《經學歷史》的構想，但是在部分内容上又吸納了陳氏的設想，體現了經學的“胚胎”與“萌芽”的演化歷程。不過，皮錫瑞的經學立場使其堅持孔子删定六經才是經學開闢時代，

《經學歷史》手稿本與刊印本中最大的變化在於經學開闢時代的論述。經學開闢時代起於何時，“古文學家以爲孔子之前已有所謂六經，經非始於孔子。今文學家則以爲有孔子而後有六經，孔子之前不能有所謂經”，這是周予同在《經學歷史》注釋本中的闡述，其中“皮氏系今文學者，故經學開闢時代始於孔子之删定六經”。② 早在1898 年南學會的第八次講義中，基於孔子集歷代之大成，皮錫瑞已然論證孔子删定六經。《經學歷史》手稿本第一章經歷了兩次修改，但是不論修改前後都承認孔子之前早已有經，祇是尚未有經名，經學開闢時代遠在孔子之前。其後在《經學通論》的自序中，皮錫瑞闡述孔子“其功皆在删定六經”，並總結六義，其中第一條即“當知經爲孔子

---

① 皮錫瑞：《經學歷史》第一章，手稿本，湖南師範大學圖書館藏，參考前引井澤耕一等録文。
② 皮錫瑞著，周予同注釋：《經學歷史》，北京：中華書局，1959 年，第20—21 頁。

所定,孔子以前不得有經"。①

在堅守今文學立場的基礎上,皮錫瑞借鑒了陳氏所提供的體例與框架。《經學歷史》在編目上沒有冠以明顯的時間界限,但以開闢、流傳、昌明、極盛、中衰、分立、統一、變古、積衰、復盛十個變化性詞語描述了經學的演變。這與皮錫瑞以往編目的習慣迥異,而和陳慶年《中國歷史教科書》的編寫體例相似,同時分析經學演變的因果關係體現了進化觀念。陳慶年的本意是撰寫一本講明經學的教科書,而皮錫瑞在撰寫過程中不自覺摻雜了己意,導致"該書最引人注意的並非史實而是議論"②。皮錫瑞還在成書後,強調"予以漢武、宣及嘉、道以後治今文學者爲極則,東漢古文及乾隆治許、鄭學者次之,六朝、唐爲衰,宋至明爲極衰",感慨此種論述臧否驚世駭俗。③ 王先謙曾告知皮錫瑞,陳慶年認爲《經學歷史》有誤,打算"欲改正乃再刻"。皮錫瑞回復到"我非不能,實不暇也,《五經通論》成再看"。④《五經通論》即《經學通論》,皮錫瑞編纂《經學通論》的緣由恰在於:"前編《經學歷史》以授生徒,猶恐語焉不詳。學者未能窺治經之門徑,更纂《經學通論》以備參考"。⑤ 可見,皮錫瑞對《經學歷史》持保留意見,而陳慶年最後未將《經學歷史》列爲教科書,既有其不久去職有關,恐怕也涉及二人經史立場的分別。

## 三　結語

《經學歷史》是陳慶年囑托皮錫瑞爲湖南高等學堂所著教科書,章節與體例均爲陳慶年所定。該書既與陳慶年所編《中國歷史教科書》體例相似,又與當時教科書編寫注重進化觀念相符合。雖然皮錫瑞在撰寫過程中不免摻雜己意,將篇目一再更改,從"經學胚胎時代"改爲"經學萌芽時代",最終删改爲"經學開闢時代",但具體內容重視考察經的淵源流變。特別是手稿本中對經學開闢時代的界定,更是一改其一貫理念。在撰寫過程中,如何處理己意與陳慶年既有體例殊不易了,尤其體現在篇名的修改。1905 年在第一次將書稿交給陳慶年後,《經學歷史》便並未有過修改。隨着陳慶年離湘遠走,皮錫瑞從報上得知"學部有陳慶年名,不知其入都否"的消息,以及皮氏自己辭任湖南高等學堂教員,人事的變化促使皮錫瑞決意索回《經學歷史》,對《經學

① 皮錫瑞著:《經學通論》,北京:中華書局,1954 年,序,第 1 頁。
② 吳仰湘:《皮錫瑞〈經學歷史〉並非經學史著作》,《史學月刊》2007 年第 3 期,第 11 頁。
③ 皮錫瑞著,吳仰湘點校:《皮錫瑞日記》第四册,第 1466 頁。
④ 皮錫瑞著,吳仰湘點校:《皮錫瑞日記》第四册,第 1536 頁。
⑤ 皮錫瑞著:《經學通論》,北京:中華書局,1954 年,序,第 1 頁。

歷史》的撰寫有了較多話語權,突出其今文學立場。

經史遞嬗,爲近代學術變遷之大勢。起初,陳慶年計劃《經學歷史》是以歷史的眼光編纂教科書,而皮錫瑞的成稿却以今文學立場的議論爲主。二人認知的錯位,雖爲後世留下了經與史的歸屬問題,但二人的分合恰恰造就了《經學歷史》成爲經史轉型之際,不同學者尋求經學近代出路的探索與有益嘗試。若在充分瞭解《經學歷史》內在學理的基礎上,將其置於其産生的特定歷史語境中,當能進一步理解《經學歷史》的本意與旨趣。通過考察《經學歷史》的編纂過程,應能揭示後學在解讀經學或經學史著作時,不宜將其抽離特有的生成機制而置於學術分科視域,如此才能切實探究在時代變遷之際"經學爲何"與"經學何爲"的歷史與原理。

**作者簡介:**

張凱,男,1981 年生,湖北孝感人,浙江大學歷史學院教授,浙江大學中國特色社會主義研究中心研究員。主要研究領域爲中國學術思想史。近年代表論著有《經今古文之争與近代學術嬗變》(四川人民出版社,2020 年 9 月)、《經史、義理學的重建與中國學術的近代轉化——劉咸炘〈推十書〉的學術旨趣》(《哲學研究》2020 年第 9 期)、《"述文化於史":宋育仁與近代經史之學的省思》(《近代史研究》2017 第 4 期)。

薛宸宇,女,1995 年生,河南淮陽人,浙江大學歷史學院博士生。主要研究領域爲中國學術思想史。

# 先師夏公學述

蔡長林

## 小　引

　　先師夏公遽歸道山，遺命長林校訂存稿六篇，尋機出版。頃奉師母之命，草就《先師夏公學述》，以爲全書附錄。長林於先師學問，僅得一端，其學其識，誠不足以頌揚清芬。然以久炙先師門下，時聆教益，於先師治學歷程，或能叙其一二。故不揣疏陋，謹就先師治學大端，略加陳述，實不足以盡先師學術精微於萬一，倘能助後之覽者得按圖索驥之效，則是幸是盼矣。

## 前　言

　　先師夏長樸教授（1947—2021）畢業於臺灣大學中國文學系，博士畢業留校任教，曾任臺灣大學中國文學系特聘教授、臺灣大學校長遴選委員、臺大醫學院院長遴選委員，兼任臺灣大學文學院副院長、《臺大文史哲學報》總編輯、《臺大中文學報》主編等職。應邀任香港大學中文系客座教授、南京大學人文社會科學高級研究院訪問學者（講座教授）。先師研究領域涵蓋中國學術思想史，中國經學史暨儒家思想，議題所涉包含漢學、宋學、清學諸多面向，專著計有《兩漢儒學研究》（1973）、《王安石的經世思想》（1980）、《李覯與王安石研究》（1989）、《儒家與儒學探究》（2014）、《北宋儒學與思想》（2015）、《王安石新學探微》（2015）、《四庫全書總目發微》（2020）等，另有遺著《四庫全書總目闡幽》（預計2022年底出版）。本文略依漢學、宋學、清學研究之序，稍加鉤勒，盼能體現先師數十年辛勤耕耘之所得。

　　先師治學以漢代儒學爲起點，其後深耕王安石與宋代學術數十年，世紀之交則回歸所熱愛之清代學術，尤其是四庫學領域。先師自叙其研究興趣，實以探究清代學術發其端。緣於碩士修業期間，修習何佑森先生"中國近三百年學術史"課程，其時從事

235

清代學術研究者不多見，相關著作除梁啓超、錢穆之《中國近三百年學術史》，及梁啓超之《清代學術概論》，須由閱讀清人文集來增加對清代學術之認識，可見此一領域亟待開發。其時先師已透過通讀全祖望《鮚埼亭集》接觸學術史論述，對謝山先生所言明末清初乃至南宋學人學術產生極大興趣，希望以此爲題撰寫碩士論文。惟何佑森先生認爲清學集傳統學問之大成，欲治清學當由兩漢學術入手，故先師《兩漢儒學研究》一帙，即爲碩士階段學習成果。此書之殺青，先師自言下過苦工，内容皆建立在紮實的文獻基礎之上。包括對兩漢儒學文獻的認真研習，也包括了對前四史的仔細校讀，是故所論皆由自家體會而來。

博士研習階段，先師本欲以《白虎通》爲題，更已初步擬好博士論文大綱，一俟何先生同意即可動筆。後因何先生偶然建議先師閱讀王安石文集，先師閱後頗感王安石思想與己相契，便依從何先生建議，以王安石爲研究對象，《王安石的經世思想》即爲先師博士論文。先師由漢至宋，看似跨越千年鴻溝，若細細品味，不難發現背後蘊含相同的核心關懷。無論漢代儒學或王安石新學，先師所重者皆是儒學"經世致用"之精神，以故對於漢宋學術之判斷，頗能跳脱概念性思維，而從學術與現實互動中，彰顯漢代儒學底蘊與王安石思想義涵。

先師從事宋代學術研究數十年，成果豐碩，累累計數十篇，衷成專著數種。一九九五年，先師承接何佑森先生"中國近三百年學術史"課程，以備課所需而廣閱文獻。發現過往對清代學術的探討偏重在明末清初，侈談經世致用之説，却忽略了治學術史當"辨章學術，考鏡源流"。先師始終認爲學術是發展變化的，正如清初講求經世致用之學轉向乾嘉考據學，個中原因便相當值得探討。過往以清廷高壓政治或顧炎武之提倡來解釋學風轉變之因，或有過於簡單之嫌。也因世代交替之故，先師重回清代學術領域，尤以乾嘉時期爲主，探討對象集中在《四庫全書總目》所蘊藏的學術課題。

先師以極大熱忱從事學術研究，爲人不計利害得失，治學盡顯專注篤實。屢屢告誡長林，從事中國古典學術研究者，時常忽略材料的重要性，便急着提出學術判斷，然而基礎不穩，所下工夫都是枉然。從先師研究成果觀之，往往先確立文獻根據之可靠性與其代表性，以此爲根基，進而對重要學術現象提出個人分析，闡述其間意義。此一從文獻考證出發以闡述學術思想的治學特點，始終貫串在先師著作之中，尤其表現在晚年四庫學研究之上。以下依漢、宋、清三階段，略述先師學術成果。

## 一　兩漢儒學研究

漢繼秦而起，武帝藉儒術統一思想，用以治國牧民。然而儒學成爲漢代思想主軸的發展過程，仍有待深入探討。先師碩士論文《兩漢儒學研究》撰作之目的，即在清理兩漢儒學內涵與演變脈絡。全文分上下二編，上編爲"兩漢儒學的發展"，係對兩漢儒學作縱軸剖析，寫作方式以歷史敘述爲主，對漢初從"黃老道術"轉向"獨尊儒術"的經過、獨尊儒術後兩次學術會議召開之因，以及東漢讖緯興起乃至與經學抗衡的成因，作提綱挈領的討論。下編爲"兩漢經學與人事"，著重橫向的擴展，以個案爲主體，呈現兩漢政治與學術間的互動關係，就經學在人事上的應用情形，及其對當時政治、社會產生的影響，作整體的探討。

在上編中，先師分爲"高祖—武帝""宣帝—章帝""讖緯之學的興起與衰落"三個階段，呈現漢代儒學發展的脈絡。首先根據史傳記載，指出漢初學術人物如何一步步說服皇帝接納儒學爲官方正統學術，如叔孫通說服漢高祖起朝儀、陸賈以"文武並用"爲"長久之術"等例，皆可見儒學的發展需與現實政治尋求呼應，然漢初皇帝近臣皆深諳黃老之學者，是以儒學未獲青睞，則又見政治現實對學術地位的影響。值得注意的是，先師對漢初這個階段的觀察，敏銳地掌握到賈誼、晁錯等人的儒學頗有沾染法家、陰陽家思想的傾向，先師認爲這是儒學包容性與適應性的展現，也是儒學最終登上政治舞台的原因。此等論斷，除了展現先師對學術發展的敏銳觀察之外，尤有助於吾人思考當代儒學面對現實世界，如何展現其包容性與適應性的一面。

武帝時期，面對王國諸侯坐大、土地兼併、工商壟斷等政治社會局勢，朝廷亟需改變治國方針，儒學即緣此而起，成爲帝國官學。先師剖析董仲舒策論主旨，分述"天人相與""法古更化""重視教育""拔擢人才""禁止與民爭業和限民名田""罷黜百家獨尊孔子"等要點，認爲董氏除以天意限制君權之外，目的在以仁義禮樂爲治國教化措施，同時以教育培養人民崇仁習禮之風，最終使儒學思想在政治與社會、文化的層面上定於一尊。由此可見，先師關注所及，不在儒學爲學術上一家之言，而在儒學成爲對現實世界具支配之力的官方統治原則。

儒學定於官學，成爲利祿之途後，經說分歧因是滋生，紛擾亦隨之而來。先師根據石渠奏議、劉歆爭立古文經與白虎議奏三個事件的相關文獻進行論述，強調經說分歧不僅是學術事件，更是政治上的較量。在具體分析上，指出石渠議奏源於《公》《穀》爭立學官，而宣帝偏好本在《穀梁春秋》，才促成了此次會議的召開。（近年辛德勇《製造漢武帝》提出某些顛覆性看法，包括對宣帝親近《穀梁》之說提出質疑。然而在沒有出現具備更強說服力的證據之前，辛說僅供參考。）又如白虎議奏目的不僅在"正經義"，更具有分目完備、規模完整的組織法意味，象徵漢帝國透過儒學統一學術與政治之成果。至於哀平之際大盛的讖緯之學，先師亦着眼於政治功能，如王莽借讖緯篡漢，中興以來諸帝效仿，亦以圖讖自重，皆可見學術影響政治之深。以此爲基礎，先師進一步指出讖緯風氣不只是權力競逐的工具，更對實際事務產生影響，包括登用人才、制作禮樂、定經義與審律曆等官方舉措，皆是在讖緯介入經説的情況下產生。

根據上編的考察，先師眼中的漢代儒學形象，表現出強烈的"通經致用"色彩。下編即以此爲基礎，分述儒學在政治、社會各層面上的應用，尤其着重在思想與史事如何相輔相成，以造成華夏兩千年來基本面目的儒學對現實世界的影響力。在政治方面，先師舉漢臣對主上之諫諍、權臣對君位之廢立，以及徙陵移民、官職增改、州界更定等制度層面之舉措，來加深其學術影響現實世界之論斷。同時，藉由對外之征伐、任官賜爵之決定、對抗外戚宦官乃至據《禹貢》爲治河之策等等措施，用以説明漢代君臣在各種政治舉措上，皆是依經而行事。如霍光雖權傾一時，然屢次廢立君主仍需考量"於古嘗有此否"，此等依賴經説以資憑藉之事證，皆可見儒學作爲政治運作準則，已爲當時之共識。值得注意的是，先師對依經立義的觀察，敏鋭指出現實需求相對於經文的優先地位，如元帝時珠崖之叛服無常，賈捐雖以《尚書・禹貢》《春秋》之"德化"爲辭，建議不當興兵擊之，實際著墨更深者爲戰爭對經濟的耗費。先師由此判斷，與其説漢代君臣依仿經義爲政，不如説經義僅是促成決斷之理論依據，現實處境仍是第一考量。先師此處所下判斷，與他認爲儒學便於帝國治國牧民是相呼應的。在先師看來，此等包容性與適應性，是儒學成爲兩千年官方主流學術所不可或缺的特質。

在儒學對社會的影響方面，先師首先舉禮學爲例，指出官方對"服喪三年"的討論對於民間行三年之喪起了鼓勵的作用。西漢末至東漢初民間已有遵行者，儘管其後官方制度歷經幾番興廢，都無法改變民間服三年喪的風氣，直至南北朝北方世族特重喪服之學，猶是承襲兩漢遺風，足見儒學對社會影響之流風既深且遠。再就律法一面而言，儒者常以《尚書》《春秋》折獄，特別是當時司法無法處理之非常案例發生時，儒學即可依據倫理判斷介入斷獄。除定罪的功能外，漢代據經義以赦罪、限制斷獄時間甚至刪定律令等舉措，皆顯示儒學已深入社會生活，是故漢代已爲儒化甚深的社會。

綜觀《兩漢儒學研究》全書，不難掌握先師爲文所欲強調者，可以"通經致用"四字概括之。儘管部分思想史研究對漢代儒學有不同看法，如認爲漢代儒學援陰陽家、法家思想爲説，駁雜不純，或注重天人之學，陰陽災異思想大行，讖緯之學更是迷信的帝國神學，於主體性哲學面向則大爲退步。然而先師本於學術與現實交織的眼光，仔細釐清儒學成爲帝國官定學術的過程，及其參與現實運作的諸般情狀。其根本目的不在檢驗儒學思想內部的哲學意義，而是從學術史的眼光來觀察儒學如何一步步成爲中國歷朝各代選擇的官學，其站穩中國政治、學術主流地位的實然狀態。

先師一再強調儒學具有適應性與包容性，正好説明儒學何以在漢代能夠含融陰陽家與法家學説，却不改其儒學身分；又足以解釋漢儒何以根據不同的現實需求，仍一本於儒學立説,使天人、災異、讖緯之學相繼興起。吾人從先師筆下看到的不是閉門苦讀、進行抽象概念思辨的儒者,而是持續透過經文立説、嘗試進入政治世界的有爲者,這説明儒學參與現實世界的身姿,乃是其學説不斷發展、演變的生命力。政治與學術之間的密切關係一直是先師治學的主軸,並影響他對儒學本質與價值的判斷,在研究方法上富有啓發性,也構成我們爬梳他後續著作的重要路徑。在先師數十年的研究生涯中,"經世致用"或學術與現實的交織,始終是其最根本的出發點。

## 二　王安石思想研究

　　王安石主持的熙寧變法在北宋政壇造成的影響,向來爲史學研究者所重;王安石詩文兼擅,他的文學造詣及在文學史上的地位,也爲歷來研究文學之人所關注。然而,先師關注的是王安石在其政治家、文學家身分背後,秉持的是何種學術思想。在先師進入王安石研究領域之前,對王安石主持變法之動機與具體措施的思想資源之關注,即使不算是學界所留下的一段空白,也算得上是一片模糊地帶。先師指出,王安石不僅是重要的政治改革者,更是對近世學術發展產生重要影響的一代學人。其故在於王安石是漢唐儒學與宋明儒學之間的過渡人物,漢唐儒學偏重外王事功,而以往認爲宋儒偏重内聖之學,王安石則是將心性之學落實在事功之上,此一特質鮮明的展現在熙寧變法之中,先師當年進行研究時,此一議題尚不爲學界所重。

　　先師從博士論文《王安石的經世思想》開始,即以王安石爲研究對象,後續更出版《李覯與王安石研究》《王安石新學探微》《北宋儒學與思想》,皆是直接或間接著眼於王安石之學術與政治關懷所進行的研究。透過這些著作,不但可見王安石思想的面貌,更可見王安石在宋代學術史上的地位,並且對宋代學術發展脈絡能有更爲清晰、完整的理解。由於《李覯與王安石研究》《王安石新學探微》二書大抵着眼於王安石本人思想,《北宋儒學與思想》則以更廣的視野,討論王安石身處之時代——北宋之學術發展的相關問題。爲清眉目,以下分爲兩節介紹。然而需注意的是,這三本著作所涉議題與根本觀點,先師皆已在其博論《王安石的經世思想》中初步表出,或是埋下問題意識,以爲後續發展張本。是以在閱讀先師著作時,必須時時留意相關論題與其博士論文的關係,由此亦可見先師在長期的研究中,有其縱貫之主軸。

　　先師博士論文以"王安石的經世思想"爲題,全文共分上下二編,上編爲"王安石思想與北宋儒學的關係",先呈現北宋學者的"經世思想"走向,來爲探討王安石思想進行定位的工作。先師指出,同時期之范仲淹、歐陽修、司馬光、蘇軾等人之政治改革立場,皆重視以道德爲基礎;至於王安石與同代儒者之差異,在於對人才之賢與能,以及富國當以開源或節流爲本之判斷。王安石熙寧變法以失敗告終,起因於所用之人有才無行,而討論財用以開源爲本,造成與民爭利的弊端。先師表明其研究之目的,在於試圖理解王安石經世思想的内涵與來歷,並由此清理他在學術史上的定位。

先師接着闡發王安石思想中支持變法的積極因素,就道體、性情、盡性窮理、順時應變、心術等課題一一剖析,以見王安石主張變法改革,實有其深層的思想基礎。簡言之,王安石根本《易》學,其論道體,則注重創生與變化的性質,兼重道體之本與形器之末,聖人透過禮樂刑政繼天成性,由末以顯本;其論性情,則由前期的"性無善惡"轉向後期認同孟子之"性善",強調"習"之重要性。先師特別指出,宋人道德性命之說,實由荊公始倡之。承前二要點,先師進一步指出王安石上承兩漢儒學"經世致用"傳統,主張君主之爲政,本身即須有"窮理盡性"之修養,並注重"經術正所以經世務",加之禮樂刑政"四術"以治民成物。循此思路,則王安石改革學校與科舉、編纂《三經新義》與《字說》的思想來源,皆可拈而出之。蓋因王安石論"經世致用"而特重"時變",道體既因時而變,禮樂刑政亦當隨時權變,由此衍生"變法"之必要性;且論儒學致用便須涉及外王事功,"王霸之辨"於焉進入安石視綫之内。王安石將王霸議題透過心術的公、私之辨,與"義利之辨"巧妙嫁接,先師認爲此乃荊公之創見,目的在化解道德與事功之間的張力,將事功與道德融合爲一,爲其"經世致用"之學張本。

從王安石對孔子、孟子、荀子、揚雄、韓愈等人思想之評價與去取,亦可覘其經世理念之路徑。《宋史・王安石傳》載荊公曾言"天變不足畏,祖宗不足法,人言不足恤"。蓋荊公論孔子特重"時變"觀念,認爲伏羲、堯、舜以降包含禹、湯、文、武等聖人之德雖同,其法度之迹則受時勢限制,皆有所偏,直到孔子方得以集大成。另外,先師指出王安石是北宋主張孟子承接孔子之學的第一人,並分析了荊公尊孟之主因,在於看重孟子"有仁心斯有仁政"之主張。此等觀點,既與其由"心術"論"事功"的立場相呼應,也是王安石否定荀子性惡論、善由人僞等論點的根本原因。同時,王安石主張由文以見道,由迹以顯本,是以其評論韓愈、揚雄二人,就不會只停留在文辭層次上論高低,他看重的是揚雄識得治己而後治人的道理,以及韓愈能以文明道,識得儒家學統之要。先師屢屢強調王安石一本其經世立場,作爲對前代人物的評價標準,由是其思想之要旨亦得以彰顯。

下編爲"王安石經世思想的實踐及其相關的問題",首先討論王安石變法之思想理路。先師從王安石與神宗的對話中,拈出荊公以"不知法度"來歸結當時宋朝内憂外患之緣由。而所謂不知法度,實指朝野上下不知"法三代",亦即以先王之權時應變爲法度,此乃荊公力倡變法的現實環境。其次,先師以爲新法之核心精神當可以"一道德以同風俗"來概括,至於其具體措施,則拈出與學術發展最爲相關之科舉制度、學校改革及《三經新義》之頒佈爲例,指出王安石立足漢儒"通經致用"傳統,提議改革貢舉法,罷詩賦而習大經,使學者專意經義,以明儒學致用之旨;學校改革方面則立太學三舍法,並增立包含律學、武學、醫學等專門學科,在地方亦普置學校,以致用之業教學,務使學用合一,達到此一制度教之、養之、取之、任之的設計初衷。上述改革貢舉、學校的措施,只是"一道德以同俗"的必要條件;科舉所考、學校所教的知識,才是最關鍵的問題。既然科考不再盡用注疏,轉以通義理爲要,"義理歸一"遂成爲士人與朝廷的迫切需求,是故王安石便設局置官訓釋《詩》《書》《周禮》,《三經新義》之修纂於焉展開。

同時,針對王安石新法引起的爭議,先師分別就司馬光、二程、蘇軾等人意見,比較其與王安石思想之異同。撮其要點言之,則先師對學界以司馬光反對王安石乃意氣之爭的説法不予認同。先師指出,司馬光以君臣父子倫理論天人關係,所重者乃在順服萬世無弊之道,反對變更祖宗舊法;王安石則以本末論道體,強調本末兼重,積極有爲,根據"時變"之理進行變法。可見道術之別,才是兩人差異的根本原因。二程雖未必支持新法,却與王安石同樣抱持有改革的思想。先師發現程顥曾建議神宗更改舊制,並且其要求重整學校教育的主張,與王安石並無大異;程頤則前此曾上書英宗步法先王"隨時"之道以改革科舉,凡此皆與王安石思想不謀而合。惟荆公論外王多於內聖,而外王所重又在事功,是以主張變法爲先;二程則認爲治道當以"格君心之非,正心以正朝廷"爲本,彼此之間有治道順序認知之差異。蘇軾雖認同改革之必要性,却始終反對新法,他認爲治亂關鍵在風俗人心,若欲進行改革也認爲品德優先於法制。王安石則以制法爲先,以富強爲要,用人則以有才爲主。先師特別指出,荆公在學術與政治立場上與當時學者固然有其異同,然而理學興起以後,大抵皆從心性修養的角度對其學術、心術做出負面批評,認爲其學術不精,識道未深,是以不唯無法自治其身,發於政事亦去道甚遠。王安石變法的思想與舉措,不惟引起當時學者群起反對,後世學者對他的評論也未曾稍歇,根據先師考察,歷經南宋至元明清,提出批判者代有其人。如南宋的朱熹、胡寅、陸九淵對荆公敗壞學術風俗頗爲不滿;晚明遺老甫經亡國之痛,面對學術世風之變,則並列王衍清談、王安石新學及陽明良知之學而痛斥之;乾嘉考據學者則批荆公學風空疏,甚至道咸以後學人呼籲變法,王安石亦未受到重視,當時如朱一新、王壼諸人皆認爲荆公並非改革的最佳典範,其強硬且不知變通的手段更直接造成變法的失敗。

根據先師的研究可知,荆公新學一出世便遭反對,批評聲浪甚至延續數百年,然而從另一角度觀之,也正因爲新學新政影響力不容忽視,才使學者不得不群起攻之。是以先師在《王安石經世思想》中屢屢言及王安石對宋代理學的貢獻,包括以心術論王霸、以中庸之已發未發論性情、推尊孟子並建立孔曾思孟學統系譜等等,這些對宋代學術發展重要的議題,先師皆一一指出王安石的奠基之功,更追本於漢儒以來"通經致用"的精神,其學術關懷之延展性躍然紙上。不只如此,展開先師《李覯與王安石研究》《王安石新學探微》《北宋儒學與思想》等後續出版的著作,可發現諸作的學術視野與實際論題,皆造端於《王安石的經世思想》,以下即就其中延伸發揮之處擇要說明。

先師在《王安石的經世思想》一書中,已指出王安石"經世致用"思想與同出身江西的學者李覯有若干相符之處,但並未做出完整的論述與比較。在後續的開展中,先師首先完成的便是釐清李覯思想的内涵及與安石思想的異同。先師首先藉孟、荀義理來標明李覯、王安石的學術走向,指出李覯思想以實用爲主旨,實際論述則又以"重禮"爲中心。如李覯以爲禮的起源在於解決實際生活需求,尤其強調禮因順人情而生;爲了強調後天人爲及致用之重要性,李覯跳脱傳統"五常"的框架,以禮在人性之外,爲一切法制總稱。先師根據上述禮論要旨,指出荀子思想與之相近,但荀子持性惡論,強調禮爲後起矯飾人性之用,是"禮反人情"的立場,與李覯倡言"禮因人情而作"截然不同。王安石與李覯正好相反,他明確反對荀子之學,且其推廣孟學之功爲後儒之所共睹,王安石由心術論王霸,以爲外王事業取決於内聖修養,是受到孟子的影響。論"聖人"則以"大人"爲說,則是強調事功之必要性,並以"時變"爲其性質,著重聖人"有爲"的面向,此爲對孟子的繼承與開展。至於論"性情"則以歸隱金陵爲界,前期由《中庸》已發、未發論性情,強調"性無善惡,由情見善惡"的立場,後期轉向"性善論"。先師強調王安石推廣孟學之功,在北宋具有開啓風氣的作用,若將李覯的非孟思想與之對照,即可見出王安石特出之處。李覯論性與韓愈性三品爲近,強調後天人爲的作用;辨義利則反對孟子重義輕利的態度,在王霸論上則基於重功利的立場,認爲霸者若能擁護天子以安天下,則霸者功業之致用亦不可輕忽。且李覯強調君臣身分之絶對性,因此對於孟子強調的"保民而王"不予認同,也與王安石以心術之别論王霸的説法截然不同。

宋代開國以來積極扶持佛教,但佛教的蓬勃對社會民生帶來沈重負擔,加上宋代重"夷夏之防"的觀念強烈,在古文運動影響之下,知識分子起而反對佛老是宋代學術史上的一大標誌。先師對此進行分析,認爲北宋反佛老言論可分前後兩期,前期學者如孫復、石介、歐陽修持論偏重於實際人事,而後期重心則落在心性道德層面。且先師認爲李覯位居前後期轉折的關鍵地位,其排佛言論不但最多,除指出佛老之實際弊害、提出具體辦法以外,更開後期理學一脈批評佛老學理的先河。他率先指出佛學以"見性"爲長,但認爲"無思無爲"出於《易·繫辭上》、"積善積惡"出於《易·文言》、"道器"出於《易·繫辭上》、"明誠"出於《中庸》等,皆是儒學明心見性之論,毋須捨本逐末。此説雖尚未分析儒佛心性理論之優劣，却已預示後期理學批評的方向。先師指出王安石雖提倡孔孟之學，然其學不專主一家，既兼採佛道，又曾注《老子》《莊子》。先師即以王安石注《老》文獻爲例，指出王安石之道體論兼具"無形無名"與"有體有用"兩方面，又受到陰陽對耦觀念的影響，強調事物相反的兩面可能互相轉換，唯有聖人不受其左右，由此可見王安石受到老子思想影響的層面。但王安石説道有本有末，末者涉乎形器，有賴人力以成，以積極有爲色彩改寫道家的消極無爲，提高人爲的地位，同時又將形器之創造安放在"繼道成性"的基礎上，則又表明其儒學本色的立場。

當然，若從實用、致用的立場來觀察，則同屬江西學脈的李覯與王安石，其持論相近之處亦復不少。如李覯強調禮爲聖人之法，而非内在於人性，是以強調禮樂教化之後天工夫。由於重視人爲的積極意義，李覯反對棄人事、聽天命，斥卜相爲無稽之談，而認爲《周易》是一部專論實際人事的經典，又反對圖書之學穿鑿附會，毀壞世教，同時抨擊釋老絶滅仁義、屏棄禮樂、妨害國計民生。針對人事立論，則李覯標舉權時之宜，反對當時唯古是尚的保守學風。王安石學風亦以致用爲特色，先師認爲王安石以"體用論"的理路表現其致用思想，是值得關注之處。如論道體之本出乎自然，然道體之末涉乎形器，須待人爲而始成，以提高人爲的價值；又如論禮樂刑政"四術"成萬物，本《易·繫辭》"無思無爲寂然不動""感而遂通天下之故"爲説；再如論致用由治身爲始，而有修身養性之工夫論；論及聖人之名成於事業，由有形之事業以見無形之道等皆是。其論時變本於五行變化生萬物的基礎，推崇人道之致用亦當隨時變化，由此泥守先王法度之爲違理，及因時行權之正當性與必要性，在在與李覯立場多有呼應。在致用的具體做法上，二人對於學習與教化皆有相當重視，同樣根據《周禮》指出鄉三物之六德、六行、六藝爲教學内容，是故王安石執政後以改革教育爲重點，正是其重視教育之實踐。且二人對於理財皆有高度關注，他們同以《周禮》爲基礎，李覯主張強本節用，恢復三代井田制以加強農業生產；在商業活動方面，提出"設平準"來限制商人壟斷市場，以"泉府"之制理財稅來抑制豪強兼併操縱市場，並透過薄賦寬役的措施降低人民不合理的負擔，達成勞逸均衡。王安石雖不贊成節用，而特別強調開源，但重視農業生產力的立場與李覯相同；另外，王安石提出之具體改革方案，包含均輸法、青苗法、市易法、免役法，皆與李覯抑制富商兼併、壟斷市場、降低農民勞役負擔的觀念不謀而合。根據先師對李覯、王安石思想的研究，可見兩人除了對孟子及佛教的態度不同以外，在經世致用思想方面基本上是一致的。先師認爲，李覯之學承自先秦儒家重視事功的傳統，而王安石亦具兩漢儒學通經致用之精神，與後來理學家重視心性之學的學風大異其趣。質言之，李、王二人在北宋學術史上的定位，乃在此而不在彼。

如前所述，先師在《王安石的經世思想》一書中，已指出王安石將事功之學建築在窮理盡性的性命之學上,且所著之《三經新義》擺落漢唐注疏格式,改變經學研究方向,對"宋學"的發展有啓迪之功。在後續的研究中,針對王安石之學術思想及其在宋代學術發展之地位,先師亦持續深入耕耘,迭有新作。以下就其開展之處,稍作論列。

先師首先指出,在道學興起之前,王安石新學其實一直是宋代的學術主流,從北宋神宗到南宋高宗在位時期,《三經新義》不僅學校誦習,且用於科舉取士,是朝廷認可的官學。南宋以來,討論宋代學術史或思想史的著作,諸如《諸儒鳴道集》、朱熹《伊洛淵源録》、李心傳《道命録》、《宋史・道學傳》、黄宗羲與全祖望等之《宋元學案》,皆以道學傳承爲學術主流,先師直指此乃道學家的文化建構,而非歷史事實,身爲學者,實不能接受此等化約之説法。先師此説極具批判精神,可謂對"宋代理學"這個化約後的標籤提出深刻反思。在實際論述上,先師發現"一道德同風俗"這項新學推行之宗旨,實爲當時宋儒的共識。新學所引起的爭議主要在王安石棄先儒傳注不用,而改以《三經新義》《字説》等一家私學爲取士的標準所形成的學術思潮。先師認爲,新學得以流行,實有其學術與政治上堅實的基礎。先就學術内部而言,新學擺脱漢唐注疏、開啓全新的説經風氣,在義理闡發上著重心性之學,符合當時力抗佛家、回歸儒家經典的風氣,且新學在儒家經典之外廣納各家之長,此種不專主一家、唯理是求的學風也受到社會肯定。再就政治條件而言,神宗皇帝對王安石的支持是主要原因,先師根據史料,重建出神宗與安石之間君臣一體的互信關係,神宗不僅有意積極改革,且又對王安石推崇備至、言聽計從,可見學術之發展升降,斷不可忽略現實的環境條件。

另外,就學術立場上的競逐而言,道學家對新學的批評最爲熾烈。先師自博士論文開始,即已關注宋代以降直至清代中晚期對王安石的批評。在後續的開拓上,先師對於相關批評做出更完整的專題研究。大體而言,慶曆至慶元間道學對新學的批評,先師用力最深,乃據此一軸綫進一步梳理道學初興、幾經波折而終於取代新學成爲宋代學術主流的整體過程。先師曾分別以專文討論二程、楊時與朱熹對王安石的批評,以下舉其要點言之。先師發現,儘管二程文集中有許多批評諸家的言論,但以針對新學的批評爲最多。其批評要點首先在王安石持説重視"分析",如用"天生人成"的天人二分模式説《易傳》"敬以直内,義以方外",將道理"一分爲二"實有過於勉强之處,遂使二程做出"支離"的批評。此外,二程認爲王安石論道不切實際、難以實踐,在君臣關係上,王安石力主"君臣共治天下",違背當時普遍的倫理觀念。二程又批評荆公的學術目的僅在取得人君的絶對信任,又由於體道不清,遂使心術不正,其新法遂成敗壞政學兩端風氣之元兇。

隨着二程門生日漸增多,批評新學的隊伍也日漸壯大,較爲知名的有楊時、陳師錫、陳瓘、范沖、廖剛、羅從彦、胡安國、陳淵、王居正、李侗、胡寅、胡宏及朱熹。先師所論的第二位道學家爲楊時,楊時爲道學南傳的關鍵人物,二程又公認楊時對王學理解最爲深入,今存《龜山集》中批評王學的文字所在皆是,且楊時除以文字批評王學外,又有具體行動。在任國子監祭酒期間,楊時上書欽宗歷數王學罪狀並建議罷其配享,王學爲此備受撼動;繼而宋室南渡,高宗歸咎北宋滅亡之責在安石新學,楊時成爲高宗利用的對象,可見他對王學的批評具有代表性。先師指出楊時在學理上批評的要點,大抵延續二程之説,可見其一脈相承之立場。有別於過去論著多強調楊時在道學南傳上的貢獻,先師則突出其力抗新學的貢獻,爲道學取代新學奠定深厚基礎。先師所論,對宋代學術演變具有補其空白的意義,也爲學界定位楊時之歷史地位提供了新的觀察視角。

另外,在南宋學術史上,朱熹有不可忽視的地位。至於朱熹對新學的批評,先師亦認爲有其特殊意義。先師指出,在朱熹的時代新學已經式微,道學也已取代新學成爲學術主流,因此朱熹看待新學的角度,自然與其道學前輩有所差異。其中最爲關鍵者,在於對朱熹而言,王安石已成爲歷史人物,是以其持論較能公允持平,意見也較具參考價值。先師敏鋭觀察到朱熹對王安石的評論,與當時學者不盡相同,當時學者或批評荊公變更祖宗法度,或控訴其廢《春秋》毀壞名分,朱熹皆不予同意,反而給予荊公較多同情。朱熹批評王安石的重點在於不知"道",其學既已不純,又誤以佛老之道爲"道",才導致新法之失敗。朱熹批評王安石的觀點與其道學前輩不同之處,先師也從宋代學術發展的角度做出解釋,指出王安石《三經新義》一出即受到司馬光等人大力抨擊,很大原因在於當時學風大體上仍謹守漢唐注疏之學;而南宋學風已爲之一轉,王安石的解經方式反而成爲學壇主流,是故朱熹能以較持平的態度評價其説,而不盡同於其道學前輩的意見。由先師之所論,既可以概見學術發展之動向,亦可體現先師深入道學家内部剖析彼輩對新學之批評所具有的學術史意義。先師除了呈現道學、新學之學術立場差異,更由中鉤稽學術演變脈絡,而所得成果亦已較博士論文翻出全新的里程豐碑。

需要再次強調的是,探究學術與政治間的相互關係,乃先師閱讀古代學術文獻的一貫眼光。是以探討王安石新學對宋代學術的影響,先師即能從他人所忽略之處,看到重要的學術發展跡象。例如宋室南渡之後,學者多指王安石新學爲禍根,當時盛傳王安石以《春秋》爲"斷爛朝報",導致學風沈淪,名節不復爲人所重,風俗因之敗壞,如胡寅即指"安石廢絶《春秋》,實與亂賊造始"。先師不認同這樣的看法,於是以王安石論敵二程弟子尹焞、楊時的言論爲據,指出他們也曾爲王安石辯護,認爲荊公並無詆毀《春秋》之意;而且王安石弟子陸佃也出面替其師解釋,《三經新義》所以不取《春秋》,僅因《春秋》非"造士"之書,不適合作爲教育學子之用,是以不用《春秋》不代表即否定《春秋》。因此先師認爲，王安石以《春秋》爲"斷爛朝報"的説法，應是當時讀書人的誤傳，而所以有這種誤解，原因在於宋代經學發達，其中又以《春秋》爲顯學，治《春秋》者既衆，面對新法改革產生極大不滿，遂衍化出此種誤解。根據史料所載，熙寧變法後，《春秋》之屢經廢立，與政局變動及新舊黨爭情勢之升降可謂同步發生，先師由此斷言，《春秋》之設科與否並非單純的學術問題，而是政治上新舊黨爭的一環。

在"廢絶《春秋》"之外，當時又有指荆公"廢棄史學"這個影響層面更廣的説法，在新舊黨爭最烈之時，新黨蔡京、蔡卞當道，便打着新學旗幟而混淆王安石之説，僅因司馬光編纂《資治通鑑》以及蘇黃諷諭風格的酬唱之作，便將攻擊矛頭全面指向史學與詩賦，由是而造成舊黨及其支持者對王安石的種種偏見。宋室南渡以後，朝廷上下將熙寧變法指摘爲禍首，王安石廢棄史學而種下亡國禍根的印象遂大行天下，成爲南宋學者普遍的看法。先師仔細爬梳史料，指出圍繞着王安石形成的"斷爛朝報""罷廢史學"之説並非事實。先師認爲新學並未徹底否定《春秋》，只不過主張不立於學官的態度，却導致後續的滔天巨浪，除了因爲《春秋》歷來被視爲孔門聖經，黜之有瀆聖門以外，圍繞《春秋》廢立背後的政治角力，恐怕才是更主要的原因。

最後，先師繞過當時政壇與學術上複雜的爭論與歧異，立足於"詩言志"的傳統，嘗試從對王安石詩作的剖析中以見其人格，以期重建在當時環境下王安石新學所應具有的學術意義。前人認爲王安石生性好與人爭、好與人異，是以好爲翻案之作。然先師以爲議論本是宋詩特色，且從王安石詩作觀之，可以見其秉持求真之職志，又推尊孟子，是以流露出"好辯"之精神。先師曾討論一場圍繞王安石《明妃曲》形成的爭議，本案發生在宋高宗與范沖的君臣對話中，因范沖直指王安石心術不正，並舉《明妃曲》詩中"漢恩自淺胡自深，人生樂在心相知"一聯爲證。這則史料被收在南宋李壁《王荆文公詩注》的注文中，由於這是當時王安石詩歌的唯一註解，其書流傳既廣，接受者既衆，在往後數百年中，此詩遂爲王安石心術不正的鐵證。《明妃曲》此聯的爭議在於指控者認爲王安石違背宋代"夷夏之防"與"漢賊不兩立"的國家立場，是十足的政治不正確。先師則回到該詩的寫作背景，指出寫作前一年適逢王安石《上仁宗皇帝言事書》呼籲改革而無所遇合，是以借詩抒發懷才不遇之感。且先師根據清人蔡上翔及近人朱自清的解釋，認爲從全詩的脈絡觀之，此聯不過是模擬沙上旅人口吻對昭君的勸慰，《明妃曲》究竟非晦澀之作，范沖亦非淺學俗人，問題在於此等附會從何而生？先師推斷原因有二。首先是肇因於北宋以來的新舊黨爭，因爲范沖家族與舊黨的司馬光家族關係密切，是以范沖素來對新黨積怨甚深；其次是學術立場不同之故，先師考察范氏家學與程頤同調，而隨着南宋程學地位上升，其勢必與位居官學的荆公新學成對峙之局。亦由此而可知，宋代政治風氣熾烈之下的人物品評，未必都是公允之論，連帶對學術思想定位的評論,也不斷受到政治風向所左右。循此視角回顧先師所論,即可發現過往在諸多評論王安石的文字中許多論斷有失公允之處,諸如將荊公學術宗旨視爲純粹的事功之學,且又判定荊公爲申韓之徒的説法等等。先師提醒後繼的研究者,在看待這些材料時,應對實際政治多所留意。這樣的態度對於學術史研究而言,可謂是十分重要的提醒。

## 三　北宋儒學與思想研究

先師在《王安石的經世思想》開篇即言:"王安石是漢唐儒學與宋明儒學之間的過渡人物,却是爲一般學者所忽略了。"可見先師以王安石爲研究對象的根本旨趣,乃在説明荊公的學術定位,是故論述過程中屢屢勾勒荊公之學對宋學的開啓之功。如王安石本《易》理以言道體與周敦頤近似,論性情則本《中庸》以言已發未發,又援《孟子》倡性善之説,其區分"性之正"與"性之不正",相當於程頤二分"義理之性"與"氣質之性",實開北宋學壇論性命之風氣。先師又指出王安石爲北宋孟學復興運動掌旗之人,重新構築孔曾思孟相傳的學術正統,又根據《周易》《中庸》提出"窮理盡性"之説。其論爲政莫不從心性修養出發,且論及外王必然涉及的王霸之辨,在荊公的創造發明下結合孟子義利之辨,此後討論政治問題再也無法忽視心性問題。在先師上述的觀察中,尤其強調王安石下開二程之學,而二程正是北宋道學的奠基人物。北宋道學是宋代學術史的標誌,而荊公之學既具承上啓下的地位,則有宋一代學風之遞嬗,自然要從王安石所倡新學談起。

先師《李覯與王安石研究》《王安石新學探微》所録諸文,大抵在上述的問題意識下完成,《北宋儒學與思想》一書亦然,惟後者所録文章將視綫從王安石身上移開,放眼慶曆新政以降北宋儒學發展之歷時性考察,這條縱貫的歷史眼光,自然不能如同前述著作那般凝視王安石一人。然而回頭爬梳先師思考歷程,王安石的身影在他思考宋代學術史的路上始終陪伴左右,是以無論探討北宋《孟子》《中庸》晉升經部之過程,或者尊孟、非孟之辯論,抑或對李心傳《道命録》、全祖望續補《宋元學案》等等的討論,雖非聚焦荊公一身,然吾人於閱讀中却不能放掉這條綫索,這是首先應當叙明的問題。以下略述《北宋儒學與思想》一書所涉議題及相關要點。

歷來提及宋代學術,首先想到的便是"理學"與"道學","宋代理學""宋代道學"幾已成爲宋代學術代名詞。先師一再指出,與其説這是學術史真相,不如説是理學家道統視野下前仆後繼的文化創造。此等以周敦頤、張載、二程爲綫性傳承的論述模式,是道學家朱熹基於自家立場所見的學術史,更是道學家心目中理想的文化史。朱熹所編纂的《伊洛淵源録》，深刻影響南宋以降直至清代的學術史論述，遞觀李心傳《道命録》《宋史‧道學傳》乃至黃宗羲始撰之《宋元學案》，一皆以道學爲叙事中心，然此一模式其實是化約了學術史的整體樣貌，尤其忽略南宋道學站穩腳步以前，新學早已統治宋代學術數十近百年的事實。也因爲荊公新學在學壇角力的潰敗，導致學界對於宋代學術的認知缺乏參照的一面，在輕易地將道學視爲學壇正宗的同時，忽略了王安石新學始終爲競爭對手的史實，並且其競爭關係不僅爲學術立場的差異，更可視爲政治角鬥場域的延伸。在這個脈絡底下，先師對李心傳《道命録》所做的研究，實在值得高度重視。《道命録》是中國學術史上論述宋代道學發展的第一部着作，惟該作非以編年爲之，更是以"程子、朱子進退始末"爲綱領來輯録文獻中的褒貶、薦舉、彈劾等相關文字，其目的正在於凸顯"道學發展隨着執政人事更迭而起伏上下的現象"。由此可知，李心傳以道學爲中心的叙事模式，正好凸顯出在道學發展與現實政治交鋒的過程中，荊公新學始終是無法迴避的對手。

先師指出，李心傳將道學分爲元祐道學、紹興道學、慶元道學三個階段，這三個階段皆以重大政治事件爲標誌。例如元祐道學涵蓋自元豐八年司馬光、呂公著、韓絳三人推薦程頤出仕任官，至靖康元年金人犯境，朝廷下詔罷元祐學術政事及黨禁指揮爲止，大體爲北宋晚期之道學。在這個階段的論述上，李心傳主要是呈現道學初興及其與王安石新學的對立、互動等諸般情狀。在此階段中，程頤受到黨禁波及，新黨禁止其學術政事活動，禁止程頤聚徒講學，是對道學發展的一次嚴重打擊。先師認爲，李心傳在此有意彰顯新黨對程頤思想的禁絕，反而造就"元祐學術"等於"道學"的態勢，爲道學思想的開拓帶來有利條件。在紹興道學階段中，新學與道學的競爭關係仍在，但宋室南渡以後朝廷有意改弦更張，在學術上從新學獨尊轉向支持道學，高宗的態度是主要原因。根據先師的觀察，李心傳對紹興道學的描述仍注重政治鬥爭對道學發展的影響，擁護新學的秦檜是最大阻礙，此時因爲道學家反對秦檜的議和政策，便遭受到秦檜的抨擊，乃至誣以"專門之學"，並且在科舉考試與太學國子監的學規上禁絕程門思想。到了慶元道學時期，先師除了留意李心傳持續關注朝廷政治派系對程門提出的批評，也強調李心傳對於南宋二程學術傳授的説明，乃是有意彰顯朱熹在道學發展中的特殊地位。至此，歷經元祐至慶元，由程頤傳至朱熹的道學發展系譜便顯得清晰而完整。後人從李心傳刻意鋪排的文獻中，可以得到這樣的印象：道學在成爲學術主流以前，曾經歷過一段漫長而艱苦的推展過程，之所以如此，與論敵的政治反撲有密切關係。

接續上述議題，先師指出《道命録》對後代相關著述有相當的影響，以全祖望續補《宋元學案》爲例，其中《元祐黨案》《慶元黨案》二案即以《道命録》爲藍本。先師對照兩者後發現,《宋元學案》對兩案的敘述,不但許多內容直接照搬《道命錄》原文,書中更有按語說明參考《道命錄》之語句。由此可見,《道命錄》對道學發展的看法,確實對後世學者具有深遠影響。同時,先師進一步探究全祖望續補《宋元學案》的學術企圖,指出謝山做出跳脫道學視野藩籬的嘗試,以求恢復宋代學術發展真相的努力。敘其大要,則全祖望增補范仲淹、歐陽修及《古靈四先生》《士劉諸儒》等學案,意在突顯"慶曆之際,學統四起"的事實;又謝山表彰司馬光之學,沾概及於溫公同道門生,諸家學術雖不被道學家所肯認,然謝山所敘諸人對學術之貢獻自不可忽視;又如謝山修正後儒過尊朱熹學統之言論,肯定陸九淵、呂祖謙學術自成一家,可謂跳脫朱門獨大的立場;其表彰薛季宣、陳傅良、葉適、陳亮、唐仲友諸家學說,則意在凸顯乾淳之際學脈四起之盛況;至於增立《荊公新學略》《蘇氏蜀學略》,又所以明示宋代學術非道學一家之獨秀;其他如以《屏山鳴道集說略》一篇以補充宋氏南渡以後,北方學術之發展流衍。凡此作爲,皆有在道學以外重建學術版圖與構築各家脈絡之用意。至於針對黃宗羲延續《伊洛淵源錄》,以"北宋五子"爲道學一線相傳之心性之學的說法,全氏不但質疑"周程學統"之存在,更指《太極圖》出自道家之流,直接否定朱熹建立道統之基礎。總之,先師認爲謝山有意修正《伊洛淵源錄》以來的道學立場,恢復宋代學術多元並陳、政治與學術相交互涉的豐富樣貌。先師所以對此有如此之重視者,殆因先師治學亦本於"辨章學術,考鏡源流"的立場,自能對謝山的學術企圖,有清楚之把握。

尤有說者,閱讀宋代學術史,除了以王安石新學與程朱道學之迭代興衰爲認識視角外,特定經典地位的提升與解讀重點的轉移,亦是關鍵着眼之點。宋代《論》《孟》《學》《庸》《易》《樂記》等著作受到高度重視,先師亦對《孟子》《中庸》在宋代的升格現象進行考察。《中庸》自《禮記》中別出獨立成書,發生在慶曆至慶元此一道學發展的關鍵時期,先師認爲實有內緣及外緣因素以促成之。就內緣因素而言,乃由北宋儒者的闢佛運動而來,先師尤其提示李覯晚年闢佛言論從實際人事轉向心性修養,表彰《易傳》《中庸》心性之學,已爲道學發展標明路徑。此外,中唐儒學復古運動之倡議者韓愈、柳宗元,下及李翱、歐陽詹,或標舉《中庸》之書,或提倡中道觀念,李翱更闡明《中庸》之性命之道,此等啓迪之功亦應注意。就外緣因素而言,北宋朝廷賜《中庸》給新及第進士的風氣,以及君臣間之講論,乃至科考命題頗重《中庸》,亦爲《中庸》興起最終獨立成書之助力。從對《中庸》在北宋學術地位的總體描述觀之,仍可見先師對學術與政治之互動特別關注,先師對於《孟子》的觀察亦不外乎是。先師梳理宋代《孟子》學興起亦從韓愈尊孟說起,《孟子》成爲幾代學人排斥佛老的理論根據,加上王安石新學將《孟子》列爲官學,《孟子》之地位由是推升。如此觀察,同樣是先師學術與政治並進的治學進路。

　　除了學術背景與政治現實的影響,相關學術人物前仆後繼對《中庸》《孟子》進行闡述,自然更是使《孟子》地位上升的直接原因。但需注意的是,先師在學界熟知的道學家之外,更留意道學壯大之前宋代心性學說逐漸成形的階段,如范仲淹勸張載讀《中庸》、胡瑗首開儒者著述《中庸》之風,張方平論《中庸》之“性”,陳襄標榜《中庸》爲“治性之書”等,又如司馬光論中和兼辨儒釋,強調“以中治心”,范祖禹受其影響而會通《中庸》《大學》,皆逐步壯大儒家心性之學之格局;甚至名僧智圓溝通《中論》與《中庸》,以“中”會通儒、釋心性之學,契嵩精研儒家典籍,闡發《中庸》性情、中庸之教,雖目的在表彰內典之殊勝以弘揚佛法,但對宋儒心性之學興起皆有推波助瀾之功。

　　相較之下,先師所見《孟子》興起的過程,在儒學內部無疑具有更多的異議雜音。先師指出,宋初柳開、孫復、石介與慶曆新政之領導人范仲淹、歐陽修等人,皆在理學家之前即開尊孟風氣,不過非孟學者如李覯、司馬光等人的言論亦無法忽視,除李覯專就君臣名分與義利之辨質疑孟子,先師又以專題整理司馬光《疑孟》觀點,指出其不滿孟子君臣觀、義利之辨與性善學說。有趣的是先師根據相關史料進行分析,指出王安石對孟子極爲欽佩,“沉魄浮魂不可招,遺編一讀想風標。何妨舉世嫌迂闊,固有斯人慰寂寥”。短詩幾句,已足讓人理解荊公對孟子的崇敬之心。然而與荊公在政治立場上始終處於對立面的司馬光,卻又對孟子大加批判,是以先師頗疑溫公《疑孟》論述背後的動機,是在批評王安石新法。在《孟子》之學尚未立穩根基的北宋階段,這些批評的聲音頗具有鮮明的時代意義,有助於我們在道學正統眼光之外看見更完整的學術畫卷。

　　對於這些非孟言論最有力的回應,先師認爲要屬南宋之初余允文的《尊孟辨》,該書對於司馬光、李覯、鄭厚、王充、蘇軾之反孟言論一一加以辯難。由於宋代君臣問題頗爲敏感,余氏最主要的回應自然落在君臣關係上。他強調孔孟之學皆本於仁義,在戰國的政局情況下,孟子勸諸侯以德行仁、保民而王乃合乎時宜、其有不得已而爲之,顯見雙方在君臣問題上着眼點並不相同。先師究論其因,指出北宋面對的是唐末、五代以來藩鎮割據之動盪政局,李覯、司馬光等非孟學者強調君臣名分的絕對性,是以極力反對孟子言論,目的即在避免重蹈覆轍;而在余允文的時代所面對的壓力,是佛門性命學說與荊公變法失敗的現實。宋室南渡以後儒學全力發展心性之學,最終才促成四書體系的完成。回頭來看李覯、司馬光之非孟,與余允文的尊孟之間,恰好形成宋代學術兩個階段的對照。

　　從治學整體歷程觀之,先師一生的研究成果,泰半集中於宋代學術。特別是從博士論文《王安石的經世思想》開始,已埋下往後數十年研究的綫頭,他以王安石學術、政事爲中心,縱貫宋代慶曆至慶元近兩百年之學術史發展,橫攝李覯與王安石思想比較、宋儒對新學與新政之批評，可以說是十字打開，在道學本位之外架構出宋代學術的立體世界，並且將學術史的論述置於政治活動的現實處境之中，以進一步整合學術內在與外在動因，表明儒學始終爲"經世致用"的學術特質，是故著書立說、投身世界，一直都是儒者不可分割的整體。從這個角度來看，先師對宋代學術研究的貢獻，至少具有三大特點：

首先，王安石在政治及文學上的成就，歷來受到學界重視，但對於王安石的學術思想的探討，早期僅有梁啓超的《王安石傳》與柯昌頤的《王安石評傳》附帶提及，稍後的侯外廬在其《中國思想通史》中，雖闢王安石一章討論之，究竟不是對王安石的專門研究。另外，鄧廣銘、漆俠、劉子健亦有專書討論王安石變法。然而在變法成敗及實際政治作爲的考察之外，對於王安石經世致用之學與變法思想做出深度探討者，先師完成於 1980 年的博士論文《王安石的經世思想》，不但時間點最早，而且論述面向開闊，所述觀點又極具深度，僅此一點已足以爲先師在王安石乃至宋代學術研究群體中的定位，劃下濃重一筆。

其次，先師研究王安石，有意跳脫道學中心視角，企圖恢復宋代學術史之真相，尤其揭明王安石新學爲宋代道學大盛以前的學術主流，更闡述道學之興起、發展始終以新學爲不可迴避的他者。先師一向認爲，王安石在性命之學的成就，及其《三經新義》對學風的轉變，都是"宋學"得以成立的重要前提。南宋開始，道學家前後相繼地以道學爲中心建構宋代學術史，著眼點本不在史實，而毋寧是有意爲之的文化論述。作爲嚴謹的學術研究，本該試圖拉近歷史距離，揭開各種詮釋意圖的遮蔽，以挖掘出背後的學術真相。先師對宋代學術史的研究，對以往學術史以"道學"定位宋代學術，提出了重要的修正。先師在這方面的努力所留下的遺澤，實爲對學界不容忽視的貢獻。從這個角度來看，余英時先生在本世紀初成書的《朱熹的歷史世界》，也可視爲對先師素來持論做出最佳的註腳。

最後，先師特重王安石"經世致用"之學，除了是延續碩士論文《兩漢儒學研究》以來對儒學精神的基本認知以外，也因此特別關注儒學參與現實世界的面向。他在碩士論文中爬梳漢儒如何通經致用，官方又如何影響經學發展；在王安石及北宋儒學的研究中，他也屢屢涉及政治與新學、道學陣營之間的角力，旁及皇帝對學術的偏好，並結合時代課題與國策方向進行論述。所以先師筆下的宋代學術史，是在學術、政治、皇權三方交涉之下迂迴前進的動態發展。這對於以往單從哲學概念討論宋代理學，或者僅從變法討論王安石定位的研究視角，都是極好的補充。先師此種貼近時代諸多面向的治學方法，也是長林一生信守的學術準則，值得向學界鄭重推介。

# 四 清代學術研究

時間回到 1995 年,先師正式接下何佑森先生"中國近三百年學術史"課程。長林何其有幸,在一整年聆聽何先生含弘光大的學術讜見之後,接着追隨先師再探清代學術之宮牆。與何先生天馬行空神來一筆的教學方式頗異其趣,先師雖以錢穆太老師的《中國近三百年學術史》爲指定教材,然而先師所授實遠超錢先生論述之外。腦海中常會憶起先師以一字不苟的板書,援引各類文獻對錢先生之論斷進行詮釋補充的身影。也是因爲學習這門課程的緣故,先師不棄長林資質駑鈍,欣然同意指導長林的博士論文。當年許多與先師討論博士論文的細節,難以在此一一陳述,不過有兩點值得提出分享。首先,先師曾語重心長地勉勵長林,博士論文當以著作格局撰寫之。其時識解生澀,學業荒疏,實不解博士論文與著作之間有何差異。但是能理解的是,在先師指導之下,博士論文是無法粗製濫造,草草寫就的。衷心感謝先師的耳提面命與嚴格把關,長林也在爾後的學術累積過程中,漸漸理解了"著作"二字所代表的意涵。其次,是先師提醒長林,應該關注的是漢宋語境下的常州學派,而不是從追求現代化的晚清今文學叙事模式探討常州學派。先師的提點,對長林關於常州學派的研究帶來提綱挈領之效,長林在清代學術的研究上若是稍有成績,先師的教導點撥絕對具有最關鍵的影響力。

做了以上頗傷辭費的鋪陳,並非只是用來緬懷先師德音,而是意在説明世紀之交,先師在講授清代學術課程的同時,也把治學重心轉向素所掛心的清代學術領域。隨着長林進入"中央研究院"服務,常有機會幫先師蒐集相關材料,追蹤先師最新的研究動態。2002 年在香港大學、2003 年與 2005 在北京清華大學,長林有幸追隨先師參與盛會,列席聆聽老師關於四庫學的高見。在 2002 年香港大學中文系"明清學術國際研討會"上,先師宣讀《〈四庫全書總目〉與漢宋之學的關係》一文,可謂先師在接下來二十年《四庫全書總目》(以下簡稱《四庫總目》)研究的開端。在文章當中,先師結合大量例證,指出《四庫總目》的《經部總叙》雖標榜漢宋兼採的原則,然而實際作爲上則是將"漢宋對峙"清楚地揭示出來。《四庫總目》之所以會出現"崇漢黜宋"的傾向,總結其間關鍵點有:總纂官紀昀本人的立場;參與《四庫全書》纂修館臣的學術背景及立場;大環境輕宋學重漢學的發展趨勢;等等。這些都對《總目》學術傾向起了一定的作用。然而乾隆本人對漢宋之學態度的轉變,才是真正影響《四庫全書》及《四庫總目》編纂的主因。《總目》出現"崇漢抑宋"之傾向,與乾隆本人思想的轉折關係密切,由原先的尊崇宋學逐漸轉向,進而肯定漢學的價值,這種轉化也連帶影響了《四庫總目》趨向崇漢抑宋的論調。

虞萬里特別揭櫫先師《〈四庫全書總目〉與漢宋之學的關係》一文在四庫學研究的學術價值，此處不妨詳引虞先生之言："《四庫全書總目》自胡玉縉之後，余嘉錫繼之，不斷有學者在考釋糾正《提要》人物、史實、內容之誤；自郭伯恭之後，也有學者挖掘史料，力圖恢復四庫全書的編纂過程，同時整理出版如翁方綱等所撰提要稿，期使更完善四庫全書編纂中的細節。這兩個方向，在近幾十年中，取得了長足進步，成果亦可謂夥頤沉沉，此皆有目共睹。但在長達二十多年的《四庫全書》編纂過程中，學者對其收書去取和對一萬多種圖書內容評述方面的傾向，卻少有論及。嘉道以還江藩的《漢學師承記》和方東樹的《漢學商兌》出，漢學與宋學已經成爲談清代學術的口頭禪和標誌性詞彙，學者多在清初理學背景下去尋覓顧炎武、閻若璩、惠棟著作中的考據方法和成果，來填充樸學興起的軌跡，卻忽略了從理論上去追溯其漢宋轉變的關鍵。長樸教授在 2002 年所寫的《〈四庫全書總目〉與漢宋之學的關係》一文，即從乾隆三十八年編纂四庫開始，系統梳理這個問題。他所關注的，不是提要內容與實際史實之出入，不是外界可證性史料的發掘，而是《總目》所體現的在漢學與宋學上的傾向，這就需要仔細一篇一篇閱讀，味其意圖，玩其文心。尤其值得一提的是，過去一般多從政治上提示乾隆對所收書籍違礙內容的禁燬，在長達一個多世紀中這幾乎成了四庫全書的政治標籤。統觀全局，冷靜思考，其實這種政治標籤對整個一萬多種古籍而言，只是局部的修改、抽換和少量的禁燬，而對整個清代學術的確立和發展影響不是很大，因爲即使《四庫》完成、七閣抄成，能有多少人可進閣恣意閱覽？而《總目》中所體現出來的有宋學向漢學傾斜，以至抑宋揚漢的觀點，用他的話說就是'清朝學術由宋學爲主發展成漢學當令'，這一舉措由館臣著作的傳播和言論在朋友圈的擴散，其影響之深遠，可能連紀昀等四庫館臣也始料所未及。爲了考察乾隆在四庫全書編纂之初重宋學的態度，到後來順從館臣的思想轉變，他特地去閱讀少有人問津的《御製詩集》，從乾隆的詩句中去尋找這種轉變，也確實找出許多乾隆思想轉變的蛛絲馬跡，印證了《總目》揚漢抑宋的學術傾向。這篇文章看似只是千百篇研究、闡述《四庫全書》和《總目》中的一篇，但其所蘊含的學術深度和內在潛力卻不可等閒視之。當然，就是這篇文章，把他此後二十年的精力帶入到了《四庫全書》領域。"

也確實在此之後，先師的學術關注之處，明顯放在乾隆時代的《四庫全書》，尤其是分藏各處的各種不同稿本鈔本《四庫總目》之上。畢竟欲從《四庫總目》中去考察四庫館臣揚漢抑宋學術傾向的變化，其難度實遠超常人想象。稍具四庫學知識的人都知道，一開始是先由進呈人或進呈單位簡單草擬書目提要，而後由收發官據之改寫，再由分任館臣擴充考證，甚至一稿多改，一書多稿，最後再由紀昀統整而成。期間又因違礙、抽燬等因素反覆修改,且七閣抄纂時間有先後,故七閣和武英殿本、浙本各書提要的文字不僅多有差異,有的甚至差異甚鉅。這種差異改動的痕跡和原因,還被埋沒在各種提要稿本之中,深鎖塵封,無緣一睹。是以如何獲得這些埋沒各處的提要稿本,實爲先師投身四庫學研究後所面臨的巨大挑戰。2010 年春間,先師招長林至臺灣大學一叙,就在與研究生休息室一梯之隔的小間裏,在昏黃的燈光下,在長林震驚的眼神中,先師告訴長林欲提早退休的決定。先師婉拒幾所私立高校的高薪禮聘,雖難却臺大中文系的人情之請,繼續開設研究所課程,然先師深心之中實欲擺脫所有庶務,專心致志來從事他最有興趣的學術研究。所以退休之後,先師有更多的時間尋訪各地圖書館秘藏的各種不同寫本《四庫總目》稿本殘卷,並且以最下苦工的方式,對各處所藏稿鈔殘本逐字閱讀、逐篇核對。2015 年秋間,長林受“中央研究院”明清研究委員會委託,誠邀先師暢談轉治四庫學之心路歷程,訪問稿隨即刊在《明清研究通訊》之上以饗學界。

在訪談中,先師強調學界過去研究多偏重在明末清初的部分,大家都喜歡暢談經世致用之説,却忽略了學術史的重點在“辨章學術,考鏡源流”。學術是發展變化的,清代學術如何由清初講求經世致用轉變成乾嘉重視考據,就是值得探討的問題。過去學界習慣用清廷政治壓迫或顧炎武的影響來解釋轉變原因,答案未免過於簡單。學術發展千頭萬緒,如何抽絲剥繭找出變化的關鍵與綫索,再提出充分證據加以嚴謹論證,嘗試給予合理的解釋,是需要許多工夫的。爲了專注處理這個問題,先師暫時放下研究多年的宋代學術,轉而探討清代學術,並將研究重點設定在清代中期,也就是乾嘉時期;同時也把《四庫總目》這部具有代表性的官修大書,列爲主要的探討對象。

在此之前,先師很早就開始閱讀《四庫總目》,在碩士畢業服役的兩年期間,便將全書逐條點讀過。先師認爲《四庫總目》不單只是《四庫全書》的總目錄而已,從中我們可看出乾隆君臣對於纂修《四庫全書》之主從關係。談到《四庫全書》,一般多以紀昀爲總其成的主事者,先師却認爲並不如此。就客觀條件看來,一切都由乾隆主導,紀昀只能算是他的執行長。理由在於當時是帝制時期,乾隆又是集所有大權於一身的獨裁者,皇帝一開口,臣下只能照辦,沒有討論的餘地,所以要説纂修《四庫全書》全是紀昀的想法,是不太現實的。爲了確定這樣的假設,先師又細讀乾隆詩文集,發現其中有很多修纂《四庫全書》時的相關資料,約有七十多首詩文,皆與《四庫全書》中所收《永樂大典》輯出的宋人書籍有關。依據這些資料可以看出,乾隆寫成上述詩文之後,四庫館臣在編修《四庫全書》時,著錄書籍的取捨、《四庫總目》的撰寫與修訂,都受到乾隆見解的影響,有些提要更明文寫出“聖上”的意見如何如何。

確立乾隆的主導地位之後,先師接下來要研究的便是乾隆如何透過《四庫全書》,

尤其是《四庫總目》這部書的編纂，來建構一個他理想中以漢學觀點爲主的一個學術史。這是先師近年來細讀慢嚼，逐漸發展出來的看法。先師認爲，乾隆的意識型態表現得最明顯的是在經史子集各部總叙、小叙及提要中，如《四庫全書》的二十則《凡例》開宗明義說得很清楚：總叙就是要說明學術的源流，小叙就是具體解釋各學術分類的由來，事實上做的即是"辨章學術，考鏡源流"的工作。總叙的部分在"考鏡源流"，"辨章學術"則放在小叙裏面。若總叙跟小叙說明得還不夠清楚，便補充案語，再結合各條提要的解說，即構成了《四庫全書》展示整體學術觀點的基本架構。

也是因爲從事"四庫學"研究的需要，先師不得不進行版本目録等有關文獻的研究。先師屢言自己做學問習慣於從最基本的開始，如果基本的文獻覺得有問題的話，那後面的研究就難以繼續進行，宏偉建築畢竟是需要堅實基礎的。因此在決定進行《四庫總目》研究之時，先師先把可蒐集到的有關《四庫總目》的書籍與論文都找來閱讀。先師發現過往的研究成果有兩個問題：第一，缺乏新的材料；第二，提不出比較具有創意的見解。最麻煩的問題在於，《四庫總目》其實尚存有許多的編纂稿跟提要稿，還有所謂的殘稿，都存放在各大圖書館的特藏室裏，當珍貴文物保存，不輕易給人參考。大家既然看不到，自然無法使用，缺乏新資料的注入，也就很難產生新的看法。

先師認爲這些基本資料如果不弄清楚，有很多問題不能解決。現在看到的《四庫總目》版本，足以代表《四庫》的定本的，不是中國大陸最通行的浙本，而是臺灣商務印書館後來影印出版的武英殿本，那是乾隆六十年（1795）十一月才刊刻出版的。先師近年來所寫的一些文章都跟文獻資料有關，他認爲要做研究就得先從文獻的部分入手。先師無奈地說："我本來最討厭談人情、講關係的，可是現在去大陸看資料，爲了研究，也不能不低頭，設法運用關係。因爲到大陸圖書館找資料，如果不靠關係，你就絕對不要想看到這些東西。我一直覺得，學問的高低不在於你掌握多少別人見不到的資料，而是說同樣的資料，大家都知道也看得到，若是你能讀得出別人看不到的問題，這才是真正的本領。這也是一種於無字句處讀書的工夫。但是若沒有資料，根本無法進行研究，自然談不上解決問題，進而開拓新知了。"也因爲如此，透過大陸學者朋友的協助，先師才有機會到各大圖書館的特藏室去查資料、看資料，以進行《四庫總目》的編纂研究工作。

先師指出，從事《四庫總目》的編纂研究，必須從文獻開始。這是因爲《四庫總目》的編纂完成，是一步一步階段性的工作，由《分纂稿》而《書前提要》，以至《總目》，每一個編纂階段，都在調整或修正提要文字與內容中原本觀點不一致的部分，進而逐步建構一個以漢學爲基礎的學術史。《四庫總目》二十多年的編纂與修訂過程，都圍繞着這個想法在進行。因而進行《四庫總目》的編纂研究，首先得從《分纂稿》開始，因爲

《分纂稿》是最早的底稿，意見紛陳，並不一致；其次就是先師在國家圖書館發現的一部資料，叫作《四庫全書初次進呈存目》，這一部資料約有一千八百多條。這部資料從收進藏書家盧址的抱經樓之後，從來沒有人用過。這部《四庫全書初次進呈存目》書成年代，恰好介於《分纂稿》和《書前提要》之間，因此它一部分保存了《分纂稿》的原貌，一部分則經過修訂了。先師強調《四庫總目》有一段很漫長的編纂過程，從乾隆三十七年（1772）上諭廣徵天下收書，三十八年（1773）正式開四庫館，最後到了乾隆五十九年（1794）、六十年定稿才真正完成。這二十年的時間都在不停地抽換修改，使觀點一致，合乎編纂的要求。

再來就是《書前提要》，而《書前提要》也存在很多的問題。進行研究時，必須依時間先後，先以《書前提要》跟《初次存目》比較，再拿《書前提要》跟《四庫全書薈要》《武英殿叢書》的書前提要比較，因爲《四庫全書薈要》書前提要與《武英殿叢書》書前提要比《書前提要》早。這些都比對過之後，還要與《四庫總目》的一些稿本比較。而且《四庫總目》的稿本不只一部，尚存在許多種；而這些稿本裏面，有些罕爲人知，有些則是過去從沒注意到的。在《四庫總目》的刻本（浙本、殿本）出來之前，其實七部《四庫全書》都曾經收藏過《四庫總目》的抄本。以往沒人注意到有抄本《總目》的存在，最早提出有抄本的是浙江大學古籍所的崔富章教授。先師稱讚崔教授工夫深、研究做得很好，可惜受限於比對資料不夠全面，崔教授未能進一步證成"浙本的底本是文瀾閣抄本"這個命題。

先師也曾藉由參加會議的機會，在天津圖書館待了四天，看到了該館收藏的文溯閣《總目》抄本，比同一級的文瀾閣抄本要早一些。先師提到："原先七閣的《四庫全書》送進閣的時候，另有幾部配套書籍一定要同時跟着進去的，第一部就是《四庫全書考證》，第二部是《四庫全書總目》，第三部是《四庫全書簡明目錄》，而且這三部書一定是擺在《四庫全書》的最前面。所以當時每一閣書入藏的時候，必然會配有一部《四庫總目》。這麼一來就出現一個問題：當時刻本還沒有出來，也就是《四庫總目》還在修訂中，這七部《四庫全書》怎麼可能有《四庫總目》？先師解釋説："這個問題相當合理，沒有刻本，哪來的《四庫全書總目》？我們的運氣很好，1997年中國第一歷史檔案館將《纂修四庫全書檔案》整理出來，雖然不是全部，但這項資料爲後續研究提供了很多的方便，能看到的檔案，都已收錄進去，可以一條一條去看、去檢查。這份資料顯示，每一閣的《四庫全書》，入藏該閣的同時，都配有《四庫總目》。"那麼這個《四庫總目》究竟是什麼？它既不是武英殿本，也不可能是浙本，那是什麼呢？最後的答案就是，另有抄本《四庫總目》的存在。先師表示，抄本《四庫總目》可以讓我們對《四庫總目》編纂時的修訂過程看得十分清楚。由於先師在天津圖書館看到的是時間較早的文溯閣抄本

《四庫總目》原本,當初怎麼去修改、切割、貼上的痕跡,都能清楚看到。未來如果以照相影印出版,這些細節可能就看不到了,這是蠻可惜的事情。不過慶幸的是,有關《四庫總目》的這些相關資料陸陸續續都出來了,最近文瀾閣本《四庫全書》已影印出版,它的《總目》中還殘存有部分抄本稿,頗便於參考。此外,上海圖書館所藏的《四庫總目》的殘稿也將會出版。先師希望未來北京圖書館、天津圖書館也能夠把他們所藏的資料都整理影印出來,爲學者提供更充足的研究資料。(2021 年 6 月 19 日,先師告訴長林有《四庫全書總目稿鈔本叢刊》問世,因爲文哲所圖書購入較快,先師詢問長林能否推薦購買,好能有機會早日看到這筆資料。經過一番努力,長林於同年 9 月 2 日把一套厚厚二十本的叢書帶到溫州街面交先師。其時疫情嚴峻,不敢久留,只與先師寒暄數語,即匆匆告辭。不意短暫一會,竟成永別。曷可慟哉!先師沈痾在身,仍孳孳於學術研究,豈非鞠躬盡瘁,死而後已!)

先師還提到:"在做這個研究的過程中,我發現乾隆的思想有一個轉變的過程,這是過去很多人沒發現到的。後來知道陳祖武先生也有類似意見。陳先生在北京,我在這邊,我們倆不約而同都找到這個問題。"先師認爲乾隆的思想有一個發展的過程,簡單來講,從原來全力支持宋學轉變爲全力支持漢學,所以如此,就跟修《四庫全書》有相當程度的關係,這從乾隆的上諭可以觀察出來。乾隆剛即位沒多久,大概五年、六年的時候,因爲臣下得定期輪流在經筵爲皇帝講經,乾隆發現這些大臣都講漢學,便下了兩次不同的上諭,內容都在強調經學裏面漢學固然重要,但宋學尤其重要。這兩篇上諭寫得很清楚,這表示説當時的學風已經如此,並非出於皇帝刻意造成,而是學界本身自然形成的。開始編纂《四庫全書》之後,自《永樂大典》輯出的書都得進呈乾隆審閱。在讀這些書的時候,乾隆發現大部分的宋代學者(尤其是道學家),都有"君臣共治天下"的觀念,這讓以"作之君,作之師"自居的皇帝大爲不滿,開始對宋代的學者產生反感,因爲那碰觸到了他最敏感的神經。尤其程頤主張天下安危得依靠丞相的説法,更是批了乾隆的"逆麟",也因此讓他的想法大大的改觀,逐步離開宋學,最後更翻轉過來,成爲不折不扣的漢學支持者。

先師總結自己四庫學的研究成果,初步的結論是《四庫總目》的編寫、編纂,可以説是乾隆君臣有意要建構一個以漢學爲中心觀點的中國學術史,這從經部就可以看得出來。由於經學是中國傳統學術的主流,以漢學觀點建構一個經學發展史,無異於重新建構了傳統中國的學術史。乾隆有這樣的野心,雖沒説得這麼具體,但是讀完整部《四庫總目》之後,自然會發現這個推測並非空穴來風,其實是有跡可尋的。整個《四庫總目》的編纂與修改過程,大致是朝着這個趨向進行,《四庫總目》的二十則《凡例》,已經具體透露出這個訊息了。

　　爲了支持上述的觀點,在撰寫《〈四庫全書總目〉與漢宋之學的關係》一文之後,先師又陸續發表一系列相關文章,計有《〈四庫全書初次進呈存目〉初探——編纂時間與文獻價值》《重論天津圖書館藏〈紀曉嵐刪定《四庫全書總目》稿本〉的編纂時間與文獻價值》《上海圖書館藏〈四庫全書總目〉殘稿編纂時間蠡探》《〈四庫全書總目〉“浙本出於殿本”説的再檢討》《重論臺北圖書館所藏〈四庫全書總目〉稿本殘卷的編纂時間與文獻價值》《〈四庫全書總目〉論宋代經學——以〈春秋〉學爲例》《“各明一義”與“易外別傳”——〈四庫全書總目〉對宋元明儒〈易〉學的評論》《“〈書〉以道政事”——試論〈四庫全書總目〉的〈尚書〉學觀》《〈四庫全書總目〉對宋學的觀察與批評——以〈四書類〉爲例》《乾隆皇帝的經學思想及其發展——兼論與〈四庫全書總目〉編纂的關係》,大部分皆爲學界鮮少觸及,而亟待發覆的重要議題。後來輯成《四庫全書總目發微》一書,交由北京中華書局出版,堪稱晚近四庫學研究的經典之作。

　　在這些文章中,先師從“漢宋對峙”的觀點,呈現從宋明儒學到清代考證學的變遷發展,解釋清代中期學術思想的演變傾向,尤其對《四庫總目》纂修的時代背景剖析,主張政治的左右始終駕馭學術,可謂是有力有據。在文獻的安排上,以紮實的考證工夫,並結合近年來所新發現、影印及整理的《四庫》文獻,揀選現存的各種提要與總目稿本,如天津圖書館、上海圖書館及臺北圖書館,詳細進行考訂編纂時間,其目的在藉此確立各種提要的具體時間先後順序與總目稿本的年代系譜。先師曾説:“學術史觀的建構並非一蹴可幾,必然經過長期的醞釀與構思。《四庫全書總目》的編纂與修訂過程,始於乾隆三十八年(1773)二月正式開館編輯《四庫全書》,歷經館臣二十餘年的辛勤耕耘,最終於乾降六十年(1795)十一月由武英殿刊刻藏事。其篇幅之大、耗時之長、動用資源之多,……當中每一階段的增删修改甚至抽換新撰,莫不是爲此嶄新史觀奠定基石,藉以建構新猷。”正因《四庫總目》的編纂完成,耗費長達二十多年,先師清楚地意識到每一個編纂過程,都涉及館臣調整或修正提要文字,與原本觀點不一致,所以必須借助具體時間的爬梳與判定,方能考辨學術史觀逐步建構之節點。

　　與此同時,先師也特別注重論述《總目》定本的經學觀,藉“漢宋對峙”的核心觀念下,觀察《四庫總目》如何闡釋其經學觀點,洞察清代學術思想從宋學轉漢學的背後曲折,及皇權意識的左右及影響,進而最終形成《四庫總目》以“漢學”爲中心的學術史觀之建構。值得一提的是,先師結合《四庫總目》纂修的具體過程,指出乾隆皇帝自始自終主宰《總目》編纂方向及學術立場,特別在《乾隆皇帝的經學思想及其發展——兼論與〈四庫全書總目〉編纂的關係》一文,細微地察覺出乾隆自身學術轉變,且藉由《纂修四庫全書檔案》與《清高宗御製詩文全集》所保存的相關資料證明,乾隆皇帝後期學術態度的偏向,對於《四庫總目》產生巨大之影響,也因乾隆的好惡讓四庫館臣在纂修的過程中,呈現"崇漢抑宋"的學術傾向及立場,認爲《四庫總目》批評宋學的原因,正是乾隆本人主導所致。通過本書可以看到先師利用"文獻"及"義理"二種途經入手,力求發微闡幽,以求周延地理解《四庫總目》的學術立場,闡釋他對清代中期學術發展與政治社會互動之見解,進而最終顯露《四庫總目》所欲建立的"學術史觀"。

先師病後仍筆耕不輟,有已刊未刊之成稿六篇,也是在同樣思路下所進行的探究。這六篇文章是《中國國家博物館藏〈四庫全書總目〉殘卷編纂時間及其相關問題》《試論臺北圖書館藏〈四庫全書總目〉稿本殘卷的編纂時間——兼論與天津圖書館藏〈總目〉稿本殘卷的關係》《南京圖書館藏〈四庫全書總目〉殘稿編纂時間初探》《文淵閣本〈四庫全書〉書前提要的校上時間與抽換問題》《朝向一個學術史觀的建構——以〈四庫全書總目·經部〉爲例》《尊〈序〉、廢〈序〉與漢宋對峙——以〈四庫全書總目·經部詩經類〉爲例》,先師自署曰《四庫全書總目闡幽》。

本書延續《四庫全書總目發微》的研究架構,繼續對《四庫總目》相關議題進行"顯微闡幽"的工作。在文獻部分來看,所收錄的文章繼津圖、上圖、北圖、臺北圖書館等稿後,對其他現存殘稿編纂時間做賡續之研究。對《總目》稿本編纂時間之判明,一直是先師晚年關注的課題,先師曾説:"學術研究離不開文獻資料,新文獻資料的出現,總會帶動新的研究,甚而形成新的學術思潮。"又言:"若欲透徹分析與理解《四庫總目》的學術史觀如何形成、重點何在,則必然要從文獻學的角度切入,透過同一提要在不同階段的詳細比對,方能鉅細靡遺地掌握各書提要内容的前後異同,進而深入瞭解觀念變化的重點所在。"所以,對於編纂時間的具體梳理和確立,亦是《四庫總目》研究及背後顯露"學術史觀"研究的第一要務,而其前提則爲對各階段稿本的異同進行釐清及比較,其重要性可謂不言而喻。另外,先師持續闡發《四庫總目》中所深蘊的學術思想,在"漢宋對峙"觀念的貫穿下,又以《總目·經部》及《總目·經部詩經類》爲例,表現《四庫總目》在剖析經學發展源流時中國歷代學術的衍變及體現。且針對《四庫總目》全書所表現的"揚漢抑宋"學術觀點,進一步凸顯乾隆君臣的學術傾向及立場,來處理歷代學術必然涉及的主要議題,最終形成《四庫總目》學術史建構。

綜觀先師的清代學術研究,側重在對《四庫總目》的討論,並且聚焦於學術史視野,採用以"考據"闡發"義理"的治學途徑。同時,關注現實政治對學術的影響,可謂先師治學的一貫視角。如上所述,先師的四庫學研究建立在詳盡收集四庫材料、逐一地比對和考訂,如針對"津圖《紀稿》"及"臺北'中央圖書館'《殘卷》"進行深入的論述及研究,在成書時間及文獻價值的解讀,有其精闢的見解;又如在《四庫總目》"浙本出於殿本"説的檢討中,考辨前人不同正反意見,發現浙本、殿本由於刊刻時間相近,殿本的刊竣時間在浙本之後,有力地批駁"浙本出於殿本"的誤説。同時,先師抱持"考鏡源流”之理念,對其他尚存的編纂稿跟提要稿,以及所謂的殘稿,進行嚴謹、詳細的比對及推論,得出編纂具體時間,有助於學界對《四庫總目》編纂歷程做深入的認識,可謂考訂《總目》編纂歷程最深入與最具成就之作。

最後要說明的是,乾嘉以下的經學研究,深受“漢宋對峙”觀念的影響。學界過往探討《四庫總目》的學術立場,也多據經部總叙做浮泛之論,而未能恆定《總目》的漢宋屬性。先師從學術思想史的角度,深入審視《四庫總目》對各類經書的評述,特別點出隱藏此間的清代中葉學術與政治之互動。先師根據《總目》纂修歷程,考察了乾隆有意識地左右《四庫總目》編纂、收錄的傾向,揭示乾隆本人才是主宰《四庫總目》經學思想的關鍵人物,呈現政治與學術之間的微妙關係,突顯其內容所具的意義和價值,可以說是有力有據。先師對《四庫總目》學術立場的精闢論述,足見先師視野之開闊與識見之敏銳,也為爾後《四庫總目》思想領域的開拓,提供了弘遠的學術框架,實具卓越之貢獻。

# 結　語

以上略叙先師學術之大要,無論於漢、於宋、於清,先師始終透過堅實的文獻基礎,來闡述思想學術與現實世界互動之間,所激盪而生的諸般問題。先師尤其重視學術思想背後的政治運作,而非意在對思想學術做哲學性建構。除了上述研究成果之外,先師任教臺灣大學中文系期間,隨開設課程需求研讀相關材料,並將思考整理成文。這些課程包含“論孟導讀”“四書”“秦漢學術思想史”“中國思想史”“中國近三百年學術史”等,所涉及者包括“尋孔顏樂處”這道濂溪、二程極為關切且影響深遠的命題。由於濂溪、二程在提出此一命題時,並未對“孔顏樂處何在”及“孔顏所樂者為何”做明確說明,先師特以此為題,整理相關文獻以闡發之。先師亦為文探討孔孟的聖人觀,問題聚焦在“聖人究竟是什麼樣的人?”“一個人合乎什麼條件才可稱為聖人?”此一命題涉及儒家崇高典範的實際內涵,對於理解儒學義理乃至儒者生命境界甚為關鍵,在研究與教學上都具有重要意義。再如孔子攝魯相誅少正卯的傳說,先師通過對相關文獻的仔細檢驗,以及對孔子言行的涵詠體會,認定此事並非史實。先師指出孔子作為春秋戰國時期的箭垛式人物,被後人利用以作為推銷自我思想的工具,實屬平常。先師透過“孔子誅少正卯”一事,提醒學者應熟悉中國古代學術發展特色,深入進行“辨章學術,考鏡源流”的工作,對古代文獻與思想才能有正確的認識,此文在中國傳統學術的教學上,具有重要的示範作用。上述這類先師隨課程而發表的文章共計九篇,時代從先秦跨越至清末民初,收錄於《儒家與儒學探究》一書。先師一如既往,出入文獻,在平實的論述當中，把問題一絲不苟地説明清楚。

　　整體而言，先師以漢代儒學致用思想建立自身學術意識，並以宋代王安石新學爲治學重心，着力於探討王安石新學如何重啓儒學致用精神，及其對同時、後世學者產生的影響與反響，以此衡量王安石思想的學術史定位。從另一方面而言，宋代理學興起後，中國學術走向爲之一變，天道性命之學成爲儒學後續發展的主幹，却是並未留意理學興起過程中，王安石新學所扮演的角色，先師的研究可謂填補了這段學術史的空白。至於世紀初以來的"四庫學"研究，則是先師從另一個角度探討上述學術史路綫之轉變。由此可見，先師治學自有其貫穿時代的整體視野，從對清代學術產生興趣，回溯漢代儒學思想，經過宋學興起之過程，再回到清代漢宋學之論述，中國學術史幾個重要的階段，先師皆曾深入耕耘，並取得重要成果，而深爲學界重視。

# 編 後 記

今年 7 月，是鄧立光先生逝世周年。作爲對一位真學者的紀念，最好的方式，莫過於整理、學習與弘揚他的學術、事業與理想。《聖言與人生》作爲立光先生遺作的第一部，正是對社會各界熱切企盼的回應。

立光先生畢業於香港大學，獲哲學博士學位，曾師從牟宗三等名師。學成之後，矢志獻身於中華傳統學術文化。20 世紀 90 年代末，我在清華大學的一次學術會議上初識立光先生，而知其學以《易》之象數思想爲綱，旁及先秦諸子、宋明理學、現代新儒學、佛道之學等，著述頗豐。此後在兩岸四地舉辦的以經學、儒學爲主題的研討會上，屢屢聽到他的高論，深受教益。約略稍後，我結識澳門大學的國學名家鄧國光教授，因同爲經學研究者，日漸熟悉。數年之後，我在香港參會，同時得遇二位，方知國光、立光是同胞兄弟，乃歎爲香港學壇的雙子星。

2016 年，立光受聘於馮燊均國學基金會，先後擔任香港中文大學國學中心主任、香港教育大學國學中心主任、馮燊均國學基金會秘書長等職，故頻頻前往內地與教育部教材中心，以及北京大學、清華大學、北京師範大學、湖南大學等校合作，探討國學的發展與推廣，故而我們見面深談的機會日益增多，彼此的瞭解也日益加深，成爲無所不談的至交。

立光先生以中國傳統文化作爲人生信仰與生命的價值之所在，體之於心，行之於身，自強不息，終日乾乾。但凡與立光先生有過交往的人，都有同樣的印象：不苟言笑，持身謹嚴，無論何時都是衣衫整肅。而更令人印象深刻的是，他始終保持思想上的潔癖，不容他人詆毁、污蔑中國文化，對社會上的文化動向極爲關注，記得有一次在香港開會，他拿了一張報紙，上面有內地某學者的文章，主張從教材中刪除表彰岳飛的內容，認爲表彰岳飛有礙今日的民族團結。他指着這篇文章，慷慨激昂地加以痛斥。

人生不滿百，常懷千歲憂。立光先生對中國本位文化時下的頹勢，極之憂心。不止一次，我們談及傳統文化的隱憂與危機，立光先生淚流滿面，乃有真性情之人。爲此，立光先生奔走呼號，鞠躬盡瘁，入職馮燊均基金會後，立光先生將每項工作都看作是報效國學的機會。幾年前，基金會決定於大灣區發起禮儀教育，立光先生主動請纓，成爲實際的組織者與推動者。儘管受疫情影響,立光先生依然親勞胼胝,頻繁組織綫上的教學活動。我們最後一次通話,我明顯聽出他説話氣息微弱,當時只以爲乃是勞累所致,因爲他平素習練氣功,身體素質極好,誰曾料想,居然由此永訣!我曾抱憾立光先生臨走時未留下遺言,但想到陽明先生臨終之前曰:"我心光明,亦復何言?"便亦釋然。

立光先生立志弘道,生前著述其勤,同時關注大衆文化素養的提升,曾在《香港商報》《文匯報》《大公報》等發表專欄文章近三百篇,介紹《易經》及《論語》,以及縱論傳統文化的文章數十篇,未及結集出版。所幸者,有立光先生的弟子謝向榮教授在。謝向榮教授,少時即從鄧立光博士修習《周易》《論語》《老子》等學,先生卒後,不忍其學散佚,乃以數月之力,將所有專欄文稿搜集齊全,並在學妹曾定金女士協助下,完成全稿之整理及編排工作,馮燊均國學基金會撥款資助,而由三聯書店出版。在此今人心不古,物欲橫流的年代,得此古道熱腸之學生,立光先生九泉有知,亦當含笑。此亦學林美談之一,值得推介與彰顯之。

立光先生文集付梓在即,承鄧國光教授與謝向榮教授雅意,序跋一束先交敝刊刊發,又囑我爲序,因略述如上,以爲對立光先生的追思,與對本書出版的祝賀。

彭林　癸卯孟夏小滿後二日